ALAIN DUBOS

De famille landaise, Alain Dubos, pédiatre, a exercé la médecine humanitaire aussi bien en Asie, au Moyen-Orient qu'en Afrique noire et en Amérique centrale. Il fut vice-président de l'organisation « Médecins sans frontières ». Écrivain, il a témoigné de ses expériences dans *Les rizières des barbares* (Julliard, 1980), *La fin des Mandarins* (Julliard, 1982), *Tu franchiras la frontière* (Juliard, 1986) et *Sans frontières* (Presses de la Cité, 2001).
Alain Dubos est également l'auteur de plusieurs romans, pour la plupart publiés aux Presses de la Cité, dans lesquels il s'attache à décrire ses terres landaises et le Sud-Ouest. *Les seigneurs de la haute lande* paraît en 1966, suivi par *La palombe noire* et *La sève et la cendre*. *Le secret du docteur Lescat* constitue le quatrième volet de sa tétralogie landaise.

LA SÈVE ET LA CENDRE

ALAIN DUBOST

LA SÈVE
ET LA CENDRE

© 1999, Presses de la Cité
ISBN 2-266-09757-1

*Pour Catherine II
et les tendres fantômes
de Tresséroux*

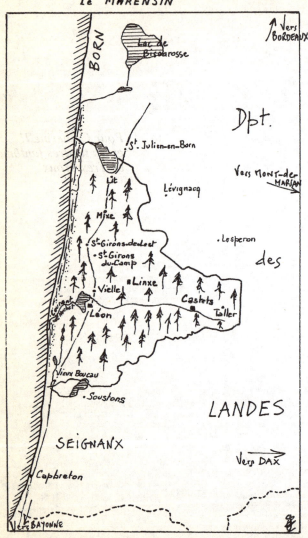

Le MARENSIN

PREMIÈRE PARTIE

MAYLIS

1

— Maylis !

Elle avait quatre ans, des envies de liberté, et cela faisait plusieurs minutes qu'elle avait cessé d'entendre les voix familières devenues cris d'angoisse. Rien ne lui importait davantage que l'abri de ces immenses globes verts qui faisaient autour d'elle comme un tunnel de silence et d'ombre, avec leurs tiges enfoncées tout droit dans la terre, qui se laissaient écarter de la main, souples et dociles. Cela n'avait pas de fin, et il était toujours aussi facile de courir de l'une à l'autre, au creux de cette terre si blanche, qui absorbait tout bruit.

Maylis s'était accroupie, cherchant l'auvent des fougères, et avait fini par s'asseoir dans la pénombre végétale, les genoux repliés sous le menton. Avait-elle eu peur, au bout d'un moment ? Il lui semblait avoir commencé un voyage sans fin. Nulle fatigue ne l'avait terrassée. Quelle crainte aurait-elle bien pu éprouver, d'ailleurs, sous une voûte aussi rassurante ?

— Maylis ! Où es-tu ?

On l'avait appelée de nouveau, des voix plus nombreuses, venant de toutes parts. Y avait-il un jeu plus amusant que celui-là ? Elle avait couru encore, plus vite, avait débouché au centre d'une clairière cernée par des géants murmurants. Le vent s'était soudain levé, les pins s'étaient mis à se balancer doucement, raides bûchettes au sommet desquelles de noires chevelures tournoyaient avec grâce dans le ciel. Forêt ! Maylis avait battu des mains, lancé vers cette fantasmagorie sa jubilation de petite enfant. Elle aurait voulu embrasser d'un coup cette compagnie de troncs énormes, une armée réunie rien que pour elle.

— Un… deux… trois.

Elle savait compter jusqu'à dix, et avait alors galopé d'un arbre à l'autre, pour les toucher, les apprivoiser, les posséder. Puis elle avait glissé sur un tapis d'aiguilles qui lui avaient piqué les fesses, et reconnu soudain, qui la dominaient, l'un féminin et sévère, l'autre portant moustaches noires, et plutôt amusé, les visages de ses parents.

— Coquine ! Tu m'as fait mourir ! Une pleine demi-heure à te chercher !

Maylis s'était mise à rire, et la colère inquiète d'Ève Savayran s'était transformée en stupéfaction.

— Paul, enfin, aide-moi ! Dis-lui quelque chose…

Paul Savayran avait soulevé sa fille et, la tenant renversée au-dessus de sa tête, à bout de bras, l'avait doucement embrassée sur le front. En découvrant Maylis heureuse de son escapade et désappointée de voir celle-ci se terminer si vite, il avait éprouvé, à la place de l'inquiétude, une vraie fierté.

— Mademoiselle ! A quatre ans et quelques jours, il est un peu tôt pour aller nous récupérer l'Afrique orientale, sans carte, qui plus est. Et sans avoir terminé sa bouillie. Toi qui as si peur des chiens du voisinage, tu te lances ainsi, en plein pinhadar landais ? Explique-moi ce mystère.

Il n'y avait pas de mystère. Maylis voulait retourner sous les fougères. Les arbres étaient devenus ses amis, et la bruyère aussi, comme les aiguilles de pin, et les gros fruits secs aux écailles ouvertes, si légers dans la main. L'enfant avait éclaté de rire. Elle avait apprivoisé les bruits du vent, les amples mouvements des faîtes, les traits de soleil dans l'austère solitude de la forêt. Ce monde-là ne lui ferait jamais peur.

Juillet 1921

Maylis Savayran s'allongea sur le sable. Près de quinze années avaient passé depuis cette petite aventure enfantine. Le décor, lui, n'avait pas changé. Les fougères laissaient entre elles les mêmes interstices par lesquels la jeune fille distinguait, comme au fond d'un kaléidoscope, le réseau arachnéen des cimes, dessin au crayon sur le ciel de lait. Portés par un flot qui les charriait jusqu'à elle, pressés, des souvenirs, semblables à celui de sa fugue, surgissaient soudain de sa mémoire, et venaient bourdonner autour d'elle.

— Où était-ce ?

Maylis s'entendit gémir. Sa respiration s'accélérait. Un télescopage de sons et de visions, un vacarme intérieur la broyaient, dans le silence et la chaleur. C'étaient des ciels, toujours, fuyant sous le vent avec leurs nuées, poisseux de crachins ou, au contraire, si blancs qu'ils blessaient l'œil, à en pleurer. C'étaient la voix grave de Paul Savayran, ses bras serrant l'enfant adorée, un regard d'Ève, ses mots, tendres comme la peau de son cou. Puis, tout à coup, des tempêtes soufflaient, leur écho lugubre transperçait la forêt. Dans la noire nuit landaise rougeoyaient les globes des incendies, que l'on contemplait du grenier de la grande maison. Comme tout cela était loin, dispersé, parcellaire…

Maylis s'agenouilla. Des digues se rompaient en elle. Les défenses patiemment érigées par ses tuteurs contre le souvenir de ses premières années de vie, et par sa propre amnésie d'orpheline, aussi, cédaient. Elle s'y était préparée, mais la violence du phénomène la laissait sans force. Tout cela avait donc existé, pour de bon ? Les promenades au fil de chemins oubliés, le bruit du moteur annonçant le retour du père, les pièces d'une maison trop vaste pour une fille unique, la Casedieu ?…

— La Casedieu…

Elle murmura ce nom qu'autour d'elle personne n'avait prononcé à voix haute depuis des lustres. C'était « avant »… Maylis secoua les anglaises châtain clair qui encadraient son visage, inspecta le paysage qui s'offrait à elle. La maison de son enfance jouxtait semblables pinèdes. De l'étage, on apercevait une haute cheminée d'usine, toute de brique rouge, avec sa fumée noire émergeant de la forêt. Était-ce loin d'ici ? Maylis se releva avec peine, aperçut sa tante qui venait vers elle.

— Eh bien, ma nièce, gronda Eugénie, tu pourrais répondre, quand on t'appelle. Et tu en fais, une tête. Aller comme ça, sans chapeau, sous un tel soleil ! Que fais-tu donc, dans ces fougères ?

— Rien, tante Génie, rien, marcher un peu, c'est tout.

Maylis considéra la femme encore jeune, au maintien strict et au regard de faïence, qui l'avait recueillie à Libourne un jour de mai 1907. Eugénie Savayran, née Costalier, portait haut et fort la filiation parlementaire qui lui rendait ordinaire, depuis toujours, la fréquentation des élus aquitains de la République.

14

Son mariage avec Henri Savayran, possesseur d'un vignoble à Pomerol et de quelques métairies dans les Landes, et surtout actionnaire d'une scierie-distillerie en Marensin, avait conforté sa dot, faite d'autres vignes, à Montagne-Saint-Émilion, et d'immeubles de rapport, à Bordeaux.

Le tout formait un de ces patrimoines comme il s'en était constitué beaucoup au XIXᵉ siècle. La part Savayran y était belle. Placements judicieux, bons choix aux adjudications des communaux landais, exploitation industrielle de la résine quand celle-ci coulait comme une rivière aurifère… Les petits négociants en tissus du Gers avaient, en trois générations, et en se déplaçant un peu vers l'ouest, franchi quelques jolis barreaux de l'échelle sociale.

— Et cramoisie, avec ça ! renchérit la tante Génie. Viens, nous allons déjeuner.

Eugénie Savayran avait la voix haut perchée, enjolivée par une pointe d'accent bordelais et des petits rires, autoritaires le plus souvent. Maylis la suivit, pieds nus. Les yeux rivés sur le sable où la robe de sa tante soulevait de légères envolées, elle mettait un peu d'ordre dans son esprit. Devant elle, altière et comme libérée des contingences climatiques, Eugénie s'appuyait avec nonchalance sur une ombrelle qu'elle ouvrit de ses longs doigts fins en parvenant au carrefour des chemins inondé de soleil.

— Ne t'éloigne pas sans nous le dire, Maylis. Si encore tes cousins étaient avec nous…

La jeune fille haussa les épaules. La sollicitude anxieuse de ses tuteurs, qui lui avait semblé simplement étrange, les premiers temps de sa vie à Libourne, lui pesait désormais, chaque jour un peu plus. Son séjour chez les sœurs de Sainte-Foy à peine terminé, et bien qu'elle se trouvât encore à près de trois ans de sa majorité, Maylis Savayran supportait de plus en plus mal le soin méticuleux que son oncle et sa tante mettaient à parfaire son éducation. L'idée qu'une donzelle de dix-huit ans ne pût s'éloigner d'une route déserte sans que l'on s'inquiétât aussitôt lui sembla déplacée.

— Oui, ma tante, admit-elle.

On faisait halte en pleine pinède, sur la route de Mimizan à Vielle-Saint-Girons. Eugénie Savayran répondait à l'invitation d'amis en vacances estivales près de la mer. En vérité, les cousines de Maylis, Camille et Anne, ainsi que leur frère Serge, auraient dû être du voyage, mais, au dernier moment, on avait trouvé de l'ouvrage pour les filles, à l'hospice, au chevet de poilus qui n'en finissaient pas de cracher leurs poumons brûlés par les gaz. Quant au cousin Serge, dont certains supposaient qu'il éprouvait pour Maylis un sentiment plus fort que celui du banal cousinage, il avait reçu mission d'inspecter le vignoble familial frôlé quelques jours auparavant par des orages de grêle.

Maylis chassa de son esprit leurs visages trop familiers, qui l'encombraient, et se rechaussa. Elle portait, sous sa robe à volants serrée à la taille par une flanelle rouge dont la simple vue l'horripilait, des chaussettes qui montaient jusqu'au milieu de ses cuisses. De quoi pester.

— Et en plein été…

Auguste, le chauffeur-jardinier de Libourne, long torse sous un visage tout en nez, membres maigres vêtus de drap bleu, avait installé un pique-nique en bordure de la pinède, près de la grosse Panhard de ses maîtres. Henri Savayran aperçut sa nièce, à la traîne d'Eugénie.

— Ah, te voilà, enfin. Quelle idée, de disparaître ainsi, en pleine canicule de juillet !

Maylis s'assit dans le sable, regarda son oncle droit dans les yeux. A cinquante ans passés, Henri Savayran conservait un visage aux traits fins, presque juvénile. Bel homme, charmeur quand il le décidait, il souriait rarement, et s'enthousiasmait encore moins, sauf pour les choses de l'argent, et de la possession.

— Où est la Casedieu ? lui demanda Maylis à brûle-pourpoint. Loin d'ici ? Je me souviens de pistes et de chemins forestiers qui ressemblaient à ceux-ci…

Elle eut l'impression que la moustache de son oncle tressaillait un peu. Henri Savayran tourna vers sa femme son regard gris et froid que traversaient parfois des lueurs d'ironie ou d'intérêt, selon que l'on parlait de concurrence ou de tarifs. Eugénie posa son pilon de dinde sur la nappe.

— Cette bicoque…, grogna-t-elle. Boh, elle est plus loin dans l'intérieur. Tu t'y intéresses donc, à présent ?

— J'y pense, dit Maylis, rêveuse. C'est de traverser cette forêt, je suppose.

Elle eut un sourire un peu triste, pour éclairer son visage piqué de roux, aux grands yeux noirs qui attiraient autant la sympathie que la curiosité. C'était, entre ses cheveux couleur de miel et sa bouche aux lèvres pleines, un mélange de pieuse sagesse et de canaillerie, avec de temps à autre le sombre feu des colères, l'éclat des inquiétudes ou des joies. Mais le secret, toujours, en fermait à volonté l'accès, aux étrangers tout comme aux proches.

— La Casedieu…, soupira Henri, certes, il faudra bien un jour s'occuper de cette ruine…

Tout en mâchant un blanc de volaille, il jetait vers sa nièce des regards en biais, au fond desquels Maylis reconnut bien l'intérêt que son oncle portait de coutume aux choses matérielles. Achats de parcelles, négociations annuelles du prix du vin et de la résine, partages des héritages et donations constituaient une bonne part du sel qu'Henri Savayran mettait dans sa vie semi-oisive. Son bureau croulait sous les registres où s'inscrivait jour après jour le cours de sa fortune. Il y avait là aussi, alignés en colonnes serrées, les loyers de Mériadeck[1], qu'il gérait au nom de sa femme, et d'autres affaires encore, pour lesquelles il fréquentait avec assiduité tant les cercles bordelais que la Bourse de Paris.

Maylis insista, d'une voix douce.

— Vous ne m'avez toujours pas dit où se trouve cette maison ?

Eugénie se chargea de lui répondre.

— Eh bien, entre ici et le courant d'Huchet, tu ne te souviens donc pas ? Il y a des lacs, et des forêts, autour, et l'océan, comme partout dans ce pays de Marensin. Rien de bien extraordinaire, vraiment. Finis ta viande, je te prie.

Elle s'était exprimée avec une pointe d'agacement, signifiant que le débat était clos. Maylis hocha la tête, ne relança pas. Elle avait appris à faire silence de cette façon, par politesse, lorsque sa tante ou son oncle l'exigeaient à leur manière. Ainsi la Casedieu faisait-elle partie d'un autrefois brutalement jeté aux oubliettes, et que ses tuteurs n'avaient jamais cherché à ressusciter.

Maylis serra les lèvres. Maintenant, les fougères, le souvenir de cette aventure sous leur tonnelle,

1. Quartier de Bordeaux.

étaient le début d'un voyage retour au cours duquel il lui faudrait recueillir les éléments éparpillés d'une longue absence. Ces routes des Landes poudrées de sable, pieux d'une absolue rectitude enfoncés entre les pinèdes, se ressemblaient au point d'égarer les voyageurs. Parmi ces dizaines de chemins, elle désirait soudain retrouver le seul qui eût jamais compté pour elle. Et ce carrefour où tout s'était passé…

Elle essayait de deviner, au bout des quatre routes qui se rencontraient devant elle, les points cardinaux qui crucifiaient l'horizon. Mais à cet endroit les arbres, plus qu'octogénaires — au dire d'Auguste —, pointaient si haut vers le ciel qu'il lui vint, à force de chercher entre eux de l'espace, une sensation d'oppression qu'elle chassa en respirant plus fort.

— Cette odeur…, murmura-t-elle.

Elle se leva, retourna vers la pinède, se pencha sur un pot d'argile amarré à un arbre, qu'elle crut tout d'abord empli d'eau.

— Il a plu, Mademoiselle, une ondée, hier ou avant-hier ! lui cria Auguste. La résine est dessous.

Maylis souleva le pot vers lequel une glu de couleur perle coulait du haut d'une saignée, comme la cire le long d'une bougie. Au fond, sous la surface d'une limpidité de source, luisait une soupe claire, dense.

— Je me souviens, oui…, dit Maylis d'une toute petite voix, alors que le chauffeur s'était approché, ces pots, que nous allions décrocher. Il y avait des hommes, perchés sur de drôles d'échelles…

— Les gemmeurs, bien sûr. L'eau résinée est bonne à boire, lui expliqua Auguste, pour les cigales comme pour les hommes. Tenez, chez nous, à Belin, en Landes girondines, on nous la faisait consommer contre les maladies, et pour devenir forts. Goûtez donc.

Il avait dû en boire, pour tenir trois longs hivers au creux des tranchées, sans autres désagréments que des rhumes et la pédiculose de rigueur. Maylis trempa ses lèvres dans le breuvage, et rit. C'était tiède, un peu amer et pourtant doux à la gorge.

— Si un jour il n'y a plus de ces petits lacs d'eau de pluie, dit Auguste, il n'y aura plus de cigales dans ce pays…

Maylis replaça le pot dans son cercle de métal. Sa mère, jadis, lui avait interdit de boire cette eau-là. Ainsi, ce qui semblait bon pour les uns pouvait être craint par les autres.

— Il va falloir repartir, Mademoiselle, l'avertit le chauffeur.

Elle soupira. La vision des centaines de pots, alignés comme autant de balises à travers l'immense forêt, l'intriguait. Il y avait une étrangeté, dans cet univers à l'apparence uniforme, sous ce drap vert qui recouvrait la lande. Le chant continu des cigales peuplait la pinède dont le sable évoquait un ancien désert, palpable et partout présent. C'était une création humaine, forêt gorgée de son trésor, mais enracinée dans un terreau de misère, née d'une pâture pour les vents.

— Nous serons à Vielle vers les quatre heures, calcula Henri, et nous l'aurons mérité. Quelle fournaise !

À mesure que la voiture s'enfonçait dans cette sylve qui semblait ne plus posséder de frontière, Maylis sentait à nouveau son cœur battre plus fort. Comment reconnaître l'endroit précis où la vie des

siens avait basculé, treize ans plus tôt ? A quel carrefour de pistes cela s'était-il passé ? Sous le soleil
sans voile, tout se fondait dans le même décor, les
pins, le sable, le ciel blanc. C'était le pays sans collines, sans oiseaux, le fond de la lande, un paradis
devenu cauchemar, au creux duquel Maylis s'était
débattue de longs mois. Où était cette vie antérieure
qui réclamait désormais elle aussi la lumière et la
liberté ?

Maylis ferma à demi les yeux. Elle sentait le regard
de sa tante sur elle entre des effets d'éventail. Que
signifiait ce voyage ? On l'avait simplement préve-
nue qu'elle aurait à affronter la chaleur d'une journée de plein été, avant de se rafraîchir dans la maison amie où l'on séjournerait un jour ou deux, près
de la mer. Qu'avait pensé Eugénie de ses retrouvailles avec l'enfance ? Qu'elles n'auraient pas lieu ?
Que le temps, faisant son œuvre, aurait effacé le souvenir de la tragédie comme s'effacent les traces de
roues dans la boue d'un chemin ? Maylis dut faire un
effort pour discipliner sa respiration.

— La route de Saint-Girons, annonça Auguste.

Une piste, en vérité, du modèle courant dans ce
pays semblable à nul autre. Avant de s'engager vers
le plein ouest, la voiture ralentit pour laisser passer
une charrette chargée de rondins et de grumes, puis
une autre qui transportait, au pas lent des bœufs, des
sacs de pignes au sommet desquels des enfants triomphaient bruyamment. La seule présence humaine
depuis plus de cinquante kilomètres !

« Là, peut-être », pensa Maylis.

La couleur des fossés, soudain brunie par un filon
ferrique, la présence plus proche, presque menaçante,
des grands arbres, le vent qui se levait et poussait
devant lui des volutes de poussière et de sable…

Maylis revoyait une voiture, décapotée, filant à toute allure avec d'autres gens à bord… Elle saisit le regard qu'Henri Savayran, à demi tourné vers l'arrière, lançait à sa femme, et l'air neutre qu'affectait celle-ci dans le même instant.

— Peut-on s'arrêter ? demanda-t-elle.

— Hé ! Nous le sommes déjà presque, lui rétorqua son oncle.

— Je voudrais sortir. Là. Sortir.

Elle avait presque crié, déjà ouvert la portière. Auguste s'empressa pour déplier le petit escabeau sous ses pieds. A l'intérieur, les Savayran restaient de marbre, tandis que leur nièce s'éloignait, nez au vent, sur la route du sud. Lorsqu'elle eut parcouru quelques dizaines de mètres, Maylis se retourna et, cette fois, la certitude lui vint qu'il s'agissait bien de cet endroit. D'un côté, la pinède rasait la piste tandis que, de l'autre, une sorte de clairière tapissée d'herbe jaune et de bruyère dégageait la vue jusqu'à une croix de planches, délabrée, plantée à l'est, en lisière de parcelle.

— Seigneur Dieu, murmura la jeune fille.

Le même vent malaxait doucement les cimes. C'était un mouvement majestueux de toute la forêt. L'odeur, les ornières ravinant le chemin, tout semblait être resté en place, jusqu'à cette croix aperçue de loin par l'enfant, derrière un grand reflet de soleil.

— Un éclair de lumière…

Il y avait eu, dominant d'autres voix d'hommes en colère, celle de Paul Savayran, qui s'était imposée, puis le bruit du moteur, les cahots d'une route en mauvais état et la forêt qui défilait de part et d'autre de la route. Que s'était-il dit pour que Savayran se mît de nouveau en colère et donnât des coups de poing sur l'énorme volant qu'il manipulait comme une barre de navire ? Ève Savayran avait dit quelque chose comme «c'est fini, maintenant» ou «ça n'a plus d'importance». Elle portait une casquette de chauffeur, et une écharpe dont les pans flottaient comme des oriflammes et venaient chatouiller les joues de la fillette debout entre les deux sièges. Maylis s'était mise à rire.

— On va vite ! On va vite !

La colonne de poussière soulevée par les roues avait fait à l'automobile une traîne de comète qui montait haut dans le ciel. Tout était grisant dans cette course le long d'un double fil de sable, droit comme un «i», cap sur l'horizon qui sans cesse fuyait, semblable à celui de la mer. Jusqu'où irait-on, ainsi lancés à travers la forêt ?

— Une lumière, là-bas !

— C'est le soleil sur une pierre, avait dit Ève.

Elle avait été obligée de hausser la voix, tant le moteur emballé faisait de vacarme. Puis elle avait cessé de parler, un court instant, et s'était mise à hurler. Un cri rauque qui déchirait encore les tympans de Maylis, treize ans plus tard.

— Paul !

Alors il y avait eu un de ces moments où les éléments d'un décor se mêlent, dans un ordre surprenant : la forêt avait basculé soudain vers le ciel, fusionnant avec lui, avant de disparaître. Le soleil avait occupé tout l'espace, avant de s'effacer à son tour, et le cycle avait recommencé tandis que diminuait le bruit du moteur. Maylis avait nagé dans cet éther bizarre ; riait-elle encore tandis que la voiture rebondissait une troisième fois sur son flanc, pour s'immobiliser, roues en l'air ?

Il avait dû passer du temps. Le sable pulvérulent était retombé. A sa place, une fumée noire avait obscurci le ciel. Aux abords de ce qui restait de la Ford et de ses deux occupants, l'herbe rase de la piste fumait elle aussi, loin vers les pins. Couchée sur le côté dans la bruyère, l'enfant avait aperçu cette fin d'incendie, et des silhouettes, aussi, penchées sur elle. D'où avaient-elles bien pu sortir, ces ombres inquiètes qui la scrutaient ?

— Petite… Seigneur Dieu… *pitchou*…

Le vent avait rabattu vers elle un peu de cette brume de nuit, avec son épouvantable odeur. Incapable du moindre mouvement, Maylis avait senti son esprit l'abandonner, comme une vapeur échappée de sa tête, puis, se dominant au fil des minutes, elle avait essayé de se remettre debout. En vain. Tout était calme, dans la puanteur tiède qui baignait la bruyère. Un feu crépitait doucement, tout près. C'était un bon endroit pour s'endormir, sans crainte ni envie. Maylis avait fermé les yeux. Tout avait l'apparence d'un rêve…

Debout à quelques mètres de l'endroit où les roues de l'automobile avaient quitté la piste, Maylis se souvenait de son réveil dans une chambre inconnue, de ces autres visages, avec leur angoisse muette, leurs sourires furtifs. Des parents, ses cousins, qui défilaient au-dessus d'elle, et lâchaient des mots, des phrases difficiles à comprendre.

Tout était donc parti de cet endroit de lande et de bois ?

« Ai-je du chagrin ? » s'interrogeait la jeune fille.

Elle éprouvait soudain une sensation de vide, et se révélait incapable de faire surgir de ce drame un sentiment quelconque. C'était si lointain… Une part de sa vie avait disparu derrière la fumée noire, lui laissant une douleur qu'elle s'obstinait à dissimuler. Il lui en revenait des bribes, des questions restées sans réponse. Elle marcha à pas comptés vers la voiture, laissa son regard errer d'un élément à l'autre du morne paysage forestier, chemins, calvaire en ruine, fossés bordés par des empilements de troncs, et la voiture de son oncle plantée au milieu, avec ses occupants figés comme sur une carte postale. Puis elle remonta à bord, sans un mot.

— Démarrez, Auguste, ordonna Henri Savayran d'une voix neutre, puis il ajouta, en se tournant légèrement vers sa nièce : L'endroit où vous avez eu votre accident, tes parents et toi, ressemble à celui-ci, comme à mille autres dans les Landes. Mais c'est plus à l'est.

D'un geste vague de la main, il indiqua une direction. Le vent chaud se faisait plus vif, agitant les motifs de tulle noir qu'Eugénie portait sur son chapeau.

— Vent de montagne fait pluie et boue, dit Auguste.

La nuque appuyée contre le capiton de la banquette, Maylis s'était perdue dans la contemplation du plafond. Il y avait, quelque part, entre ce carrefour et la mer, une maison aux formes arrondies dont un pan du toit touchait presque le sol. Un large perron, très blanc comme l'étaient les murs extérieurs, des tuiles rouges, creuses, d'où s'échappaient en piaillant des moineaux. Et cette cheminée, émergeant de la ligne verte et parfaitement horizontale des arbres…

«Les stères», pensa Maylis.

Alignées à perte de vue face à des bâtiments aux obscurs intérieurs, des piles de planches balisaient un espace dont l'odeur, mélange de résine et de poussière, emplissait soudain ses narines. Ces empilements de madriers fraîchement sciés étaient de gigantesques jeux de construction, des escaliers de temples pareils à ceux des gravures du Mexique. Maylis chercha d'instinct à en apercevoir par la vitre, mais, depuis le matin, la route empruntée par Auguste les avait évités. La forêt semblait un monde sans limites et pourtant fermé sur lui-même, sans autre logique apparente que la rectitude de ses pistes, le calibre de ses grumes que des géomètres sans imagination rangeaient par tranches d'âge, et l'ordonnance rigide des parcelles. Ainsi, alignés à l'infini, des nains au moutonnement de tendre verdure, ou des arbres adolescents ressemblant de loin à des sapins, jouxtaient des géants dépenaillés que les vents têtus et patients avaient modelés au fil des ans.

— L'usine…, dit Maylis à voix basse.

Eugénie Savayran avait entendu. Elle se tourna vers sa nièce.

— Eh oui, bien sûr, tu penses à la distillerie. On en a assez parlé, à Libourne, je crois.

Assez parlé… Elle exagérait, paraissait soudain contrariée. Son visage ne souriait plus guère, pincé comme à son habitude avant la remontrance, ou la leçon. Sa voix s'était faite plus aiguë, avec ces intonations péremptoires qui rendaient par avance l'échange difficile.

— Ça n'a pas d'importance, dit Maylis.

Henri Savayran fit diversion.

— A cette allure, et avec ce sable bien sec, nous serons chez les Durrugne avant l'orage. N'est-ce pas, Auguste ?

— Il faut croire, Monsieur, confirma le chauffeur en relevant la visière de sa casquette.

2

Madeleine Darribats passa ses mains sur son front
ruisselant de sueur, d'un geste qu'elle acheva autour
de son chignon. La forêt, en attente de l'orage, était
un étouffoir au sommet duquel rien ne bougeait. Des
hommes perchés sur leurs échelles de bois sommaires
s'échinaient pourtant à saigner les arbres, l'un après
l'autre, pour une de ces amasses de plein été qui rem-
pliraient à ras bord les *couartes* de résine. Au vingtième de ces lourds récipients qu'elle avait portés sur
la tête, à la façon d'une cruche, jusqu'à la barrique de
gemme, Madeleine se sentait courbatue, et tardait à
reprendre son souffle. Elle prit une décision.

— Té, celle-là, je me la porterai tout à l'heure.

Elle s'assit au pied d'un pin, rentra la tête dans les
épaules, à la recherche d'un peu de détente pour ses
muscles durcis par les efforts de la journée. Son esprit
restait occupé par la vision de sa belle-sœur Jeanne
étendue sur un lit, dans la cabane de résiniers de Lam-
baste.

— Pauvrette…

A trente ans, Jeanne Pouyau, métayère à la Sorbe,
avait une grossesse difficile, et l'obligation qu'elle se

faisait de travailler encore à moins de deux mois du terme n'arrangeait rien. Il y avait là une situation dangereuse qui faisait hurler de rage Victor Darribats, le frère aîné de Jeanne que Madeleine avait épousé un peu avant la guerre.

— Et le docteur ? cria Madeleine. Quelqu'un l'a vu ?

— Té, on est allé le chercher, lui répondit un homme. Avec un peu de chance, on le trouvera avant la nuit.

Madeleine contempla le chantier. N'était la puissante fragrance de sa sève, ce baume qui montait au cerveau à force de présence, la forêt réservait à ses travailleurs les rigueurs à peine supportables de sa fournaise estivale. Les arbres se refermaient sur les gens comme des griffes de rapace, l'air manquait dans l'abri trompeur qu'offrait l'ombre, comme si le moindre souffle était absorbé par les troncs, et aussitôt anéanti.

— Et ce *bastar* de Ripeyre qui ne bouge pas notre part…

Madeleine fulminait, engourdie jusqu'au bas du dos. Le bailleur de la parcelle était de ceux qui refusaient avec obstination de réévaluer la part des métayers-gemmeurs. On avait bien essayé de négocier, en vain. Maintenant, les cours chutaient, et c'était avec leur sueur que les résiniers huilaient la pente de leur ruine. Sans compter la « vaisselle », cette dîme, haïe, pour l'usure ou la casse du matériel.

Madeleine s'ébroua. La cabane où Jeanne reposait se trouvait à une petite demi-heure de marche. En même temps qu'elle observait les noirs nuages s'amoncelant entre les pins, la jeune femme sentait monter en elle une vague d'angoisse contre laquelle elle se savait impuissante. Jeanne avait eu un premier malaise en fin de matinée. Une accélération de son cœur, des maux de tête violents, des nausées. « J'ai des *bourdous*[1] dans les oreilles… » s'était-elle plainte. Elle était repartie, seule, vers la cabane, où elle avait à faire. Dans l'après-midi, un homme avait traversé le chantier pour donner la nouvelle. Ça n'allait pas bien, là-bas. Jeanne avait du mal à respirer, et prenait la couleur des tuiles couvrant la cabane. On s'était décidé à aller chercher le docteur Lubin. Six kilomètres à bicyclette, un voyage.

— Il faut ramener Maurice, murmura Madeleine.

Maurice Pouyau, le mari de Jeanne, gemmait encore plus loin dans les profondeurs du pinhadar, sur une autre parcelle Ripeyre. Le domaine de plus de deux mille hectares, épais et difficilement accessible, s'étendait sur une ancienne lande semée depuis les années 1880. De rares chemins le parcouraient, que l'hiver défonçait. Là gîtait le cœur du Massif marensinois, la forêt épaisse aux allures de suaire que hantaient encore quelques personnages de contes à faire peur aux enfants. Là travaillaient aussi les Darribats, et quelques autres.

Madeleine se leva, annonça qu'elle allait sur place quérir Maurice, après quoi l'on irait à la cabane avec le docteur Lubin.

— Si on lui met la main dessus, pauvre…

Le médecin se dépensait sans compter à travers le territoire de plusieurs communes, au point qu'il fallait attendre un jour ou une nuit, et parfois les deux, pour recevoir ses soins. Madeleine enfourcha la bicyclette du chantier et s'enfonça dans la forêt. Elle souhaitait l'orage, en même temps qu'elle redoutait, comme toute bonne Landaise, l'embrasement des

1. Bourdonnements.

arbres par l'éclair. Au bout d'une vingtaine de minutes de sa pédalée régulière, elle déboucha sur un chantier de gemmage en tout point semblable au sien. Les pins y étaient magnifiques, des quinquagénaires bien entretenus qui donnaient à plein. Un peuple épars de forestiers vaquait entre les troncs, des hommes en majorité, et quelques femmes occupées à porter les couartes de résine vers les barriques.

Juché sur un *pitey*[1], Maurice Pouyau piquait un aubier à près de deux mètres du sol. Son patron, le maître Ripeyre, faisait saigner à mort cette parcelle-là, et quelques autres, avant de vendre les arbres exsangues. Diable ! Il fallait produire, compenser les pertes financières dues à la crise, aussi les carres se multipliaient-elles dans la hauteur des pins.

Madeleine appela son beau-frère. Cette fois, elle n'aurait pas le cœur de haranguer ses compagnons, ou de leur enseigner comment leur patron s'enrichissait sur leur dos.

— C'est Jeanne, là-bas. Un homme de Lescoumes est passé, qui l'a vue. Elle est mal.

Maurice Darribats acheva sa pique, puis il descendit lentement de son échelle, releva d'un bon demi-mètre le collier d'un pot, qu'il serra. Il avait encore de l'ouvrage, plus loin dans la parcelle. Madeleine le pressa de n'y plus penser.

— C'est bon, admit-il, d'une voix embrumée par le tabac.

Il était petit, les bras noueux, sec de peau et de silhouette. Des rides profondes barraient son front, ses joues, le vieillissaient. Madeleine lui laissa la conduite de la bicyclette, et s'installa sur le porte-

1. Échelle de résinier.

bagages. Très loin encore, un premier roulement de tonnerre annonça l'orage.

— Té, le diable commence à remuer des patates au grenier, dit l'homme. Celui-là, on va se le prendre sur le dos bien avant le soir.

— Alors, dépêche-toi, lui lança sa passagère.

L'air lui pesait de tout son silence, de sa moiteur immobile. Même les cigales semblaient en attente de l'orage et de sa promesse de fraîcheur. Madeleine s'astreignit à respirer profondément. Elle avait hâte d'en finir avec un voyage qui, dans d'autres circonstances, l'aurait peut-être amusée. Jeanne allait encore bien, la veille au soir. Que pouvait-il se passer, si près du terme ? La chaleur, peut-être… Il fallait avoir le cuir épais pour la supporter. Madeleine ferma les yeux. Il lui arrivait encore de prier, malgré les moqueries de ses camarades syndicalistes, les communistes surtout, qui raillaient de plus en plus ouvertement les culs-bénits de la bourgeoisie et leurs obligés des églises.

— Sainte Marie, Mère de Dieu…

Maurice ricana.

— Et quoi encore ? Jeanne s'en sortira bien sans ça. Un coup de chaud, je pense…

Il comptait mentalement ses piques de la journée. Entre le lever du soleil et la tombée de la nuit, un bon gemmeur pouvait en faire plus de mille. C'était un travail sans fin, à l'échelle de la forêt, des gestes recommencés sans plus même y penser, comme on pédalait d'un chantier à l'autre sur un chemin de sable.

— Ça va péter fort, *diou biban*…

L'orage accumulait ses colères de plus en plus près, mais aucune brise ne s'était encore levée. Dans l'air devenu irrespirable, Madeleine comptait, elle, les minutes. L'arrivée sur le chantier fut pour elle une délivrance. Il fallait faire vite.

— Et où étais-tu passée, encore ? lui cria de loin Victor Darribats.

Madeleine vit son mari s'avancer vers elle. Avec le temps — oh, une année, à peine — elle commençait à s'accoutumer à l'étranger qu'il était devenu pour elle. Du jeune écarteur parti la fleur au fusil en août 14, il ne restait que le souvenir de muscles sur une jambe unique, et celui d'un visage derrière un parchemin de grand brûlé. Les yeux, épargnés, pleins de lueurs mauvaises, trahissaient colères et longues ruminations du malheur. Quelle mouche avait piqué Victor Darribats pour qu'il ne sût se satisfaire d'être sorti indemne du bourbier français ? Il en avait repris pour trois ans, en Orient, où l'on continuait la guerre contre les Bulgares. C'était tenter le diable, pour d'obscures raisons, pour les odeurs de poudre et de charniers, ou simplement parce qu'on ne savait plus faire autre chose que se battre, tuer, espérer survivre. La Camarde qui veillait avait repéré ce récidiviste, et l'avait châtié. De quelle manière ! Pour Madeleine, et quoi qu'elle fît pour s'en défendre, le bref instant des retrouvailles avec son mari appuyé sur deux béquilles était à chaque fois une épreuve qui lui serrait le ventre, et le cœur.

— Eh bé, réponds. Où étais-tu ?

Il s'exprimait d'une voix sifflante, les lèvres fermées sur des plaies encore bourgeonnantes. Jean-Marc Ripeyre ne voulait plus de lui dans la pinède. Trop hostile, toujours à cracher sur tout le monde, sur les propriétaires qui s'enrichissaient de loin comme sur leurs ouvriers, ces moutons qui allaient par troupeaux entiers d'un arbre à l'autre. Mais Victor se fichait bien des interdictions de son patron. Il continuait sa guerre. Plus de Bulgares ? Quelques Landais feraient l'affaire. Et on verrait si quiconque l'empêchait d'aller où bon lui semblait, à travers lande ou forêt.

Madeleine baissa brièvement les yeux. De Victor, elle craignait moins la main qui se levait, parfois, que ce regard où luisait, fugace, le vrai désir de tuer. Elle expliqua.

— Alors, je viendrai avec vous, décida le mutilé.

Il ralentirait tout le monde, à tirer sur ses béquilles, mais nul ne songerait à le lui dire. Victor Darribats faisait partie du décor, et le petit peuple de la forêt, qui en avait recueilli quelques autres comme lui, brisés, s'en accommodait sans discussion. Maurice, son beau-frère que la guerre avait laissé intact, tergiversait. Il aurait bien pris le *bros* [1], mais qu'en serait-il alors de l'amasse du jour, et du transport des barriques jusqu'à l'usine de Saint-Girons ? Victor s'emporta.

— Et qu'est-ce que ça peut nous foutre, l'amasse du jour, et la résine de Ripeyre, et tout le reste ? Qu'il vienne se les saigner lui-même, ses arbres, ce salaud, et porter tout seul sa gemme à l'usine. Peut-être que la foudre aurait la bonne idée de lui tomber sur la gueule, ah ! Ou té, un paquet de chenilles, pour lui démanger le cul, *diou biban !*

La forêt landaise avait deux ennemis principaux, le feu allumé par l'orage, ou par quelque mégot, ou cul de bouteille, et les chenilles processionnaires, urticantes et boulimiques, écloses en bout de branches dans leurs gros cocons de fil blanc. Maurice n'insista pas.

— Té, le docteur, avec sa voiture.

Madeleine s'avança, au moment où la lumière

1. Charrette.

grise d'un éclair traversait la pinède. Le docteur Lubin descendit de son attelage. Rond de corps et de visage, les verres des lunettes presque collés à ses yeux, il suait d'abondance sous sa chemise fermée au col par une cravate hors de saison. Les deux frères de Victor, qui étaient allés le chercher, sautèrent à leur tour de la voiture. Lubin résuma la situation.

— Elle se congestionne, c'est ça, et respire mal ? Pas bon. Victor montera avec moi, et Madeleine aussi. Maurice, si tu peux te caler à l'arrière… les autres se débrouilleront. Té, la bicyclette fera l'affaire.

Il embarqua sa troupe sans plus attendre, et prit une piste qui menait droit vers l'orage.

3

La demeure de vacances de Jean et Marguerite Durrugne s'élevait à quelques centaines de mètres du rivage, entre les ondulations de la dune de Vielle. Ainsi placée sur son île de terre brune, sans autre parc que quelques arbustes et de jeunes pins parasols, la grosse bâtisse aux perrons et balcons de bois qu'égayaient, au-dessus des hautes fenêtres du premier étage, des alignements de chiens-assis sous les combles, semblait un morceau d'Arcachon perdu aux confins de la Grande Lande. « De la belle fortune, derrière ces planches... », aurait-on pu penser sans beaucoup se tromper, à la vue de la villa.

« Elle est faite pour les grands vents de mer », se dit Maylis lorsque l'automobile, après avoir emprunté une rigole de sable au fond de laquelle ses roues avaient longtemps patiné, se fut immobilisée face à son escalier principal.

Auguste aida les passagers à descendre, puis alla s'activer du côté du coffre à bagages, tandis que les hôtes, un homme petit, noiraud de poil comme d'habit, et sa femme, en robe longue boutonnée jusqu'au col, austère gravure d'une mode finissante, s'avançaient bras ouverts.

— Eh bien, vous êtes là, enfin !

Marguerite Durrugne s'approcha aussitôt de Maylis et la toisa avec une ébauche de sourire sur les lèvres.

— Cette petite que je n'avais pas revue depuis toutes ces années…

Elle avait une voix fluette qui contrastait avec les rondeurs de son buste et de ses hanches.

— Est-elle jolie, oui… Regarde-moi un peu.

Elle avait saisi le bras de Maylis et le serrait si fort que la jeune fille eut un geste de défense qui la surprit, et finalement l'amusa.

— Ainsi donc, tes cousins sont restés à Libourne, regretta-t-elle tandis que son mari la rejoignait.

— Ils avaient à faire, dit Maylis, les yeux baissés.

— Ah, la mignonne filleule, s'extasia Jean Durrugne. Et vous nous aviez caché ça chez les religieuses, Savayran ! Je me souvenais d'un tout petit échalas si pâle… pardieu, oui, la nature a bien fait les choses.

Ainsi examinée, Maylis se sentit rougir et chercha en vain une contenance, les mains jointes devant son ventre, le regard rivé à ses souliers. Le bruit régulier du vent d'océan lui parvenait, affaibli par la masse de la maison. Elle avait envie de courir vers cette rumeur. Elle releva la tête, découvrit tout près d'elle un garçon qui la dominait d'une bonne vingtaine de centimètres et qui lui souriait derrière une fine moustache aux pointes relevées.

— Tu te souviens de moi, Maylis ?

La voix était grave, le ton, enjôleur. De qui Maylis aurait-elle bien pu se souvenir ainsi, par obligation ? La société au sein de laquelle évoluaient ses

36

tuteurs était nombreuse, les enfants y étaient légion, de tous âges. Il en venait régulièrement, à Libourne, pour les dimanches en famille qu'autorisaient les stricts emplois du temps du pensionnat. On se voyait ainsi une fois par mois, et aux grandes vacances, plus quelques jours à Pâques et en fin d'année.

— Mathias Durrugne…, dit le garçon. Tes tuteurs t'ont tout de même dit à qui tu rendais visite ?

Elle se sentit gourde, ainsi tutoyée comme une adolescente. Le but de cette visite lui importait moins que les échos éveillés en elle par la traversée des Landes. Durrugne… oui, certes, c'était un nom qu'elle avait entendu parfois, à Libourne. Maintenant, le visage de son hôte lui rappelait celui d'un soldat, ou d'un sous-officier, peut-être, de passage chez les Savayran. « Il a fait une belle guerre », avait dit de lui Eugénie, qui semblait s'y connaître.

— Bien sûr, mentit Maylis.

Le beau guerrier la dévisageait avec intérêt. Elle ne connaissait pas le long rivage qui court de l'estuaire de la Garonne à celui de l'Adour ? Il serait donc son guide entre lande et baïnes, pendant que les parents discuteraient affaires, projets industriels. Le désennui passerait par la promenade, et par la découverte d'un pays plein de mystères.

Maylis se laissa conduire vers la maison dont l'intérieur sommairement meublé évoquait assez bien les brefs séjours que ses hôtes y effectuaient : des sièges en osier et des chaises longues, des tables campagnardes, quelques aquarelles et gravures aux murs de plâtre blanc, peu de chose, en vérité, du luxe dans lequel ces bourgeois devaient vivre face au Grand-Théâtre de Bordeaux. Mathias Durrugne précéda son invitée jusqu'à la chambre qu'elle occuperait, un espace monacal à peine égayé par un meuble de toilette fleuri, et dont le seul charme était de donner sur la ligne pâle et très lointaine de l'océan. Maylis se précipita vers la fenêtre, l'ouvrit en grand, heureuse tout à coup de sentir sur son visage une gifle de vent chaud. Elle ferma les yeux, huma longuement ces bouffées de sud qui la pénétraient. Mathias s'étonna.

— Tu as tout de même déjà vu la mer !

Elle secoua la tête, se sentit bête, encore une fois. Aussi étrange que cela parût pour une jeune fille bien née en Aquitaine, elle n'était jamais allée plus loin vers l'ouest que Bordeaux. L'aversion d'Eugénie pour l'océan faisait que, à la différence de nombre de leurs pairs pareillement fortunés, les Savayran n'avaient pas construit à Arcachon ou à Biarritz.

— Lorsque j'étais petite, dit-elle, et que je vivais dans ce pays. Je crois qu'on m'emmenait à l'océan, quand il faisait très beau.

Mathias avait posé son bagage et attendait, les mains dans le dos. Lorsqu'il jugea que le silence, qui s'était installé très vite, avait assez duré, il rejoignit Maylis près de la fenêtre.

— Regarde, dit-il, juste au-dessous.

Elle se pencha, découvrit un bolide bleu, un road-ster avec son habitacle étroit, derrière un museau de torpille. Mathias triomphait.

— Hispano, de cette année, l'un des tout premiers modèles. Je ne suis pas sûr qu'il y en ait plus de dix en France à l'heure qu'il est.

Il avait l'air vraiment fier, comme s'il avait gagné ce bijou sur le front. Après tout, pensa Maylis, c'était peut-être cela, pour certains, le prix d'une victoire. Des trophées, comme à la chasse, que l'on exhibait dans les courses internationales, ces petites guerres du temps de paix.

— Vous jouez au rugby ? demanda-t-elle.

— Comment as-tu deviné ?

Elle haussa les épaules puis se figea, les mains devant elle dans son attitude de petite fille. Mathias la considéra un long moment avant de reculer jusqu'à la porte, qu'il franchit, souriant.

— Il y aura encore quatre bonnes heures de jour. Fais vite, Maylis, si tu veux en profiter.

Elle rangea ses affaires en quelques secondes, dans la petite armoire de la chambre, puis rejoignit Mathias Durrugne, qui l'attendait à la proue de l'Hispano. Il flottait à l'intérieur de la maison, et autour d'elle, un air de liberté que Maylis ne connaissait guère à Libourne. Chez les Savayran, tous les gestes des enfants demeuraient sous contrôle strict, même à l'approche des vingt ans. Il fallait dire où l'on allait, pour combien de temps, et il était exceptionnel qu'une permission durât plus de quelques heures, avant la nuit, évidemment.

On faisait donc confiance ce jour-là à Mathias Durrugne, pour tenir compagnie à la jeune pupille. Maylis grimpa à bord, frissonnante comme une fillette en train de voler du chocolat dans un placard. Mathias alla actionner la manivelle, puis, lorsque le moteur eut fait entendre sa puissance, se hissa à bord.

— Donc, courant d'Huchet, annonça-t-il.

— Savez-vous où se trouve une maison que l'on nomme la Casedieu ? lui demanda Maylis.

Il parut surpris, eut un petit rire.

— Je crois, oui. Tu y as vécu enfant. C'est à une dizaine de kilomètres d'ici, en direction de Lit-et-Mixe. Exactement à l'opposé de l'endroit où nous avions prévu d'aller.

— Vers Lit-et-Mixe, c'est ça, murmura-t-elle.

— Il n'y a vraiment pas grand-chose à voir, là-haut. Des bleds, au milieu de marécages. En revanche, vers le sud…

Maylis l'interrompit. Son regard le fixait. Il eut le sentiment que la jeune fille l'implorait.

— Il faut que je voie cette demeure, dit-elle.

— Ton oncle m'a recommandé de t'emmener au lac de Léon, et à la plage, ensuite.

— Je sais.

Maylis doutait d'elle, et se faisait violence pour désobéir ainsi. Mais la proximité des murs de sa maison natale ne la laissait pas en repos. Sud ou nord, quelle importance pour une promenade ? On suivrait de toute façon la ligne de l'océan. Mathias hocha la tête. Il subissait ce qui faisait en vérité le charme de sa passagère, ce contraste entre les traits juvéniles de son visage, dans leur douceur qu'il eût pu croire indolence, et l'éclat par instants tragique de ses yeux.

— Soit. Tu ne crains pas la vitesse ?

Elle s'en moquait.

— Eh bien, dit-il, nous irons voir ce lieu si important pour toi.

Les profondes ouvertures de la Casedieu, les rondeurs et arabesques de ses fers forgés, que la mémoire de Maylis avait mises en désordre, étaient bien à leur place sur la façade de la maison. C'était, derrière un balcon-terrasse en bois, qui courait sur trois côtés de la bâtisse, une succession d'ogives basques, grandes baies des séjours ou bien fenêtres plus modestes des chambres aux volets clos dont les vents marins, obstinés, avaient effacé la peinture. La demeure avait été bâtie sur la pente de la dune, ménageant un demi-sous-sol de remises et de garages séparés par des niches, ogivales elles aussi, creusées pour une statuaire disparue. En haut d'un escalier de pierre blanche, s'avançait un large perron. L'entrée de la maison épousait les formes douces de la façade, sous le toit aux pentes dissymétriques. Demeure massive, et pourtant élégante, la Casedieu dominait le village de Saint-Girons d'un côté, et s'ouvrait de l'autre sur les profondeurs de la forêt et les ondulations de la dune littorale. Elle se dressait au fond d'un parc épais de chênes et de chênes-lièges aux troncs torturés, entre les cimes obliques de pins et de pins parasols. De l'herbe avait poussé un peu partout, respectant vaguement les formes d'anciennes pelouses, ainsi que le tracé des chemins qui en faisaient le tour et les joignaient autrefois entre elles.

— Tout cela a l'air bien abandonné, constata Mathias Durrugne.

C'était donc là. Mathias cherchait une faille dans les défenses de la maison. Maylis marcha vers ses murailles striées de gris par les tempêtes, à l'intérieur desquelles dormait sa prime jeunesse, où bruits, voix et parfums reposaient depuis près de treize années. Parfois, dans ses rêveries, la maison prenait les allures d'une imprenable forteresse, lieu désert où nul n'entrait jamais. Peut-être valait-il mieux ne pas insister, laisser en l'état pierres et fantômes. Maylis eut soudain envie de renoncer, et s'apprêtait à rebrousser chemin lorsqu'un cycliste, coiffé d'un béret et vêtu de velours, déboucha d'entre les chênes et s'avança, d'une pédalée laborieuse.

— Il n'est pas possible d'entrer là, prévint-il aussitôt qu'il eut mis pied à terre.

Il était vieux et soufflait fort dans ses vêtements trop chauds pour la saison.

— Qui êtes-vous, je vous prie ? demanda-t-il.

En entendant le nom de la visiteuse, il ouvrit de grands yeux.

— *Diou biban*, Mademoiselle Savayran, ça alors, après toutes ces années…

Il jurait entre les poils de sa moustache grise, époussetait son béret contre son genou.

— *Diou biban de diou biban!* Mademoiselle Maylis de retour en Marensin. On voit quelquefois Monsieur Henri, ou Madame Eugénie, dit-il, encore incrédule. Eh bien ça… la petite mademoiselle de la Casedieu… Vous ne vous souvenez pas de moi, bien sûr, Comets, Jean Comets (il avait dit son nom comme une évidence, cherchait chez Maylis un acquiescement), l'ancien contremaître de l'usine. Enfin, c'est bien loin tout ça, et le reste. Je travaillais avec Monsieur Paul, votre père. Et ma sœur, Blanche, ça ne vous rappelle rien ? Elle venait ici, aider votre mère, pour le ménage, le jardin. Elle a bien passé une vingtaine d'années au service de votre famille du temps de votre grand-mère, déjà. Vous ne vous rappelez rien, vraiment ?

Il se tut, brusquement. Aussi loin qu'elle pût remonter dans le temps, Maylis ne revoyait aucun visage, n'entendait aucune voix qui n'appartienne à ses parents.

— Blanche… peut-être, oui.

Tout n'était que limbes où évoluaient de vagues silhouettes : ouvriers de l'usine, paysannes vêtues de noir portant jusque dans la cuisine des volailles, des œufs et des cochonnailles, enfants entr'aperçus au loin, jouant sur le chemin de l'école ou se livrant à quelque travail forestier.

— Je suis désolée, murmura-t-elle.

— Bah, fit Comets, fataliste. Et vous désirez que je vous ouvre la maison ?

— Oui, mais rapidement, prévint Mathias. Le temps change, et la voiture n'a pas de capote.

Ils gravirent les marches derrière leur guide. Le cœur battant, Maylis vit s'ouvrir la porte espagnole aux lourds panneaux de bois sculpté. Son père se tenait souvent devant elle, à la nuit tombante. Immobile, les yeux mi-clos, mains dans les poches, il restait là, longtemps, à humer l'air du soir, avant de rentrer. Comets s'effaça devant Maylis.

— Je viens quelquefois, pour aérer un peu, comme le désire monsieur votre oncle.

À l'instant où elle pénétrait dans la maison, la jeune fille eut la sensation d'être descendue au fond d'une crypte, dans une atmosphère glaciale et confinée qui l'enveloppait comme un suaire. Poussière et humidité avaient imposé leur senteur fade dans le hall, et jusqu'à l'immense séjour dont Comets alla entrouvrir fenêtres et volets.

— De l'air, oui, pour ce sépulcre, dit Mathias d'une voix faussement enjouée.

Une mer de draps écrus recouvrant les meubles avait l'air d'onduler à travers la pièce. Il y avait eu des tapis, sur le parquet, dont Maylis réalisait tout à coup qu'ils avaient fait un jour le voyage de Libourne. Leur trace apparaissait en rectangles plus clairs. Sous la table de la salle à manger de la tante Eugénie avait sans doute été posé le plus vaste, celui-là même que Maylis avait investi, et peuplé de ses jouets, dans sa vie antérieure. « Au moins seront-ils restés dans la famille », pensa-t-elle en marchant vers le piano.

— Madame votre mère en jouait si joliment, se souvint Comets.

Maylis caressa l'instrument, puis elle en souleva l'abattant et plaqua un accord, tirant du clavier un son faible et dissonant. Les marteaux avaient souffert, leurs tampons avaient pris l'humidité.

— Personne n'y a touché, dit Comets. Après tout ce temps, diable…

Planté au milieu de la pièce, le nez en l'air, Mathias Durrugne inspectait solives et poutres maîtresses. Le salon avait des proportions majestueuses encore étendues par le blanc des murs. Les formes arrondies des ouvertures adoucissaient son volume de cathédrale, ménageant par endroits, dans la pénombre de juillet, des recoins intimes propices au jeu, ou au repos. Mathias se fit moqueur.

— Ces maisons basques, et cette manie des ogives, tout de même. Rien ne m'empêchera de préférer les angles aigus de la pierre bordelaise. Enfin, il faut bien reconnaître que cette maison a le mérite d'avoir précédé la mode actuelle. Comment appelle-t-on ça, déjà ? Ce rivage à mourir d'ennui, ce sable à naufrageurs, sur deux cents kilomètres ? Ah oui, la Côte d'Argent. Hé ! L'azur était déjà pris. On a l'imagination qu'on peut.

Il rit, heureux de sa trouvaille.

La pudeur du regard que Maylis portait sur les lieux et les choses contrastait avec l'orage que la jeune fille sentait se lever en elle. Brûlant de se libérer des questions qui l'assaillaient, en nuées, elle eût pour un peu poussé Jean Comets devant elle, d'un objet et d'une pièce à l'autre, et sommé le vieil homme de lui en donner les clefs, autant pour ouvrir que pour comprendre. Mais elle choisit de dissimuler son trouble, comme elle avait appris à le faire depuis de longues années, continuant à s'appliquer à elle-même l'interdit familial qui avait jusque-là gommé le souvenir même de la Casedieu dans la dune marensine.

Mathias continuait à plaisanter. Maylis ne l'entendait pas. Derrière la senteur douceâtre du temps passé s'agitait un sabbat de bruits, de voix et de formes. Un monde surgissait, qu'elle peinait à reconnaître et dont la proximité l'oppressait. Il y avait des fils pour la relier à ces choses perdues, comme la silhouette de sa mère, en souriante majesté. Ève Savayran ouvrait une porte et paraissait, affairée comme à son habitude. Elle avait toujours quelque chose à faire entre salon, cuisine et armoires de l'étage. Des ordres à donner à sa domesticité, une visite à préparer, un souci vite chassé par un autre.

Maylis quitta le grand salon, traversa un couloir au plâtre craquelé, et gondolé par l'humidité. La cuisine, où les marmites fumaient autrefois dans la pénombre tiède, près de la longue table piquée aux vers, les mouches tournoyant dans des rais de lumière poussiéreuse ; le cellier, au nord, les souillardes où reposaient autrefois gibier et jambons, les chambrettes des servantes et du jardinier… Maylis pressa le pas, gravit l'escalier de bois verni. Il lui tardait soudain de découvrir le reste.

En haut, les chambres se répartissaient autour d'un carré de parquet que l'on avait aussi débarrassé de son tapis. D'une verrière aux initiales des Savayran tombait une lumière de crépuscule. Maylis ouvrit une porte, crut entendre soudain les voix qui s'échappaient du bureau de son père. Elle voulut croire que ces échos n'étaient que rires, un peu trop bruyants, mais non. Une colère de Paul Savayran traversait la pièce et le palier, son fracas se répercutait à travers toute la demeure, avant de se perdre au bout d'un corridor. Que disait cette rage ? Il y avait dans la petite pièce un lit étroit de style Empire, un secrétaire gris de poussière, quelques livres de comptes dispersés sur des étagères trop vastes pour eux. Maylis quitta l'endroit, ouvrit la porte voisine et s'immobilisa.

Là était le sanctuaire maternel. Le baldaquin sous lequel il faisait bon venir s'asseoir, ou s'allonger, avait perdu ses voiles ; il n'avait conservé que son cadre de bois brun fixé au plafond. Le lit était nu. Draps et matelas avaient disparu, tout comme le couvre-lit en satin, qui crissait doucement sous les doigts, et les oreillers, si profonds que l'on pouvait y disparaître presque tout entière. Ailleurs dans la chambre, des restes de mobilier en partie dispersé. Une coiffeuse dont la glace pivotante avait été enlevée et offrait depuis ses reflets dans la salle d'eau de Libourne, un fauteuil Voltaire à la garniture de cuir éventrée par endroits, orphelin de ses semblables, l'armoire paysanne à l'imposant fronton, trop lourde pour avoir été emportée. Eugénie avait bien fait les choses, délaissant les grosses prises pour du matériel plus maniable, jetant son dévolu sur les objets — guéridons, prie-Dieu, commodes et sièges — capables de donner à un intérieur déjà bien fourni quelques touches supplémentaires de goût et de charme cossu.

— Qu'est-ce qui est à moi, ici, hors le passé mort ? murmura Maylis.

Elle se retira. Cette expédition lui devenait tout à coup pénible, l'abattement succédait en elle à l'excitation inquiète des premières minutes. Les lacunes de ses souvenirs l'obligeaient à des efforts de mémoire, le silence qui enveloppait toute chose lui donnait, à chaque pas, la mesure d'un temps impossible à remonter.

De nouvelles questions l'assaillaient. Elle s'efforça au calme, contre le dépit qui l'envahissait. A quoi bon demeurer là, à humer plus longtemps l'odeur d'un désastre ? Les voix, les cris, les ombres pressées qui allaient et venaient, sans but, autour d'elle, tout lui évoquait désormais le malheur refoulé, oublié. Elle sortit. Sa chambre était tout près, avec sa porte entrouverte comme une invitation. Maylis s'en éloigna. Eugénie Savayran avait vidé la pièce, et réparti son contenu entre ses enfants et leur cousine.

— Partons, décida Maylis lorsqu'elle eut rejoint son compagnon et le vieil homme.

Mathias Durrugne s'était affalé à même le drap recouvrant un crapaud et semblait méditer, les mains jointes sous son menton. Debout devant une porte-fenêtre, Jean Comets contemplait le parc, ou sa caricature à l'herbe jaunie par l'été. Mathias se leva, satisfait. La visite de ce lieu sans vie l'excitait moins que la perspective de se remettre au volant de son bolide.

— Mademoiselle Maylis, voudrez-vous que je trouve quelqu'un pour le ménage ? s'inquiéta l'ex-contremaître tandis qu'ils se retrouvaient tous trois sur le perron.

La question sidéra Maylis. Quelqu'un lui demandait d'émettre un désir, peut-être même de donner un ordre. Elle rougit. Comment faisait-on ces choses-là, à propos d'un tel lieu ? Et de quel droit ? La Casedieu était dans le giron des « Henri », comme on disait. Ils géraient. A dix-huit ans, leur nièce n'avait aucun regard à porter sur leurs affaires. Maylis eut un geste d'excuse. Comets rentrerait chez lui sans avoir bien compris la raison de cette visite.

— Bon. Il faut rentrer, maintenant, dit Mathias. L'orage vient.

Il s'impatientait. Accourant du sud, des nues menaçantes s'amoncelaient ; leurs ventres noirs obscurcissaient l'horizon, retenant en eux des gronde-

ments encore lointains. Au moment où elle s'enga-
geait dans l'escalier à la suite de son conducteur,
Maylis se retourna, vit le vieil homme qui lui tendait
une clé.

— Elle ouvre cette maison. J'en ai un double, et
puis, il est possible d'entrer aussi par la porte des
domestiques.

Maylis hésita. L'idée de garder une clé de la Casedieu ne l'avait pas effleurée. Elle saisit l'objet, sans
trop bien savoir pourquoi, salua Comets d'un bref
hochement de tête.

Son humeur prenait la teinte du ciel. Ainsi allait
son tempérament, de la douceur un peu absente et très
coutumière, que l'on prenait volontiers pour de la
passivité, aux colères tristes qui montaient en elle
comme des marées, et qu'elle s'efforçait depuis toujours de ne pas montrer. Elle monta à bord du road-
ster, se cala au fond de l'inconfortable fauteuil passager et se laissa emmener, sans un regard pour la
maison blanche aux lignes arrondies.

4

Mathias Durrugne et sa passagère avaient parcouru une dizaine de kilomètres vers l'ouest, au cœur d'une forêt assombrie par le ciel d'encre, lorsque les premières gouttes se mirent à tomber. D'abord timides et tièdes, presque amicales et comme retenues par les nuages, elles se firent bientôt drues, fils tourmentés par de brusques rafales de vent.

L'habitacle de l'automobile n'avait pas de protection ; l'averse eut vite fait d'inonder les sièges, et leurs occupants. Maylis n'avait emporté pour ses cheveux qu'un châle de tissu léger, moyen de défense illusoire contre la colère grandissante du ciel.

— Regarde, il y a des grumes en bordure de fossé, lui dit Mathias. Le chantier ne doit pas être bien loin.

Des entassements de troncs à l'orée d'un chemin attestaient un travail humain récent. Mathias engagea l'Hispano sur une piste à peine praticable et l'averse, filtrée par les cimes, se fit un peu moins violente. Au bout d'un kilomètre de cahots et de glissades au fond des ornières du chemin, la voiture déboucha sur un espace vaguement dégagé, un airial de chênes au centre duquel se dressait une cahute en planches.

L'arrivée de la voiture fut saluée par un long roulement de tonnerre.

— Une cabane de résiniers ! s'écria Mathias, l'air triomphant. Nous sommes sauvés.

Transpercée par la pluie, Maylis frissonnait. Devançant sa pensée, Mathias lui promit un feu qui la réchaufferait. Le bois ne manquait pas, par là, et du chêne, même.

— C'est un grain de mer déplacé en forêt, plaisanta-t-il. Dans moins d'une heure, il fera de nouveau grand soleil.

Tandis que son compagnon tendait une bâche de toile entre le coffre et le capot du cabriolet, Maylis se hâta vers la cabane. Qui pouvait bien habiter pareille bicoque de planches mal ajustées ? Une fenêtre de guingois, la porte entrouverte par une huisserie grossière, tout indiquait l'abri hâtivement construit, avec du matériau médiocre. Maylis entra.

L'intérieur sentait la résine, et le moisi. Dans une pénombre grise comme les murs, la jeune fille distingua, à même la terre, face à une cheminée de plâtre, une table avec trois chaises. Des étagères pour la vaisselle, deux grosses miches de pain noir sur l'une d'elles, et des outils, appuyés un peu partout contre les parois, complétaient le décor.

Maylis se dirigeait vers la cheminée lorsqu'elle perçut, tout près, un souffle entrecoupé de ronflements. Dormeur ou animal ? Cela venait du fond de la pièce, d'un espace obscur à demi fermé par une mince palissade. Elle s'avança. Un chien se fût déjà manifesté. Poussée par une subite curiosité d'enfant, Maylis contourna la cloison et découvrit une femme, allongée à même un sommier de toile, sous un édredon ne laissant dépasser que ses pieds, ses bras, et son visage tourné vers le mur.

— Eh bien, où es-tu, dans ce schwartz ? s'exclama Mathias qui pénétrait à son tour dans la cabane.

Il finit par apercevoir la silhouette claire de Maylis, s'approcha à son tour.

— Seigneur Dieu, murmura Maylis, cette personne est très malade.

Elle avait la voix rauque, soudain. Mathias se pencha. La dormeuse râlait doucement. A travers l'édredon, ses mains serraient son ventre qui oscillait et rampait sous le tissu écarlate.

— Tudieu, je vois ça, dit Mathias.

Il posa la main sur l'épaule de la femme, qu'il attira doucement vers lui, fit basculer le reste du corps, souleva l'édredon. Maylis eut un mouvement de recul. La femme était enceinte, son ventre pointait sous un jupon de lin. Son visage avait la couleur des briques, avec au front les traces bleutées de veines. Derrière ses paupières à demi closes paraissaient les lunes blafardes des yeux, ses lèvres avaient disparu, comme happées par la bouche. Une vieillarde, au sommeil tendu par des douleurs, au plus profond.

— Elle meurt. Mathias, je vous dis qu'elle meurt.

— Mais non.

Mathias Durrugne se redressa, perplexe. Maylis implorait son regard, mais le beau guerrier esquivait, gardait la tête basse. Dehors, l'orage donnait à plein. La foudre tomba, tout près, dans un fracas de fin du monde.

— Il faut l'aider, faire quelque chose, dit Maylis, qui se sentait pâlir et dut prendre appui contre le mur. Emmenons-la…

— Comme ça, sans prévenir quiconque, et sous ce déluge ? l'interrompit Mathias. Nous ne sommes rien pour elle. Il y a des gens, par ici, qui s'en occupent, sûrement, qui ont dû aller chercher un médecin. Cette forêt a l'air vide, comme ça, mais ils sont des milliers, à y vivre.

Fascinée par le spectacle infâme, Maylis ne l'entendait pas. Jusqu'à quel point cette face pourrait-elle se consumer? Les yeux allaient-ils quitter leurs orbites, et rouler vers les seins énormes que la souffrance agitait mollement sous la toile de la chemise?

— Nous ne pouvons pas la laisser ici, dit-elle.

Mathias allait et venait le long du lit, jetait à la dérobée des regards vers la femme. «C'est donc pire que les tranchées?» se demanda Maylis, qui posa la main sur son bras, et l'arrêta.

— Mathias, je vous en prie.

— Tu as raison, décida-t-il. Nous allons la conduire...

Où? L'absurdité de la situation apparaissait. Cette cabane, au cœur de la forêt landaise, à deux heures de route de l'hospice le plus proche, à Dax... et s'y rendre en speeder Hispano, à trois! Qui se caserait dans le minuscule coffre à bagages?

Mathias réfléchissait encore lorsque des bruits de voix se firent entendre, intermittents, d'abord, et couverts par les rafales, puis plus nets. Des hommes entrèrent, trempés comme des soupes, puis une femme toute vêtue de noir, qui se précipita vers le lit.

— Jeanne!

Un homme corpulent, portant redingote noire et chapeau melon, la rejoignit, une sacoche à la main, et se pencha vers la malade, sans un regard pour Maylis et son compagnon.

— Nous nous disposions à l'emmener à Dax, lui dit Mathias.

Le médecin marmonna quelques mots. Ayant ôté son couvre-chef, il colla son oreille sur le thorax de la femme, demeura un long moment à l'écoute. Puis

52

il souleva le jupon jusqu'aux hanches et, à l'aide d'un long stéthoscope en bois aux allures de corne de brume, ausculta le ventre strié de pourpre.

— Nom de Dieu de nom de Dieu, c'est mort, là-dedans, lâcha-t-il, lugubre, et, se relevant avec peine, il ajouta : C'est une éclampsie, avec un foutu œdème pulmonaire. Elle doit avoir au moins vingt-cinq de tension.

— Elle va passer, monsieur Lubin ? demanda la femme en noir, d'une voix ferme.

— J'en ai peur, Madeleine, j'en ai peur.

Maylis ressentait comme dans un cauchemar l'étrange ambiance qui régnait dans la cabane. Les hommes, des forestiers ceinturés de rouge sur leurs pantalons de toile rayée, le torse luisant de pluie dans l'échancrure de leurs chemises de drap épais, s'étaient rassemblés devant la cheminée. L'un d'eux, accroupi, allumait un feu. La femme en noir, Madeleine, contemplait la malade. Elle avait les yeux de la couleur de son vêtement, deux petites flèches dures qu'elle finit par planter dans ceux de Maylis. Et ses lèvres minces, serrées en rictus, s'entrouvrirent pour une question qu'au dernier moment, cependant, elles retinrent.

Maylis eut dans l'instant la certitude d'avoir déjà croisé ce feu habité de colère, et de passion, promptement détourné vers la malade.

— Je vais la saigner, décida le médecin.

Mathias proposa son aide.

— Ça ira, monsieur, lui lança Madeleine sur un ton sec. Nous sommes assez nombreux, ici, je crois.

Son accent, chantant, tempérait un peu la rudesse d'une voix faite, semblait-il, pour ordonner, et être obéie. Lubin découvrait enfin, quant à lui, le visiteur dans ses vêtements de vacancier, incongruité citadine au milieu d'un rassemblement paysan.

— Ah, c'est donc vous, le bolide, là, dehors…

Oubliant l'Hispano dont le museau pointait entre les montants de la porte, il se pencha à nouveau vers sa patiente. En moins d'une minute, il eut installé son matériel, sur un linge propre. Des trocarts d'acier, un garrot, un flacon plein d'un liquide brunâtre qu'il fit couler sur le bras de Jeanne.

— Ceux du front sauront, dit-il, sibyllin.

Maylis avait reculé de quelques pas. Lentement, comme si elle se préparait à quitter l'endroit. Personne ne lui en avait intimé l'ordre. Pour cela, il eût fallu lui adresser la parole, mais elle devait être transparente, au point que nul, à part cette femme en noir campée devant elle, les poings fermés sur les hanches, n'avait semblé remarquer sa présence.

Un homme s'était détaché du groupe des forestiers ; la tête basse, les mains, serrant son béret, croisées devant son ventre.

— Elle va passer, docteur ?

— Je n'en sais rien, mon pauvre Pouyau, lui dit Lubin. Cela faisait quelque temps que ta femme avait de la tension, té. Les médicaments n'ont pas suffi…

Sur le bras dûment garrotté saillait une veine dans laquelle le médecin enfonça un trocart à peine moins large qu'un crayon. Immédiatement, un sang de couleur sombre afflua, et se répandit à terre. Maylis apercevait au loin le visage de cette femme dont elle connaissait désormais le prénom : Jeanne. Que faisait-elle, en forêt ? Travaillait-elle encore, avant de s'aliter ? Un bref instant, Jeanne sembla s'éveiller, promena sur les tuiles de la toiture un regard absent, ouvrit la bouche, pareille à un poisson sur un linge, avant de retomber dans sa torpeur agitée.

Maylis avait appris qu'au chevet des mourants il convenait de prier, ce qu'elle fit, les yeux clos. Lubin observait l'hémorragie, la sève brune pissée par le vaisseau qui faisait, en touchant le sol, un bruit de source. De temps à autre, le médecin relâchait le garrot, pressait le bras pour y rétablir la circulation, et serrait derechef la cordelette de lin. Il se passa ainsi quelques minutes, où tout parut suspendu au fil de la saignée, dans le murmure apaisé de la forêt. Puis, au bout d'un Ave Maria, Maylis ouvrit les yeux et subit le regard que Madeleine, la femme en noir, posait sur elle ; charbonneux, habité de pensées contraires et plutôt hostile, insolent. Qui lui lançait un défi muet, et lui faisait reproche d'être encore là.

Comme tant de choses et de lieux de cette journée, ce regard ramenait Maylis vers son enfance. Mais ce n'était pas l'heure des questions, et la jeune fille chassa ce fantasme. Au fond de la pièce, Jeanne s'était mise à haleter, de plus en plus vite, de plus en plus fort. Finirait-elle par crier, comme si elle accouchait ? Ses paupières avaient doublé de volume. Lubin jura. La saignée ralentissait, malgré les efforts qu'il faisait pour presser le bras. Lorsque les soupirs de la malade se furent suffisamment espacés pour donner l'impression qu'elle dormait, le médecin hocha la tête, plusieurs fois. Puis il vérifia l'état des pupilles, ausculta le thorax, arracha le trocart d'un geste sec, et se leva.

— Mon pauvre Pouyau, c'est terminé, dit-il d'une voix lasse, la main sur l'épaule du forestier.

L'homme eut un sanglot, aussitôt réprimé. Quel âge pouvait-il avoir ? Vivait-il dans cet endroit, avec sa femme, et si oui, comment cela était-il possible ? Maylis cherchait sur son visage les signes d'une révolte, et n'y décelait que morne acceptation, et incompréhension. Les forestiers s'étaient approchés du lit, entourant leur compagnon qui s'était assis près de la morte et pétrissait sa main d'un geste machinal.

— Une première grossesse, il y avait des risques, certainement, conclut le médecin.

— Et c'est ainsi qu'on meurt au pinhadar Ripeyre ! s'exclama Victor. A vingt-huit ans ! Ah ! C'est du beau spectacle, oui, et de la jolie camarade ! Et regardez-moi cet hospice, pour y recevoir des soins ! Manque plus que le prêtre, nom de Dieu !

Maylis le repéra, au milieu du groupe. L'unijambiste se tenait appuyé des deux mains sur une de ses béquilles. Son moignon de cuisse pendait dans le vide, sous un bout de pantalon noué par des épingles. L'homme tourna vers les deux jeunes gens son visage de grand blessé, une trogne de fin de guerre, barrée de cicatrices du front aux tempes, couverte pour le reste d'une peau de lézard, écailleuse et glabre, brûlée jusqu'à l'os, que l'on devinait tout proche, aux pommettes et au menton. Le regard de Victor passa sur les étrangers sans s'arrêter.

— A travailler jusqu'à ce matin, putain de Dieu ! Avec son gouyat dans le ventre ! hurla-t-il. Comment ça s'appelle, une chose pareille, monsieur le docteur ? Fatalité ? Bail à colonat partiaire ? Dites, vous qui savez les choses !

Des déhiscences dentaires le faisaient chuinter, vieillissant sa voix. Il fulminait, levait son poing serré qu'il assenait sur d'invisibles nuques, tremblait de rage. Les autres se taisaient, têtes basses. Maylis eut peur, soudain. Elle ignorait tout de ces violences, de ces manières de vivre et de mourir, se sentait totalement étrangère à ces gens hostiles, réunis dans leur univers végétal, à l'abri de quelques planches. Lubin haussa les épaules.

— L'éclampsie, Victor, ça ne prévient pas toujours, dit-il, s'efforçant au calme, ça s'installe en quelques heures, c'est une crise, tu comprends, quelque chose d'aigu. Ta sœur n'a pas résisté…

— Aigu, crise ! Rien du tout ! l'interrompit l'autre. Des théories de savant, oui ! Je m'en fous ! Ah, si vous saviez…

Madeleine vint vers l'homme, prit son bras, mais il se dégagea, d'un geste brutal qui la stupéfia, et, pour la première fois, Maylis vit passer dans les yeux de la femme en noir un éclat de crainte.

— Il faut les laisser, chuchota Mathias à l'oreille de Maylis.

Maylis se rendit compte que son compagnon lui tenait la main. Depuis combien de temps ? Ce contact la rassura. Il y avait beaucoup d'hommes en colère dans cet espace réduit, même si la plupart cédaient pour l'instant à l'abattement. Le plus excité d'entre eux avait à son tour repéré les visiteurs, et jurait en gascon, pointant vers eux sa béquille.

— Aux riches ! s'écria Victor. Dites-leur ! Racontez-leur un peu comment on crève chez Ripeyre, salauds !

Des forestiers s'interposèrent. En vérité, Victor n'avait plus guère de forces, au bout de sa rage, et se laissait contenir sans trop résister. Madeleine s'assit à son tour au bord du lit, la tête entre les mains.

— Il faut vous occuper de votre ami Pouyau, recommanda Lubin aux hommes présents, puis il ajouta : Pour cette pauvre Jeanne, je suis vraiment désolé. Porter des couartes sur la tête, et curer des barriques de glu résineuse à plus de sept mois de grossesse, voilà qui n'est certes pas indiqué. Passez devant, je vous prie, ordonna-t-il à Mathias.

L'averse avait cessé, une queue d'orage traversait

le ciel dans de lointaines lueurs, le soir tombait, dans une brume tiède exhalée par la terre.

— Victor Darribats est revenu du front d'Orient tel que vous le voyez, dit le médecin lorsqu'ils furent sortis de la cabane. C'était un brave berger, un peu laboureur, un peu gemmeur, enfin, un homme de la lande d'avant-guerre. Les Bulgares lui ont brûlé la gueule, et la cervelle aussi, j'en ai peur. Bref, le voici, et il y en a tant et tant, comme lui… Jolie voiture, apprécia-t-il, la voix pleine d'une très courtoise moquerie. Et où alliez-vous ainsi ?

— A Vielle-Saint-Girons, lui dit Mathias.

Lubin plissa les paupières, fouillant sa mémoire.

— Je suis Mathias Durrugne, l'affranchit le jeune homme. Je n'ai pas chassé le Bulgare, ajouta-t-il, rendant son ironie au médecin, ni plongé dans les Dardanelles. J'étais ailleurs. A chacun son front de guerre…

— Bien sûr… je me disais, murmura Lubin, qui semblait poursuivre une rêverie, les grands propriétaires du Marensin… Eh bien, vous aurez aperçu un peu des profondeurs de ce pays, monsieur Durrugne, de sa face cachée, aussi.

— Docteur, je connais ce pays, moi aussi.

Mathias n'avait pas trop envie de poursuivre la conversation. Il eut un vague sourire, aida Maylis à réintégrer l'habitacle de l'Hispano. Puis il actionna la manivelle, salua Lubin d'un geste désinvolte de la main, et lança son bolide sur la piste.

Sans savoir très bien pourquoi, suivant un élan de son cœur dont la cible devait être aussi cette femme morte, et les quelques vivants qui avaient accompagné son agonie, Maylis avait décidé que ce serait lui. Sous l'abri précaire de la cabane de résiniers, il s'était passé un événement barbare qu'elle avait du mal à comprendre, et à interpréter. Mathias devait savoir, avec sa jeunesse déjà trempée par la guerre, et cette force qui émanait de lui. Et puisqu'il avait aussi été témoin de ces instants bouleversants, Maylis le laissait approcher, et gardait la main dans la sienne, tandis que l'Hispano glissait d'une ornière à l'autre, à la recherche d'un bon équilibre.

— Il en est tombé des tonnes, en moins d'une heure, dit Mathias. Ces pistes sont de vrais traquenards où les voitures s'embourbent en moins de deux.

Il avait l'air de s'inquiéter, mais en même temps, les ruades et les rugissements de son speeder lui arrachaient des grognements de plaisir, comme s'il domptait un fauve et l'encourageait.

— Tu vas passer, ma jolie, tu vas passer ces flaques, oui.

La nuit venait à travers la forêt ruisselante, les brumes se faisaient plus denses, jouaient avec l'astre orange plongeant à l'ouest entre les arbres, en effets de stroboscope. Décor grandiose, et oppressant. Mathias souriait. Lorsque sa conduite le lui permettait, il lâchait à demi le volant. Ses doigts caressaient alors ceux de sa passagère. Ce contact empourpra les joues de Maylis au point qu'elle se libéra avec une brusquerie aussitôt regrettée.

— Tu penses à ces gens, devina Mathias. C'est normal. Pauvre femme…

Maylis baissa la tête. En vérité, au soir d'une telle journée, son esprit restait encombré de voix, de visions, qui s'entrechoquaient. Il y avait eu le silence de la pinède, le calme de la dune sous le soleil, et l'orage, pour les rompre. C'était le temps des vacances, et celui de la mort. Le désert de la grande forêt s'était peuplé en quelques heures d'êtres si dissemblables… Curieusement, Maylis sentait ce désordre s'agiter en elle sur une musique. C'était une mélodie de Guillaume Lekeu, *La Fenêtre de la maison paternelle*, un chant très nostalgique que chantait souvent sa cousine Camille Savayran. Elle l'accompagnait au piano.

— Je pensais à un compositeur tellement doué, mort avant le siècle, à vingt-quatre ans, dit-elle.

— Ah ! s'esclaffa Durrugne, des morts de vingt-quatre ans, j'en ai connu quelques-uns, musiciens et autres, tous doués, sans aucun doute. Les types d'en face ne faisaient pas la différence.

Elle s'en voulut d'avoir favorisé cette remarque. Pour elle, les disparus de 14-18 reposaient dans un champ sacré, et face aux rescapés, qui avaient vécu tant de souffrances, elle se sentait en infériorité.

— Cet homme très en colère…, dit-elle. Il a crié : mourir chez… ?

Mathias hissait l'automobile sur un coupe-feu à peine plus carrossable que la piste.

— Boh ! Ripeyre, lâcha-t-il, sans doute un propriétaire parmi cent autres. Tu sais, le Massif landais est une chose assez compliquée. Dix mille personnes se le partagent, peut-être plus, des grands, des petits, des qui baillent la résine à cinquante pour cent, d'autres, à trente, ou moins encore. Il n'y a pas de loi, par ici, chacun fait comme il veut, ou presque.

— Le massif…, s'interrogea Maylis, qui pensait à des montagnes.

— La forêt, c'est pour les promeneurs comme nous, les ramasseurs de champignons, sous leurs ombrelles. Quelque chose de féminin, sous le soleil ou à la plage. Le Massif — il eut un geste du poing, vers le haut, évocateur —, c'est les hommes, scieurs, gemmeurs, et industriels, bien sûr. Les hommes,

Maylis, maintenant qu'ils sont revenus du front. Et sais-tu de quel endroit du monde tout cela est régi ? La résine, les essences, le commerce mondial, les cours ?…

Elle affichait son ignorance. Le bois, la sève, l'industrie ! Son éducation s'était faite autour du respect des usages en société, de la tenue d'une maison, de l'étude du latin et des Évangiles. Pour le reste, les tenaces mélancolies qui la coupaient du monde, des jours durant, lui tenaient lieu depuis des années de livre ouvert sur la vie.

— Savannah ! s'écria Mathias. En Amérique, là-bas ! Eh oui, tu vois, des Landes aux États-Unis, quel trait d'union !

Il tendait la main vers le couchant. Où était la femme morte, sur son lit aux planches disjointes ? A Libourne, en vacances, on chantait aussi *La Mamma morta*, une tragédie qui finissait en fous rires dans le salon des Savayran. Maylis ferma les yeux. Elle se moquait bien de Savannah, et de l'empire forestier qui s'étendait de part et d'autre de l'océan. Son esprit se vidait peu à peu, cherchait la paix. Elle se mit à sangloter, honteuse de se laisser aller ainsi, à côté d'un inconnu, sentit la main de Mathias sur sa nuque. Ce contact, fort et appuyé, actif comme un feu, la tétanisa, tout en lui faisant du bien.

— Dieu me renvoie dans les tranchées si tu n'es pas la plus jolie fille qu'il m'ait été donné de rencontrer, murmura le jeune homme à son oreille. Tu me crois ?

Elle se raidit. La voix de Mathias la traversait comme une onde bouillante. Elle ouvrit les yeux, vit que la voiture était immobilisée au milieu de la large piste, se mit à respirer plus fort. Les mains de Mathias enserraient ses joues, tremblaient un peu. Ce fut bref, un contact humide, sur sa bouche, l'impression que l'on forçait ses lèvres. Elle se déroba, effarouchée, soudain, se demanda avec une sourde angoisse ce qui se passerait désormais. Elle sentit les paumes de Mathias serrer un peu plus ses tempes, avant de se détendre, et de se faire à nouveau légères.

— Eh bien ! Eh bien, chère mademoiselle Savayran, personne ne vous avait donc jamais embrassée ?

Maylis rougit. Son cousin Serge avait bien essayé deux ou trois fois, sous les ifs ou les lauriers de Libourne, sans succès. C'étaient jeux d'adolescents, rires et chahuts sans conséquence. Maylis observait Mathias du coin de l'œil. Le jeune homme souriait, paraissait détendu et, pourtant, guettait la réponse avec des yeux de chasseur. Il semblait vraiment que ces choses-là fussent importantes pour les hommes, Maylis en avait la preuve dans ce regard faussement détaché, et qui s'impatientait.

Elle hocha vaguement la tête, ce qui pouvait dire oui ou non, décida que l'on devrait en tout état de cause se contenter de la réponse, et sécha ses larmes. Mathias choisit pour elle.

— Alors, on ne se quitte plus !

L'Hispano reprenait sa route. Mathias attira sa passagère contre lui, dans un geste de grand frère. Maylis était épuisée. Elle rassembla pourtant ce qui lui restait d'énergie pour se raidir, montrant ainsi qu'elle conservait intacte la capacité de résister. Elle cherchait un point dans le ciel, où cesserait son vertige, trouva le globe énorme du soleil, rougeoyant, qui allait plonger au couchant. Cette vision la calma. Elle s'endormit, presque aussitôt. Sa façon de se retirer du monde.

5

La nouvelle de la mort de Jeanne Pouyau avait traversé la pinède à la vitesse de l'orage, et tous ceux que la parenté, ou, plus simplement, la besogne résinière commune, rapprochait d'elle, avaient convergé, de la forêt environnante. On était venu à bicyclette, en bros, à dos de mule, même, et il faisait nuit noire lorsque le cortège qui ramenait la morte à la métairie de la Sorbe se mit en marche.

Assise près de sa belle-sœur sur des sacs de gémelles [1], ballottée par les ondulations parfois brutales du lourd attelage servant de catafalque, Madeleine Darribats revivait en pensée les heures qui avaient précédé cette brève et brutale issue. Il n'avait donc pas suffi de la Grande Guerre pour briser les familles, trancher les vies. Qui donc tendait ces embuscades, méditait ces traîtrises que le médecin justifiait avec ses mots à lui, et ses gestes d'impuissance ? Le Destin… Joli mot. Victor avait balayé l'image d'un de ses revers de main en forme de coup de hache.

1. Copeaux très fins servant à allumer le feu.

— Et ces deux petits riches-là, tu les as vus, nom de Dieu ! Qu'est-ce que ça venait foutre à cet endroit ?

Il éructait tout seul, pour lui-même, Victor Darribats… Le fauve à qui ne restaient plus que la voix et deux poings. Maintenant, épuisé par sa colère, le mutilé somnolait, assis près de la morte, tandis que les hommes, silencieux, portant lumignons et lanternes, marchaient au pas des bœufs, de part et d'autre de la charrette.

Des femmes s'étaient hissées à bord du bros. Certaines priaient, d'autres cherchaient le regard de Madeleine dans les lueurs changeantes qui déchiraient la nuit. Les paroles de Victor résonnaient encore dans les esprits ; son désespoir furieux avait dû s'entendre jusqu'à Morcenx, et de l'autre côté de la forêt, loin sur l'océan. Mais avec la fatigue et la tristesse, les meilleures résolutions se dissipaient dans l'épaisseur opaque des arbres, et laissaient place à l'abattement vaguement hargneux qui suit les défaites.

La révolte ? Dans les fermes de Haute Lande, du Born ou du Marensin, des femmes mouraient en couches, par dizaines, comme pour traverser un passage obligé. Ce fatum n'entraînait pas la révolte. La faute aux riches ? Madeleine ne parvenait pas à s'en convaincre. Elle essayait de persuader les femmes landaises qu'elles avaient elles aussi des droits, mais, à la différence de son mari, elle avait du mal à prêcher l'incendie, la mise à feu du brûlot révolutionnaire à la mode de Saint-Pétersbourg, ou de Cronstadt. Et la parole des hommes engagés, bien qu'elle en sût la force, lui semblait parfois trop excessive et emportée.

Au bout d'un long cheminement dans la nuit

rafraîchie par l'orage, le convoi funèbre parvint enfin à la ferme de la Sorbe. Avertis par Dieu sait quel passant, ceux qui n'étaient pas allés en forêt ce jour-là attendaient le retour des autres. Des enfants, en longues chemises de lin blanc, des femmes sanglotant à la vue du corps que l'on descendait de la charrette, et les saisonniers, brassiers sans terre embauchés pour les travaux des champs, qui logeaient dans les soupentes ou sur la paille des bordes, vinrent prêter main-forte.

— On dirait une église, murmura Madeleine devant la façade de la métairie.

Avec sa porte centrale vitrée sous les volets fermés du grenier, et les deux fenêtres des chambres, qui en faisaient la symétrie, la façade de la maison avait en effet des allures de basilique, dans la lumière ondulante et vague des torches. Madeleine eut envie de se signer, retint ce geste depuis longtemps oublié par ceux de la Sorbe. Mais lorsque le corps de Jeanne passa devant elle, elle joignit les mains devant sa poitrine, et baissa la tête, un court instant.

La morte fut allongée sur son lit, dans l'une des deux pièces donnant à l'est, celles que l'on attribuait aux maîtres de la maison, ainsi qu'à leur plus proche parenté en âge de travailler et de produire. Madeleine observait son beau-frère. Maurice Pouyau réalisait-il vraiment ce qui s'était passé ? L'homme avait décidément la couenne épaisse, peu de faculté à s'émouvoir, et il fallut le spectacle de sa femme gisant sur leur lit, avec son ventre que les mouvements progressifs de la mort étalaient comme une besace, pour embuer ses yeux.

Madeleine le laissa assis près de Jeanne, la tête dodelinant dans ses mains. Il fallait nourrir les hôtes, bien que ceux-là se fussent gardés de demander, consoler les femmes qui découvraient à leur tour le cadavre, et ne pouvaient retenir leurs larmes. On se rassembla donc dans la pièce commune, pour le partage d'une soupe et d'un peu de cochonnailles. Passé minuit, en pleine saison de gemme et de moissons, il était rare que l'on veillât encore sans une solide raison. Il y avait eu les retours de guerre, le soulagement joyeux ou amer, toujours immense, des retrouvailles, les fêtes, les récits, puis le temps avait, nuit après nuit, enfoui peurs et joies dans ses plis. Restaient les deuils, comme celui-là, avec leurs veillées, leurs longs silences, et mille questions dans les esprits.

Un bougeoir dans la main, Madeleine traversa le couloir sur lequel donnaient les trois autres chambres de la ferme, longea les pièces où dormaient en temps ordinaire enfants, belle-famille et consorts, actionna doucement le loquet d'une porte.

— Blanche ?…

Là, au nord, couchait la mère de Victor, Blanche Darribats, née Comets, qu'une crise d'apoplexie avait frappée dans sa quarante-neuvième année, le jour de la déclaration de guerre. Madeleine s'approcha du lit, éclaira la frêle silhouette d'une vieillarde couverte jusqu'au menton d'un drap blanc, sous un édredon couleur sang de poulet. Blanche dormait. Cependant, même dans son sommeil, le coin droit de sa bouche pendait, inerte comme la joue, la paupière, et tout le côté paralysé du corps. Madeleine posa le bougeoir sur la table de nuit, s'immobilisa, les mains croisées devant elle.

— Blanche ?

La vieille femme ouvrit son œil valide, reconnut Madeleine, soupira. Aphasique, elle n'avait plus trop la notion du temps. Nuit ou jour ? Cela n'avait guère d'importance. Madeleine s'assit près d'elle, au bord du lit. Elle avait à lui dire une chose terrible, qui la tuerait, peut-être. Une longue journée avait passé, pleine d'événements, de tragédie et d'une apparition, aussi. Madeleine se ravisa, se leva brusquement. Blanche aurait bien le temps d'apprendre que sa fille était morte. Madeleine lui caressa le front, sortit de la chambre, s'appuya contre la porte.

— Maylis Savayran, Mademoiselle Maylis, murmura-t-elle.

Ce ne pouvait être qu'elle. Madeleine avait reconnu l'ovale de son visage, son sourire de madone, l'éclat un peu triste de ses yeux. Avec ce portrait de petite fille, retrouvé comme entre deux pages d'un livre, c'était une matinée d'avant-guerre qui surgissait de l'enfance et qui tel un tison, tant d'années plus tard, brûlait encore le cœur de Madeleine.

On avait fêté ses quinze ans, la veille. En guise de cadeau, Blanche avait autorisé l'adolescente à l'accompagner à la Casedieu, où elle avait à faire du ménage et de la lessive. Profitant d'un séjour de la servante dans le jardin, Madeleine était entrée dans la chambre de Madame Ève comme on pénètre dans un temple. Le cœur battant, les yeux écarquillés dans la pénombre qui baignait la grande pièce de l'étage, elle était restée collée à la porte, guettant le moindre bruit, attentive à n'en faire aucun qui attirât l'attention.

Avant de parvenir jusque-là, il avait fallu à l'adolescente des trésors de ruse et de discrétion. Madeleine avait gravi à découvert le large escalier de bois verni, sous la verrière où brillaient les initiales de la famille Savayran. Puis l'enfant que la mère de Victor Darribats appelait « souillon », la sauterelle aux cheveux de jais, la petite gardienne de moutons et de vaches qui avait pourtant su lire et écrire avant tous ceux de la Sorbe, avait franchi une frontière, et s'était trouvée en pays inconnu.

Tandis que ses yeux apprivoisaient l'espace de la chambre, ses volumes, et l'ordonnancement de son mobilier, Madeleine avait ouvert grand ses narines, et humé les parfums mêlés qui hantaient le lieu. Jamais, dans ses rêves d'îles enchantées, il n'avait été question d'une telle fragrance, d'un pareil délice pour les sens. Seul un explorateur découvrant un continent à l'aspect de paradis terrestre eût éprouvé pareille sensation.

Tout était beauté, ordre, monde purifié des odeurs ordinaires des métairies landaises. Madeleine s'était mise à marcher dans la chambre que pénétrait une douce lumière filtrée par les volets. Elle lisait déjà beaucoup, ce qui la différenciait du reste de sa famille, et cherchait dans ses jeunes souvenirs les sources de sa découverte. Quels étaient ces parfums dispersés dans l'air ? A quels animaux avaient été arrachées les fourrures alignées dans l'armoire ? Et la soie des robes, de quel Orient venait-elle ? Désordre enivrant de l'esprit... Ses mains s'étaient mises à caresser, à prendre, sa bouche, à baiser les étoffes et les laines si légères qu'elle en sentait à peine la trame.

C'était bon. Dans la semi-obscurité, elle avait aperçu les reflets d'acajou et de marqueterie d'une commode, puis, à deux pas de celle-ci, le secret jusque-là imaginé, le tabernacle plus mystérieux encore que celui de l'église. Une glace pivotante lui avait renvoyé l'image écarlate de son trouble. Sur la coiffeuse, la prime offerte à sa témérité s'étalait. Des flacons, des pots de crème, du rouge à lèvres, combien de pièces ? Huit, dix, vingt ? Des proies rondes ou plates fermées par des bouchons dont le seul contact la faisait déjà frissonner, le trésor de la Casedieu, parfums, eaux de toilette, fards, et du brillant, aussi, pour les joues, pour la nuit et la danse.

Il avait dû y avoir du bruit, dans le couloir, mais devant pareil spectacle, comment entendre autre chose que le tumulte de son esprit ? Madeleine avait laissé ses doigts fureter, saisir, empocher. Où cacherait-elle le larcin qu'avec leurs longs nez gascons ceux de la ferme ne manqueraient pas de repérer ? La question lui avait semblé secondaire. On verrait bien. Dans sa précipitation, l'adolescente avait emporté un de ces paquets de cigarettes orientales, des noires, des dorées, d'une longueur incroyable, que Madame Ève fumait dans le salon, et dont les volutes montaient vers le plafond en dessinant des arabesques. Puis elle s'était tournée vers la porte, et s'était retrouvée face à Maylis Savayran.

C'était la hilhète [1], l'enfant que des précepteurs élevaient dans le secret de la grande maison, la petite chose chétive et pâlotte au visage mangé par de grands yeux couleur d'automne, que l'on apercevait à l'église, collée contre la jupe de sa mère, et qui semblait avoir reçu l'ordre de ne parler à personne. Ne disait-on pas qu'elle était peut-être muette, ce qui mettait Blanche en fureur ? Immobile, Madeleine serrait dans sa poche ce qu'elle tenait pour des prises de guerre. Sa vie durant, elle se souviendrait du tout petit crissement des flacons, l'un contre l'autre. Maylis la contemplait. Sans peur ni contrariété, juste avec cet air étonné, un peu absent, qui faisait son ordinaire.

1. Fillette.

Piteuse, Madeleine avait voulu balbutier quelques mots, mais rien, ou presque, n'était sorti de ses lèvres tremblantes.

— Je me suis perdue…

Maylis s'était écartée pour la laisser passer. Il n'y aurait pas de suite, pas d'écho, juste un secret partagé à deux, vite estompé. Madeleine avait couru jusqu'à la porte que Blanche Darribats, les bras écartés, barrait.

— Té, la gouyate, et qu'est-ce que tu fais là, dans la chambre de Madame Ève, tu peux me le dire ? Tu fouilles ses affaires, maintenant ?

Elle avait la voix claire et cassante, et l'accent plein de menace. Madeleine avait senti son cœur s'arrêter. Trahie par ses jambes, elle avait glissé à terre, avait été saisie par le col, relevée sans ménagement.

— Vide tes poches !

Elle avait tardé à s'exécuter, les yeux dans ceux de Maylis. L'avait-elle trahie, cette enfant si calme qui souriait presque ? Blanche avait fouillé la jupe de lin gris, et trouvé, dans l'instant.

— Dieu tout-puissant ! La voleuse !

Une gifle était partie, puis d'autres, en rafales, des bourrades que Madeleine avait tenté d'esquiver.

— Saleté ! Ah ! Petite saleté !

Disparus, le regard des adultes sur l'enfant si douée pour l'étude, et la jalousie, même, devant sa facilité à comprendre, et à se souvenir. A leur place, il y avait les injures gasconnes que Blanche Darribats lâchait par bordées.

— Demande pardon, à genoux !

Madeleine secouait la tête, tout à son refus, viscéral, de s'abaisser devant une enfant de douze ans sa cadette, mais la servante de la Casedieu avait eu assez de poigne pour la ployer vers le plancher, et l'y

70

tenir. Madeleine s'était alors souvenue d'un tableau du grand salon, un homme à demi nu qu'une main sortie d'entre les nuages empêchait de décapiter un enfant. C'était comme cela que se tranchaient les têtes, dans les livres d'histoire.

— Demande pardon à Mademoiselle Maylis.

Madeleine et l'enfant en étaient restées au défi muet qu'elles s'étaient lancé, à la première qui baisserait les yeux. Un jeu, qui dépassait la colère de la servante, et les sanctions à venir. Maylis n'avait pas dit un mot. Elle était peut-être muette, pour de bon… Lasse de ne rien obtenir de Madeleine, Blanche avait fini par rompre. Sur un ton presque indifférent, elle lui avait donné congé. A sa façon.

— Eh bien, souillon, fous le camp, et ne remets jamais les pieds ici. Je te trouverai du travail en forêt. Cache-toi là-bas, au fond des pinèdes. Quand Madame Ève va savoir ce qui s'est passé…

Madeleine avait enfilé les petits sabots que par précaution elle avait enlevés pour son exploration de la chambre. Puis elle avait traversé le couloir en courant, dévalé l'escalier. Ses semelles de bois avaient résonné sur le parquet du couloir. Comme l'écho d'un ancien désastre, ce bruit de honteuse retraite n'avait jamais quitté depuis son esprit.

6

Lorsqu'il fut devenu certain que les deux jeunes gens étaient décidés à se revoir, les familles, ayant épuisé le sujet pour lequel elles s'étaient en vérité retrouvées, se séparèrent avec le sentiment d'avoir conduit leur affaire comme il le fallait. Maylis était la bru dont rêvaient les Durrugne, l'épouse parfaite pour ce fils que tout destinait à une brillante carrière politique. Aussi discrète que jolie, avec une âme certes encore portée — comment en eût-il été autrement ? — vers les événements tragiques de son enfance, elle offrait à dix-huit ans le reflet rassurant de sa douceur, et ce regard si calme sur les choses et les gens. De quoi transformer le séducteur célibataire, auréolé de sa gloire militaire, en bon époux et en père exemplaire. Oui, sans doute, la brève liberté laissée à Mathias et Maylis porterait de beaux fruits. On priait déjà pour le succès de cette rencontre.

Maylis avait passé une mauvaise nuit. Loin des préoccupations des parents, vaguement intriguée par le hasard qui l'enfermait ainsi dans cette relation privilégiée avec des adultes, elle était restée allongée les yeux grands ouverts, des heures durant, à écouter le bruit du vent dans la forêt toute proche. Son esprit ne pouvait s'arracher à la femme mourante. L'écho de la souffrance de cette Jeanne traversait la forêt, venait rôder dans la chambre aux fenêtres ouvertes sur la nuit noire. Sur la dune de Vielle, l'orage n'avait guère rafraîchi l'air. Nue, le corps humide de sueur, Maylis voyait et revoyait sans cesse les efforts que la malheureuse faisait pour vivre, entendait sa respiration suspirieuse, guettait encore son possible réveil. Ainsi les rescapés des tranchées demeuraient-ils pleins de l'agonie de leurs camarades, dans leurs cauchemars comme dans l'étrangeté de leur vie civile.

— Il faudrait tout de même envisager quelque chose pour ces femmes de gemmeurs en fin de grossesse, avait dit Mathias au déjeuner.

Jean Durrugne avait levé la main.

— Les gemmeurs ? Tout doux, mon fils, nous venons de gratifier leurs enfants. Pas de travail en forêt avant l'âge de quatorze ans. N'oublie pas tout de même que leurs syndicats se sont désormais braqués sur ces huit heures de travail quotidiennes. Huit heures ! Et où va-t-on, par là ? Savayran, vous êtes bien d'accord, n'est-ce pas ? On ne peut lâcher là-dessus, surtout quand la crise est là, et bien là !

L'avis d'Henri Savayran rejoignait celui de son ami. Sur ce point d'affrontement avec les ouvriers, la religion de l'informelle confrérie qui liait entre eux les grands propriétaires forestiers landais était faite, et seule une victoire de ces gauches en gestation pourrait un jour la battre en brèche.

— Conjurons ça ! s'était écriée Eugénie. Et vous, Mathias, dépêchez-vous d'être élu, je vous prie !

Mathias avait d'autres idées en tête. Il avait passé la journée à couver des yeux sa probable conquête, à tenir sa main dans la sienne, le long du rivage où les avait conduits une promenade de vraies vacances. Séduit. De son côté, Maylis s'était abandonnée à la perspective d'être bientôt dévorée par cet ogre aux impatiences visibles, qui parlait et s'esclaffait un peu trop fort. Bercée par le ressac apaisant de l'océan, elle avait fini par faire le vide dans sa tête, et s'était laissé mener jusqu'au sommet d'une dune.

— Jolie, jolie Maylis…

Mathias s'était agenouillé devant elle, avait caressé sa joue, ses lèvres, avant de les embrasser, longuement, cette fois. Il tremblait un peu. Maylis avait senti faiblir ses défenses, s'était ressaisie, arrêtant la main de Mathias sur sa poitrine, l'emprisonnant, ainsi, avec fermeté. Elle voulait de la douceur, sentait le rude appétit qui crispait les doigts impatients du jeune homme.

— Doux, monsieur, doux…

On n'irait pas plus loin. Mathias avait soupiré, souri, faussement contrit. Puis il s'était levé, avait fait quelques pas dans le sable, songeur. Quelqu'un appelait, du creux de la dune. Le séjour des Savayran touchait à sa fin. Maylis avait rejoint Mathias, et cette fois c'est elle qui avait fait le geste de prendre sa main, et d'amener son bras autour de sa taille.

La voiture venait de quitter le bourg de Saint-Girons. Maylis était immergée dans le souvenir de ce baiser sur sa bouche, et du frisson qui l'avait parcourue, lorsque son oncle donna au chauffeur l'ordre de s'arrêter. Sortant de sa rêverie, Maylis aperçut, s'enfonçant loin dans une clairière, une série de baraquements alignés perpendiculairement à la route. C'étaient pour la plupart des constructions de bois aux toitures rouges, auxquelles faisaient face des piles de planches et des grumes en tas. Des fumées noires montaient vers le ciel, doucement inclinées par le vent. A une vingtaine de mètres du portail d'entrée de l'usine, se tenait un rassemblement d'hommes et de femmes, la plupart debout, quelques-uns assis sur des barriques.

— J'espère qu'il en reste au moins un ou deux aux machines, commenta Henri, amer.

— Que font-ils là ? s'inquiéta Eugénie.

Henri Savayran haussa les épaules. Depuis quelques semaines, les remous ouvriers croissaient, comme s'ils suivaient la pente inverse des cours de la résine. Pour les industriels, le temps de la première grande crise résinière était venu. Savannah commandait la baisse depuis le début de l'année, et le mouvement devenait vertigineux. La résine landaise, qui, en 1920, avait culminé à plus de douze cents francs la barrique de trois cent quarante litres, se monnayait à grand-peine à deux cent cinquante francs. On annonçait des faillites, on craignait un exode. Tandis que les distillateurs faisaient le gros dos et serraient leurs marges, les producteurs se démenaient avec leur trop-plein d'ouvriers, débauchés par centaines.

— Ils veulent…

— Quoi ?

— Té, plus ! s'emporta Henri, qui réfléchissait, le front plissé, et s'inquiétait. Où est cet incapable de Barra ?

De loin, il cherchait quelqu'un. Maylis tendit le cou. Il y avait dans la petite foule assemblée une majorité d'hommes, certains vêtus, comme les résiniers de la pinède, de chemises claires serrées à la taille par de larges étoffes rouges et de pantalons de toile épaisse, d'autres, de marinières rayées ou, au contraire, d'austères gilets fermés jusqu'à l'échancrure. Leurs pieds étaient chaussés d'espadrilles ou de sabots. Parmi les femmes, Maylis aperçut la Madeleine tout en noir de la cabane forestière, reconnaissable au seul éclat de son regard et à la façon qu'elle avait de tenir ses poings serrés sur ses hanches. A quelque distance d'elle se tenait le mutilé, en appui sur ses béquilles.

— Ils vont repartir au travail, oui, grommela Henri Savayran. Vous restez dans la voiture, ajouta-t-il à l'adresse des passagères. On ne sait jamais ce qui peut se passer, avec ces rouges.

Maylis avait très vaguement entendu parler des mouvements de grève et des manifestations parfois violentes de l'avant-guerre. On avait fait donner la troupe dans les Landes, à Lesperon, à Lit-et-Mixe. Des chevaux y avaient laissé leurs jarrets, tranchés au hapchot [1], et des meneurs ouvriers quelques mois de leur liberté. Des métayers avaient été congédiés un peu partout. Puis les choses étaient rentrées dans l'ordre. Comment et pourquoi ces gens s'étaient-ils révoltés ?

— Des rouges chez nous aussi. Quelle tristesse ! dit Eugénie, tandis que son mari s'avançait vers les ouvriers.

Maylis observait les déhanchements de l'unijambiste et ses acrobaties pour maintenir son équilibre, et pensait en même temps à la guerre et à ses stigmates. Dans la quiétude sans fantaisie de son exil de pensionnaire, les échos de l'Union sacrée, mère de toute chose à venir, et ceux des grands massacres de 14-18 lui étaient parvenus assourdis, apaisés par la prière. En fin de compte, l'exécution de la famille

1. Petite hache des résiniers, servant à pratiquer les carres au tronc des pins.

impériale russe avait davantage bouleversé sa jeune âme que la vague comptabilité mortuaire du désastre mondial. La paix restaurée voyait monter maintenant une menace qui ne signifiait pas grand-chose pour elle, et qui s'appelait bolchevistes, ces maîtres nouveaux et assez terrifiants de la Russie.

« Peut-être se sont-ils réunis à cause de leur compagne morte », se dit-elle.

A la vue d'Henri Savayran, quelques-uns, parmi les manifestants, ôtèrent leur béret. Les autres gardaient les mains dans les poches, et la tête basse. Ayant rejoint le groupe, Savayran se campa devant, jambes écartées, chapeau sur le crâne, et attendit.

— Maylis, où vas-tu ? s'écria Eugénie.

Mue par une soudaine curiosité, la jeune fille avait ouvert la portière, sauté à terre et déjà franchi le portail de l'usine. Lorsqu'elle fut à portée de voix de son oncle, elle s'arrêta, se mettant à demi à l'abri d'une pile de bois. Il y en avait plusieurs, de ces stères, alignées comme des maisons au bord de l'allée principale. Derrière elles, moutonnant jusqu'en lisière de forêt, des dizaines de barriques formaient un dessin aux courbes régulières. A l'autre extrémité du terrain, Maylis aperçut des vasques posées à même le sol, où se reflétait la lumière du ciel.

La femme aux yeux d'encre noire avait pris la parole, de sa voix vibrante et colérique.

— ... leur part, rien que leur part, répétait-elle.

— C'est déjà fixé, depuis des mois et des mois, se défendait Savayran. Que voulez-vous de plus ? Et d'abord, vous n'êtes pas de l'usine, vous.

Victor vint balancer son moignon de cuisse à quelques centimètres du patron.

— C'est tout comme, j'ai un quart de ma famille là-derrière ! s'exclama-t-il. Des pinèdes Ripeyre à ici, les choses sont bien pareilles. Les cours de la résine ne cessent de s'effondrer, et vous, les maîtres, vous rompez un à un les baux de gemmage qui garantissaient notre part, et tout ça dans le Marensin, alors qu'ailleurs on discute, en Grande Lande, en Born et jusqu'en Albret. Et pour les salaires des ouvriers, pareil !

— Arrangez-vous avec monsieur Ripeyre, se défendit Savayran. La situation est compliquée pour tout le monde. Moi, j'ai un contrat accepté par mes gemmeurs. Quant aux salaires ici, c'est autre chose. Chacun chez soi. Vous confondez tout, le gemmage en forêt et le travail en usine. Contentez-vous de nous livrer vos barriques, et laissez-nous discuter avec nos ouvriers.

— Non ! Ouvriers et gemmeurs, c'est tout comme ! Vous entendez ? Pareil ! Les pots de Hugues qui passent de trente à trois cents francs les mille, ça nous fout par terre tous ensemble. Comment voulez-vous qu'on encaisse de tels écarts ? Vous, ça vous est égal. Ayant-pins et distillateur, vous êtes votre propre client !

Savayran haussa les épaules. Au besoin, ses pinèdes lui permettaient en effet de produire de l'essence et des produits secs sans avoir à acheter la résine des autres. Il y eut un silence que le patron se hâta d'exploiter comme un avantage.

— Qu'est-ce que vous voulez que j'y fasse ? Les cours ont l'air de se calmer. Ils remonteront, celui qui prétend le contraire est un foutu menteur. Pour le moment, nous allons être obligés de demander une aide de l'État. L'essence a baissé de moitié. Tout le monde souffre, jusqu'au port de Bordeaux. Soixante-quinze pour cent de son trafic proviennent des Landes. Qu'est-ce que vous croyez ? Que nous faisons ici les marges des aciéries lorraines, ou du caoutchouc indochinois ? Vous rêvez ! Et avec en prime douze mille tonnes de white-spirit importées frauduleusement depuis un an. C'est ça qui nous tuera un jour. Tous !

Un homme était sorti d'une longue bâtisse de plain-pied aux allures de bureaux. Il portait une chemise serrée au col par une cravate et un feutre à large bord qu'il ôta lorsqu'il se plaça près d'Henri après avoir rejoint l'assemblée.

— Alors, Barra ! maugréa ce dernier, c'est maintenant que vous vous mêlez à la conversation ? Qu'est-ce que c'est que ce foutoir ?

L'homme, un grand diable bedonnant, aux tempes grisonnantes, suait abondamment, se grattait l'occiput avec des airs de chien battu. Son regard allait de son maître à ses ouailles, en un va-et-vient qui déclencha quelques quolibets dans l'assistance.

— Monsieur Barra est le contremaître de cette usine, et il a l'air bien embêté, le pauvre bougre...

Maylis sursauta. Un grand rouquin à la moustache en bataille se tenait tout près d'elle, et lui parlait. Il avait les yeux rieurs d'un collégien et l'allure générale d'un pique-niqueur aussi démodé que ceux du *Déjeuner sur l'herbe*.

— Celui-là, il est vaillant comme la pluie sèche le foin, ajouta-t-il. Quant à ces récipients qui ont l'air de tant vous fasciner, ce sont des vasques d'ensoleillage. On y laisse durcir et éclaircir les colophanes, qui feront de beaux vernis pour vos ongles.

Il riait.

— Moi, c'est Lestrade. Sylvère, parce que né quelque part entre les arbres, dans ce pays marensin. Un prénom donné en hommage à cette forêt, m'a-t-on dit. Et vous ?

— Maylis Savayran.

— Ah… la fille de…

— Sa nièce.

Il parut surpris à son tour, réfléchit, ouvrit grands ses yeux bleus lorsqu'il eut soudain rétabli les parentés.

— Fichtre, murmura-t-il.

Puis il acheva de se présenter. Il était du Marensin, exilé à Mont-de-Marsan, créateur et principal rédacteur du journal hebdomadaire *La Liberté des Landes*. Il suivait de village en usine, de pinède en quartier, la lente mais très certaine montée des mécontentements ouvriers et paysans.

— Le travail ne manque pas, vous pouvez me croire.

Maylis devinait la curiosité qu'elle lui inspirait, mais que, pour une raison connue de lui seul, il s'abstenait de manifester.

— Votre oncle sait y faire, constata-t-il. Ses arguments chiffrés ont fait forte impression.

Face à Savayran, le front ondulait, indécis. Seul le couple Darribats tenait ferme la position. L'homme, menton levé, toisait le maître des lieux, la femme cherchait des arguments, en même temps que le soutien de ses compagnons.

— La CGT…, attaqua Madeleine, aussitôt interrompue par Savayran.

— Vous la représentez, madame ? Très bien. Qu'elle vienne, mais hors d'ici, de l'autre côté de ce portail. Vous m'entendez ? Pour l'instant, vous et vos amis livrez la résine de Ripeyre, ou de n'importe qui, vous touchez votre dû et vous laissez travailler mes ouvriers. La loi interdit ce genre de rassemblement. La loi. Celle qui conduit au tribunal. Quant au partage que vous ferez ensuite avec vos bailleurs, ça ne me concerne pas.

Blême, il avait parlé d'une voix sourde, martelant chacun de ses mots. Victor Darribats hochait la tête, furieux, son moignon allait et venait au rythme de sa colère.

— *Pouta !* explosa-t-il, ces gens n'ont rien retenu de la guerre. Hilh de pute ! La belle engeance de crevures.

Il se produisit dans le groupe un mouvement subit vers lui. Des hommes vinrent à sa hauteur, puis s'interposèrent.

— Assez, Victor, tu passes les bornes, maintenant, lui lança un ouvrier.

— Eh bé, c'est comme tu voudras, se défendit l'infirme. Crève entre tes barriques à deux cents francs. Nous, on s'en fout !

Lestrade siffla entre ses dents.

— Té, c'était moins une, dit-il. Mais il y en a d'assez raisonnables, ou prudents, dans le paquet. Votre oncle n'a pas tort, hélas. Tout le monde souffre, en ce moment.

— Pourquoi ces gens sont-ils à ce point en colère ? lui demanda Maylis.

Il eut un petit ricanement que l'air candide de la jeune fille changea en sourire.

— Ils croyaient travailler un arbre d'or, depuis bientôt soixante ans. Et voilà qu'en moins de trois mois ils se retrouvent à faire suer leur sève à des pins qui ne leur rapportent plus rien, ou presque. Ils ne saisissent pas très bien les mystères du commerce international. Il faut les comprendre. Cette crise va en jeter quelques milliers sur les routes.

Maylis regarda le groupe se défaire peu à peu, les ouvriers d'un côté, leurs visiteurs de l'autre, une dizaine de métayers-résiniers reculant à petits pas vers le portail.

— Le travail reprend, annonça Henri Savayran. Pour ceux qui ne seraient pas d'accord, je signale qu'il existe près de cent vingt distilleries dans le département, et qu'en raison de la crise, primo, il va s'en fermer beaucoup, secundo, qu'il se crée actuellement des coopératives, à Lesperon, Mimizan, Mios, ailleurs encore. Qui embauchent, sans doute.

Il se tourna vers son contremaître.

— Barra, vous veillerez à ce que les livraisons de gemme soient honorées plus tôt que d'habitude, pour ce mois, et jusqu'à la fin de la campagne.

Le patron faisait une concession qui lui coûtait un peu de trésorerie. Il guetta en vain une approbation parmi la troupe qui se dispersait en murmurant. Lorsqu'il passa près de lui, Victor Darribats cracha par terre, ostensiblement.

— Violent, ce Darribats... il va finir par gêner tout le monde, dit Lestrade à voix basse. C'est terminé, ajouta-t-il. En vérité, il n'y a plus grand-chose à voir, par ici.

Il avait l'air déçu que le mutilé ait ainsi radicalisé le débat. Maylis entendit des coups sourds, en provenance d'un hangar. Des hommes s'étaient déjà remis au travail. Maylis poursuivit son exploration de l'usine dans leur direction.

— Les tonneliers, lui expliqua le journaliste.

A grands mouvements de leurs marteaux, les ouvriers avaient repris leur besogne de cerclage et d'enclouage. Sous leurs mains, les barriques de bois clair prenaient leur forme définitive, avant de rouler, légères, vers l'antre obscur où les vapeurs de la gemme se condensaient en essences.

— Maylis !

Henri Savayran avait aperçu sa nièce et venait à grandes enjambées vers elle, visage fermé.

— Que fais-tu dans l'usine ? lui lança-t-il.

Elle ne savait que répondre, haussa les épaules en souriant, ce qui acheva de mettre son oncle en fureur.

— Si tu ne sais pas, retourne à la voiture, je te prie. Et vous, monsieur… ?

Lestrade ôta son chapeau, se présenta. A la teinte que prirent les joues de Savayran lorsque le journaliste eut prononcé les mots *Liberté des Landes*, Maylis comprit qu'il y avait là incompatibilité d'opinions, pour le moins. A Libourne, on se disait volontiers nostalgique de la monarchie, bien que sa disparition fût pour beaucoup dans l'enrichissement de la famille. Achats de terres, de meubles, de titres… les anciens avaient su louvoyer pendant la Révolution, et après elle, pour le bien de ceux qui profitaient maintenant de leur habileté.

— Peut-être accepterez-vous de répondre à quelques-unes de mes questions, monsieur Savayran ? Sur les revendications de ces ouvriers, par exemple ? demanda Lestrade sur un ton parfaitement sérieux. Si l'on considère l'ensemble du département, ajouta-t-il, ces gens ont tout de même travaillé près de cent vingt millions de litres de gemme. Pour des salaires qui ne bougent pas plus que la part des résiniers.

L'oncle Henri manqua s'étrangler. Il cherchait des mots, soufflait la colère qui le submergeait ; finit tout de même par articuler l'essentiel.

— Monsieur, l'espace public est de l'autre côté de ce portail. Pour franchir celui-ci, il faut y être autorisé.

— J'ai demandé à votre contremaître…

— Mon contremaître n'est pas qualifié pour vous donner ce genre d'autorisation. Les demandes de visites, désormais, c'est à moi que vous devrez les présenter. Pour l'heure, la réponse est non. Et puis, mes ouvriers n'ont que faire de votre intrusion ici.

Lestrade s'amusait, derrière sa moustache, poursuivait son idée.

— Pensez-vous, comme Léon Dufour, que ces Landais-là soient gens dont la sphère des qualités intellectuelles est extrêmement circonscrite ?

Henri Savayran le regardait fixement, lèvres serrées. Lestrade attendit une réponse qui cette fois ne vint pas.

— C'est vous qui avez raison, monsieur Savayran, dit-il. Ici, les gens étaient bergers. On en a fait des gemmeurs, et des scieurs. Demain, ils seront nomades, mais sans outils ni troupeaux. Le Progrès !

Il se recoiffa, s'inclina devant Maylis, un petit sourire aux lèvres, avant de s'éloigner.

— Foutue engeance, grommela Savayran. Je vais te reprendre ça en main. La CGT, tu parles. En Grande Lande peut-être… Pas un sur cent qui y soit inscrit, ici, et ça te fout le bordel comme mille. Syndicat autonome sur la côte, CGT à Sabres, CGT unitaire à Casteljaloux, et quoi encore !

Les abords de l'usine s'étaient vidés de leur population, à part un petit groupe d'hommes discutant, appuyés contre une barrique de résine. Madeleine Darribats avait disparu, l'infirme aussi. Étonnée, Maylis contemplait la clairière que dominait la colonne de fumée noire. Il y avait donc un peuple qui s'assemblait là, comme le faisaient autrefois ceux qui sortaient des forêts antiques pour leurs cérémonies. Les Landes étaient un désert habité par des fantômes, avec des trouées, dedans, pour de minuscules villages ou des usines semblables à celle-ci. Du bolide de Mathias Durrugne, Maylis avait aperçu, au loin, noyés sous le pinhadar, les quartiers de maisons basses que parcouraient chiens, volailles et enfants, les silhouettes sombres des femmes portant du linge ou des couartes de résine. Fantômes, qu'elle n'osait approcher...

Sur les cartes de géographie, cela faisait un grand triangle d'un vert uniforme. Les Landes... des mots de citadins revenaient à la mémoire de Maylis : bout du monde, gens bizarres, primitifs... Tout existait donc. Maylis fixa un court instant le soleil de juillet, juste assez pour que deux grands cercles noirs obscurcissent sa vue. Ainsi n'était-elle pénétrée que par la puissante odeur de bois résineux qui s'élevait des stères, et par le ronronnement régulier des machines, au fond de leur caverne.

— Eh bien, tu te décides, oui ?

Maylis emboîta le pas à son oncle. Henri Savayran marchait courbé, les doigts crispés derrière son dos, signe d'une intense fureur. «Le dos de mon père, disait Serge Savayran, qui aimait citer Bierce, c'est quelque chose que ses amis en difficulté voient plus souvent que son visage...» La grêle sur une parcelle de Pomerol, une action en chute à la Bourse, une tornade comme celle de 1915, couchant quatre millions de pins en quelques minutes... «Mauvais temps», diagnostiquait le cousin de Maylis lorsqu'il voyait Henri Savayran s'enfoncer ainsi dans ses ruminations.

Il y aurait des suites. L'oncle Henri ne laissait jamais rien au hasard, et qui ne fût en tout calculé. A le voir ainsi furibond, à quelques mètres devant elle, Maylis s'interrogeait. Comment avait été son propre père, dans ce même espace ? Ève Savayran s'était-elle mêlée des affaires de l'usine, ou était-elle restée à sa place dans la voiture, comme la tante Eugénie ? Avait-elle voulu savoir, aussi avidement que celle-ci ? La CGT ! Le diable investissait la place ! Henri s'assit dans la voiture. Il n'en revenait pas, prenait sa femme à témoin.

— Tu te rends compte, Eugénie ? Nom de Dieu, j'en parlerai à Durrugne. Il faut l'union, désormais. Ces gens, je te jure… on leur a triplé leur rémunération sur la barrique, il y a moins de dix ans, et ils en veulent plus. Le franc commence à foutre le camp, les cours plongent, les taxes augmentent, les chemins de fer se conduisent comme des rançonneurs, et nous, on paye, on engraisse ces chapons de l'Administration, qui vont nous saigner comme des pins. Hilh de pute, si les gauches passent en 24, nous sommes foutus !

Cela sentait la guerre, soudain. Ainsi avait-on parlé des dernières offensives allemandes, trois ans auparavant. « Si les Boches prennent Château-Thierry… » Maylis se laissa aller contre le dossier de son siège, ferma les yeux. Elle éprouvait une sensation de vide qu'elle savait trompeuse. Tant de choses s'étaient passées, en si peu de temps. Sa vie avait changé, prenait les reflets de regards portés sur elle, traits d'union entre les souvenirs qui revenaient au fil du voyage et la découverte de ce pays étrange refermé sur ses habitants, au plus profond de ses forêts.

La voiture traversait à nouveau les immenses espaces de pinède coupés çà et là par les miroirs luisants de quelques marais. L'oncle Henri méditait ses stratégies, Eugénie l'encourageait. Maylis rêvait. Escamotés, les vivants et la morte, les clairières, les quartiers aux maisons basses engloutis par les arbres, la Casedieu. Le sable de la piste avait déjà digéré les pluies d'orage. Rien ne survivait, partout, que l'été, dans le chant des cigales et la canicule de juillet retrouvée.

7

Août 1921

Madeleine Darribats avait dû battre le rappel des enfants à travers deux chantiers de gemmage, et c'est en définitive d'assez mauvaise grâce que la demi-douzaine de dénicheurs qui travaillaient avec leurs parents l'avaient suivie à la Sorbe.

En chemin, elle leur avait expliqué en quoi consisterait la leçon du jour. Les moins de dix ans en termineraient avec une table de multiplication, les autres, des adolescents bien davantage préoccupés par le gibier des étangs marensins que par le cours de la Loire, feraient de la géographie, comme on les y aurait obligés à l'école.

Sitôt arrivés, les gosses avaient bu du lait et mangé du pain de froment — un luxe — avec de la confiture de mûres, puis ils étaient restés à leur place autour de la table, attendant la distribution des crayons et des feuilles de papier.

— Au travail, mauvaise troupe.

Dans la pinède, les travaux battaient leur plein. Pour ces besognes d'été et d'automne dominant l'année de résinage, il fallait des bras, en nombre, et pas mal d'enfants se joignaient aux équipes. Ceux-là, fils et filles de saisonniers, que le hasard des chantiers transformait en nomades, les institutrices de Linxe, de Lit ou de Saint-Girons les chercheraient en vain parmi leurs élèves, à la rentrée d'octobre.

— Alors, je vous ferai rattraper les autres, oui, leur promettait Madeleine.

Elle avait gardé cette habitude prise pendant la guerre, quand la forêt, vidée de ses hommes en âge de combattre, s'était vue travaillée par ces équipes d'un genre nouveau, des femmes, des vieux et des tout jeunes, des étrangers aussi. Les instituteurs avaient laissé faire, et l'exploitation de la pinède avait continué malgré tout. Il le fallait, dans un monde où l'Union sacrée avait gommé bien des choses, sauf l'obligation de travailler pour survivre.

— La Loire, Madeleine, elle est vraiment plus longue que la Midouze ?

Madeleine sourit. Le garçon avait une douzaine d'années, des allures de braconnier, et posait ses pièges mieux qu'il ne dessinait les rivières. Il y avait bien peu de chances pour que celui-là retournât à l'école. La gemme le prendrait bien vite, ou quelque travail à la ferme, et pour longtemps. D'autres, en revanche, plus jeunes, n'étaient pas encore prisonniers de la pinède.

— La Midouze est une petite rivière, dit-elle, la Loire, un grand fleuve, le plus long de toute la France.

En les écoutant ânonner leurs tables de multiplication, leurs sous-préfectures et cours d'eau, Madeleine ne pouvait s'empêcher de se revoir à l'âge de ses élèves, des projets d'école normale plein la tête avec, au bout de ces mirifiques études, la perspective d'aller vivre en ville, peut-être. Un rêve. Brisé par l'ordonnance implacable de la vie, par ses hasards ; celui d'avoir été l'aînée, d'abord, puis la mère de ses frères et sœurs, lorsque la vraie, qui lui manquait tant, avait été emportée en plein été par une pneumonie fulgurante. De famille, point, ou trop loin d'ici. Son père, Jean Lahitte, veuf à cinquante ans passés, n'avait pas su assumer. De métairie en métairie, d'un chantier forestier à l'autre, il s'était épuisé à travailler au service des autres, avant de mourir à son tour, laissant les petits à la garde de ses ultimes employeurs, les Darribats.

Madeleine s'approcha de la petite porte de la pièce commune, donnant au levant. Elle, qui rêvait de préaux d'école, de craies multicolores sur des tableaux noirs, avait vu sa vie faire halte devant l'airial de la Sorbe, avec son décor bien landais de chênes tauzins, de cabanes à lapins et à outils, son poulailler perché, et la volaille immuable qui en piétinait l'herbe boueuse de toute éternité. Les Darribats avaient fait leur devoir, et les petits avaient eu à manger. Mais pour les livres, les cahiers et les plumes achetés autrefois par sa mère avec ses maigres ressources, cela avait été une autre histoire.

— Il y a assez à faire à la terre, pour tout le monde, avait répété Gaston Darribats, le chef de famille.

A la Sorbe, tout ce qui ressemblait de près ou de loin à la culture, aux habitudes et aux tares des riches, était suspect. L'école servait à faire des esclaves de la bourgeoisie des villes ou, pire encore, des Ripeyre, des profiteurs. On y allait du bout des souliers, parce que c'était obligatoire, mais au rythme très particulier des saisons landaises. Quand, d'octobre à novembre, passaient les palombes, il y avait des bancs vides à la communale de Saint-Girons. Puis décembre faisait des chemins de sable et de terre des boyaux fangeux menant à un bout du monde nommé la Sorbe. Huit kilomètres, c'était trop pour aller à pied jusqu'au bourg. Et lorsque commençait avec mars la longue saison des amasses de résine, il y avait bien assez de travail dans la pinède pour les plus jeunes.

Madeleine s'assit au bout d'un banc, pensive. Par une fenêtre de la salle[1], elle apercevait son beau-père, assis au soleil, sur une chaise de paille, occupé à ses gestes habituels de vieux : plumer une volaille, trier des grains, ou travailler une pièce de bois de la pointe du couteau. Perclus de rhumatismes, Gaston Darribats ne se déplaçait plus guère au-delà de l'airial. Tournant la tête vers la cheminée, Madeleine voyait, dépassant à demi du dossier de son fauteuil, le chignon de Blanche, sa belle-mère, clouée là, inutile et gémissante, dans les fonds obscurs de la maison depuis plus de sept années.

— Vieillesse, murmura-t-elle.

Elle ne se souvenait pas d'avoir connu, tout au long de son enfance à la Sorbe, ce que d'autres appelaient le bonheur, ou quelque chose qui y ressemblât. Il y avait là, surtout depuis que Blanche, ayant quitté le service de la Casedieu, avait eu son attaque de paralysie, plus que du ressentiment, ou de l'envie. Une haine crue, palpable dans les mots, les regards, les silences. Et l'enfermement de chacun dans ses pensées, ses chagrins et ses colères.

— Sept fois sept, quarante-neuf, *hari-harou*[2] !

Celui-là, tête ronde, comme les yeux, deux boutons de bottines qui riaient toujours, avait huit ans, et s'ap-

1. Pièce commune.
2. Étourdi.

pelait Darribats, Jeannot. Il était né en 13, et ressemblait à son père, à l'époque où Victor avait encore figure humaine, et deux jambes pour s'accrocher aux sillons de seigle derrière les bœufs de la Sorbe. Madeleine lui caressa la tête, joua avec les épis éclos dans la brosse de ses cheveux. Le gosse était vif, habile au calcul comme à la chasse, bon *sarre-lèbes*[1], comme disait son grand-père Gaston, qui l'avait initié aux secrets des garennes et des nids. Le contraire de sa sœur, d'un an sa cadette, qui, assise face à lui, peinait encore sur l'orthographe des mots simples, et rêvait des heures qu'elle passerait à la broderie ou à l'égrenage du maïs.

Madeleine soupira. Elle avait dix-sept ans lorsque Victor, qui en avait dix de plus qu'elle, l'avait épousée. Personne ne l'y avait forcée. Au contraire. Il était apparu normal que la personnalité marquée de cet aîné s'imposât à elle. Et puis, son cœur avait battu pour ce garçon rompu à toutes les tâches de la terre et de la forêt, ce casse-cou, parfait chasseur, qui agitait ses opinions politiques comme une bannière, entraînant derrière lui le plus grand nombre. Avec sa jeunesse railleuse, sa force parfois brutale, son tempérament d'ombre agité de colères, Victor Darribats avait été une forte tête, pleine de fougue et d'insolence. Jean-Marc Ripeyre, son bailleur de la métairie, ne s'y était d'ailleurs pas trompé. Bien qu'il brûlât de l'envie de se débarrasser des gêneurs de la Sorbe, il avait assez craint Victor pour ne rien oser qui eût ressemblé à des velléités d'expulsion contre sa famille.

— Il n'est pas levé, le jour où ce *malestruc*[2] nous foutra dehors.

1. Serre-lièvres.
2. Butor.

C'était le temps d'avant la guerre. Madeleine était restée sous le toit des Darribats avec ses envies d'apprendre, et d'enseigner, et cette fermeté qu'elle mettait à défendre son droit. Parce qu'il l'aimait, sans doute, de cœur plus que de raison, Victor avait regardé sans broncher sa femme ouvrir des livres près de la cheminée de la Sorbe, et ces cahiers d'écolière qu'elle noircissait de son écriture besogneuse, dès qu'elle avait une minute.

— Qu'écris-tu ? lui demandait-il.

— Rien… enfin, presque. Des petites choses de la ferme…

Il haussait les épaules, se plantait devant la cheminée, bougonnait, les mains dans les poches, l'esprit en voyage, soudain.

— Si tu veux avoir une chance de battre un jour tes adversaires, il faut que tu en saches autant qu'eux, lui disait Madeleine.

Elle lui parlait des grandes révolutions, que les bourgeois retournaient depuis toujours à leur profit, et de ces recommandations sournoises qu'ils faisaient aux paysans, comme de garder leurs enfants à la terre, à leur patois, à leur inculture. Victor râlait.

— Boh, tout ça… avec les poings, ou les fusils, oui, un jour ou l'autre ! Mais les livres, c'est bien trop tard pour moi.

— Mais pas pour tes enfants ! lui lançait-elle, furieuse.

Elle sortit de la maison, reçut la caresse du soleil sur son visage. Passé la mi-août, les arbres de l'airial commençaient à changer de teinte. C'était imperceptible, comme le vent dans leur feuillage. Si près de l'Atlantique, la nature marensine réagissait plus vite qu'ailleurs, peut-être parce que le ciel, poussé sans cesse par l'océan, n'y était jamais le même, d'un jour à l'autre, d'une heure à l'autre. Madeleine s'activa devant la porte, inspecta les souliers, les sabots et les bottes, qu'enfants et grandes personnes avaient laissés là. Il y aurait du travail sur ce matériel-là, pour le vieux Gaston, qui grommelait sur sa chaise, et se plaignait qu'il ne servait plus à rien. Madeleine se redressa, aperçut son beau-frère Maurice, qui fixait de la tôle ondulée sur une cabane à lapins. Le veuf avait son air habituel, ni plus ni moins. Madeleine refusait de croire que c'était là de l'indifférence, mais le bougre avait tout de même le cuir épais, et ses gestes pourtant bien ordinaires n'en étaient que plus étranges.

— Jeanne… pauvre…

Elle se remettait mal de la mort de sa belle-sœur. Du même âge, elles s'étaient élevées ensemble au milieu d'une fratrie plutôt masculine, entre Victor, l'aîné, et ses deux cadets, ceux que l'on appelait les *mieyous* [1] parce que nés à moins d'un an d'écart. Mariées toutes deux avec des hommes plus âgés qu'elles, confidentes l'une de l'autre, Jeanne et Madeleine s'étaient toujours gardé un jardin secret, un petit espace de rêve encore enfantin, qu'elles entretenaient, hors de la puissante solidarité de toute la famille. Ce charme manquait désormais à Madeleine, qui avait, avec ses deux jeunes sœurs, des relations que leurs six et huit ans de différence rendaient plus distantes, et banales.

La guerre… Tout en faisant le tour de sa tablée de cancres et de perles rares, Madeleine se disait que ces quatre années avaient été, au fond, une parenthèse lumineuse dans son existence tracée d'avance. Les hommes étaient au front. Près de sa belle-mère apha-

1. Jumeaux.

sique, de Gaston Darribats, son beau-père vieillissant, et des quatre jeunes gens, elle avait au fil des mois partagé avec Jeanne les rênes de la maisonnée, prévu et décidé, choisi, appris en fin de compte à régner. Et, miracle, elle avait aussi fait office d'institutrice, au fin fond de la forêt. Sa victoire.

Blanche se mit à gémir, ce qui voulait dire qu'elle avait à moitié glissé de son fauteuil, ou bien qu'il fallait la torcher. Madeleine s'approcha d'elle, la releva, simplement, après avoir inspecté ses dessous d'un rapide coup d'œil. Avec Victor, et son existence rapetissée, cela faisait deux infirmes à la maison. Une lourde charge, qu'elle partageait désormais avec ses sœurs. Les jumeaux, eux, entre usine et palombières, rechignaient à ces tâches-là. Travail de femme… Madeleine se pencha vers Blanche.

— Vous voulez quelque chose ? Boire un peu.

Blanche avait cinquante-six ans, les traits d'une très vieille, et un seul œil valide pour traduire le désespoir qui lui tenait lieu d'humeur ordinaire. Tout, dans ses quelques gestes de la main, et ses regards, n'était que refus de continuer à vivre, chagrin. Madeleine s'efforçait pourtant de lui parler, d'occuper son esprit, de savoir ce qu'elle pensait, mais c'était peine perdue. Blanche transitait par des contrées de l'âme connues d'elle seule, et la mort de sa fille Jeanne la précipitait chaque jour un peu plus vers le fond de son gouffre.

Madeleine alla chercher un broc de métal, versa un peu d'eau dans un verre, humecta les lèvres desséchées de Blanche, qui consentit à boire. Puis elle colla son visage contre celui de la vieille femme.

— Il y avait du remue-ménage à l'usine, ces jours-ci. C'est à cause des prix de la gemme, qui dégringolent, et des salaires des ouvriers, qui ne bougent pas plus que les parts de résine. Vous pensez bien que notre propriétaire est dans le coup. Celui-là, il faudrait l'empailler, pour le montrer aux enfants !

Blanche eut une mimique signifiant qu'il s'agissait en effet d'une affaire importante, mais dont elle n'avait cure, et replongea aussitôt dans son marasme. Tout juste consentait-elle à entendre parler de la ferme, et encore fallait-il que ce fût de la seule bouche de Victor.

— Vous voulez sortir ? lui demanda Madeleine. Il fait bon, dehors, pas trop chaud. Les enfants vous tiendront compagnie sur l'airial.

Blanche la congédia d'un battement de sa paupière. Madeleine haussa les épaules. Le calvaire de sa belle-mère durait depuis bien trop longtemps, et ses humeurs ne la touchaient plus que de loin. Heureusement, il y avait les enfants, en cours de vacances comme ceux des bourgeois, qu'elle libéra dans un concert de soupirs satisfaits.

A ceux qui repartaient vers les chantiers où travaillaient leurs parents, elle donna des tranches de pain de froment et du pâté. Puis, à tous, elle réserva une surprise.

— Qui veut de la lèbe, aujourd'hui ?

— Nous !

Les gosses se mirent à trépigner. Madeleine coupa de larges tranches de pain, qu'elle fit griller dans la cheminée. Puis elle vérifia que la cruchade de millet que ses sœurs touillaient depuis une bonne heure avait bien pris. Les petits s'étaient postés devant le chaudron fumant, leur bol à la main. Dès que Madeleine les eut servis, ils allèrent s'asseoir à la table, trempèrent aussitôt leur pain en mouillettes, tandis que les femmes répartissaient le gros de la cruchade dans des plats.

— Vous n'êtes pas à la pinède, vous autres ?

Madeleine sursauta. Victor se tenait dans l'embrasure de la porte.

— Hé bé, vous ne voulez pas voir ça ? Nos deux mille cinq cents francs annuels, perdus à coups de scie, et qu'on va nous rendre dans quarante ans ? Moi, j'y vais, nom de Dieu, et vous viendrez avec moi toutes les trois, toi, Madeleine, et les deux gouyates !

Il était à contre-jour, massif et menaçant, les bras toujours prolongés par ses béquilles. Un an après son retour, il faisait encore peur à sa colonie de femmes, peut-être même de plus en plus, et en imposait même à Maurice, qui avait vite trouvé la limite de gestes et de langage à ne pas dépasser avec lui.

— Il y a de l'ouvrage au potager, dit une jeune, des haricots…

— Je me fous bien de tes haricots ! Et toi, la *syndicatte*, tu vas venir voir ce que monsieur Ripeyre fait de vos recommandations et autres suppliques. Ça vaut le coup !

Les femmes se regardèrent. Il y avait des ordres de Victor auxquels on ne dérogeait pas. Elles ôtèrent leur tablier et rejoignirent le mutilé.

8

Il n'y aurait pas d'amasses de résine, cette année-
là, au pinhadar de la Sorbe, et les années suivantes
non plus.

Les journaliers, une quinzaine au total, s'étaient
mis en file, sous la surveillance directe du maître.
Jean-Marc Ripeyre les observait comme il l'eût fait
d'une troupe armée. Jambes écartées, les bottes sur
le premier sillon de son semis, il attendait que le bros
attelé de mules eût été vidé de son chargement de
jeunes pins. Il y avait là quelques centaines d'arbres
d'un bon mètre cinquante chacun, de quoi ensemen-
cer les premiers ares de la parcelle. Lorsque l'opération fut terminée, les hommes s'approchèrent et, qui
avec une brouette, qui sur l'épaule, emportèrent les
pousses vers le désert de terre grise du chantier.

Il avait fallu dessoucher les restes de la coupe que
Ripeyre, excédé par les prétentions de ses métayers,
et jugeant que ces derniers avaient suffisamment profité de leur sève, avait ordonnée. Atterrés, les Darribats avaient ainsi assisté, impuissants, à la destruction
par la scie de leur petit pactole de résine, et maintenant, assis au bord de la parcelle, ils contemplaient la

lande redevenue rase, que l'on se préparait à ense-
mencer. Victor Darribats maugréa.

— Hé, je vous l'avais dit, on sera tous morts
depuis longtemps quand ces géants seront en âge
d'être piqués.

Avec sa femme et ses deux jeunes belles-sœurs, ils
composaient un petit tableau champêtre, lui, la nuque
appuyée contre la racine d'un chêne tauzin, elles,
assises un peu plus loin sur le rebord d'une craste de
drainage, coiffées de chapeaux de paille ronds à large
bord. Madeleine s'interrogeait.

— Il va tout semer en *pignots*[1], tu crois ?

— Ça m'étonnerait ! Ceux-là sont des arbres de
pépinière, tu penses… c'est bien trop cher pour dix
hectares. Ce salaud va en mettre un sur cent, et pour
le reste il plantera les graines que la nature lui offre.
Gratis. Tu le connais suffisamment, je crois. Regarde,
il fait tout lui-même, sans même avoir besoin d'un
entrepreneur. Quel seigneur !

— Ça fait drôle, sans les moutons, dit une jeune.

— Boh, les moutons…

Pour protéger sa future pinède, Ripeyre avait
liquidé le petit troupeau d'une quinzaine de bêtes qui
restait sur la Sorbe. Les moutons baguenaudaient
souvent en lisière de la parcelle, friands de jeunes
pousses de pins. Les Darribats avaient été indemni-
sés, et s'étaient vu interdire de reconstituer le chep-
tel. Cinquante ans plus tôt, l'affaire eût été autrement
vécue. Mais le triomphe de la forêt avait déjà renvoyé
les pâtres landais au rayon des antiquités gasconnes,
et l'élevage n'était plus qu'une activité accessoire, en
Marensin comme ailleurs.

— Tout de même, regretta la jeune fille.

1. Jeunes pins.

98

Les brassiers s'étaient déployés à l'entrée des sillons qu'un soc attelé à deux énormes bovins continuait de tracer, rectilignes, loin devant eux. Le semis pouvait commencer. Madeleine vit les hommes se courber, tous ensemble, dans un geste qu'elle connaissait bien pour s'y être adonnée durant la guerre, chez des propriétaires du voisinage. Le trou était un cube d'une trentaine de centimètres d'arête, où l'on plaçait l'arbre et qu'on rebouchait aussitôt. Victor ironisa.

— Et ils font ça pour moins de trois francs par jour, putain ! Où sont-ils, tes bons camarades de la CGT, tu peux me le dire ? A l'écrevisse ?

Madeleine haussa les épaules. Rien de ce qui se faisait sous ses yeux n'était illégal, même si les troubles du moment occupaient assez les syndicats sur la question des partages de la résine. Mais il n'y avait plus de résine à la Sorbe, hélas. Victor, qui était resté calme jusque-là, prit appui sur ses paumes, s'assit au prix d'un effort qui fit perler de la sueur à ses tempes, là où survivaient les seuls espaces de peau saine de son visage. Madeleine s'attendait à une de ses colères inopinées, souvent sans raison, que les cicatrices de la guerre, et le temps qui passait, rendaient plus violentes. Mais Victor avait ce jour-là l'âme badine. A l'assemblade de Morcenx, il avait croisé des Chalossais, des piquetalos[1] qui racontaient avec force détails la façon dont ils avaient amené leurs bailleurs à composer avec eux. Du côté du bas Adour, on avait ressorti les piques et les fourches, que l'on était allé brandir sous les fenêtres des *moussus* en chantant des couplets qui n'avaient pas grand-chose à envier à leurs grands

1. « Pique-vers », paysans, révoltés en 1920-1921.

devanciers. Victor chercha l'air de *La Saint-Cyrienne*, et, l'ayant trouvé, entonna :

Peur, nous n'en avons pas au moment où le soleil
    frappe fort,
La peau trempée et cuite par la chaleur,
Nous avons beau piocher dur, nous n'avons pas un
    sou vaillant
Au diou biban...

Les filles se mirent à rire. Élevées ensemble dans l'étrange liberté que leur avait donnée la guerre, elles n'avaient, à la différence des autres membres de la famille, que peu de conscience politique, et préféraient discuter des bals et des garçons plutôt que des cours de la gemme, au grand désespoir de leurs aînés.

— Taisez-vous, garces ! Je chante mal ? Alors je vais réciter. Écoutez mes vers gascons. Ces couplets-là ont de la sanquette.

Avec les fusils, les faux et les fourches,
Nous partirons voir tout ce beau monde,
S'ils sont malades, eh bien, nous les soignerons,
Au diou biban.
Notre travail a engraissé la terre,
Et enrichi tous ces beaux messieurs,
Cela a assez duré. Et ça, nous allons le changer,
Au diou biban.

Il eut un rire de défi, comme un cri, serra le poing. Dans les sillons, les hommes avançaient de leurs pas de nains, répétant le geste du semis. Lorsque leur contingent de petits arbres aurait été planté, ils enfouiraient dans la terre la matière première offerte par la nature à celui qui savait l'exploiter, ces

100

quelques milliers de fruits oblongs libérés au soleil par les pignes. Victor en avait assez vu. Il refusa, soudain teigneux, la main que lui offrait Madeleine, entreprit de se mettre debout par ses propres moyens, au prix de quelques contorsions et d'une puissante poussée des bras sur ses béquilles. Quand épuisé, bavant presque, il y fut parvenu, il laissa traîner sur les femmes son regard redevenu ce qu'il était depuis le retour du front, un brûlot de haine et de détresse qui faisait peur, et pitié en même temps. Puis il donna un coup de menton vers le semis.

— Je vais aller le voir, ce *cague-dret*[1].

Madeleine redoutait ce genre de décisions. L'expédition de juillet, à l'usine Savayran, n'avait guère donné de résultat, sauf la colère d'Henri Savayran, et le désarroi des ouvriers que des mots, seuls, ne suffisaient pas encore à convaincre. Madeleine s'inquiéta.

— Que vas-tu lui dire ? Il est dans son droit. Laisse travailler les gens des syndicats.

— Ces dormeurs ! Ah, macareou ! Je vais les laisser roupiller, ça oui ! Tu ne vois donc pas que les Ripeyre et eux, c'est la même semence ? Des traîtres, comme on en mettait au poteau quand ils refusaient de se battre. Tu aurais vu ça. Six balles, parce qu'il fallait en garder autant pour le Boche d'en face.

Il se mit à frapper le sol de sa béquille, trouant la terre.

— *Hardid, hardid, qu'hem lous piquetalos*[2] !

Madeleine avait fait un pas en arrière. Victor avait déjà levé la main vers elle, une fois, tenant cette arme

1. Emmerdeur.
2. « Hardi, hardi, nous sommes les piquetalos ! »

ferrée qu'il maniait comme, enfant, ses épées de bambou.

— Tu verras, la jolie salade, les têtes au bout des fourches, et les tripes autour. Ça viendra, nom de Dieu !

Ses frères débouchèrent de la pinède voisine. Ils marchaient tête basse. Madeleine les vit passer devant les filles sans leur dire un mot, et approcher d'elle à grands pas.

— A cette heure de la mi-journée…

Il avait dû arriver quelque chose à l'usine.

— Hé bé, vous n'êtes pas au travail ?

— Le contremaître nous a avertis qu'on n'avait plus besoin de nous à Saint-Girons.

— Plus besoin… en pleine campagne d'été, quand les barriques sont centaines sous les hangars de l'usine ?

— Barra nous a dit que, même au prix actuel, l'essence ne trouvait pas preneur. On débauche partout.

Victor n'avait pas bien entendu, et se fit répéter la nouvelle. Madeleine pensa que la décision d'Henri Savayran avait de quoi lui faire troquer ses béquilles contre une hache, ou un fusil. En vérité, le coup de tête de Victor, à l'usine, se payait cher. Les syndicalistes de Lit et de Lesperon avaient pourtant recommandé de ne pas engager d'action directe. Il fallait être prudent, faire monter peu à peu la tension autour des usines, à coups de réunions. Si le Marensin bougeait, il n'en allait pas de même en Haute Lande, où la paix régnait depuis des accords sur le partage qui remontaient au siècle d'avant. Et puis, la situation générale n'était plus celle des mouvements d'avant-guerre.

Victor toisa sa femme. Il avait surestimé les volontés révolutionnaires des ouvriers landais, leur capacité d'engagement. Les grandes heures de 1907 et 1908 étaient décidément bien loin. Cette évidence parut le calmer.

— A Tarnos, té, une saloperie pareille, ça ne risquait pas d'arriver…

Madeleine baissa la tête. Les fondeurs de Tarnos étaient des centaines, groupés sur le même site naval. Une vraie force, crainte, et respectée. Rien à voir avec les ouvriers des Landes, éparpillés à travers leur immense territoire. Victor se perdit dans la contemplation du chantier.

— Té, regardez-les, ceux-là, pour moins de trois francs par jour, et sans se plaindre. De l'aube à la nuit. Nous, on les regarde parce qu'on est punis. C'est bien ça, Madeleine ? Punis, comme à l'école, hou, les ânes !

Elle se mordait les lèvres. Victor avait peut-être raison de la mépriser, mais, après tout, il y avait des limites à ce qu'elle pouvait faire. Maintenant, il y aurait bien peu de chances pour qu'Henri Savayran acceptât de réintégrer ses beaux-frères dans ses équipes. Et s'il était arrivé que des mouvements de sympathie aidassent quelques métayers expulsés à se défendre, et à se recaser, on n'avait pas encore vu les foules se déplacer pour des ouvriers débauchés. Les maîtres des forges et des alambics landais pouvaient dormir tranquilles. Ils décidaient sans discussion, et au besoin ne se privaient pas de faire valider leur choix par les tribunaux.

— Où vas-tu, Victor ?

Il prenait le chemin longeant la parcelle. Il y avait eu, entre les fantômes des beaux pins de place de plus de soixante ans qui la peuplaient encore un mois auparavant, la part essentielle de son enfance. La Sorbe appartenait alors à un propriétaire de Bordeaux qui ne mettait jamais les pieds dans les Landes et déléguait ses affaires. On s'arrangeait avec son régisseur. L'homme était haïssable, pleutre, et finalement influençable. Les enfants de l'époque, rois du pinhadar, avaient fait des quinze hectares de la parcelle leur domaine de chasse et de rêve, jusqu'à la palombière que l'on partageait avec les voisins. Puis avant la guerre Ripeyre avait acheté la métairie, congédié le régisseur et pris lui-même les affaires en main. Les enfants, eux, étaient entre-temps devenus adultes, et soldats.

Victor ne répondait pas. Madeleine se lança sur ses pas. Elle craignait un esclandre aux conséquences imprévisibles. Ripeyre était d'une autre trempe que le pharmacien de Bordeaux, qui se contentait, lui, de percevoir sa part de résine et se faisait envoyer ses redevances par le train.

— Fiche-lui la paix, dit-elle. La lande est à lui, et les arbres ne sont plus là, qu'est-ce que tu veux qu'on y fasse ?

— Je peux bien aller voir les autres, non ? Ceux qui besognent, là-dedans. Peut-être que Ripeyre leur fait payer l'air qui les engraisse. Il en serait capable.

Il avait sa hargne habituelle, sa voix cassante, mais avec quelque chose d'autre, à l'intérieur, qui ressemblait à du chagrin. Madeleine décida de l'accompagner, soulagée de n'être pas priée de le laisser seul. Être utile à son mari, dans ces moments-là, était bien plus important pour elle que tout le reste. En chemin, Victor se mit à chanter à nouveau. Ses piquetalos n'avaient peur de rien ni de personne, et possédaient bien peu de graisse sur les os. Ainsi soutenu par les refrains du chant guerrier, il ne fallut guère plus d'une demi-douzaine de minutes au mutilé pour rejoindre les rangs des semeurs, au bout desquels se profilait la silhouette de Ripeyre.

— Ça va les hommes ?

Campé sur ses béquilles entre deux sillons encore vierges, le dos courbé, le cou tendu un peu de côté, Victor Darribats avait l'air d'un épouvantail au milieu d'un champ. Un instant surpris, les ouvriers avaient vite repris leur ouvrage. « Té, le Victor… » Certains le connaissaient, qui même avaient aidé à la Sorbe quand les autres étaient comme lui mobilisés.

— On m'a dit… combien, déjà ? Deux francs quatre-vingts par jour. Ah, mes petits, il va vous en falloir, des coups de reins, et puis des coups de balai, quand il s'agira des graines. N'oubliez pas, tchoff-tchoff, bien balayer la terre au-dessus du pignon. Allez, feignants, un peu de sanquette, diou biban. Ça mollit sur les billons ! Et si l'orage vient, n'oubliez pas le proverbe : « Quand le béret dégouline, envoie le patron se faire foutre ! »

Il allait de l'un à l'autre, encourageait ou tançait, sous les regards interrogateurs ou rigolards, suivi par Madeleine, qui souriait aux uns et aux autres, laissant supposer qu'il ne s'agissait que d'une foucade sans conséquence de son mari. Lorsqu'il fut bien en vue de Ripeyre, Victor s'immobilisa, attendit que l'autre se décidât à avancer vers lui.

— La *Madelon*, jeunes gens, vous connaissez la *Madelon* ? Ceux qui y étaient comme ceux qui n'y étaient pas, hé ? Vous vous rappelez l'air, la musique…

Parvenu à moins de dix mètres de Ripeyre, il se figea à nouveau et se mit à chanter.

Pendant que leurs hommes étaient à la guerre,
Les femmes ont demandé à leurs patrons

De renoncer, pour adoucir leur misère,
Aux canards gras, aux poulets, aux jambons.
Mais ils auraient, ces patrons honnêtes,
Partagé, s'ils avaient osé,
L'allocation à la cinquette
Comme la récolte de blé.
Et pendant ce temps-là, eux, dans les trous d'obus,
Ils songeaient à terminer ces abus.

Ripeyre avait fait quelques pas vers lui, peut-être pour mieux entendre. Collée contre Victor, Madeleine n'osait plus respirer, ni regarder le maître. De part et d'autre de leur couple bizarrement planté sur la steppe, les hommes poursuivaient leur besogne, comme si les paroles leur passaient au-dessus de la tête.

— La *Madelon, lanusquets,* la *Madelon.*

Victor choisit de rompre, marcha vers leurs rangs les plus éloignés, le refrain aux lèvres.

Les métayers veulent plus de bien-être,
Que le bonheur règne en chaque maison.
Et pour le faire savoir aux maîtres,
Ils le disent sans façon.
Les métayers veulent plus de justice,
Que leur travail soit mieux payé.
Et pour que leur action réussisse,
Ils se sont tous syndiqués.

— Ce ne sont que des ouvriers, lui glissa Madeleine à l'oreille.

— On n'en a rien à foutre. Prends-en de la graine, de ton côté, si tu veux qu'ils t'écoutent un jour.

Ripeyre affectait de ne rien entendre. Madeleine soupira. L'homme semblait davantage préoccupé par l'avancement du semis que par les élucubrations d'un pauvre type sur lequel les enfants, ces êtres sans conscience ni charité, jetaient parfois des pierres. Victor, lui, poursuivait sa lente traversée des sillons, apaisé par sa chanson, dont il dévidait les couplets comme s'il les avait composés. C'était un spectacle étonnant. Les manœuvres pesaient sur leurs pelles, tapotaient le sol comme des enfants le sable de la plage, puis, ayant jeté un coup d'œil sur la rectitude de la tige plantée, passaient au trou suivant. Et l'infirme clopinant autour d'eux, avec aux lèvres sa *Madelon* des métairies, qui eût dansé s'il l'avait pu, traversait la parcelle de son mouvement pendulaire.

> *Ils ont trouvé leurs pauvres femmes,*
> *Tout esquintées par leur turbin,*
> *Travaillant toutes avec âme*
> *Pour conserver leurs biens*
> *A ces gros proprios*
> *Qui faisaient ronfler le pot*
> *Pendant que leurs métayers*
> *Se faisaient zigouiller.*

Il parvint à un endroit d'où l'œil parcourait sans obstacle une immense étendue de lande bordée, très loin vers l'horizon, par des alignements bleutés de pinède. Ce vide n'attirait pas que le regard. Enfant, Madeleine avait vu de ces espaces de la lande ancienne que la forêt n'avait pas encore anéantis. Leur contemplation, dans la lumière de midi, donnait le vertige, à force d'y chercher le moindre relief. Mais il n'y avait à l'infini que ceux que faisait, tout au fond d'eux, la lumière insoutenable du jour plein. Ces visions n'appartenaient à personne, sauf à ceux qui voulaient bien les vivre, le temps d'une communion avec le néant.

— Le bout de la course est là, on pourrait le toucher du doigt, dit Victor.

Madeleine frémit, posa sa main sur l'épaule de son mari. Le souvenir du pays des bergers agissait sur lui comme une espèce de sédatif, mieux en tout cas que les pauvres médecines qu'il avalait du bout des lèvres, quand il ne les dispersait pas d'un revers de la main sur la table de la Sorbe. Victor tourna vers sa femme sa face de guerre à peine éteinte, ce Verdun immuable qu'il proposerait au monde jusqu'à son dernier jour. Pour la première fois depuis qu'il était descendu du train à Lesperon, il souriait, pour de bon. D'un vrai sourire, plus vivace que ses cicatrices, qui s'effaça comme le soleil derrière un nuage de printemps.

— Il faut bien vivre, en attendant.

Il regarda les hommes, attelés à leur tâche aussi sûrement que les bœufs traçant leurs lointains sillons, là-bas vers l'ouest. Ripeyre se foutait bien de ses rimes approximatives. Sa troupe rendait ce qui lui avait été demandé. Les usines qui distillaient les produits de sa forêt pourraient bien se débarrasser de deux ouvriers, ou de deux mille. Elle continuerait à produire, et ceux-là, qui creusaient le sable du Marensin, à le faire pour elle. C'était cet ordre des choses que les syndicalistes les plus radicaux ne pouvaient malgré tout s'empêcher de respecter, tout en le vilipendant. Madeleine devrait s'armer de patience. Dans cinquante ans, peut-être…

Madeleine pensait à ses beaux-frères.

— Viens, dit-elle à Victor. Deux vagabonds de plus dans la forêt, ça suffit pour aujourd'hui.

Il se laissait conduire sans la houspiller. Madeleine

supposa que cela ne durerait pas. Mais c'était bon, cela ressemblait un peu aux heures d'avant 14, quand le vin de dunes faisait passer soupirs et colères. Les garçons avaient perdu leur emploi. Elle leur en chercherait un autre, en ville peut-être, au chemin de fer, où son propre frère avait trouvé une place d'aiguilleur au sortir immédiat de la guerre. En attendant, ils travailleraient la terre, iraient chasser, poser quelques pièges, et elle cuisinerait leurs prises. Une illusion.

— De toute façon, ajouta-t-elle, il n'y a plus rien à nous, ici.

Elle craignait que Ripeyre ne prît avant longtemps la décision de récupérer la Sorbe. Rien ne l'en empêchait, et ces choses-là se faisaient assez couramment, dans le pays landais. La coupe de pins avait dû cependant calmer un peu les mauvais projets du maître. Du moins Madeleine l'espérait-elle.

Le retour vers la métairie lui parut plus long que d'habitude. Il n'y avait pourtant plus de résine à transporter sur le bros, ni de pignes à entasser pour s'en aller les vendre en ville. Rien qu'une pinède presque centenaire devenue semis, loin derrière elle. Madeleine soupira. La mort de Jeanne l'accablait au-delà de ce qu'elle avait redouté. Elle la laissait bien seule, avec les deux jeunes filles, et Blanche, ce spectre totalement à charge qui reconnaissait parfois à peine ses enfants. Madeleine avait envie de pleurer. Ce devait être de la tristesse, comme on en avait quelquefois, quand la belle saison tirait à sa fin. Mais comme ces travaux pourtant harassants de la gemme lui paraissaient soudain les témoins d'un temps heureux, disparu pour des dizaines d'années !

Blanche était presque tombée de son fauteuil. La moitié de son corps passait par-dessus l'accoudoir. Lasse, sans doute, d'avoir essayé d'appeler à sa manière — grognements et coups de poing sur le bois du fauteuil —, la vieille femme avait fini par s'endormir, son bras pendant jusqu'à terre. Madeleine houspilla les enfants, qui l'avaient laissée dans cette position.

— Eh bé, vous étiez tous partis, et Maurice aussi, se défendit son fils.

Madeleine alla relever Blanche, tandis que Victor se laissait tomber sur le banc et se servait un verre de vin. Les sœurs de Madeleine retournèrent s'installer face à leur grand-mère et reprirent leur travail de broderie. La chaleur d'août entrait par la porte ouverte. Lourde et humide à nouveau, annonciatrice d'orage. Victor grommela.

— Salaud, crevure. Ah, s'il était monté à l'assaut devant moi, tiens, à dix mètres, je l'aurais pas loupé.

Il appuya sur la détente d'un fusil imaginaire. Ses yeux brillaient. Madeleine vint s'asseoir en face de lui, de l'autre côté de la table. Un grand vide s'était fait dans son esprit. Il y avait une situation à affronter, dont elle ne maîtrisait rien. La pinède avait cessé de donner, les cadets de Victor retournaient à leur braconnage et redécouvraient leurs anciens jeux d'enfants dénicheurs. Blanche s'affaissait de plus en plus souvent, au point qu'elle avait déjà failli tomber tête la première dans la cheminée. Quant à Victor, il répétait à la Sorbe les gestes tout simples de ses virées au village. Emplir un verre, le porter à ses lèvres, le poser sur la table et partir dans de drôles de songes.

Madeleine aurait aimé parler, convoquer les uns et les autres autour de la table, tirer des plans sur l'avenir. Ses lèvres tremblantes lui refusaient tout service. Les mots se bousculaient dans sa tête sans qu'elle soit capable d'en sortir le moindre. Elle croisa le regard de son mari, qui ne souriait plus. Creux, perdu. Au moins Victor avait-il cessé d'être hostile, de se moquer d'elle et de ses compagnons des syndicats. Elle se leva, sortit sur l'airial qu'elle traversa à pas lents.

Souvent, lorsqu'elle avait eu de tels coups de cafard, la contemplation de la ferme aux murs blancs égayés par de hauts colombages, l'ordonnance de ses bâtiments, la géométrie rassurante des champs tout proches, et de la pinède, l'avaient bien vite rassérénée. Il pouvait y avoir la guerre, loin de là. Au bout d'une enfance errante, la fille de brassier avait trouvé un port d'attache, solide, où elle s'était ancrée. Maintenant, la guerre était finie, et les pauvres joies qu'elle avait espérées de cette embellie se transformaient l'une après l'autre en mauvais rêves. Plus rien ne fonctionnait, sous le toit de la Sorbe.

Cheminant vers la forêt, Madeleine aperçut le vague trou qu'avait laissé, en plein milieu de l'airial, le pin planté en l'honneur de Victor. C'était en mai 1920. Ils s'y étaient mis à une quinzaine, amis et parents, compagnons de tranchée, édiles. Un arbre de seize mètres au moins avait été abattu en grand secret, ébranché, dûment écorcé jusqu'à l'extrême cime, que l'on avait laissée seule en place. Des doigts de femmes avaient décoré le « mai » de papier crépon et de vraies fleurs, en longues guirlandes le serrant comme un lierre. Il avait fière allure, l'arbre du retour, avec l'énorme bouquet entourant son pied, et son panneau en forme de cœur, frangé lui aussi de fleurs, sur lequel une main artiste avait peint ces mots, en altières majuscules : VICTOR. GLOIRE ET HONNEUR À NOTRE POILU D'ORIENT.

Victor avait vu arriver la procession portant l'offrande à l'épaule. Immobile, mutique, il avait assisté à la plantation du mai. Des musiciens avaient joué, dans des applaudissements qui n'en finissaient plus. Madeleine avait senti battre son cœur. Un moment, voyant le trouble mauvais qui occupait son mari, elle avait craint quelque esclandre de sa part. Mais Victor s'était retenu, refusant simplement de boire. Lorsque la farandole des enfants s'était formée autour de l'arbre, il s'était détourné, avant de disparaître dans la maison, tandis que Madeleine, triste et contrite, abreuvait ses hôtes.

Comment s'était débrouillé le mutilé ? Au matin suivant, la première levée, Madeleine avait découvert le mai dépouillé de sa décoration jusqu'au tiers de sa hauteur. Le panneau avait été arraché, le gros bouquet dispersé au sol, taillé à coups de canif. Une hache avait entaillé le tronc à hauteur de buste. Sans doute épuisé par sa rage à détruire, Victor s'était couché sur le dos à quelques mètres de là, et dormait dans la rosée.

À peine plus d'un an… Madeleine s'enfonça sous la chênaie, pénétra dans la pinède intacte des voisins. Ceux-là, métayers aussi de Ripeyre, prenaient garde de ne jamais brusquer leur irascible propriétaire. Madeleine entendrait-elle le bruit de leurs hapchots, les cris des femmes s'appelant à travers la forêt ? Ailleurs, en Marsan ou en Haute Lande, certains avaient mis le feu, après que l'on eut massacré leur petite usine à eux, ces quelques arpents de pins qui représentaient tant. Le visage inondé de larmes, Madeleine se laissa glisser au pied d'un arbre.

Elle ne mettrait pas le feu. Il fallait pour cela une passion haineuse qu'elle n'éprouvait pas. Par une étrange association d'idées, Madeleine se mit à penser à cette rencontre dans la cabane de résiniers, à la silhouette de Maylis Savayran, entrevue le lendemain à la distillerie. Le passé enfoui avait surgi, par le plus grand des hasards. Comment ces gens-là vivaient-ils ? Madeleine sentait remonter en elle les frustrations de son enfance, lorsqu'elle suivait son père, ou Blanche, dans les maisons des maîtres. Au fond, les quatre années de guerre avaient été pour elle un sommeil, le lit dans lequel reposaient ces vieilles lunes. Que n'y étaient-elles restées, au lieu de venir se montrer dans un pareil endroit !

Le soleil jouait avec les cimes, comme il savait si bien le faire pour le plaisir de l'œil landais. Madeleine s'abandonna quelques minutes à cette confusion de la mémoire. Que fallait-il faire, désormais ? Il lui sembla, petit à petit, que la solution demeurait, malgré tout, la lutte syndicale, même si tout cela se réveillait aussi d'un long sommeil, et balbutiait, ici et là. Le problème serait de supporter la négation qu'en faisait Victor, lui qui en avait été un tout jeune fer de lance. Peut-être le mutilé de l'armée d'Orient reviendrait-il un jour à de meilleurs sentiments, à l'exemple de tant d'autres, d'abord choqués, et qui reprenaient leur place dans la société, avec le temps. Madeleine l'aiderait, comme elle pourrait. Tout était encore si récent.

Elle se leva. L'histoire de Maylis Savayran valait bien la sienne, au fond. Si elles se parlaient un jour toutes les deux, oubliant d'où elles venaient, chacune de son côté, ce serait peut-être de cela. Comment vivre avec, au cœur, le désespoir des enfances fou-droyées ?

« Mademoiselle Maylis » allait se marier. Le bruit en avait couru au village, et jusque dans les plus loin-taines métairies du Marensin. C'était comment, une vie à la grande ville ?

Madeleine contempla la ferme, qu'elle trouva jolie sous son toit de tuiles rondes tout en nuances d'ocre et de rouge, pensa qu'elle avait choisi comme méde-cine de l'âme la stabilité absolue du devoir, dans la vie normale comme dans la géhenne. Il y avait tout de même encore des bras, à la Sorbe, que ni la guerre ni l'exode n'avaient tranchés. Et puis, que ferait-elle d'autre que tenir sa maison ? Le ménage chez des maîtres, comme autrefois Blanche, qui pensait avec sincérité qu'il s'agissait là d'un progrès pour les plus pauvres ? Il y avait bien assez d'humiliations comme cela chez Ripeyre. Les trois cinquièmes de liberté que Madeleine trouvait dans son métayage valaient mal-gré tout qu'elle se sacrifiât, même si, de toutes ses forces, elle désirait voir disparaître ce partage, honni, de la terre et de ses fruits.

9

Commensaux et parents, civils de toujours ou soldats de la guerre encore toute proche, jamais cercle de mariage ne s'était formé autour d'un couple aussi bien assorti que celui-là. Jeunesse et beauté, charme et dons de l'existence, tout ce qui irradiait de Maylis Savayran et de Mathias Durrugne réchauffait ce jour de décembre 1921 comme une promesse de fin d'hiver.

Tout avait été prévu au long de subtiles tractations entre les familles, et chacun tenait sa place. Maylis avait laissé distribuer les rôles, sous la houlette d'Eugénie et de Camille, l'aînée de ses cousines. Ainsi, les choses allaient pour elle comme elles l'avaient toujours fait, par la procuration tutorale acceptée depuis l'enfance. Un état que rien ne semblait pouvoir remettre en cause, sauf cette échappée vers une autre vie déjà planifiée ; la maison de Caudéran, meublée par d'égales offrandes des deux familles, une dot des Savayran qui permettrait aux jeunes époux de connaître aussitôt l'aisance, et la carrière de Mathias, avant toute chose, que faciliteraient, tout autant que l'argent, la grâce de Maylis et son désir de bien faire.

Mathias avait réuni autour de lui ce qu'il appelait sa garde rapprochée, son club de juristes et de jeunes clercs essorés par les mêlées de rugby, et plus ou moins imbibés par les libations qui suivaient en rituel leurs retrouvailles dans la boue des stades. Curieusement, il avait retardé autant que possible l'instant des présentations et réservé celles-ci aux quelques jours précédant les cérémonies d'union. Maylis n'avait guère prêté attention à ce détail. Elle redoutait la compagnie nombreuse des hommes, et ceux-là, liés par les études avant de l'être, et de quelle manière, par la guerre, avaient mille raisons de préserver leur camaraderie. «Mon équipe de borgnes», se vantait Mathias. Trois de ses témoins avaient laissé un œil dans la grande bagarre.

— Ainsi, je ne rêve pas. Tu arraches le plus beau parti de Gironde à ces rustres du Bordeaux Étudiants Club. Les héros… Plus habitués des maisons de la ville que de ses prétoires. Et en clan, ces messieurs, avec leurs codes, pire qu'une loge. Ah ! Le faux avocat aura du mal à me persuader de sa candeur maritale.

Depuis le matin, Maylis subissait les sarcasmes de son cousin Serge, sans bien les comprendre ni deviner leur raison. Aux abords de la scène sur laquelle tout le monde souriait, le fils d'Henri et d'Eugénie Savayran se traînait de mauvaise humeur. Il avait déambulé sur le parvis de l'église, écouté, solitaire, les mains dans les poches, les échos de la messe. Au très long repas de noces, on l'avait entendu s'esclaffer, trop fort, trop haut, comme ivre avant l'heure tolérée. A la soirée donnée dans les salons de l'hôtel particulier des Durrugne, il errait d'une pièce à l'autre, le verre à la main, pestait contre la justice et la forêt landaise, le vignoble et ses marchands, interpellait les uns et les autres, insolent et moqueur au point que son père dut le rappeler plusieurs fois à l'ordre.

Maylis découvrait un visage de son cousin qu'elle ne connaissait pas. A vingt-deux ans, Serge Savayran était un jeune homme long et maigre que le commerce viticole dans lequel son père l'obligeait à baigner n'avait pas encore tout à fait débarrassé de ses langueurs d'adolescent. Un début de tonsure couronnait son crâne, dont Serge se persuadait qu'il le vieillissait sans recours. Ses mains aux doigts fins et aux jointures noueuses annonçaient de précoces arthroses, des cures à Dax ou à Préchacq-les-Bains. Donnant un peu de vie à son visage de prieur, son regard habité de lueurs d'inquiétude ou de fatigue fuyait, se fixait peu, et brièvement.

— Ah, cousine…, disait-il d'une voix douce, est-ce qu'on va t'aimer comme il le faudra ? Pauvre, qui me dira ce que je fais encore ici, moi ? Le merlot ! Des alignements de merlot, à ne plus pouvoir regarder autre chose. Et moi, au milieu, pour compter les grains. Un grain, un centime, l'équation la plus simple du monde. Comme j'aurais dû m'en aller. Eh ! L'Indochine, Madagascar, Chandernagor ! Tu entends ces noms, Maylis ? Autre chose que Libourne, Fronsac ou Pomerol !

Il ricana. Maylis considérait avec gentillesse ce presque frère qui l'avait habituée depuis toujours à ses humeurs changeantes, à ses digressions parfois poétiques, toujours amères. Serge avait échappé à la mobilisation parce que la guerre s'achevait, mais surtout grâce au léger souffle cardiaque que sa mère avait transformé, certificats à l'appui, en une malformation tout à fait incompatible avec la vie de soldat. Réformé tant par l'armée que par le lycée, il s'était

117

alors laissé guider par son père vers la gestion —
assistée — de leur vignoble libournais, mais rêvait
plutôt d'aventure et d'Orient.

Maylis rompait comme elle pouvait les assauts de
son cousin. Elle se devait à ses invités. Par moments,
elle cherchait Mathias des yeux, mais celui-ci devait
encore régner, au milieu de ses amis. Serge revenait
déjà vers elle, pour la centième fois.

— Les anciens de Verdun, ironisa-t-il. Leur foutue guerre, ils vont nous bassiner avec jusqu'au siècle
prochain. Ça te fait quoi, de les avoir épousés tous
ensemble, ces singes à peine descendus de leurs
arbres ?

Maylis posa ses doigts sur la bouche de Serge, qui
les baisa, soudain, si avidement qu'elle les retira,
d'un geste vif.

— Proverbe landais, murmura-t-il, il y a plus de
gens mariés que de gens contents… Tu l'avais dit,
promis, pourtant.

— Quoi donc ?

— Que tu serais pour moi, un jour.

Plaisantait-il ? Maylis rit. Elle se rappelait les sottises enfantines, les serments « à la vie à la mort »
dans le verger de Libourne. Serge n'avait pas l'air de
plaisanter. Ses yeux pour une fois immobiles
brillaient d'une fièvre jalouse, et de désir, aussi. Dans
le recoin de couloir où elle prenait quelques instants
de repos, Maylis eut tout à coup l'impression d'avoir
chuté au fond d'un piège, en pleine promenade.

— Serge, ne dis plus rien.

Derrière la frêle silhouette de son cousin, un miroir
lui renvoyait dans son cadre doré le reflet d'une
femme inconnue, si pâle que ses yeux semblaient
dévorer son visage. C'était pourtant bien elle, cette
pâtisserie toute en buste surmontée d'un lourd chi-

gnon, prête à être consommée dans le flou charmant de ses dentelles et de ses tulles. Que venait donc faire son cousin dans cette histoire ? Serge avait dû deviner sa pensée.

— Mais je m'efface, ne t'inquiète pas, cousine chérie. Chacun à sa place et les troupeaux seront bien gardés. Ton oncle me propose, comme il sait si bien le faire, d'aller numéroter les stères de bois à Saint-Girons. Un séjour au pays des merveilles. Comptable ! Après les raisins de Pomerol, les produits enivrants de la sylviculture landaise. Une planche, deux barriques, cent vingt mille cubes de bois, trois millions de litres de térébenthine. Moi qui rêvais de Saigon ! Mais tu t'en fous, et tu as bien raison. Que ferais-tu d'une larve comme moi ? Et regarde qui vient, maintenant.

En compagnie de quelques amis, Mathias Durrugne rejoignait enfin son épouse, et Serge s'effaça comme il l'avait annoncé. Maylis le regarda s'éloigner. Elle lui en voulait un peu d'avoir choisi un pareil moment pour lui jouer cette scène ridicule, mais se dit aussitôt qu'elle en était sans doute responsable. Elle avait le sentiment d'avoir laissé se rompre le dernier fil de leur enfance, et en éprouvait un chagrin que les mines réjouies de ses hôtes, et leur discours convenu, auraient du mal à chasser.

Victor avait refusé de tenir le couteau. Avant guerre, c'était pourtant lui qui officiait. Un bon boucher, qui visait juste, à la jugulaire du porc, et le saignait proprement, sans lui laisser trop de sang à l'intérieur. Maurice suppléerait. Il n'était guère expert, mais on avait décidé que cet hiver-là la tuaille se ferait en famille, sans concours extérieur.

Les pattes serrées par des cordeaux, la mâchoire garrottée maintenue par la poigne du veuf, la bête gigotait. Victor s'était posté à l'entrée de la courtillière. Madeleine tendit un long couteau à Maurice, qui le pointa de sa main libre, l'espace d'une seconde, sur la peau du cou, puis l'enfonça d'un geste rectiligne, jusqu'à la garde.

De la maison où on l'avait enfermée avec interdiction formelle de se montrer, la petite classe de la Sorbe entendit monter dans l'air brumeux de décembre les cris stridents de la bête. Maurice s'était immobilisé, rougi jusqu'au milieu de l'avant-bras.

— Tenez-le, nom de Dieu, tenez-le !

— Hé, tu ne l'as pas manqué, le félicita Victor. Un jour, té, j'ai piqué un Bulgare au même endroit. Il levait le cul, tout comme celui-là, et j'étais seul pour le tenir !

Le porc ruait de toutes ses forces. Les filles se couchèrent à demi sur ses postérieurs, riant, tout d'abord, puis gémissant sous les coups de sabots. Madeleine avait glissé un bac sous le cou du sacrifié, et bâtonnait avec ardeur la manne écarlate qui finit par se tarir, dans les derniers soubresauts de la bête.

Les enfants avaient rejoint les égorgeurs et s'activaient. Victor contemplait le spectacle, hébété. L'épilation, au racloir, la toilette soigneuse, jusqu'à l'intérieur des oreilles, comme s'il se fût agi du cheval sénateur de Caligula, l'arrachage des ongles. De temps à autre, Madeleine jetait des coups d'œil vers son mari. Lorsque, par une longue césarienne au bas-ventre, Maurice eut libéré la tripaille dans les torchons que lui tendaient les filles, Victor serra les dents, l'œil allumé, soudain.

Madeleine lui sourit. Il était rare que Victor parlât de sa guerre, sauf en rêve. Madeleine avait appris à reconnaître la scène. C'était toujours le même cauchemar. Victor racontait qu'il s'absentait de son propre corps, ne souffrait pas, et fondait comme une chandelle dans un trou de terre. A côté de lui, un type coupé en deux répandait doucement ses intestins sur une guibolle dont il ne voyait que le pied, botté. Victor hurlait de terreur mais personne ne venait. Alors, la masse hideuse des boyaux le recouvrait peu à peu et l'étouffait.

Madeleine alla porter le sang dans la maison, accompagnée de Maurice, qui suspendit les gros viscères aux poutres de la pièce commune. Les cuissons allaient pouvoir commencer, sans tarder ; entre les saucisses, les boudins, les pâtés et autres ventrèches, cela ferait du travail pour une bonne semaine.

Victor les rejoignit dans la cuisine. Rigolard.

— Et n'oubliez pas la part de l'autre cochon, là-bas, *leu meste*[1], dit-il. A moins que vous ne décidiez maintenant que tout ça a suffisamment duré.

Il jeta sur la table le journal que le facteur, venu à bicyclette au bout d'un calvaire de fange et d'eau sale, avait laissé dans la boîte. C'était paru dans *La Liberté des Landes* et dans d'autres journaux aussi. Les révoltés de Chalosse avaient définitivement obtenu gain de cause. Piquetalos et autres porteurs de drapeaux rouges ! Leur marche le long du bas Adour avait accouché d'une espèce de traité avec les syndicats de propriétaires, un accord, dit de Dax, à côté duquel celui qui dépeçait l'Empire ottoman à Locarno n'était qu'un brouillon pour apprentis politiciens.

— Et alors ? grinça Victor Darribats. La belle affaire ! Ils ont obtenu les trois cinquièmes du grain

1. Le maître.

121

au lieu des deux tiers, la moitié de la résine, et ça les contente. Té, ma jambe en trop, ça me la fait belle !

Les mains souillées de sang séché, Madeleine parcourut la page entière que Sylvère Lestrade consacrait à cet événement sans précédent. Pour la première fois depuis les lointains partages de résine du siècle d'avant, en Haute Lande, les métayers avaient gagné. C'était bien autre chose qu'en 1907, où d'habiles politiques, d'abord dépassés, avaient laissé flamber la révolte avant de l'étouffer au fil des jours, comme la braise sous la cendre. Cette fois, les *mestes* avaient eu peur, pour de bon, et avaient lâché du lest.

— Regarde bien, lui dit-elle, les trois cinquièmes, ce n'est pas que pour le grain, mais aussi pour le vin, le sulfate, le soufre, la chaux…

Victor l'encourageait du regard et d'un mouvement moqueur de la main.

— Tu ferais mieux de lire, au lieu de me bisquer, dit Madeleine. Je croyais que tu te battais avec eux. Tu chantais, même ! Lis donc. Ils auront trois cinquièmes du bétail vendu, même si tout le capital est mis par le propriétaire. Pas d'impôt. Et finies les corvées, le droit d'airial et de basse-cour, et les redevances, Victor, les redevances !

— C'est la nuit du 4 août, nom de Dieu !

Il lui prit le journal des mains, parcourut les articles de la convention, s'esclaffa derechef.

— Ah oui, la résine, après le coup que Ripeyre nous a fait, on a l'air malin. (Il lut, ânonnant comme un écolier, à haute et triomphante voix :) « Le métayer ne pourra entreprendre le résinage des pins autres que ceux désignés ou martelés par les soins du propriétaire. » Écoute ça : « Il devra en outre assurer le gemmage des pins confiés par le propriétaire de préférence à ceux qui lui seraient confiés par d'autres. » Et cetera.

Et tu nous dis que c'est un succès, toi ? Ils se sont fait couillonner, oui, comme d'habitude. Boh ! Tout ça, té, ça ne nous rendra pas notre gemme. Hé, Madeleine, deux mille cinq cents francs à trouver ailleurs que dans la forêt ! Tu crois que tu y arriveras, avec tes *gréchets* [1] ! Pauvre...

Madeleine éprouva l'envie soudaine de lui jeter le journal à la figure. Victor était allé chanter ses couplets sous le nez de Ripeyre. Il serait monté en Chalosse pour défier les maîtres, s'il l'avait pu, et voilà qu'il s'abaissait à cette rogne de jaloux, ou de perdant. Madeleine se laissa tomber sur le banc. Il y avait de quoi se décourager. Victor n'était-il vraiment plus bon qu'à chercher, d'un cabaret à l'autre, ces querelles sans raison qui commençaient à amuser ses adversaires, et lassaient les quelques amis qui lui restaient ?

— Que faut-il faire, alors ? demanda-t-elle. Dis-le-moi, puisque tu le sais. Tu sais tout, tout le temps.

— Aller voir tes beaux parleurs de Mont-de-Marsan et de Dax, *diou biban*, leur expliquer ce qui nous arrive. Tiens, ton ami Lestrade, qui écrit tout ça, et les autres, tous ces messieurs de la politique et des syndicats, qui savent. Dis-leur ce qui se passe ici. Les métayers de monsieur Jean-Marc Ripeyre sont un peu trop pressés, quoi ! Ils veulent la moitié des amasses, sans la vaisselle. Hé bé, c'est simple, monsieur Jean-Marc Ripeyre supprime la forêt. Plus d'amasses, plus de vaisselle, plus de discussion ! C'est beau, la république. Ah ! On ne s'est pas fait casser la gueule pendant cinq ans pour rien !

Madeleine se leva. Les mots de Victor étaient autant de bouteilles qu'il lançait à la mer. Elle le

1. Graisserons.

123

savait bien, mais elle n'avait pas assez de bras, de forces, de temps, pour les recueillir toutes, et lire les messages à l'intérieur. Elle lava ses mains, jeta un châle sur ses épaules, sortit.

— Où vas-tu ? cria Victor. Et qui va me cuisiner l'*os bertran*[1], à midi ? C'est toi, Maurice ? Mets ton tablier, souillon !

Il oscillait entre ses béquilles, ricanait, inutile. Pour la première fois depuis plus d'un an, Madeleine ne répondit pas. Elle enfourcha la bicyclette de la Sorbe d'un mouvement nerveux, traversa l'airial et prit droit dans la forêt.

Jean-Marc Ripeyre habitait Biarot, une antique maison de maître sur la route de Linxe à Saint-Girons. C'était une haute construction à deux étages, au torchis de couleur sombre, dont la poutraison massive, l'estantad profond et les colombages espacés évoquaient davantage l'austère architecture de Haute Lande que le style plus lumineux du Marensin. Madeleine connaissait bien l'endroit. Enfant, elle l'avait parcouru en tous sens, exploré en entier, sauf la maison, fermée à double tour et vidée du moindre de ses guéridons. C'était l'époque où le domaine appartenait à ce pharmacien de Bordeaux, sans descendance directe, qu'on ne voyait jamais et qui laissait sa magistère à l'abandon.

La demeure était entourée de pelouses sur l'une desquelles un mobilier de fer forgé ainsi qu'un parcours de croquet rappelaient déjeuners et goûters de la saison chaude. Madeleine s'avança entre les figures géométriques que dessinait le gazon. Les

1. Le sternum.

124

chiens de Ripeyre devaient être occupés ailleurs, ce jour-là, ou assoupis devant une cheminée. Madeleine laissa tomber la bicyclette à terre, frappa en vain au carreau de la cuisine. Elle fit alors le tour de la maison, tenta sa chance à la porte principale, qui finit par s'ouvrir.

Une femme sans âge, enserrée jusqu'aux chevilles par une robe noire, se tenait dans l'encadrement. Yolande Ripeyre portait ses cheveux grisonnants en chignon tressé. Un vague sourire animait son visage de duègne espagnole. Une maladie, dont personne ne savait la cause, ni le nom, creusait ses orbites et ses joues, brunissait le pourtour de ses yeux. Peut-être la mort d'un fils, en 17, au Chemin des Dames.

— Té, Madeleine, de la Sorbe.

Il n'y avait pas d'hostilité dans sa voix, rien de cet abord cassant qui décourageait, chez tant d'autres. Elle constatait, l'esprit ailleurs.

— Quelque chose se passe, pour que vous veniez ici à cette heure ?

— Eh bien, j'aurais désiré parler à monsieur Ripeyre.

Madeleine se sentait soudain moins sûre d'elle. Pleine de colère, elle avait pédalé d'un jarret vigoureux. Maintenant, elle était seule face à un couloir sombre comme l'avenir, et ses belles résolutions fondaient. Yolande Ripeyre se détourna, sans un mot, laissant en plan sa visiteuse. Au bout de quelques minutes, son mari s'annonça enfin, précédé par le bruit de ces claquettes asiatiques à la mode dans les villas du Bassin.

— Madame Darribats. Que se passe-t-il ?

Il eut l'air de s'inquiéter de l'éventuelle présence de Victor, se rasséréna.

— J'aurais dû venir un autre jour, dit-elle.

Il eut un petit geste de la main et un regard qui voulaient dire : « Ça ne fait rien, mais faites vite. » Madeleine prit une courte inspiration.

— La coupe de l'été dernier nous enlève la moitié au moins des revenus de la Sorbe, dit-elle. Il y a dix personnes à nourrir, là-bas, et mes beaux-frères ont été chassés de l'usine, comme vous savez.

Il l'accompagnait des yeux, semblait l'encourager. Elle s'enhardit.

— Les baux de métayage ont changé en Chalosse. Il nous faudrait la même chose pour le grain, les semences et le bétail, et qu'on discute les redevances aussi. Tant de gens se sont déjà arrangés pour ça, en Marensin, allant jusqu'au fermage, même...

Il fit un pas vers elle, leva la main.

— Le fermage, dia... J'aurais pu, madame Darribats, j'aurais pu, je vous l'assure. Mais j'ai bien entendu votre mari, l'été dernier. Vous croyez que je ne comprends pas le gascon ? J'ai dû supporter ses chansons, devant mes ouvriers. Vous pensez que j'aurais mieux fait de le chasser de mon semis ? Est-ce que ça l'aurait empêché d'aller se répandre contre moi dans les villages, comme il le fait depuis son retour d'Orient ? Hé ? A ma place, madame Darribats, qu'auriez-vous fait ? Dites. Ça m'intéresse, ce que pense une personne comme vous. Un type viendrait comme ça, à la Sorbe, haranguer des gens qui travaillent et ne demandent qu'à être tranquilles. Que ferait votre mari ? Moi, je trouve que je suis bien patient, au contraire.

Il avait croisé ses mains derrière son dos, attendait, Madeleine hocha la tête. Dans sa folie d'idées fixes, et de rancœurs, le mutilé de la Sorbe n'avait pas entièrement tort. Où étaient les beaux parleurs des salles de réunion, les candidats députés qui se faisaient fort d'enfanter une nouvelle nuit du 4 août ? Madeleine se souvint que cette nuit-là, c'étaient en vérité des aristocrates qui l'avaient provoquée, voulue, et imposée, avant que ceux-là même qu'ils avaient servilement caressés ne se décident à leur trancher le cou. Jean-Marc Ripeyre n'était évidemment pas de cette race-là.

— Alors, on continue comme avant ?…

— Hé. Mais on verra, madame Darribats. Je ne dis pas que dans quelque temps… De toute façon, un bail est un bail, il faut aussi vous souvenir de ça, n'est-ce pas. J'ai un document, moi, signé par un Darribats, pour la Sorbe. Je peux même vous dire la date, novembre 1845. Ce n'est pas d'aujourd'hui !

Elle se détourna, frappa le sol de son sabot. Au moment de remonter sur la bicyclette, elle trébucha, se retrouva sous l'engin, mit un moment à se dépêtrer du guidon, puis du pédalier, qui noircit sa jupe et ses chevilles. Elle jura, se sentit parfaitement ridicule. Heureusement, Ripeyre n'avait pas attendu. Frigorifié, il était déjà rentré dans la maison.

10

Il y eut un voyage en Espagne. Maylis eût préféré l'Italie, ou l'Autriche, mais la proximité d'élections partielles réclamait la présence de Mathias à court terme auprès de ses pairs.

— Vous aurez bien le temps de vous échapper ensuite, avait plaidé Marguerite Durrugne. Notre petite bru doit comprendre que son époux commence à jouer son destin politique. La présence, Maylis, le travail sur le terrain ! Mathias a besoin que tu l'aides. Il se disperse encore. Ses amis, ses comités d'anciens, son rugby… Et puis, Venise en automne, c'est brouillards et compagnie. A ce qu'on dit, en tout cas.

Les brouillards de Caudéran valaient bien ceux de Venise, même s'il n'y avait sur la Garonne ni gondoliers ni pont des Soupirs. Tolède triompherait sous le soleil de janvier, et Maylis se contenterait des sierras castillanes comme horizon de sa lune de miel.

Sur la route du sud, le train avait traversé la forêt. C'était à la nuit tombante. Les Landes… La sensation de vide y était encore plus prenante que par les chemins forestiers. Un soleil humide éteignait ses feux derrière l'horizon des pins. Tout avait rougeoyé, comme un incendie, puis la grisaille avait estompé les pinèdes, les marécages luisants, les chemins et les quelques maisons basses à peine entrevues dans leurs berceaux de chênes. Mathias n'était guère sensible à la poésie du lieu.

— C'est sinistre, à la fin, avait-il maugréé. Un non-pays, créé par des maniaques de l'alignement. Qui pourrait avoir envie de passer son existence sous un tel suaire ?

Et de reprendre le jugement d'un auteur ancien, «tristes déserts l'été, marais et abîmes pendant l'hiver, un pays malsain dans toutes les saisons…». Lorsqu'il parlait du plat pays landais, Mathias affichait une moue que Maylis qualifiait d'assez typiquement bordelaise, mélange de condescendance, de distance et de mépris amusé. La maison de vacances, près du courant d'Huchet ? Une lubie de sa mère, qui se démarquait ainsi de la mode arcachonnaise, cette fatalité pour bourgeois sans imagination. C'était là, pourtant, qu'ils s'étaient rencontrés, l'été d'avant. Maylis comprenait mal ce changement dans l'opinion de son mari. Mathias lui expliqua.

— Pas de confort. Tu comprends, moi, j'ai rêvé pendant quatre ans de palaces, de grands canapés, de larbins qui viendraient me servir au lit, cirer mes chaussures, et m'annoncer qu'il fait beau, et que personne ne tire au canon. Il n'y a même pas ça, dans les Landes. Des pins, encore des pins, et une seule odeur, celle de la résine, en vérité celle de l'argent. Voilà. Le seul intérêt de ce coin de paradis pour déprimés profonds, c'est l'argent. Tu comprends ça, et tout va bien.

Il s'était replongé dans son journal. Humeur d'homme… Maylis s'était tue. Elle avait longtemps gardé son front collé à la vitre. Sur l'auréole que son souffle y laissait, elle avait dessiné du bout de son ongle des lignes, droites et courbes, plaquées sur le décor crépusculaire de la forêt. Apercevrait-elle, juste avant que la nuit n'ait tout englouti, la cabane où cette femme était morte ? Elle avait désiré embrasser l'obscurité, et le mystère qui s'y fondait. Ce pays l'attirait. Tout y était immense, et mouvant. Les sables y avaient autrefois englouti des villes, des cathédrales, des lacs entiers. Mille légendes étaient nées de ces lents cataclysmes, remplaçant leur mémoire même, perdue dans les siècles.

— Mon pays ?…

L'enfance de Maylis reposait sous le sable du Marensin. Le train qui traçait son chemin entre le réseau serré des arbres le lui rappelait, de son souffle régulier, et par ce mot : enfance, que ses roues répétaient sur la voie. Par moments, Maylis avait eu l'impression qu'il ne sortirait jamais de la forêt, qu'il s'y perdrait, comme elle en avait eu elle-même envie, de toute son âme.

Dès leur arrivée en Espagne, Mathias l'avait traînée à la corrida. Il avait passé quatre années de sa vie dans la boue et le sang, entre hommes, poux et rats, ivre de l'odeur des charognes. Il aurait dû y avoir là suffisamment de miasmes pour le guérir à jamais du goût des massacres, mais non. La vue d'un taureau titubant vers une palissade rouge, et qui agonisait, debout, traînant derrière lui la cohorte scintillante de ses tueurs, le faisait hurler d'enthousiasme.

— Olé ! Tu as vu ça !

Un enfant sans mémoire, le vainqueur absolu. Serrée contre lui, Maylis fuyait, loin, vers des champs de bataille où elle finissait par souhaiter que ces foules espagnoles s'entre-tuassent un jour à leur tour. Puis, regrettant aussitôt d'avoir pensé cela, elle s'essayait à calmer son cœur affolé, attendait, les yeux fermés, que s'achevât le supplice bestial qui ravissait tant son mari.

— Il faudra que tu en voies d'autres. A Dax, à Bayonne, à Mont-de-Marsan… tiens, je suis injuste avec les Landes. Il y a tout de même des arènes et des toros, là-bas. On ira…

Sa promesse avait des allures de menace. Maylis se jurait bien d'y échapper.

A table, ils se remettaient, fourbus, des épreuves de la journée : routes défoncées qui martyrisaient les reins, heures passées dans des trains poussifs traversant des déserts d'herbe jaune et de caillasse. Mathias jubilait, à sa façon.

— L'Espagne est un morceau d'Afrique oublié en Europe. Ici, ils n'ont même pas l'excuse de la guerre. Je vais te dire, si on avait perdu, les Espagnols se seraient bien annexé un petit bout de France. Béarn, Pays basque…

Maylis écoutait Mathias lui parler ainsi de la guerre, de la politique, et de ses amis, principaux soucis de son existence. A cette patience qu'elle agrémentait de son sourire égal, elle mesurait la petitesse de sa propre vie, son ignorance des remous du monde, et les difficultés qu'elle aurait pour se hisser à de telles hauteurs d'action et de jugement. Son silence relatif encourageait Mathias, qui digressait hardiment.

— Socialistes et compagnie, racaille… Les radicaux veulent les rejoindre. Ils nous lâchent, et alors ! Ils se valent bien, tous ces gribouilles. Jaurès était pour les Boches, tu sais cela maintenant. Barrès avait bien raison, dès avant 14. Mais on leur mettra une raclée. Le Bloc national, c'est du costaud…

Mathias pestait de s'être éloigné de Bordeaux, où les choses allaient sans lui. Maylis l'écoutait, hochait la tête pour bien lui montrer qu'elle partageait ses impatiences. Sous ses airs sages, elle pensait à des mains sur sa peau, à des caresses, à ces choses de l'amour qu'elle brûlait de découvrir. Au dessert, leurs pieds se touchaient sous la table. Pour Mathias, c'était comme un signal. Son genou remontait entre ceux de Maylis, sa jambe cherchait un chemin, plus intime. Le rouge que cela mettait aux joues de sa femme faisait briller ses yeux. Mathias décidait.

— Montons nous coucher.

Dans la pénombre des chambres d'auberge, à la vague lueur des bougies, elle tardait à dénouer son chignon, n'osait encore lever tout à fait les yeux vers l'homme à demi nu qui venait vers elle. Mathias s'asseyait au bord du lit, sans un mot, la saisissait par la taille et l'asseyait sur lui.

— Déshabille-moi, ordonnait-il.

Il lui fallait d'abord se prêter à ce rite dont Mathias se délectait avant de se dévêtir à son tour. Les mains croisées derrière la nuque, son mari souriait, l'encourageait. Maylis fermait les yeux sur le trouble qui naissait alors au plus profond d'elle-même, sur cette attirance pour le corps de Mathias qu'elle devinait dans l'obscurité, et qui la faisait trembler. Ce qu'elle avait pris pour des défenses s'était vite effondré, ses *custodes virginitatis* [1] — un terme latin dont on s'amusait fort au pensionnat — s'étaient révélée un rempart de pacotille, vite débordé par Mathias.

1. Muscles adducteurs, « remparts de la virginité ».

— Tudieu, cette peau…

Il y avait un moment aussi bref que délicieux pendant lequel elle était pétrie, baisée partout où les lèvres de Mathias pouvaient accéder. L'homme était un colosse. Grâce au jeu de chistera que lui avait enseigné un champion basque, il lançait les grenades plus loin que tout le monde, sur les tranchées allemandes. Là, plus civilement, il soulevait bien vite sa femme comme il l'eût fait d'un oreiller en plume et la tenait ainsi, au-dessus de lui.

— Eh bé, madame ! Qu'attends-tu donc ?

Elle aurait été bien en peine de tout expliquer en même temps. Elle désirait la même douceur qu'aux premières heures de leur rencontre à Vielle. Elle espérait de la fougue, mais sans la brutalité qu'elle ressentait dans chaque geste de Mathias. Il devait y avoir des prémices à l'amour, une approche par la caresse, un jeu de la possession d'où naîtrait le plaisir. Regardant son mari à la dérobée, Maylis le découvrait, les yeux mi-clos, qui s'impatientait. Elle s'ouvrait. L'amant qu'elle avait imaginé soucieux de donner autant que de recevoir prenait alors sa part et lui donnait en échange sa définition sans mystère du devoir conjugal.

— Bouge, nom de Dieu, plus vite !

Maylis sentait Mathias comme un corps étranger dans son propre corps. Sans douleur, avec la vague mémoire du désir qu'elle en avait pourtant éprouvé. Éveillée, lucide, elle était soudain indifférente, et fatiguée. Que devait-elle faire, ou inventer ? Mathias semblait ignorer les gestes qu'elle osait, parfois. Ou, s'il s'en souciait, ce n'était que pour rallumer son désir, et revenir presque aussitôt en elle. Comment ralentir cette force, la dompter ? Soufflant sous les coups de reins de Mathias, Maylis entendait la voix de sa belle-mère.

« Mathias a l'air d'un ouragan, comme ça, disait Marguerite Durrugne, mais au fond c'est un tendre, meurtri par la guerre, même s'il fait le fier. Et qui mieux qu'une mère saurait comprendre une chose pareille ? » ajoutait-elle avec un peu de perfidie dans la voix.

Mathias jouissait avec des petits cris d'enfant, étrange épanouissement pour un athlète conquérant. Maylis l'écoutait louer son cul d'Abyssinienne, ses seins sculptés par Wlérick[1], qui accueillaient son front moite. Puis, l'ayant ainsi remerciée à sa façon, il glissait doucement près d'elle, et s'endormait.

Elle écoutait ses grognements de fauve repu, reprenait sa place et cherchait vainement le sommeil. Elle attendait un de ces cauchemars de soldat qui faisaient s'asseoir Mathias dans le lit, la main sur la poitrine, les yeux grands ouverts sur d'effrayants fantasmes. Dormait-il encore ? Maylis avait peur, et ne parvenait pas à s'y accoutumer.

Ils rentrèrent en France. L'Espagne, les taureaux, ce voyage accompli pour le repos du guerrier, ne signifiaient plus grand-chose pour Maylis, à une certitude près : son rôle futur apparaissait. Elle ferait vite un enfant, un fils de préférence, et puis d'autres. Mathias lui accordait cette dizaine de jours de vacances au beau milieu de son projet personnel, une concession que ses parents lui avaient arrachée. Ensuite, les rôles se répartiraient avec rigueur, et selon le principe que, maître de la destinée commune,

1. Sculpteur landais, ami de Rodin.

Mathias imposerait très naturellement son rythme de travail à tous et à toutes. Marguerite Durrugne avait comme à son habitude une idée claire de la situation.

— Nos grands hommes d'État doivent leur carrière à une organisation familiale sans faille. Un pour tous, tous pour un…

Écoutant sa belle-mère, Maylis soupçonnait qu'elle avait épousé un bel animal politicien, totalement décomplexé par la guerre, et suffisamment sûr de lui pour foncer, seul, vers ses triomphes électoraux. Ainsi la phalange des survivants de 14-18 se partageait-elle en deux catégories d'hommes. Ceux que l'épreuve avait tassés, vieillis, plus ou moins démolis. Et d'autres qui en sortaient avec des envies de se battre encore, mais d'une autre manière : par la pratique du pouvoir.

Quelle était, près de l'un de ceux-ci, la place d'une jeune femme à peine sortie de son couvent, sans autres armes que sa beauté sage et son humeur d'apparence égale ? Maylis s'interrogeait. Des épreuves de la nuit lui restait, entêtante, la crainte d'un échec qu'elle ne savait comment prévenir. Et le silence de Mathias sur ce qu'elle pouvait ressentir, à si courte distance de leur mariage, ne l'aidait pas à trouver la clé de son problème.

Très vite, pourtant, le réseau de relations tissé depuis des générations par les Durrugne et les Savayran prit Maylis dans ses mailles serrées. La guerre donnait un sens à la vie dans cette société-là, et, de tombola en matinée de bienfaisance, de collecte en visite aux hospices, Maylis et ses cousines remplissaient sans rechigner leur devoir.

La matière première ne manquait pas. La guerre

avait abandonné à distance de ses champs de ruines une population de déments et de mélancoliques errant d'asile en salles communes, des cohortes de manchots, culs-de-jatte, borgnes et sourds profonds au chevet desquels de bonnes âmes s'activaient par dizaines. Et jamais sans doute, dans l'histoire de la France, les élans du cœur et les générosités n'avaient été aussi puissants et sincères.

— Malheureux jeunes gens, ils ont tant donné, murmurait la douce Anne Savayran, que sa sœur Camille, de tempérament plus pointu, surnommait depuis toujours sainte Anne-des-Visitations.

— Pauvres bougres, concluait Mathias.

Il avait été leur compagnon chanceux, et son retour à la vie civile ne posait pas grand problème. Mais pour tant d'autres, meurtris, esquintés de l'âme ou du corps, c'était déjà la dérive, qui les éloignait du peuple des épargnés, des valides. «Nous gênons, en fin de compte», disaient les plus lucides d'entre eux. Maylis rapportait à son mari les doléances de ces malheureux.

— Ce sont tout de même des électeurs, et en nombre, nuançait Mathias. Ils votent, à condition de ne pas être enfermés à l'asile d'aliénés.

Et il encourageait sa femme à s'enquérir de leurs humeurs, de leurs opinions sur la cité et sur les hommes qui prétendaient la conduire. Maylis s'insurgeait.

— Ce travail-là ne m'intéresse vraiment pas. Demande plutôt à ma cousine Camille. Elle saura.

Camille Savayran avait hérité de sa mère le goût du potin, de la conversation secrète et du colportage verbal. Son cœur chrétien s'y accordait une licence dont elle usait avec art et mesure, qualités qui lui promettaient un assez bel avenir vipérin. Mathias implorait.

— Maylis, je t'en prie, aide-moi. L'intéressant, comprends-tu, c'est ce que les gens portent d'intime en eux. Pour le reste, il y a les journaux, les partis, les cercles…

C'était non, et le resterait. Maylis se fabriquait peu à peu une sorte de double vie. En famille, elle se déplaçait au cœur d'un monde qu'elle éclairait de sa beauté limpide et de son sourire. Elle résistait aux pièges que lui tendaient ses proches, tous désireux de savoir comment cela allait dans son couple, sans vraiment le demander.

— Ça va. Tout va, affirmait-elle, apparemment sereine.

Elle se rendait au chevet des blessés, écoutait, des heures durant, de terrifiants silences, ou des discours de cauchemar, sans leur chercher d'autre signification que ce qu'ils racontaient : la honte, le repentir, la folie et ses cercles d'où l'on ne sortait pas. Tel était l'aspect qu'elle donnait ; une jeune femme bien banale, davantage concernée par les misères du monde que par ses grandes affaires.

« Je suis là parce qu'on a simplement besoin de ma présence », pensait-elle.

Et il y avait l'autre Maylis, sa face cachée : ses gestes intimes, comme ses pensées, qu'elle était seule à connaître, et auxquels elle s'abandonnait. Au fil des mois, une relation semblait s'installer en pointillé entre elle et son mari. Le silence régnait à table, de plus en plus pesant. Il y avait une question que Mathias ne posait pas à Maylis, mais qu'elle devinait dans ses regards, ou certaines observations sur la lignée familiale : « Es-tu enceinte ? »

Non. Elle ne l'était toujours pas. Mathias faisait pourtant ce qu'il fallait, chaque fois qu'il dormait à Caudéran. Avec sa fougue de hussard, ses reins d'athlète, pour le bref plaisir qu'il en retirait.

— Je reviens samedi. Il faudra prévoir un déjeuner, annonçait-il.

Il baisait le front de Maylis comme s'il accomplissait un rituel, et s'endormait presque aussitôt. Comment faisait-il, quand tant de ses pareils n'arrivaient pas à s'arracher au souvenir de ce qu'ils avaient enduré ? Il serait donc là samedi, ou tel autre jour, date de la prochaine étreinte. Maylis tardait à trouver le sommeil. Était-ce donc cela, la vie de couple ? Ce vide entre deux êtres, quand ils étaient pourtant imbriqués l'un dans l'autre ? Parfois, Maylis éprouvait du dégoût à l'idée de ce retour annoncé et de ce qui s'ensuivrait au lit. Cette sensation l'épouvantait. Elle se réfugiait alors dans ce qui lui restait de ses illusions d'adolescente, composait mentalement des bouquets de fleurs, pour égayer sa maison, cherchait les qualités de Mathias qui, révélées, changeraient le cours de leur vie.

Un autre jour viendrait. Maylis y ferait ce qu'elle savait faire, sourire, écouter, communier dans des douleurs qui n'étaient pas les siennes. Chacun à sa place, disait Mathias. Une nuit, lorsque celui-ci, rendormi, se fut enfin débarrassé d'un mauvais rêve, Maylis ressentit un besoin de tendresse plus puissant et impérieux que d'habitude. Elle laissa ses doigts frôler son propre ventre, puis se caressa, comme elle le faisait au pensionnat. Dans la tiédeur du lit, et l'odeur que laissait autour d'elle son étreinte avec Mathias, elle n'eut pas grand mal à éveiller son désir et à le conduire jusqu'à son accomplissement, qui la laissa rompue et honteuse. L'esprit vide, elle sanglota longuement avant de trouver à son tour le sommeil.

C'était un de ces ragots dont Camille recherchait tant l'écho, une infortune conjugale passée dans le domaine semi-public des conversations de salon, entre intimes. Lassée des cavales de son époux, « la Beaugravier », propriétaire d'un grand château du Médoc, avait renvoyé l'infidèle à sa charge d'huissier, et bombardé son palefrenier maître de chai, puis de lit. Camille n'en revenait pas.

— Quelle promotion fulgurante ! Un petit paysan à peine affranchi du métayage et qui sait tout juste écrire son nom. A ce qui se dit !

— Ainsi passent les gloires vinicoles, avait plaisanté quelqu'un. Mais bon. Pour renifler des moûts et plonger des thermomètres à alcool dans des cuves, il n'est pas nécessaire de sortir de Polytechnique. Et puis, enfin, notre amie Beaugravier avait vingt ans bien avant le siècle. De quoi lasser son bel époux…

Il y en avait d'autres, et de meilleures. Certains jours, l'heure du thé suffisait à peine à faire le tour de la chronique régionale des rumeurs et des turpitudes. Et il y avait Paris, la taille au-dessus, pensez donc, la Bourse, la Chambre, les coteries, les danses nègres. Maylis écoutait, vaguement amusée. Ses amies parlaient d'aventures singulières qui ne la concernaient pas. Elle avait suffisamment de problèmes à envisager à Caudéran pour s'intéresser vraiment à ceux des autres.

— Ah ! Ces hommes, qui se prennent encore pour des étudiants, avait dit l'une d'elles. Les Anglaises ont décidément tout compris. Elles abandonnent leurs époux aux charmes de leurs clubs masculins, font mine de fermer les yeux, mais dès qu'ils en sont sortis, à la maison ! Tandis qu'ici… (Puis, après un silence :) Ah, chère Maylis, ce n'est assurément pas de votre Mathias que vous devez redouter une trahison…

C'était dit avec ce je-ne-sais-quoi de détachement qui donne l'alerte. En vérité, l'idée que son mari pût la tromper n'avait jamais effleuré Maylis. Il y avait ces cercles d'hommes dans lesquels elle n'avait jamais songé une seconde à entrer, les parties de rugby suivies de libations prolongées tard dans la nuit. Mais quoi ? On jouait entre anciens combattants alliés, britanniques, américains, français. Parfois, le terrain prenait des allures de champ de bataille. Ça cognait sec, buvait de même, dans ces camaraderies brutales que les femmes n'avaient pas à comprendre. Les retours à la maison se faisaient hasardeux, et les réveils dolents. Ces amitiés-là n'étaient pas attaquables.

Mathias voyageait, dormait régulièrement au loin. Après avoir réfléchi à ce que sous-entendait le ton pris par son amie pour la rassurer sur la morale de son mari, Maylis se laissa emporter par sa curiosité. Elle alla ouvrir un tiroir du bureau de Mathias, pour y fouiller. Il y avait là des carnets, des agendas, du courrier, rien de suspect. Elle cessa cette recherche qui l'humiliait, retourna à ses préoccupations charitables, et aux comportements presque mécaniques de son mari en amour, qui ne la satisfaisaient pas.

Endormi, Mathias lui donna, une nuit, une clé, sous forme d'un refrain plutôt leste qu'il répéta dans son sommeil.

— L'Obélisque, l'Obélisque, on y baise tous en rond…

Maylis avait déjà entendu ce nom, jeté au hasard

d'un bavardage, par un compagnon de Mathias. L'Obélisque était une maison, dans le quartier du port, que Mathias, questionné, assura connaître de loin.

— Boh, on y faisait des virées d'étudiants, avant-guerre. Il fallait bien commencer sa vie de jeune homme quelque part...

Maylis marchait le long des quais comme en terre étrangère. Partout le port grouillait du va-et-vient de ses bateaux et du trafic de la vie fluviale ; un monde d'hommes d'affaires et d'ouvriers, parcouru de char-rettes, et de camions crachant leur fumée noire. Entre les orgueilleuses mâtures des grands voiliers, des volutes sombres s'échappaient des cheminées des steamers. La chair active d'une ville puissante s'éta-lait là, bruyante, veillée par les immeubles de bureaux où se traitait son commerce de vins, d'épices, de bois, d'essences, de l'autre côté de la rue bordant la Garonne.

Maylis découvrait ainsi un quartier où elle n'avait jamais eu à se rendre. L'hospice où elle offrait son bénévolat était à la barrière Judaïque, loin du port. Quant à son aire de promenade à Bordeaux, elle n'avait guère dépassé, jusque-là, les rues achalandées du centre.

Après avoir longtemps suivi le fil du fleuve, et aperçu au loin le méandre derrière lequel il poursui-vait sa route vers l'océan, Maylis traversa le boule-vard, et pénétra au cœur du quartier des affaires, où régnait le silence. Pleine des lumières du port, de ses odeurs, la jeune femme se souvenait des prières réci-tées au pensionnat pour les créatures de Dieu égarées dans les ruelles du pêché. Elle imaginait alors ces femmes laides et bancales, sorcières noueuses et rhumatisantes pourchassées par des anges vertueux qui les reconduisaient vers la maison du Père. A mesure qu'elle s'approchait de l'Obélisque, elle sentait sa détermination fondre, et s'émousser la curiosité qui l'avait poussée jusque-là. Pourrait-elle seulement entrer dans un tel endroit, au judas duquel il devait falloir montrer son visage, donner son nom, peut-être ?

Elle n'eut pas le temps de se poser la question. Au numéro cherché, la porte s'ouvrit, livrant passage à un fournisseur qu'une femme en colère, toute vêtue de pourpre et coiffée d'un chignon en forme de pièce montée comme il ne s'en faisait plus depuis la guerre, suivit jusqu'au milieu de la rue.

— Vous allez perdre un bon client, mon ami ! Dites-le à votre patron.

Elle avait la voix aiguë, autoritaire, le visage pâli par un maquillage où ressortait la fraise écarlate de ses lèvres.

— C'est ça, protestait le livreur, qu'est-ce que vous voulez que j'y fasse ? Enfin, venez voir, à la carriole.

Il s'agissait de caisses de champagne livrées ailleurs, par erreur. On s'impatientait, dans la maison, ce qui n'était jamais très bon pour le commerce. Maylis vit la porte entrouverte. La femme avait entrepris l'inventaire de la charrette attelée, à la recherche d'un produit qui pourrait remplacer son champagne. Maylis en profita pour se glisser dans un couloir tapissé de velours rouge, que balisaient des patères chargées de manteaux, entre des miroirs. Elle sentait les battements de son cœur s'accélérer. Que dirait-elle si quelqu'un la croisait dans ce passage tendu de velours, éclairé par des bougies ? Des voix lui parvenaient, des rires. Le couloir s'achevait par un rideau laissant passer un filet de lumière. Maylis écarta légèrement les pans de tissu, risqua un œil. De la pénombre où elle se trouvait, elle aperçut des formes humaines alanguies sur des sofas, des jambes entremêlées. Des femmes penchées sur leurs partenaires, bustes et cuisses nus, gloussantes amazones, et des messieurs pétrissant ces pâtes offertes. Dans un fauteuil, un homme seul, habillé, cigare aux lèvres, contemplait le spectacle d'un œil blasé, une coupe à la main.

Maylis écarquillait les yeux. Il y avait là une bonne moitié de la bande des « fieffés coquins » de son mari. Le clerc Bénabe, avec ses petites lunettes d'instituteur cachant son regard de rongeur anxieux, qui semblait avoir trouvé ce jour-là ce qu'il avait en permanence l'air de chercher. Contre lui, pareillement entrepris au bas-ventre, d'Hossart, cycliste-rugbyman qui se cachait au fond de la tranchée pour déguster en solitaire les pâtés que sa maman lui expédiait du Périgord ; tout près de ces deux-là, Maylis reconnaissait les témoins de son mariage, Moliat, le talonneur, un assistant en psychiatrie spécialisé dans les enfilages de camisoles, le pâle Dujeux, marchand de biens au pays basque et fidèle alter ego de Mathias sur le chemin politicien. Sous une blonde échevelée aux larges poignées d'amour, qui chevauchait telle une walkyrie, Maylis découvrit, en se haussant sur la pointe des pieds, une monture nommée Bennichot, frêle créature héritière d'une dizaine de chais, côtoyée elle aussi le jour du mariage, et qui, pour l'heure, recevait les encouragements de ses compagnons, comme un jockey au champ de courses.

Maylis commençait à redouter la réponse à l'élan inquiet qui l'avait poussée jusque-là. Il émanait des couples considérés séparément une grâce, obscène, de tableau libertin. L'ensemble du groupe réuni là offrait, par l'étalage de ses chairs, l'image d'une flaque, d'une gélatine rose et blanche de pâtisserie anglaise, de quoi lever le cœur. Et les garçons d'honneur de Mathias ! Ceux-là même qui s'étaient multipliés autour d'elle le jour de son mariage, de baisemains en œillades séductrices, se battant presque pour la prochaine danse… Ils grognaient comme des sangliers, râlaient dans des corsets aux trois quarts dégrafés, malaxaient…

Maylis se sentit comme brûlée. Elle violait l'intimité de ces gens, éprouvait en même temps une curiosité d'enfant fouillant un placard interdit. Mathias n'était pas là. Au moins la relative indifférence dont elle souffrait de sa part n'était-elle pas due à de tels ébats. Vaguement écœurée, Maylis venait de se détourner lorsqu'elle entendit, tonitruante, une voix qui descendait du ciel sur le salon.

— Nom de Dieu de casque boche ! Forcer cette Basquaise n'a pas été une mince affaire ! Minou, aux pieds, que je te félicite !

Maylis revint sur ses pas, écarta le rideau. En une seconde il se produisit une cascade d'événements insignifiants : la porte du bordel claqua, Mathias Durrugne, qui avait entamé la descente de l'escalier torse nu, une fille courtaude et frisée dans ses bras, cessa de parler, tandis que ses amis, éberlués, découvraient l'un après l'autre la visiteuse immobile à l'entrée du salon.

— Et bé, qui est là ? demanda la femme en pourpre dans le dos de Maylis.

Minou, sans doute.

Pétrifiée par une vague de honte surgie du plus profond d'elle-même, incapable d'articuler une parole, Maylis ouvrait sur son mari et le trophée exhibé ses yeux écarquillés.

— Mais qui êtes-vous, enfin ?

Minou s'impatientait. L'homme au cigare n'avait

même pas bougé. C'était ça, le plus cocasse, ce type qui continuait à fumer en reluquant les corps emmêlés. Maylis se tourna lentement vers la femme en pourpre, la regarda sans la voir. Ses lèvres tressautaient, comme sous l'effet d'un tic. Elle avait besoin de respirer au grand air, d'aller rire et pleurer loin de ce lieu où l'odeur lourde de parfums orientaux masquait celle des hommes nus et de leurs partenaires.

— Demandez-leur ! lança-t-elle.

Elle longea le couloir comme si des flammes léchaient le dos de sa veste. Tout son corps tremblait. Ses jambes la portaient, mais c'était tout juste ; elles étaient en coton, et donnaient la sensation qu'elles allaient se dérober... Le cœur de Maylis était foudroyé. Elle sortit, laissa la porte ouverte derrière elle. Il allait bien se passer quelque chose. Elle fit quelques pas avant de s'arrêter à portée de voix de la maison. Personne ne l'appelait. La porte fut refermée, et le demeura.

Maylis se remit en marche sans bien même s'en rendre compte, fut bientôt revenue au port, qu'elle parcourut sans le voir. Elle avançait dans une sorte de brouillard, sourde à tous les bruits. Les hurlements qu'elle entendait venaient du fond d'elle-même. Elle aurait voulu s'en délivrer, mais, rompue à cette discipline qui l'avait toujours obligée à taire ses douleurs, elle n'y parvenait pas, et ces cris, prisonniers, n'assourdissaient qu'elle.

Elle se retrouva à un carrefour avec l'impression de s'éveiller dans une ville étrangère. Combien de temps avait-elle marché ? Elle chercha en vain le soleil, demanda quelle heure il était et où elle se trouvait à une passante. Le soir qui tombait, le nom d'un quartier de Bordeaux qu'elle avait toujours ignoré, tout cela n'avait aucun sens. Pas plus que les odeurs de tabac et de parfums inconnus qu'elle gardait dans les narines. Le faubourg de Caudéran était de l'autre côté de la ville. Au bout du monde.

Il faisait nuit. Mathias n'était pas rentré. Maylis se laissa tomber dans le canapé du salon et sanglota, puis, l'esprit encore en tumulte, demeura un long moment les yeux grands ouverts, à contempler le plafond.

L'accident, les flammes, le fossé. Elle était comme en ce lointain jour de son enfance, seule, abandonnée, et se demandait s'il existait une raison à cela. Des flots de questions assaillaient son esprit. Avait-elle vraiment vu ces femmes aux chairs offertes, cette viande blanche à l'étal, cette volaille dont elle se sentait vaguement jalouse ? Avait-elle eu raison de fuir la joie immonde qui baignait tout cela ? N'eût-il pas mieux valu faire un esclandre, casser des vitres à coups de talon, prendre à témoin les passants du vrai tempérament de monsieur Mathias Durrugne, futur député de Gironde ?

Mathias... Elle se leva, anxieuse. Comment lui faire face, subir son regard, qui la salirait ? Elle ne désirait pas s'entendre reprocher, de vive voix, cette fois, sa stérilité qu'accusaient les regards de plus en plus éloquents de son mari. Pas d'enfant, au bout de deux ans. Qu'y pouvait-elle ? Des centaines de femmes se trouvaient dans la même situation. Les soupçonnait-on, toutes, d'entraver volontairement la marche de la nature ?

Elle avait besoin d'un remontant, se servit de l'armagnac dans un verre où elle trempait parfois ses lèvres, ou un sucre, but d'un trait, manqua s'étouffer, dut s'asseoir à nouveau, la poitrine en feu. Elle était épuisée, pleine d'une humiliation que sa traversée des rues de Bordeaux n'avait en rien dissipée.

146

Son regard tomba sur un bouquet plein de vie et de couleurs, dans un vase de cristal, condensé de sa mièvrerie de jeune fille et de ce qu'elle avait attendu de son mariage. Cette vision la blessa, raviva aussitôt la plaie. Elle se leva, chancelante, poussa d'un geste rageur le vase qui se brisa sur le parquet. Elle avait été flouée, utilisée par ses tuteurs et par ses beaux-parents. Ils avaient marié deux beaux jeunes gens, ainsi que les patrimoines qui allaient avec, et attendaient qu'ils assurent la succession. A aucun moment Maylis n'avait cessé d'être un objet entre leurs mains, avant de le devenir entre celles de son mari.

— La Casedieu…

Il existait une maison refermée sur ses secrets, au centre d'un univers de silence et de forêt profonde, loin de Caudéran. Maylis soupira, bruyamment. L'alcool lui faisait du bien, en même temps qu'il libérait sa pensée. Elle alla dans sa chambre, ouvrit armoire et commode, se laissa tomber sur le lit, perdue. Jamais elle ne pourrait emporter tout cela. Elle répéta « la Casedieu » cent fois, tandis que, s'étant ressaisie, elle jetait à la hâte des vêtements dans un sac. Tout ce qu'elle voyait, et qu'elle allait quitter la choquait. Les meubles hérités, les objets choisis pour Mathias, le linge. Dans les glaces de l'armoire, elle surprit son reflet curieusement coupé en deux par un défaut du verre, et déformé, par endroits. Ainsi était-elle devenue, sans doute.

« Mathias aura besoin de vous, mon petit… »

Qui avait bien pu lui seriner cette sottise ? Marguerite ? Maylis enfila des vêtements chauds, se couvrit d'un épais manteau de laine. Elle craignait soudain de se trouver nez à nez avec Mathias. La rue était déserte. Maylis referma la porte derrière elle, et s'enfonça dans la nuit. Elle formulait un vœu : personne, jamais, ne l'abandonnerait plus.

11

Décembre 1923

Au moment où l'attelage s'arrêtait devant le perron de la Casedieu, la pluie se mit à tomber doucement. Le cocher descendit le bagage de sa passagère
— un sac de cuir aux flancs rebondis — puis l'aida
à mettre pied à terre.

— Alors, quelqu'un va habiter cette maison…
hasarda-t-il.

Le constat avait l'air de l'étonner, comme la présence d'une aussi jeune femme en ce lieu, dans la grisaille du soir. Maylis ne lui répondit pas.

— Si je peux faire autre chose…

Maylis le remercia ; lui sourit tandis qu'il faisait
manœuvrer son cheval. Elle regarda s'éloigner l'attelage, se tourna vers la bâtisse qu'elle contempla un
long moment, indifférente à la pluie. Elle songeait à
la mélodie de Lekeu, aux paroles de Lamartine,
« l'oiseau n'est plus, la mère est morte, le vieux cep
languit, jaunissant, l'herbe d'hiver croît sur la porte,
et moi je pleure en y pensant… ».

C'était bien là. Maylis serrait dans sa main la clé

que lui avait donnée cet homme dont elle avait oublié le nom. Désormais, il y aurait une aube différente, derrière la nuit qui enveloppait peu à peu les formes des arbres et des pierres. Cette maison qui semblait attendre, de toute sa sombre présence, la forêt sans frontière visible, le ciel d'encre que rien ne venait éclairer…

Maylis frissonna. Elle n'avait rien calculé. Après la nuit passée à vaguement sommeiller dans une salle d'attente de la gare de Bordeaux, elle avait pris un de ces longs trains qui descendaient vers l'Espagne, jusqu'à Laluque. De là, il lui avait fallu emprunter une petite ligne landaise parcourue par de pittoresques mâche-fesses aux locomotives ahanantes. Les gens y prenaient leur temps, pour accrocher des wagons, charger des troncs, des barriques, des sacs postaux. Maylis avait découvert les buvettes des gares, avec le nom des villages, Boos, Taller, Castets, Linxe. Un autre monde, étrange création de la forêt, fondu en elle dans un rapport différent avec le temps. Brisée de fatigue, elle était enfin arrivée à Saint-Girons, quand finissait le jour.

— Il faut que j'y aille.

Elle empoigna son sac, grimpa les marches. La clé fit un petit bruit d'insecte, dans la serrure, puis Maylis pénétra dans un sépulcre glacial, plein d'une senteur d'humus et de papier moisi, qu'éclairaient vaguement les toutes dernières lueurs du jour. C'était comme une chape, un vêtement trempé par l'hiver, qu'elle aurait été soudain obligée d'endosser. « De la lumière… » Maylis se dirigea vers la cuisine, fouilla les placards encore garnis d'assiettes et de couverts, ceux qu'Ève Savayran appelait « de service ». Dans un tiroir, elle dénicha des allumettes qui refusèrent toutes de s'allumer, gagna, un peu dépitée, le grand salon.

L'austérité du lieu dans la pénombre grise, sa lente usure, par le temps qui s'y était arrêté, lui apparaissaient dans leur réalité sans poésie. Maylis ne savait plus que faire, sa détermination fondait. La jeune femme approcha de l'âtre vide un fauteuil qu'elle débarrassa de sa housse de toile. Les tissus avaient pris l'odeur de la maison ; peut-être étaient-ce eux qui la lui donnaient, d'ailleurs.

— Comets…

Retrouvant le nom de l'ancien contremaître, elle regrettait un peu la réaction d'orgueil qui l'avait poussée à décliner la proposition du cocher. L'homme serait allé chercher le vieux serviteur, qui l'aurait aidée. Jean Comets devait savoir où trouver du bois, de l'eau, un morceau de pain. Maylis avait faim, et froid, mais les souris devaient bien être les seules à trouver de quoi manger dans les greniers de la Case-dieu. Elle s'ébroua, s'empara de plusieurs housses, sous lesquelles elle s'enfouit, tout habillée. Elle écouta le silence, cette compagnie qu'elle avait malgré tout redoutée depuis la veille. L'oreille collée contre l'étoffe du fauteuil, elle chercha le bruit de son cœur, et se recroquevilla.

Elle éprouva alors un chagrin immense, absolu, que rien, ni la présence autour d'elle d'objets autrefois familiers, ni la perspective du jour à venir, ne pouvait adoucir. Il n'y avait personne, dans cette maison lugubre, pour lui parler, la caresser. A Libourne, chez les Savayran, l'affection était passée par un lot commun de remontrances et de leçons, équitablement partagé entre les enfants, bien plus que par des embrassades. Lèvres et mains avaient davantage servi à la menace qu'aux câlins. C'était ainsi. Il ne fallait pas faire de jaloux.

— Caresses...

Maylis se laissa aller. Puis ses sanglots lui donnèrent petit à petit l'impression d'héberger un feu, une source de vie, au bord du précipice où elle se tenait. Elle s'apercevait qu'elle avait fait un choix qui la terrifiait, et en même temps l'excitait, comme la maintenaient en éveil le vertige du lendemain et le mystère d'une existence qu'elle allait devoir imaginer.

— Qu'ai-je perdu ?

Tout, lui aurait-on répondu à Libourne, ou à Bordeaux. Un mari, une maison, une existence toute faite, et cette sécurité sans laquelle les femmes de son entourage semblaient ne pouvoir envisager de survivre. Cela faisait du bruit dans son esprit. C'était une bagarre désordonnée entre les visages et les mots, les parfums et les doutes, un vertige d'interrogations et d'angoisses qui la faisaient soupirer. Par instants, cependant, ce tumulte se calmait, laissait place à des rêves encore informes, à des projets qui viendraient, à de l'espoir. Quelque part, près d'elle, vivaient, dans le mystère de leurs gestes et de leur langage, ces gens aperçus au cœur de la forêt. Et l'océan, dont elle chercha en vain le souffle.

— Demain...

Les yeux ouverts sur les reliefs du salon qui se fondaient doucement dans la nuit, repliée sur elle-même comme un fœtus dans le ventre maternel, Maylis attendit l'engourdissement, qui vint enfin la délivrer, aux premières lueurs de l'aube.

La première chose qu'elle distingua en s'éveillant fut un rond de lumière grise, en haut d'un volet fermé.

Le jour. Cette simple vision balaya la tension qui était demeurée en elle malgré le sommeil. Maylis s'assit au bord du fauteuil, se força à respirer profondément. Le ciel tout entier devait être comme cette tache immobile. Elle se leva, fit quelques pas vers les portes-fenêtres, s'arrêta, soudain, et réfléchit.

Des images de la maison de Caudéran lui revenaient. Les heures de sa vie y suivaient alors un fil prévisible. Elle avait investi le lieu à la suite d'un cortège familial qui en avait fait l'inventaire avant elle, suivant un plan prévu de longue date. «Mathias aura la maison de Caudéran... » C'était écrit.

Elle demeura un long moment à attendre. Elle ne savait quoi. Mais rien ne l'empêchait d'espérer. Elle eut une pensée qui la bouleversa comme une découverte. Dans le silence qui baignait la vaste et sombre pièce, elle détenait, seule, le pouvoir de faire entrer le jour, la lumière, le bruit du vent. Et d'y installer le murmure d'une présence. Des histoires de son enfance étaient prisonnières, là, entre les murs qu'elle distinguait à peine. Contées par des voix chères, éteintes. Le bois, le château, c'étaient eux, les endormis. Une décision s'imposa, qui rendit brusquement un sens à sa vie. Elle allait les réveiller.

Elle ouvrit. Tout, jusqu'aux fenestrons éclairant chichement les pièces au nord, celliers, souillardes et chambres de domestiques. Elle délivra les hautes armoires des paliers, les commodes et buffets qu'Eugénie Savayran n'avait pas eu la place de caser à Libourne. Il fallait que tout cela respirât, les tiroirs et leur contenu de photos et de papier gondolé, jauni, les moindres recoins disparus sous la poussière, les piles de linge rigidifiées par le temps et même moisies, par endroits. Tout avait soif de jour, fût-il maussade et crachineux comme aujourd'hui.

152

Au fond de la cuisine, elle découvrit une pompe à eau investie par les araignées. Enfant, elle pesait sur le bras, de toutes ses forces, décollait du sol et restait suspendue en l'air jusqu'à ce que quelqu'un, une servante, ou sa mère, l'aidât à la manœuvre. Avec une joie de bûcheron achevant une coupe, Maylis refit le geste. La pompe grinça, renâcla, refusa finalement son service. Maylis fouilla sa mémoire. Elle finit par se rappeler, poussa un cri de triomphe.

— Il faut l'amorcer, bien sûr !

Elle retrouva le geste des anciens pour aider la pompe à remonter l'eau des profondeurs. Il fallait en verser deux ou trois litres par le haut du cylindre de fonte, tout en actionnant le levier. Elle s'empara d'un broc et le plongea dans un tonneau qui recevait les eaux de pluie, sous une gouttière, regagna la cuisine. Ainsi actionnée par à-coups, la pompe finit par déglutir, au bout de plusieurs minutes d'efforts, un filet d'eau marron qui alla en s'éclaircissant vers la bonde rivée au carrelage. Maylis aspergea son visage, but une gorgée de liquide dont elle reconnut le fort goût ferreux. Il lui faudrait retrouver la source d'eau claire où les femmes allaient emplir les brocs. C'était, à la lisière de la forêt, entre des pierres moussues, un filet ténu que l'été asséchait…

— Tout à l'heure…

Maylis se sentait prisonnière de ses vêtements, qu'elle ôta prestement ; le supplément de froid humide qu'elle avait fait entrer dans la maison l'enveloppait et la pénétrait, l'obligeant à une longue séance de bonds et de grands gestes des bras. Après une toilette qui lui arracha des gémissements, elle courut jusqu'au séjour et s'habilla à la hâte.

Dans un miroir abandonné sur un mur entre les ombres claires de tableaux disparus, elle vit alors ce qui serait sa couleur, le rouge, assortiment, ce matin-là, d'une jupe et d'un chandail. La pâleur de son visage l'étonna, comme sa coiffure, cocasse, un chignon à demi défait dont les mèches bouclées pendaient d'un côté jusqu'à son épaule.

— Sorcière, murmura-t-elle.

Il devait y avoir des mots pour cela, dans un pays que Mathias affirmait être sous l'influence permanente de fées, de démons et autres fariboles pour peuplades moyenâgeuses. Maylis acheva de libérer ses cheveux. Une faim presque douloureuse tenaillait son estomac. Elle se souvint d'un village, tout près de la maison et de l'usine, où ils avaient, Mathias et elle, bu un café.

— Manger...

Maylis dénicha, sous l'escalier, un caban de gros tissu rugueux, et un feutre brun. Ainsi protégée de la petite pluie qui tombait sans discontinuer, elle sortit, prit un chemin en direction de l'usine qu'elle longea de loin. Serge Savayran s'y trouvait peut-être. Il était le premier humain à qui elle pensât depuis son réveil. Deux ans, déjà, que l'oncle Henri avait expédié son fils dans les Landes, et Maylis n'avait revu son cousin qu'à l'occasion d'un repas de famille, à Libourne. Se plaisait-il enfin, dans l'emploi de « maître des comptes » dont il méprisait tant la monotone rigueur ? A un quart d'heure de marche de la scierie, elle entra dans le bourg de Saint-Girons, et ne tarda pas à découvrir sur la place de l'église la petite épicerie, dans laquelle elle entra.

— C'est un pastis, mademoiselle, une brioche comme on les fait par ici.

L'épicière, une femme encore jeune, toute vêtue de noir, souriait, comme si la présence d'une de ces visiteuses d'un genre nouveau, qui commençaient à découvrir le rivage landais, et venaient s'y promener, le dimanche, ne l'étonnait pas. Fascinée, Maylis prit le gâteau dans ses mains, respira, les yeux fermés, son parfum de sucre et d'anis.

— Ah, c'est bon, oui. Mais vous pouvez le goûter tout de suite, si vous voulez, proposa l'épicière.

Maylis croqua la pâtisserie encore tiède. Des cristaux de sucre vinrent se coller sur ses lèvres, qu'elle lécha, en dissimulant discrètement son geste de la main.

— Té, vous aimez ça, on dirait. C'est la première fois ?

Il y avait plusieurs questions, en une seule, et de la part de l'épicière, une vraie curiosité. Il était encore bien tôt pour apercevoir les habituels premiers promeneurs, et y en aurait-il seulement par un tel matin d'hiver ?

— C'est délicieux, vraiment, répondit Maylis.

Des gens entraient, achetaient du tabac, de la farine, un périodique. Avec des gestes de gamine pressée, Maylis vidait l'intérieur de la brioche, où la pâte n'avait pas encore séché tout à fait. A moins d'un mètre du poêle en fonte qui ronronnait contre un mur, elle se laissait chauffer le corps, oubliait les fatigues de la nuit, les frissons, et le silence de la grande maison basque. L'épicière insista, entre deux clients.

— Vous n'êtes pas perdue, tout de même ?

Elle avait la voix douce, un accent légèrement traînant mais peu marqué, et désirait vraiment savoir. Maylis la rassura.

— Je suis venue à pied...

Elle sourit, laissa à dessein sa phrase en suspens. L'épicière hochait la tête, pénétrée de ce qu'elle finirait bien par découvrir.

— Il me faudrait un peu d'eau, implora Maylis d'une voix sourde.

Avalé à toute vitesse, le gâteau avait du mal à passer, et Maylis devait faire des efforts pour le terminer. Lorsqu'elle eut dégluti la dernière bouchée, en faisant une contorsion de son cou, elle se mit à rire, sortit quelques pièces d'une poche de sa jupe.

— J'en veux d'autres. Mais ceux-là, je les emmènerai à la Casedieu.

Il se fit un grand silence dans la boutique. Puis, par un de ces mouvements de la rumeur qui humanisent les déserts les plus arides, il y eut aussitôt quelqu'un pour signaler que, vue de loin, la maison avait déjà légèrement changé d'aspect, grâce aux volets ouverts.

— Té, je viens d'y passer.

L'homme avait un visage de parchemin froissé, les yeux aux trois quarts absorbés par les orbites, mais vifs, et intéressés, soudain. Quant à l'épicière, elle tenait enfin une partie de la réponse qu'elle attendait.

— Alors, comme ça, vous êtes…

— Maylis Durrugne… enfin… Savayran.

Diable, si on s'était douté ! Mais c'était elle, bien sûr, la fillette qui venait autrefois faire provision de bonbons, toujours en compagnie d'une servante, ou du jardinier, ça, alors… Et ainsi, la maison des dunes avait été ouverte, *diou biban*, ça lui ferait du bien, depuis le temps, tout devait être humide, dedans, et Monsieur Henri, comment allait-il, lui que l'on apercevait de temps à autre dans les allées de l'usine… ?

Il y eut un nouveau silence, presque gêné, celui-là. Les hommes se parlèrent en gascon, puis ils saluèrent, dans la fumée de leurs cigarettes, et sortirent. L'épicière cherchait une contenance. Le sourire de Maylis la désarmait.

— Je reviendrai, lui dit la jeune femme, pour faire quelques provisions.

La commerçante semblait sincèrement émue.

— C'est qu'il ne doit plus y avoir grand-chose dans la cuisine de la Casedieu, dit-elle. Mon Dieu, tout ce temps qui a passé…

Elle proposa d'établir une grande liste, avec ce qu'elle avait en magasin, et ce qu'elle ferait venir de la ville. Son regard se faisait insinuant, sa curiosité du début se muait en une sorte de déférence vaguement inquiète. Pour un peu, elle se fût empressée.

— Nous pourrons vous le faire porter, si vous le désirez, et de façon régulière. Votre mère pratiquait ainsi. Nous livrons les fermes les plus reculées de la région. A moins que vous ne restiez pas longtemps ici…

Elle questionnait encore. En quelques secondes, Maylis avait lancé la nouvelle la plus étonnante : la Casedieu allait être à nouveau habitée, et par une jeunesse dont on ne savait rien. Ou presque… Durrugne… son beau-père ? Un personnage dominant parmi les gros ayant-pins du Marensin, et de toutes les Landes, d'ailleurs. Et son fils Mathias ? A Bordeaux, autant dire au pôle… possible député du Bloc national, un de ces jours… Des gens très importants, sur qui les jugements devaient pleuvoir de loin, pressés comme les orages de fin d'été.

Maylis avait elle aussi envie de savoir. Que disait-on encore, tant d'années après l'accident qui avait tué l'homme le plus puissant de la région ? Que savait-on sur le drame dont elle se sentait parfois responsable, sans comprendre pourquoi. Un tourment déjà ancien revenait. Qu'avait-elle fait, ou dit, avant les derniers mots que ses parents avaient échangés dans la voiture ? Au pensionnat de Sainte-Foy, les religieuses apaisaient cette douleur par la prière et les exhortations. «Mais, pauvre enfant, vous n'y êtes pour rien. Dieu seul juge… »

Sous les regards furtifs que lui lançait la commerçante, Maylis subissait à nouveau l'effet d'étrangeté que produisait sa présence dans ce village. «Trouver du bois… » Il lui fallait des soucis de cet ordre, et en quantité suffisante, pour qu'elle ne sentît plus le poids des heures, et même des nuits. Chauffer la maison, la délivrer de l'hiver, la posséder et y attendre les soirs, avec les angoisses prévisibles, dans le cocon de la forêt. Il y avait dans cette coexistence avec la maison natale un mystère qui fascinait Maylis, une promesse de silence et de retrouvailles, une aventure immobile au bout de laquelle la paix viendrait, sûrement.

— Votre brioche est… inoubliable !

L'anis, et l'eau ferrique de la Casedieu… Maylis apprendrait que la terre landaise portait en elle les filons brunâtres de l'alios, fondus et forgés à Brocas ou à Pontenx. Un Nord à ciel ouvert, caché entre les pinèdes ; du travail et de la vie, encore, pour les hommes perdus dans les immensités de la forêt.

Maylis se retrouva seule sur la place. Tout y était gris, jusqu'aux cimes des pins cernant le village. Elle huma l'air vif où flottait, invisible, une bruine emplie des senteurs de l'océan. Ainsi s'imprégnait-elle de la couleur douce de l'hiver, de ses odeurs. Il y avait un pays, là, qui l'emprisonnait déjà dans son décor. Elle le ferait sien.

Serge Savayran se tenait appuyé contre un pilier du perron de la Casedieu, et dessinait sur le sol, de la pointe de son soulier. L'arrivée de Maylis interrompit son petit jeu, mais le jeune homme conserva sa position nonchalante, et ses mains dans les poches de sa redingote.

— Alors, c'était bien vrai. Le sujet de conversation unique, ce matin à l'usine. Il y a quelqu'un dans la maison de Monsieur Paul…

Tout de noir vêtu, il ressemblait à un huissier. Maylis vit la maigreur de ses joues, et, dans ses yeux, une fièvre qu'elle ne leur connaissait pas.

— Cousine… Drôle d'idée que d'ouvrir cet endroit en décembre. Tu comptes y réveillonner, pour de bon ?

Elle ne répondit pas. Il se détacha du pilier, d'un coup d'épaule, et vint se planter devant elle.

— Ton grand primate t'envoie respirer le bon air du Marensin ? Dis-moi, tu passes une fin de semaine ici, ou le reste de ta vie ?

Il demeurait fidèle à lui-même, narquois et lucide, mais avec de l'aigreur, qui altérait sa voix. Maylis le considéra un long moment. Elle avait attendu de sa part un peu d'émotion, quelques mots de bienvenue, autre chose que son humeur couleur du temps. Elle éluda la question.

— Je cherche du bois, et une bicyclette.

Il eut un geste large en direction de la forêt. Ricana.

— Un million cinq cent mille hectares de bois ! Sers-toi. Mais le pin, ça n'est pas fameux pour le chauffage. Ça pète, et ça fait des trous dans les tapis. Je vais te faire porter du tauzin, c'est du chêne de pinède, deuxième catégorie, comme le reste, par ici, gens compris. Pour la bicyclette, pareil, on en a deux ou trois à l'usine, qui servent pour les petites courses. Tu ne m'as pas répondu. Pour combien de temps es-tu là ?

159

L'épicière, d'abord, maintenant le cousin. Qu'y avait-il donc de si important dans la durée de ce séjour ?

— Je ne sais pas, Serge, vraiment.

Maylis avait acheté du lait, du pain, du jambon et des œufs. Serge déclina son invitation à ce premier repas en Marensin. Il avait à faire, paraissait soudain presque en colère.

— Quand comptes-tu passer à l'usine ? demanda--t-il.

— A l'usine ? Et pourquoi donc ?

— Tu as bien eu tes vingt et un ans le mois dernier ?

— Oui.

La réponse et l'étonnement de Maylis le mirent en joie.

— Eh, cousine ! Parce que c'est à toi. L'usine, cette maison, et les arbres que tu vois tout autour. A toi, jusqu'à Saint-Girons, par là, et vers Léon, et ailleurs, encore, et des métairies, aussi, huit ou dix, et même des chênes-lièges, en pays de Seignanx, pour faire des bouchons…

Bras écartés, il faisait la girouette et riait de plus belle, d'une joie mauvaise ; égrenait des noms, indiquait des caps, des pôles.

— A toi, à toi, tout ça, et d'autres choses encore, peut-être. Monsieur Savayran, mon cher père, ne t'en a donc rien dit ? Jamais ? Cachottier, cet homme. Et les Durrugne, père, fils et Saint-Esprit, muets sur la question, eux aussi. Ah ! Les braves gens. Eh bien, voilà, les choses vont leur cours normal. La pauvre petite orpheline, qui ignorait tout… Et moi, qui te vois arriver, comme ça, en porteuse de pain, quand je pensais vieillir et crever tranquillement dans ce désert, loin de Bordeaux et de ses tentations…

Il détourna le regard, vaguement honteux. Comme dans bien d'autres familles, la conduite des domaines Savayran ne concernait que les adultes. S'il arrivait que l'on évoquât ce genre d'affaires dans des conversations avec les enfants, cela n'allait jamais plus loin que l'anecdote. Un jambon de redevance piqué aux vers, un décès dans une métairie, un mariage... Et lorsqu'elles s'étaient retrouvées à Libourne, pour les vacances, les cousines avaient eu bien autre chose à faire et à penser que s'inquiéter des fermes, des arbres et de la térébenthine. Serge parut se calmer.

— Tu m'en veux, de t'avoir dit ça, de t'avoir fait cette incroyable révélation. Avoue, cousine ; tu le savais, tout de même, plus ou moins. Seulement, il y avait ta petite vie bordelaise, et les paresses de l'esprit qui allaient avec. Prise en charge, Maylis ! Comme tout le monde, chez nous. Mais si tu es ici, désormais, c'est bien parce que dans ta jolie petite tête, tout n'est pas si simple...

Elle l'écoutait, le regard perdu vers la forêt. Dans le matin gris, elle sortait d'un très long engourdissement, d'un sommeil d'une quinzaine d'années pendant lequel on avait dirigé ses heures, surveillé ses rêves, calculé son avenir, et décidé en fin de compte pour elle. Elle pensait à Mathias, aux certitudes qui lui servaient de façade. Par instants, il lui venait l'envie de fermer à nouveau la maison, et de retourner le rejoindre. Mais elle avait à faire. Quoi ? Son cousin lui offrait quelques clés. Vivre un peu pour elle, retrouver ce peuple du « Massif », collé à ses pins et à leur sève, épouser les lacs et les marais de ce pays sauvage et beau. Serge se fit bavard.

— A l'époque de Philippe le Bel, il y a eu par ici une lignée d'amazones dont même les Anglais avaient peur. Les Dames de Mauléon, Miramonde, de leurs prénoms. «*Le grane daoune deu Marensin*», comme on disait. Les rosbifs les avaient spoliées. Elles ont manigancé, négocié, marchandé, et pris les armes, à l'occasion, pour faire reconnaître leurs droits. Et même cette vieille baderne d'Édouard III a dû plier. Il leur a rendu leurs terres, leurs pinèdes et jusqu'au morceau de côte atlantique qui allait avec, juste avant d'aller corriger les Français à Poitiers !

Il attendit, croisa le regard de sa cousine, qu'il trouva modérément intéressé, haussa les épaules.

— Si c'est tout l'effet que ça te fait… Je te laisse, j'ai à faire à l'usine.

Maylis lui proposa de nouveau de venir déjeuner. Serge releva, aussitôt.

— Ah, on ne dîne plus, chez les Savayran ? Soit… Déjeunons. Il y a des sourires auxquels il n'est pas facile de résister.

Il tourna les talons. Comment vivait-il, depuis trois ans ? D'une auberge à l'autre, ou au fond d'un bureau ? La grande maison avait dû lui faire peur. « Tout t'appartient… » Maylis entendait à nouveau cette promesse. Ainsi la Casedieu était-elle le centre d'un univers de bois et de fermes, avec des gens dedans, des vivants. Maylis commençait à peine à réaliser, et son ignorance de tout cela l'épouvantait. Il lui fallait d'abord reprendre possession de soi, apprendre à exercer son pouvoir sur elle-même.

Elle alla dans la cuisine, posa ses provisions sur la longue table de bois où s'activaient autrefois les femmes dont les voix disaient des choses simples. Comment aller chercher du bois, par exemple. Maylis explora les abords de la maison, découvrit, sous un appentis, au nord, quelques petits tas de rondins desséchés qu'elle s'empressa de porter au salon. La première flamme qui monta, toute petite, vers le conduit noir et suintant de la cheminée fut comme un soleil dans la maison. Puis il y eut de la fumée, âcre, qui stagna autour de la hotte. Le conduit devait être en grande partie bouché, comme tous ceux de la Casedieu.

« Trop d'oubli », pensa Maylis. La demeure longtemps déshabitée regimbait, et devrait réapprendre à vivre en société, fût-ce celle d'une unique personne. Lorsqu'elle se fut suffisamment réchauffée, et épuisée en quintes de toux, Maylis se hasarda à l'étage, où elle recommença l'opération chauffage dans sa chambre d'enfant, avec de semblables résultats. Puis, d'armoire en placard, via les combles, où édredons et matelas dormaient sous des draps gris de poussière, elle poursuivit son exploration minutieuse de la Casedieu.

Il bruinait toujours autant, en début d'après-midi. Serge était déjà reparti, après avoir avalé en vitesse quelques bouchées d'omelette. Silencieux, presque hostile. Maylis avait respecté son humeur, n'osant l'interroger. Elle battait du tissu à une fenêtre lorsqu'elle aperçut le vieux Jean Comets, pédalant, et qui tenait près de lui une seconde bicyclette.

— Monsieur Serge m'a dit de vous porter ça. Alors, c'était donc vrai…

Il devait y avoir une phrase convenue pour saluer la nouvelle. Comets souriait, les yeux pleins de malice.

— Et la clé a fonctionné, deux ans et demi après.

Il parla en gascon. La vue de la maison ouverte en grand sur l'hiver lui faisait plaisir.

— Vos parents, pauvres gens…

Il eut l'air navré, tout à coup. A son souffle accéléré, Maylis voyait bien qu'il éprouvait un mélange de sentiments, et qu'en même temps des interrogations se bousculaient dans son esprit.

— Mes parents, dit Maylis. Que leur est-il arrivé, au juste, monsieur Comets ? Vous les avez connus de près. Vous devez sûrement savoir des choses sur cet accident.

— Oh, té… une automobile de course qui roulait trop vite, sur un mauvais chemin…

Il baissa les yeux. En vérité, c'était tout son visage qui se dérobait. Il se recoiffa de son béret, qu'il mit du temps à ajuster sur son crâne. Maylis devrait s'accoutumer à cette façon assez landaise de résister aux importuns, ou d'esquiver les questions gênantes. Comets trouva la bonne façon d'en finir avec sa réponse.

— C'est vraiment une chance de vous voir en vie, madame. Et vous savez, à l'usine, en ce moment… Enfin, tout ça est l'affaire de Monsieur Henri.

Il en avait assez dit. Maylis n'insista pas.

— J'aurai besoin de quelqu'un pour divers travaux dans la maison, dit-elle. Il faut ramoner, avant tout. J'ai peur de mettre le feu. Et puis, cette herbe folle, partout… Monsieur Comets ?

Il releva la tête, soutint son regard.

— Le jour où nous nous sommes revus pour la première fois, une femme est morte dans la forêt. Elle s'appelait Jeanne.

Il hochait la tête, mutique, puis finit par murmurer :

— Ma nièce, oui.

— Cela s'est passé dans une cabane d'ouvriers forestiers, pas très loin d'ici. Est-ce que cet abri existe toujours ?

C'était à une heure de bicyclette au moins, en plein

massif. De la route de Saint-Girons à Linxe, une piste y menait, en droite ligne, à travers le domaine Ripeyre. Comets s'inquiéta.

— Vous irez aujourd'hui, par ce temps ? Les pistes sont défoncées. Vous n'avez pas idée de ce que ça veut dire.

Maylis n'attendrait pas. L'hiver qui fixait toutes choses alentour dans sa grisaille pesait moins sur ses épaules que le souvenir de ce jour de retrouvailles avec la lande. D'abord, il s'était agi dans son esprit de chercher l'endroit exact où ses parents avaient péri. Un lieu, au centre d'une clairière, un paysage sans doute remanié par le temps… Mais il y avait plus urgent.

12

Sylvère Lestrade s'était installé devant la fenêtre de la cuisine donnant sur l'airial de la Sorbe. Ainsi placé, il couvrait toute la pièce du regard, et pouvait s'attarder sur les personnages qui l'occupaient. Près de la cheminée, face à la vieille femme assoupie, les deux sœurs de Madeleine liaient ensemble des pailles de seigle. Les enfants se tenaient, comme à leur habitude, autour de la longue table rectangulaire, au centre de la pièce commune. Penchés sur des cahiers d'écoliers, ils travaillaient, silencieux. De temps à autre, Madeleine allait inspecter leurs écritures. Ses chaussons légers glissaient sans bruit sur le carrelage de brique rouge déformé, creusé ici et là par les allées et venues de milliers et de milliers de pas. Puis la métayère revenait s'asseoir près de Lestrade, et reprenait ses ravaudages.

La pièce commune, le lar, centre vital de la maison… Lorsqu'il tournait la tête vers la lumière éthérée de l'airial, le journaliste apercevait Gaston Darribats, seul sur le perron sans auvent de la ferme, occupé, comme souvent, l'hiver, à ses petits travaux d'emmanchage. A ses pieds, le fer des outils, des clous dans une boîte, un marteau et des pinces ; dans ses mains, les pièces de bois qu'il retaillait, avant de les adapter à leur manche. Lestrade rêvait à haute voix, dans la pénombre qui baignait la pièce commune.

— C'est étrange, dit-il. Dans ce pays de lumière qu'est le Marensin, les architectes d'autrefois ont conçu les fermes comme des fortins. Peu de fenêtres, et si petites… Ceux de Haute Lande ont tout de même un meilleur éclairage. Comment expliquez-vous cela, Madeleine ?

Elle eut un petit rire, haussa les épaules.

— Ils ont aussi un estantad, en Haute Lande, dit-elle. Allez savoir… à vingt kilomètres les uns des autres, les Landais diffèrent, il faut croire.

— Des nouvelles de monsieur Ripeyre ?

Madeleine eut une mimique d'indifférence.

— Oh, lui, moins on le voit, mieux on se porte. Vous savez, on a été bien près de décamper, ce mois-ci encore. Mais partir en plein hiver, et pour aller où…

Lestrade eut un petit rire, amer. En observant les filles, il se dit qu'il leur faudrait une sacrée production de paillons et de couvre-bouteilles pour remplacer le manque à gagner de la parcelle anéantie. Quant aux jumeaux, qui passaient le plus clair de leur temps dans la forêt, en attendant le printemps et l'ouverture des chantiers résiniers, ils allaient devoir trouver un jour ou l'autre de quoi subsister par eux-mêmes, et à temps complet. Lestrade haussa un peu la voix.

— On manque encore d'hommes, un peu partout. Ces deux-là, s'ils se bougeaient un peu les fesses, au lieu de les asseoir sous les palombières, ils trouveraient, oui.

Il contemplait Madeleine, et la trouvait belle, ainsi

167

penchée sur son grossier ouvrage de couture. Rien ne se perdait à la Sorbe. Morceaux de tissu, vieux torchons et bouts de ficelle, cailloux, ferrailles et rogatons de bois, tout y avait plusieurs vies, jusqu'à la cendre, qui servait à nettoyer les pots d'argile où reposaient les confits. Dans une période où le franc, miné par la guerre, se dépréciait sans cesse, Lestrade trouvait presque rassurant que perdurât cette économie de subsistance, habitude gardée de très anciennes pénuries. Ainsi avait vécu le peuple de la lande gasconne, avant l'enrichissement de la province par la forêt industrielle. « L'enrichissement ? pensa Lestrade. Il faudrait élargir les chemins forestiers, pour le faire parvenir jusqu'à la Sorbe... »

— J'aime votre hospitalité, Madeleine, dit-il.

— Oh, té, l'hospitalité...

Elle avait l'air de regretter de ne pas trop en avoir les moyens. Et puis il y avait Victor, qui avait dû ranger ce mot dans un placard, près de son fusil de chasse.

— Celle du cœur, Madeleine, du simple cœur. Comme pour les pèlerins d'autrefois. Le Landais, si pauvre soit-il, partage le peu qu'il a, disaient-ils. Les gens se faisaient ainsi pardonner la dureté de leur terre, les mille pièges de leurs marais et sables mouvants, les piqûres des taons, la malaria... Dans leurs belles maisons fermées à triple tour, nos bourgeois ont laissé perdre jusqu'à la trace de tout cela. L'hospitalité gasconne ! Ils prétendent la manier, oui, ça ! Mais c'est en pensant à vous qu'ils se l'approprient.

Lestrade se leva. Bien que moins engagé politiquement que les Darribats, il avait conservé avec eux, et surtout avec Madeleine, les liens d'une très ancienne amitié. Cela remontait au temps des émeutes résinières de 1907. Étudiant en lettres à Bordeaux, il avait suivi ces vieilles affaires pendant ses vacances de Pâques. Et repéré l'adolescente exaltée qui encourageait les grévistes, chantait avec eux, et leur donnait à boire entre deux bagarres avec les gendarmes. Plus tard, il avait fait de Madeleine une sorte de fil conducteur pour ses articles sur le monde paysan landais. Puis il y avait eu la guerre, le départ du 34e d'infanterie, Verdun. La paix revenue, il avait renoué le fil, et entretenait cette amitié.

— Vous allez avoir un autre genre de travail jusqu'au printemps, dit-il. Ravauder la gauche landaise après la scission de Tours sera encore plus difficile que faire des habits neufs avec vos vieux morceaux de tissu.

Elle tourna vers lui son visage que de très fines rides, au coin des yeux et des lèvres, commençaient à vieillir. Il y avait un peu de malice dans ses yeux.

— Dieu merci, je n'ai pas cette prétention, dit-elle. Ces messieurs de la CGT, et d'autres, s'en chargeront. A chacun sa tâche. Té, Sylvère, allez donc préparer les cailloux, pour les gouyats.

Il s'exécuta. Lorsqu'elle renvoyait ses élèves chez eux en hiver, Madeleine lestait leurs poches de quelques petites pierres plates, juste sorties des braises de la cheminée. En les serrant dans leurs poings, ou les plaquant contre eux, les enfants maintenaient leurs mains et leurs flancs au chaud, sur une bonne lieue. Lorsqu'il en eut fini avec cette tâche qui lui rappelait sa propre enfance, Lestrade s'étira. Le petit crachin qui estompait les formes des arbres ne l'incitait guère à la promenade. Pourtant, il se décida à aller prendre un peu l'air. De quoi digérer tranquillement le tourin que Madeleine lui avait offert en bavardant avec le vieux Gaston.

Le chemin forestier avait souffert de la saison froide. Des ornières pleines à ras bord d'une eau jaunâtre en marquaient les sinuosités, qu'il fallait franchir en prenant au large, sous l'abri des pins. C'était un exercice fatigant, qu'amendaient des portions plus ou moins longues de piste sableuse, où les roues de la bicyclette marquaient leur passage en chuintant doucement. Dans ce décor d'une absolue platitude, le défilé des arbres faisait à Maylis une compagnie oppressante par moments. Rien à voir avec la balade de l'été 1921, sous un ciel lourd de ses orages. Mais des fougères de juillet — jungle lilliputienne ondulant à hauteur d'enfant — aux sables de janvier, nus ou couverts d'aiguilles, la forêt l'appelait aussi puissamment. Par le jeu du ciel entre les cimes, les formes parfois bizarres, presque humaines, des troncs, les défilés de bruyère éteinte laissant à peine passer la bicyclette. Par sa profondeur sans cesse renouvelée, et l'épais silence d'abîme qui la peuplait. Par sa lumière, enfin, transperçant la cuirasse des arbres pour s'insinuer entre eux, et les révéler comme autant d'individus différents.

Maylis pensait à l'emploi qu'elle aurait fait de ces moments-là, à aménager la Casedieu. Que pouvait-on aller chercher en forêt par ce temps ? La question du vieux Comets était sans doute pertinente. Mais le pays qu'elle traversait faisait battre singulièrement son cœur, et ce qu'elle allait y chercher, aussi. L'ombre de la Jeanne s'y profilait, tenace et soupirante, entre les arbres dégoulinants de pluie. Les doigts de la mourante se crispaient sur un drap, son visage apparaissait soudain. Dieu ! Tout plein de sa douleur, il s'en allait, seul, avec sa fatigue, étranger aux vivants.

Lorsqu'elle aperçut la clairière, et la bicoque au toit luisant, Maylis eut envie de faire demi-tour. Dans son indifférence, et sa difficulté à s'émouvoir, Mathias avait peut-être eu raison. Rien n'attachait Maylis aux gens entrevus ce jour-là. L'endroit de sa rencontre avec eux lui apparaissait dans sa lugubre réalité hivernale. Au moment où elle appuyait sa bicyclette contre la cloison de bois, elle se dit qu'il y avait peut-être une part de voyeurisme dans sa démarche, comme lorsque, simple témoin, on se repaît du spectacle du sang coulant d'une blessure. S'emplirait-elle sans plus de pudeur de la tristesse morbide d'un souvenir ? Elle pénétra dans la cabane, reconnut les outils, les miches de pain et les épis de maïs sur les étagères, la table et les deux chaises, devant la cheminée. Mais plus de lit, ni de table de nuit.

Elle pensa : « Je n'ai pourtant pas rêvé. » Maintenant, tout se remettait en place, et le but de ce voyage lui apparaissait. Oui, les choses avaient été, les gens, aussi, et ces moments de trouble, les plus importants de sa vie. Le deuil n'avait pas été le sien ; pourtant, elle en détenait et en supportait une part. Les soldats plus ou moins détruits qu'elle allait écouter naguère lui racontaient des histoires souvent semblables auxquelles elle adhérait de loin, par devoir. Pauvres garçons… Cette fois, Maylis éprouvait, surgis du plus profond de son âme, une compassion, un besoin d'humanité, qui la bouleversaient, et la firent s'agenouiller, à l'endroit où le sang de Jeanne avait inondé la terre.

Elle pria, pour cette femme, et pour elle-même, qui ne savait pas très bien ce qu'elle devait faire de sa vie. « Bats ta coulpe. » Ainsi lui avait-on appris à charger sur ses épaules un peu du destin des autres, de tous les autres. Lourd fardeau. Elle devait apaiser le vertige qui la prenait dès que les conséquences possibles de sa fuite du domicile conjugal revenaient rôder dans son esprit. Pour cela, elle décida que le jugement de ses actions à venir passerait par le regard de la mourante, ce point neutre où tout était possible, de la colère à l'amour, de la souffrance à sa rédemption.

— De la faute au pardon...

Mathias Durrugne avait hanté ce lieu. Spectateur de ce qui s'y était passé, vaguement concerné par les décisions à prendre, il s'était révélé prisonnier, à sa façon, du malheur, et des petites et grandes morts vécues au long de ses quatre années de combat. Une femme agonisant en pleine forêt, et alors ? Qu'aurait-on pu faire d'autre pour elle, que l'assister ? Maylis avait une belle âme. En d'autres temps, elle eût fait une parfaite marraine de guerre. Qu'elle priât, pour la douleur du monde, et la mémoire des massacres ! Ainsi allait parfois la société des survivants.

Lorsqu'elle se releva, Maylis se trouva face à deux hommes, des chasseurs, fusil à l'épaule, qui la contemplaient, stupéfaits. Pareillement vêtus de grosses vestes de laine, ils étaient jeunes, d'allure un peu inquiétante sous leurs bérets vissés à la landaise, en visière au-dessus du front. Un chien, frétillant de la queue, haletait, couché devant la cheminée vide.

— Té, une chapelle, ici, maintenant, dit le plus grand des chasseurs. Boh, après tout, on y est bien mort, aussi...

Il avait les yeux rapprochés, autour d'un nez fort et busqué ; des mèches noires et drues échappées de sous son béret barraient en partie son front.

— Je passais, ce jour-là, dit Maylis. Elle s'appelait Jeanne. Savez-vous d'où elle était ?

— Pardi, c'était notre sœur aînée. Alors, elle était d'où nous sommes, nous aussi. De la Sorbe…

Il eut un mouvement de la tête indiquant une direction, quelque part en forêt. Puis il s'assit, imité par son compagnon, posa près de lui le sac qui pendait à son épaule, d'où il tira du pain, et de la cochonnaille enveloppée dans un torchon gris. Maylis réalisa soudain qu'elle avait faim, et que le morceau de fromage qu'elle avait emporté ne suffirait pas à la sustenter. L'autre garçon, un silencieux qui n'osait lever son regard sur l'intruse, avait posé sur la table une gourde de vin ; et sans plus de cérémonie que de bénédicité, les chasseurs entamèrent leur déjeuner. Maylis s'approcha de la table.

— Il y avait une autre femme, dans cette maison, dit-elle. Madeleine. Et un homme au visage brûlé…

— Moi, j'étais là aussi, avec mon frère, dit à voix basse le bavard. Et vous, vous devez être madame Savayran. En été, la forêt se peuple, vous savez. Donc, vous cherchez la Sorbe. Les gens dont vous parlez y seront peut-être.

Il y avait de l'ironie dans sa voix. Maylis acquiesça. C'était bien la première fois qu'on l'appelait Madame Savayran. Et la mémoire de cette journée semblait bien partagée pour qu'un de ceux qui avaient assisté à la mort de Jeanne la reconnût ainsi, deux années et demie plus tard. Le chasseur but une giclée de vin, mordit son pain, qu'il mâcha longuement, puis, se tournant vers Maylis, qui n'avait pas bougé :

— Je ne sais pas trop ce que vous avez à faire chez nous. Enfin, c'est votre affaire, je pense. Vers la route de Linxe, sur le même chemin, à quatre kilomètres environ. Bonne route. Et faites attention. Notre patron n'aime guère que l'on traverse ses pinèdes sans son

173

autorisation. Si vous le croisez, par là, il peut vous prendre pour un chevreuil…

Au moment où elle passait la porte, Maylis se retourna, vit le garçon, hilare, qui écartait les bras.

— Vous avez faim, peut-être…

— Merci, non.

Elle sortit dans le crachin, serra le col de son caban. Elle imaginait le sourire des deux chasseurs, la bonne blague qu'ils auraient à raconter. « Ces Landais, tu ne sais jamais ce qu'ils pensent lorsqu'ils t'adressent la parole », se plaisait à dire Mathias. Et l'oncle Henri partageait cette opinion. « Au sud d'une droite passant par Villandraut et Bazas, et jusqu'à l'Adour, terra incognita, et peuple mystérieux ! Du Moyen Age à aujourd'hui, rien, ou presque, sauf la lande, et maintenant, la forêt. Encore faudrait-il que ces rustres en sachent la valeur ! »

Maylis se remit en route. Elle avait soif, surtout, se souvint tout à coup de la recette que lui avait indiquée le chauffeur Auguste : l'eau qui stagnait au-dessus de la résine, dans les pots d'argile. Elle ne tarda pas à traverser une parcelle au repos pour l'hiver, où les pins présentaient, à l'endroit des saignées, la croûte brune du *barras* qui les protégeait. Dans les rares pots qui leur étaient restés attachés, et qu'elle inventoria l'un après l'autre, elle trouva des insectes morts, des fragments d'écorce, de la résine solidifiée. Et un peu d'eau, d'une couleur peu ragoûtante, juste assez pour deux gorgées qu'elle avala du bout des lèvres.

Elle en avait assez de sa promenade entre les fondrières de la piste, décida qu'elle continuerait son chemin jusqu'à la route de Linxe, sans s'arrêter à la Sorbe. Mais lorsqu'elle aperçut enfin la toiture rouge, et qu'elle eut débouché dans la clairière de terre grise au centre de laquelle s'élevait la ferme, elle ralentit. Des chiens surgirent, deux bergers à poils longs, la frange jusque sous les yeux, qui la menaçaient sans toutefois trop s'approcher de la bicyclette.

Maylis roula sur un chemin de sable blanc jusqu'à la maison. La Sorbe était faite d'un torchis clair tout enjolivé de chevrons, entre des colombages. Ses dépendances s'éparpillaient sous un airial de chênes : remises à outils, clapiers, poulailler perché. Un silo à maïs se dressait à l'entrée d'un champ, vide. Un peu partout, de la volaille picorait en liberté dans la boue, poules et pintades, canards. Quelques oies allaient en groupe près d'une grosse Renault abritée au sec, sous un arbre.

Maylis passait au large de la façade trapue de la ferme, cherchant de la terre ferme pour rejoindre la forêt, lorsqu'on l'appela, de loin. Elle s'arrêta, posa un pied dans la boue. Un homme se chaussait sous l'auvent, qui accourut vers elle, suivi par les chiens.

— C'est vous, ici, et par ce temps ! *Diou biban*, c'est un rêve. Il m'avait bien semblé, oui. Mais qu'est-ce que vous faites dans ce bout du monde ?

L'homme n'en revenait pas. Une main serrant son front, il souriait. Maylis le vit remettre de l'ordre dans ses courtes mèches rousses.

— Vous vous rappelez, madame ? Nous nous sommes vus à la scierie de Saint-Girons…

— Ah, oui, vous êtes le journaliste que mon oncle avait prié de quitter les lieux.

Maylis fut heureuse de ce hasard. Elle naviguait à vue depuis plus d'une heure dans un désert de grisaille et de sylve qui finissait par lui paraître hostile. Elle expliqua, en partie, les raisons de sa présence en forêt.

— C'était Jeanne Darribats, dit Lestrade, la sœur

de l'unijambiste, vous vous souvenez… Je connais cette histoire de juillet 21, on en a parlé assez longtemps. Ces gens sont d'ici, de cette métairie. Mais vous avez l'air transie. Venez dans la maison.

Elle ne le désirait vraiment plus, malgré la faim qui lui brûlait l'estomac, et la perspective de se retrouver en face du mutilé de guerre ne l'enchantait guère. Lestrade insista, plaisantant.

— Ils ont déjà mangé, et vous épargneront. Ensuite, je vous ramènerai chez vous.

Maylis réalisait tout à coup l'étrangeté de sa situation. A peine descendue du train, elle se retrouvait au fond de la forêt, à suivre la trace de fantasmes déjà anciens, au lieu de chercher à organiser un peu sa vie à la Casedieu. Le sourire de Lestrade lui indiquait néanmoins une direction possible, qu'elle accepta de prendre.

— On est entré en campagne électorale, lui expliqua le journaliste, tandis qu'ils marchaient vers la ferme, et ça bouge pas mal, dans ce pays. Alors, je fais des visites à ceux qui ont des choses à dire. Mon métier, quoi.

— C'est le cas, ici…

Il jura en gascon.

— Un peu !

Maylis n'était pas étonnée. Elle avait mis les pieds sur une de ces terres que les discours de Mathias teintaient de la couleur du sang et de l'ennemi, rouge, comme devaient l'être les deux chasseurs de la cabane. De quoi faire frissonner la tante Génie, qui voyait les bolchevistes déferler bientôt sur la France, en meutes, comme des loups affamés. Parvenu devant la porte, Lestrade prévint Maylis :

— En principe, on entre ici sans chaussures. Mais bon, vous pouvez garder les vôtres.

176

Gaston Darribats leva vers l'arrivante son visage de vieux parchemin qu'animait une vague curiosité. Un geste vers son béret, qu'il effleura du doigt, un coup de menton en direction de Lestrade, qui valait question…

— Une dame, de Bordeaux, lui dit le journaliste. On vient voir votre bru.

Maylis ôta les bottines en cuir de sa mère, dénichées en assez mauvais état au bas d'un placard, et les posa en compagnie de souliers et de sabots d'enfants alignés le long du mur, une douzaine au total. Puis elle suivit le journaliste dans la maison.

Des bûches flambaient dans une haute cheminée séparée de sa hotte droite par une étagère couverte d'une collection d'objets dépareillés. Des bougeoirs, des photographies d'ancêtres ou de militaires, des espourges de maïs et des bibelots en plâtre ou en porcelaine. Au fond de la pièce, près de la cheminée, Maylis distingua la silhouette chétive d'une femme sommeillant, la nuque fléchie, un chat sur les genoux.

— Cette dame prenait le risque de se tremper pour de bon, dit Lestrade.

Maylis avait reconnu la femme en noir de la cabane, la même qui haranguait les ouvriers de son oncle. Madeleine Darribats la dévisagea, de son regard où brûlait toujours le même feu. Lorsque, à son tour, elle eut reconnu la passante, son sourire disparut. Lestrade s'interposa.

— Madeleine Darribats ne fait pas que gemmer les pins de monsieur Ripeyre. Elle s'occupe aussi de ces petits que le travail en forêt empêche de fréquenter normalement l'école. Madeleine Darribats a bien du mérite. Je l'ai déjà dit publiquement, et même écrit. Et je le répéterai, tant qu'il le faudra.

Maylis soutenait le regard de son hôtesse. Au bout

d'un moment de ce petit jeu, elle rompit, se mit à observer les enfants que son intrusion détournait de leur tâche.

— Les parents travaillent en forêt, ou à l'usine, dit Lestrade. Entre leurs cabanes ou leurs fermes, et l'école trop lointaine, il y a cette classe pas comme les autres.

Trois garçons — cheveux courts, morve au nez — et autant de filles — boucles libres ou chignons, déjà —, tous semblablement vêtus de bures grises qui paraissaient avoir été découpées dans des sacs de toile, jetaient des coups d'œil furtifs sur l'étrangère. Madeleine les autorisa à se lever, vérifia leurs vêtements. Lorsque les enfants eurent ainsi été inspectés, elle leur donna les galets, qu'ils empochèrent, avant de quitter la pièce.

Maylis s'imprégnait de la quiétude du lieu. Un chien dormait devant l'âtre, les paupières agitées de petits spasmes. Dans un angle de la pièce, près de la porte donnant sur un couloir obscur, le balancier d'une pendule luisait faiblement. Il y eut, pendant une dizaine de secondes, le seul ronflement léger de la femme pour accompagner la fuite du temps. Madeleine se tourna vers Maylis.

— Vous voudrez un peu de soupe, madame Savayran ?

— Ah, vous voyez, triompha Lestrade, comme s'il venait d'obtenir un privilège rare.

Madeleine haussa les épaules. Elle agissait par simple devoir, et le montrait. Maylis s'assit, se sentit aussitôt prisonnière. Où s'installaient les deux chasseurs croisés dans la cabane, lorsqu'ils partageaient les repas familiaux ? Ils lui avaient proposé au dernier moment de partager un morceau de saucisse, sans doute par défi. Ceux-là étaient des sau-

178

vages, des vrais, les dignes descendants de ces bergers d'autrefois dont on voyait les photographies sur les revues. Maylis chercha le regard de Madeleine, en vain. La femme en noir s'activait comme si de rien n'était, sous l'œil intéressé de Lestrade. Maylis lui dirait, à celui-là, ce qu'elle pensait de ses initiatives. Elle n'avait plus faim ; désirait écourter ce tardif déjeuner. Elle allait se lever lorsqu'on frappa à la porte, violemment.

— Ouvrez, nom de Dieu !

Madeleine se précipita. Victor entra dans la salle. Il jurait, trouvait que l'on avait un peu tardé.

— Et qui est là, maintenant ?

Il avait la voix rogue, un peu incertaine. Entre les plaques jaunâtres qui le défiguraient, des zones de peau saine offraient leur rougeur d'hiver, ou de vin.

— Té, le journaliste. Rien à foutre à Mont-de-Marsan ?

Lestrade sourit. Victor Darribats oscillait doucement entre ses béquilles. Indécis, l'air de ne savoir trop quoi faire, il semblait s'accoutumer à la pénombre de la grande pièce. Et finit par apercevoir Maylis.

— Et cette dame ?

Le caban ouvert sur le chandail et la jupe rouges, les bottines rangées sous l'auvent, en compagnie des chaussons, paillons et autres sabots… Une bourgeoise égarée en forêt. Victor interrogea Lestrade. Ce fut Madeleine qui lui répondit sur un ton neutre.

— C'est Madame Savayran, la fille de Monsieur Paul.

Il y eut un silence. Victor s'affaissa un peu, puis se redressa, les lèvres pincées.

— Té, té, té, à la Sorbe. Ah ! Ça ne manque pas

179

d'air. Et moi, dites ? Je peux être libre dans ma maison ? On n'a pas assez souffert pour mériter ça ?

Il parlait la tête enfoncée dans les épaules. Lestrade lui dit quelques mots en gascon, ce qui ne l'apaisa guère. Il clopina jusqu'au fauteuil où dormait la vieille.

— Té, la mère, regardez qui est là.

Il serrait l'épaule de la femme, qui finit par s'éveiller, et promena sur l'assistance son demi-regard de noyée. Victor lui donna les détails, d'une voix maintenant mieux assurée. Il s'amusait et ricanait. « Mais si, je vous le dis, ici même… » Et il répétait « ici même » avec jubilation. Maylis se sentait horriblement gênée. Ces gens dont elle violait l'intimité la rejetaient, à leur manière : la soupe de Madeleine, et l'amertume coléreuse de Victor.

— Assez, murmura Maylis.

Elle entendait les mots terribles prononcés au chevet de la femme agonisante : « Voilà comment on meurt dans la pinède Ripeyre. » Elle était Madame Savayran, comme elle avait été Mademoiselle Maylis, et s'égarait sur des chemins étrangers. Que faisait-elle dans cette ferme, au milieu de ces gens qui la haïssaient et pourtant semblaient aussi la craindre ? De ces sous-entendus et silences trop parlants naissait un malaise qui lui chauffait les tempes.

Lestrade avait cessé d'observer la scène, et avait enfilé sa grosse veste de chasseur. Dans son fauteuil, la vieille femme faisait des efforts pour tenir sa tête. Maylis ne put s'empêcher de la regarder. Elle tremblait des lèvres, des doigts. Un coin de sa bouche pendait, sa paupière gauche recouvrait son œil à demi. A Libourne, il y avait eu autrefois une servante pareillement foudroyée par l'apoplexie, une femme très âgée qui avait vu naître la tante Génie, et que l'on avait gardée à la maison jusqu'à sa mort. L'endroit où elle passait la fin de sa vie, couchée, était inquiétant, et malodorant ; une chambre au nord, au bout d'un couloir bordé de pièces humides aux étroites fenêtres grillagées. On n'y allait jamais, même par défi. Des religieuses infirmières se relayaient au chevet de la malade, pour les soins de son corps énorme et inutile. « Je gagne mon paradis », leur disait Eugénie. Et elle leur remettait une obole. Cette servante dont les gémissements perçaient parfois les murs de son mouroir avait un prénom d'homme. Maylis finit par le retrouver : Jérôme…

Appuyé contre le dossier du fauteuil, Victor aidait sa mère à se redresser.

— Dites bonjour, Blanche.

Blanche darda sur Maylis son œil couleur de cendre, à l'expression de fureur si intense que la jeune femme en fut troublée. Puis elle tenta d'ouvrir la bouche, esquissa des mots, ne put émettre que des borborygmes, une bouillie incompréhensible entrecoupée de petits cris aigus. Mais son œil conservait son reflet mauvais, et la rage qui l'éclairait de l'intérieur. Maylis se détourna.

— J'ai à faire, dit Lestrade.

Madeleine s'était approchée de son mari et lui parlait à voix basse. Victor la repoussa, de sa main fermée.

— Toi, fous-moi la paix ! Je suis chez moi, nom de Dieu. Déjà qu'on a le Ripeyre sur le dos, à nous regarder pisser, et quoi, encore ? J'en ai assez ! Cinq ans de guerre, et tout qui continue comme avant. Qu'est-ce que tu veux ? Me dire ce que je dois faire, ce que je dois penser. Pour qui tu te prends, hé, pour qui ?

Il respirait bruyamment, comme au début d'une

crise d'asthme. Lestrade fit quelques pas vers lui. Victor leva le poing.

— Et toi aussi, macaque, fous-moi la paix ! Ce n'est pas parce qu'on était ensemble à Mort-Homme… tout ça est bien fini. Moi, j'ai continué, en Orient, tout seul, et vous, pendant ce temps ? Hé ? Réponds. Toi, tu es rentré, et maintenant, sous tes airs, tu es avec eux, avec ceux-là, voilà la vérité.

Il désignait Maylis. Agrippé au fauteuil, il avait l'air d'un naufragé. Il avait été robuste… un chêne, désormais amoindri ; mais il gardait de cette force juvénile des bras aux muscles noueux, et la puissante menace de son poing. Lestrade n'insista pas.

— Laissez-nous, Sylvère, dit Madeleine.

Maylis sortit la première, suivie du journaliste, puis de Madeleine, qui s'arrêta devant la porte de la ferme.

— Il faut l'excuser, dit-elle. Il y a des choses difficiles à supporter.

De quoi parlait-elle ? Maylis supposa qu'elle faisait partie de ces choses, en compagnie de la guerre, et des désastres de la vieillesse.

— Faites tout de même attention à vous, Madeleine, dit Lestrade.

— Oh, té…

Elle avait l'air lasse, tout à coup, et se força à sourire. Maylis retrouvait ces impressions fugitives, comme à la cabane, deux ans plus tôt ; les coups de gueule du grand blessé, et, sur le visage de sa femme, la même inquiétude mêlée de crainte. Elle avait envie de parler à Madeleine, sans même savoir exactement de quoi. De la femme morte, sans doute. Elle saurait qui elle avait été vraiment, et par quel hasard de l'existence elle était venue s'éteindre entre des outils de gemmage. C'était là un mystère dont Maylis ne

182

pouvait se défaire. Morbide, oui, à force de la hanter ainsi.

— Elle a peur de lui, dit-elle, tandis que Lestrade l'aidait à se hisser à bord de la Renault. Il la bat ?

— C'est possible, oui. Le bougre n'est pas simple. Violent, trop souvent. Vous voyez, madame, il y a des saintes partout, même chez les rouges…

Il chargea la bicyclette à l'arrière de la grosse automobile, alla actionner la manivelle. Maylis ne pouvait s'empêcher de penser au mari qu'elle avait laissé à Caudéran. Mathias Durrugne n'avait jamais levé la main sur elle, et pourtant, il l'avait violentée, à sa façon, silencieuse et débauchée, de vivre les stigmates intimes de sa guerre. Comme Victor Darribats, et comme tant d'autres, il demeurait taraudé par ce qu'il avait vécu, et cherchait un exutoire à ses souffrances. Mais Maylis ne voyait là aucune raison de menacer, de frapper ou d'humilier l'autre. Lestrade se hissa à bord.

— Il faudra faire un détour pour retourner à Saint-Girons, dit-il. Nous n'aurions aucune chance sur le chemin par lequel vous êtes venue.

La Renault fit tout d'abord entendre une dysphonie de métal entrechoqué, de gaz en liberté et de courroies emballées, dans un nuage de fumée blanche. Puis, de fondrières gluantes en sables plus ou moins mouvants, le moteur se disciplina un peu tandis que ses résidus noircissaient le ciel. Lestrade s'excusa.

— Elle est d'avant la guerre, mais je m'y suis attaché. Et puis, elle connaît ce pays mieux que moi. Rien ne l'y arrête, ni la boue ni l'ennui. Alors…

Il observait sa passagère à la dérobée.

— J'aurais dû vous laisser passer devant la ferme.

Désolé. Mais il y avait ce hasard. Les mêmes personnes, dans un endroit aussi inattendu, deux ans et demi plus tard…

— Ça ne fait rien, dit Maylis. C'est ma faute. J'aurais dû rester chez moi, où l'ouvrage ne manque pas.

« Chez moi… » Elle s'étonnait à peine d'avoir ainsi investi la Casedieu, alors qu'elle n'y avait séjourné que quelques heures. Elle découvrait en même temps la difficulté de résister aux élans de son cœur. Quitter Bordeaux, et une existence au cours tracé par d'autres, errer aussitôt en forêt, à la recherche de fantômes, jusqu'à aborder le rivage hostile des humbles, des petites gens pleins de colère et de ressentiment… « C'est ainsi », pensa-t-elle. Au moins l'avait-on tolérée. A Libourne, les visiteurs non désirés ne franchissaient même pas le seuil de la maison, et on laissait le chauffeur s'occuper des importuns.

— Il n'y a pas beaucoup de femmes comme cette Madeleine Darribats, dit Lestrade, entre deux bouffées d'un petit cigare au fumet âcre de cuir brûlé. C'est qu'ils vivent à une bonne douzaine, dans cette métairie. Les frères de l'un, les sœurs de l'autre, les deux vieux, les petits. Lorsqu'ils avaient encore la résine, ça pouvait monter à quinze personnes, ou plus. Madeleine règne sur ce petit monde. Ils pourraient tous vivre à peu près bien, mais leur bailleur a coupé son pinhadar. Plus de gemme. Ils s'accrochent à ce qui reste, comme d'autres. Alors, à l'approche des élections, la lande bouge, murmure, s'agite, les esprits s'échauffent. Sous les pins, c'est grand silence d'hiver, mais dans les fermes… Enfin, vous avez pu voir, et entendre. Que peut-on penser de ces gens, quand on les découvre…

Il laissait ses phrases en suspens, attendant de sa

passagère une réaction. Maylis gardait le silence, haussait vaguement les épaules. Elle avait appris à taire ses douleurs mais aussi ses pensées, ses réflexions. Ce n'était ni par méfiance ni par timidité, mais plus simplement par son long apprentissage de la solitude, dont elle avait acquis la maîtrise. Madeleine l'avait impressionnée. Par cette force, en elle, par sa révolte, aussi, qu'elle taisait sous ses gestes anodins, par son austère beauté, et son regard, dur, mais où brillait par instants le soleil de la vraie compassion.

La faconde de Lestrade finit par s'éteindre peu à peu, comme son cigare. La vue de silhouettes armées, à la limite d'une parcelle de jeunes pins, la ranima.

— Té, le Ripeyre. L'empereur et ses leudes. Quand on parle du loup...

Le petit groupe de chasseurs, une demi-douzaine d'hommes, s'écarta pour laisser passer la voiture. Sauf un, qui se planta dans la boue, au milieu du chemin, la forçant à stopper.

— C'est privé, par là, monsieur le journaliste.

Il était grand, les cheveux grisonnants sous son chapeau de feutre orné d'une plume de faisan. Son regard bleu explora l'intérieur de la Renault avec des grâces de douanier, s'arrêta un court instant sur Maylis.

— Vous venez de la Sorbe ?

La question fit sourire Lestrade.

— Pour se retrouver ici après avoir découvert l'authentique fin fond de la lande, il n'y a pas trente-six points de départ.

— Il n'y en a qu'un pour sortir, et ce n'est pas celui-là. Vous vous êtes trompé de direction. Ici, c'est à Ripeyre et à lui seul. Mais bon, je ne vous forcerai pas à faire demi-tour. Cette fois.

Il grimaçait, peu sensible à la plaisanterie. Lestrade lui demanda s'il avait des douleurs à l'estomac, auquel cas il pourrait faire un tour à Lit, et boire un peu d'eau de la source de Notre-Dame de Yons.

— C'est bon pour les ulcères, comme vous savez. Pour les fusils, dommage... la foire de septembre est passée. Mais vous êtes déjà équipé.

Le chasseur grommela, fit un pas en arrière. D'un mouvement sec de la tête, il invita son hôte à circuler. Lestrade jura entre ses dents, accéléra.

— Foutu cabochard. Il y a trois quarts de siècle, ils vivaient comme ceux que vous avez vus à la ferme. Tout petits métayers. Ils ont trouvé de l'argent pour acheter des terrains communaux, allez savoir comment. Le pin les a enrichis, et voilà le résultat. Tout oublié, rien appris, sauf le mépris. « Je ne vous forcerai pas à faire demi-tour... » Tu parles !

Ripeyre se débarrasserait des Darribats. Dès que leur bail viendrait à terme, il les mettrait dehors. L'enjeu des prochaines élections législatives était là, entre autres. Modifier par la loi le droit régalien qu'avaient les propriétaires de disposer ainsi de leurs métayers, changer le statut de ces derniers pour celui de fermiers. Lestrade s'enflammait.

— Il y a eu des accords sur la forêt, avant-guerre. En Marensin, ils sont passés depuis à la trappe. Les types du genre de ce Ripeyre tiennent la barre. L'argent, la nécessité de l'argent, et rien d'autre, même pas le plaisir qu'il procure. Mais on s'en fout, après tout. Si le Cartel des gauches passe, il leur faudra renégocier les heures, le partage de la résine, le travail des femmes. Et on verra bien, alors, si les chemins resteront interdits aux promeneurs...

Il réalisa soudain qu'il ramenait vers le village de Saint-Girons la fille d'un grand forestier, se tut, ce qui amusa Maylis. Henri Savayran tenait au fond le même discours, mais sur un ton très différent. Vue de Libourne, la victoire du Cartel, et les concessions qu'elle impliquerait, figurait un amer purgatoire, le début hasardeux d'une fin d'époque, ou d'un monde, même.

— Pourrez-vous me laisser dans le bourg ? J'ai quelques courses à y faire, demanda Maylis.

— Si vous acceptez que je les fasse avec vous… Sinon, je vous abandonne en pleine forêt, parce qu'ici nous sommes comme ça, des espèces de primates à peine éclos à la lumière des civilisations. C'est bien ce qui se dit de nous, au nord ?

Elle rit. Lestrade poursuivit.

— Si vous le désirez, je vous apprendrai des choses sur ce pays, et sur ses habitants. La théorie de l'orteil, par exemple.

— L'orteil ?

— Oui. Scientifique ! A force de grimper comme un singe sur ses piteys, pendant des siècles, le Landais a transformé son gros orteil en une sorte de croc recourbé, genre perroquet, qui lui permet de mieux tenir en équilibre sur les barreaux. L'Évolution ! Rusé, n'est-ce pas ?

Elle rit de plus belle. Lestrade avait en réserve mille et une légendes sur ses *Gascouns* égarés en forêt, un programme à long terme. Maylis accepta son aide, pour les courses.

— Donc, vous vous installez, madame Durrugne !

Elle fut surprise. Il était bien journaliste, celui qui déduisait ainsi. Maylis cessa de rire. Que resterait-il de sa liberté si le moindre de ses actes passait de cette façon par ces cribles de l'opinion, et par des réponses à des questions non posées ? Lestrade devina, et s'empressa.

— Excusez-moi. Je ne voulais pas vous forcer. Mais il faut que vous sachiez l'importance de votre position familiale ici. Les pinèdes, les fermes, certes, mais l'usine, surtout. Diable, ce n'est pas rien. Des gens en vivent, nombreux. Vous n'êtes pas n'importe qui, madame.

La Renault débouchait enfin sur une route en terre à peu près carrossable. Les bas-côtés en étaient sablonneux, comme si la dune proche poussait jusque-là, sous le caprice des vents. Lestrade lui parla de la puissance de ceux-ci, de leur ténacité à déplacer les sables. Des églises avaient disparu sous la dune, des fermes. Il avait fallu transplanter des villages entiers pour les sauver de l'engloutissement. Maylis pencha sa tête à la portière, huma le parfum d'océan mêlé aux brumes et à la pluie. Elle se laissa ainsi caresser, puis se lova à nouveau au creux de son siège. Il lui revenait à l'esprit l'image des enfants tirant la langue sur leurs feuilles de papier, et les lourds silences de la Sorbe, brisés par la colère du mutilé.

— Cette vieille femme me regardait avec tant de haine, dit-elle. Sa rage ressemblait à celle de son fils. Elle voulait me dire ces choses terribles qu'elle avait en tête. Pourquoi ?

Lestrade se tourna vers Maylis.

— Vous savez, expliqua-t-il, la vie d'un pays comme celui-ci n'a rien de très original. Les relations entre les gens puisent leurs racines loin dans le passé. Comme partout. Courtes paix, ou longues guerres parfois terribles. Il arrive que ça repose comme du vin en cave. Au débouchage, on a du nectar, ou du vinaigre… Ces gens ont travaillé pour vous, autrefois, à l'usine, et dans votre maison, aussi. Cette femme à demi paralysée n'a pas même soixante ans.

Je crois qu'elle fut quelque temps au service de votre mère. C'est la sœur de l'ancien contremaître, le vieux Comets. Il y a deux autres fils, aussi, des chasseurs. Ils travaillaient encore à l'usine, le jour où vous y êtes passés en famille. Votre oncle les en a chassés. (Il la regardait, l'air de rien, guettait sa réaction.) Té, le clocher de l'église… nous arrivons.

La voiture dépassa une haute pyramide de pierre grise, vestige planté au milieu d'un champ. Distraite, Maylis écouta Lestrade lui parler d'une sauveté où s'abritaient autrefois les pèlerins en route vers Compostelle. Elle pensait à autre chose. Des éléments d'une scène vécue, ou peut-être rêvée, se mettaient en place dans son esprit. Des enfants jouaient dans une chambre de la Casedieu, puis des cris résonnaient dans la maison. Banal. Il y avait souvent des cris, autrefois, à la Casedieu.

— Vous savez quelque chose, pour cette Blanche, enfin, sur ce qui a pu se passer ? Maintenant, je crois me souvenir d'elle. C'est très flou. Elle riait souvent, et me grondait, aussi.

Maylis voulait concentrer sa mémoire, n'y parvenait pas, et cette impossibilité l'exaspérait. Lestrade parut réfléchir, secoua la tête.

— Non. Si vous séjournez ici, vous verrez le paradoxe de ce genre de pays. Il y a les attitudes publiques, policées par le temps, l'habitude, l'acceptation, les bérets que l'on ôte au passage des maîtres, et puis il y a ce qui se déballe dans le secret des maisons. Rien à voir.

— Et au milieu, des hommes comme ce Victor, qui se moquent bien de cette différence.

— Juste ! Et vous, qui, à peine arrivée, allez vous perdre en plein Massif, et chez les rouges. C'est une démarche intéressante. Enfin, je trouve… Si vous avez d'autres idées aussi originales, prévenez-moi. Je suis preneur !

A la Casedieu, Maylis retrouva Serge Savayran et le vieux Comets, qui étaient venus aux nouvelles et l'attendaient. Les trois hommes s'activèrent à vider la voiture d'un chargement hétéroclite d'achats de première nécessité. Puis le journaliste et l'ancien contremaître prirent congé, et Maylis resta seule avec son cousin.

— Alors, c'est pour de bon. J'ai vraiment cru que c'était une blague, que tu venais respirer un peu l'air des lettes [1], entre deux trains. Mais non.

Serge réalisait qu'il avait dû se passer quelque chose d'important à Bordeaux. Il interrogea Maylis, qui se déroba, prétextant des soucis bien plus immédiats. Elle n'avait aucune envie de se livrer aux analyses de son cousin, trop souvent proches du sarcasme. Elle vaquait dans la maison, rangeant la petite épicerie, les savons, le pétrole pour les lampes… Serge la suivait. Il désirait savoir ce qu'il adviendrait de lui, désormais. Devrait-il trouver du travail ailleurs, ou retourner dans le vignoble libournais ? Et si Mathias Durrugne venait lui régler son compte… Maylis finit par réagir.

— Serge, je m'occupe de mes affaires. C'est assez compliqué ou, au contraire, peut-être très simple, et si ordinaire. Je me trouve bien ici. Cette maison me parle, et le pays qui l'entoure aussi. Que te dire de plus ? Pour le moment, je ne sais pas ce qu'il y a derrière ces impressions. Je dois étudier tout cela, puis réfléchir.

1. Vallons sableux entre les dunes marensines.

190

— Je vais donc attendre.

— Attendre ? Mais quoi ! Tu vis dans les Landes depuis des mois. Qu'est-ce que ma présence changerait ? Et Mathias. Quel compte a-t-il à régler avec toi ?

— Je le hais, je les hais tous, ses pareils, et les autres. Fous-moi dehors. D'ici, de l'usine, de cette province à mourir d'ennui. Si toi, tu t'y installes, en plus. Comment survivre ?…

Elle esquiva, parla d'autre chose. Il la regardait, perdu. Maylis devinait la raison de son malaise, et de cette conduite infantile. Mais elle ne désirait pas entrer dans sa confidence. Serge était arrivé à l'âge adulte, à reculons, sans doute, ou sans l'avoir voulu. Néanmoins, il lui fallait s'adapter. Quant à ses sentiments pour elle, point n'était besoin de les décortiquer. Le cousinage avait ses limites, qu'elle n'avait pas l'intention de dépasser. Serge lui parla encore des colonies, de ses envies de fuite, de son impossibilité de prendre la moindre décision. Ses mots reflétaient l'incohérence de ses pensées. Il aurait désiré la guerre, pour y participer, comme ceux qui en tiraient gloire ou profit. La seconde d'après, il se moquait des survivants.

— Ah, si on pouvait engloutir à jamais leurs histoires, ces millions de mémoires semblables…

Il louait une chambre dans une auberge de Vielle, et n'avait pas d'amis susceptibles de lui faire découvrir la gastronomie régionale. Maylis lui en fit gentiment le reproche, ce qui le mit en rage. Elle le somma de rester à déjeuner, inquiète de le voir préférer, à la nécessité de se nourrir, le tête-à-tête avec sa carcasse étique, qu'il consumait de l'intérieur.

— Ici, on ne pense qu'à bouffer, dit-il. Même les pauvres ont des prétentions à cela. Tout le monde chasse, ou braconne ; on s'échange des recettes ou des adresses d'auberges sous n'importe quel prétexte. On peut passer une soirée entière à te décrire un salmis de tourterelle, une poêlée de champignons, ou une cassolette d'ortolans. Dans ces contrées, les gens se détestent ou se méprisent, d'une classe à l'autre, tout au long de la semaine, mais les palombières sont là pour arranger les choses. Bloc national ou Cartel des gauches, bolchevistes ou bonapartistes, tu les mets à guetter ensemble des pigeons migrateurs, et c'est la paix civile. C'est de la magie. Et toi, tu es faite pour ce pays, ça, je le sais.

Elle l'écoutait, silencieuse, et lui admirait qu'elle pût garder ainsi ses secrets sous le masque des gestes anodins — ranger un placard, épousseter des meubles, plier des linges — qu'elle exécutait avec calme et méthode. Il protesta.

— Parle donc un peu. Serais-tu par hasard la représentation charnelle de la Vénus de Brassempouy ?

Elle rit, questionna, enfin. La Vénus en question était la plus ancienne représentation humaine connue. Une Landaise, en ivoire.

— Vingt mille ans avant Jésus-Christ, trois centimètres et demi de haut. Et un créateur qui a oublié de lui sculpter une chose importante.

— Quoi ?

— La bouche ! Ça te rappelle quelqu'un ?

Tandis qu'il suivait Maylis d'une pièce à l'autre, il se mit à faire l'inventaire de ce que sa mère avait prélevé sur la Casedieu, ce qui acheva de le mettre en joie.

— Tiens, tu te souviens de la commode Directoire du petit salon de Libourne ? Elle était là. Regarde sa trace. Quel meuble ! Et les guéridons de la salle de jeux, la méridienne et son velours bleu, là, et là encore… Ah, on a le goût des belles choses, chez les Savayran, et de leur conservation ! J'entends d'ici ta tante Eugénie : «Mais tout ça s'empoussière, quel malheur. Henri, il faut sauver ces trésors. Emportons-les. C'est ton frère qui nous le demande, de l'au-delà, je ne vois pas d'autre moyen. Et puis, ça me plaît, donc je prends. Là ! Point final ! » Je serai à Bordeaux demain. Je vais leur dire que tu t'installes pour de bon au milieu de ce désert, et que tu y règnes déjà !

Un rictus de toutes ses dents prématurément jaunies découvrait haut ses gencives. Son visage, qui figurait presque une tête de mort, était habité par ce rire plein d'amertume que Maylis trouvait forcé. Serge Savayran éprouvait des joies étranges, comme celle de porter à ses parents une nouvelle qu'ils allaient forcément trouver saumâtre.

Maylis regarda son cousin. Tandis qu'il lui avouait entre les mots qu'il l'aimait, et souffrait, elle réalisait à quel point elle était seule, et forcée de se battre. Les digressions de Serge sur la société landaise comptaient moins pour elle que ce qu'il lui révélait de ses parents. Elle eut, fugitive, la sensation qu'en utilisant ainsi son cousin elle manquait d'honnêteté et risquait de le blesser. Mais il lui fallait se persuader que sa décision avait été la bonne. Et de toute façon, Serge se prêtait de bonne grâce à son jeu.

— Fais-leur rendre gorge, cousine, réclame ton dû, avant qu'ils ne te forcent à le leur abandonner. Bon Dieu, ce Mathias Durrugne est vraiment un primate. Si tu m'avais fui de cette façon, comme je serais venu te récupérer, et vite ! Mais il s'en fout, Durrugne. Il est dans la tradition, comme une grosse tarte collée à son moule. Un coq de Guyenne au milieu de sa basse-cour. Tu l'as laissé une bonne fois pour toutes, dis ? Tu ne vas pas le regretter, et prendre un train pour Bordeaux…

Elle souriait.

— Au fond, tu n'as vraiment pas de ressentiment, lui dit-il.

Elle avait été assez longtemps l'enfant sans mémoire ni colère, la jeune fille douce et docile que l'on avait conduite au mariage. L'avait-on même créditée d'états d'âme ? Serge se trompait, à son tour, mais Maylis ne le lui dirait pas.

En d'autres temps, le départ de son cousin l'eût attristée. Cette fois, cela lui était indifférent. Enfin les hommes cessaient-ils d'être à ses yeux les cerbères d'un monde interdit, entretenant le mystère de leur pouvoir d'une génération à l'autre, avec ces codes et ces signaux qu'elle n'avait pas à connaître. Leur jeu de piste, ou de guerre…

Elle se souvenait des restes de parfums que contenaient encore les cols de chemise de son mari, lorsqu'il rentrait de ses… comment disait-il déjà ? Elle cherchait le mot. Missions… Ses missions ! Il avait négocié avec les radicaux, espionné les socialistes, flatté ses amis du Bloc national. Tout cela était épuisant, à cause des nuits courtes, des réunions enfumées au havane. Maylis n'avait pas idée de ce qu'il fallait faire, pour avancer en politique, à quelles contorsions de l'esprit il fallait se livrer, pour un rectangle de papier à votre nom, glissé dans une urne, un dimanche matin. Comme était belle sa liberté à elle, d'aller et venir entre sa maison et celles des autres, entre sa ville et l'autre ville, entre sa solitude à Caudéran et son ennui dans Bordeaux.

Liberté. Elle murmurait ce mot qui, par instants, lui donnait le vertige. Mais elle avait entrouvert une porte qui ne se refermerait pas. Elle le pressentait, le voulait.

« Tu es en or, lui disait Mathias. Que ferais-je, sans toi, vraiment ? »

A part celui qu'elle avait mis, par sa beauté, au blason d'une famille alliée, elle ne voyait pas bien où avait pu se trouver l'or de sa destinée bordelaise. Elle ne gardait de sa splendeur de jeune épousée que quelques reliques vestimentaires, et des objets épars, un plumier, des partitions de piano, quelques photographies. Maintenant, elle faisait l'inventaire patient des trésors de la Casedieu. Elle les exhumait de leurs sépulcres, les étalait sur le plancher de la grande chambre et les contemplait. Les robes de sa mère, ses dentelles et ses châles, ses corsages, et ces gants aux doigts fins, tout était lien avec la vie passée. Il lui faudrait se libérer de cela aussi. Elle soulèverait un drap posé sur un meuble, et toute une pièce se remettrait à vivre. Une fenêtre ouverte sur un recoin de grenier, de la lumière au fond d'une souillarde, et des gens apparaîtraient, occupés à leurs activités routinières, portés par la petite musique des époques révolues. Ici, un rire étouffé, là, un cri de colère, le ton d'une conversation orageuse, et la voix de Paul Savayran, qui dominerait tout, une fois encore.

A tant chercher en vain ce contact avec les esprits de l'au-delà, Maylis plongeait parfois dans de longues périodes de songeries sans but. Sa vie était un ouvrage de broderie comme savaient si bien en faire les paysannes landaises, du vide que traversaient quelques lacis de fil si ténus qu'un souffle d'air, ou un soupir, les rompaient dans l'instant. Elle écoutait alors le silence puis emportait avec elle ses impatiences ailleurs dans la maison, ou plus loin, vers le rivage.

Ainsi se réfugia-t-elle dans l'hiver, comme un chat dans son panier, devant un feu. A la maison, tout, autour d'elle, prenait les contours pacifiques d'un sommeil sans rêves. Lorsque ces trompeuses apparences l'annihilaient par trop, Maylis allait jusqu'à l'océan tout proche écouter ses tempêtes. Du haut de la dune, elle contemplait les hautes vagues qui venaient s'écraser sur le rivage avec leur souffle de géantes. Le bouillonnement furieux de l'écume la pénétrait, et la soulevait. C'était une exultation, un mariage violent qui lui coupait les jambes, et la ployait. Elle revenait vers la Casedieu, pleine encore de ses propres remous, brisée, traversait la pinède littorale, marchant au fond de ses lettes, foulait lichens et brandes. Ce fut un temps délicieux, avec un peu de paresse vacancière, et les chemins à travers sables et genêts pour guides d'une errance enveloppée des parfums de la mer et de la terre humide.

Maylis apercevait de temps à autre l'usine, et ses panaches noirs au-dessus des pins. Par endroits, la dune dominait presque en entier l'alignement des bâtiments, les rangées de barriques entreposées devant eux, les parallélépipèdes parfaits des piles de bois. Des volumes dissemblables, toitures pointues, muids arrondis, stères aux angles droits, y créaient une géométrie cubiste aux couleurs tranchées, à l'échelle des hommes au labeur. Au fil des jours, Maylis apprit à se familiariser avec cette présence. Il y avait là des repères visibles de loin, des signaux de vie dans le désert de sable et d'arbres qui triomphait partout ; une racine industrielle qui s'enfonçait et s'arrimait à la pauvre terre marensine. Maintes fois, pensant que cela lui appartenait sans doute, elle eut envie d'y entrer, comme elle l'avait fait, insouciante, près de trois ans auparavant. Lestrade avait aiguisé sa curiosité sur ces « rouges » qui s'agitaient dans les usines landaises. Mais elle n'osa pas, se contenta d'observer, de loin.

Parmi les spectacles de l'usine, l'un retenait plus que les autres son attention. C'étaient ces vasques d'ensoleillage qu'un wagonnet sortait empilées comme des assiettes, le long d'une minuscule voie ferrée, avant que des ouvrières, toutes vêtues des mêmes tabliers gris sur leurs longues robes noires, les alignent sur le sol. Il y avait moins de vasques qu'en juillet 1921, sans doute à cause de la saison, mais elles offraient toujours les mêmes nuances de brun, et leur reflet luisant, sous la lumière plus chiche de janvier. Maylis observait les femmes, qui portaient ces récipients sur leur tête, comme elles le faisaient des couartes de résine, en forêt, et les posaient l'un à côté de l'autre, en files de plusieurs dizaines. Leurs gestes tenaient du rituel, comme leur démarche. Que pensaient-elles de ce qu'elles accomplissaient ? En les suivant des yeux, Maylis se rappelait les cris poussés face à son oncle, au même endroit. Qu'est-ce qui faisait ainsi marcher les gens, ou leur commandait de s'arrêter ?

— Une femme morte, dans une cabane, peut-être…

Elle se trouvait privilégiée, à regarder ainsi peiner les autres. Ces femmes ne riaient que fort peu souvent. De temps à autre, elles cessaient leur va-et-vient, s'appuyaient contre une barrique, ou une stère, prenaient un peu de repos. Des ouvriers les relayaient, qu'elles suivaient du regard, et raillaient à l'occasion, tandis qu'ils opéraient à leur place.

« C'est beau, un homme », pensait Maylis.

Manches retroussées, muscles saillants, ils se déhanchaient, posaient leur fardeau au bout d'une rangée. Puis ils cambraient leurs reins, projetaient leur ventre en avant, s'étiraient d'un mouvement à la lourde sensualité, et retournaient au wagonnet. Lorsqu'elles s'étaient suffisamment reposées, les femmes reprenaient leur besogne, tandis que leurs compagnons retournaient dans les sombres entrailles de l'usine. Maylis se levait alors, et s'en allait.

Au bout d'une quinzaine de jours, il y eut une lettre de Mathias, la première que le facteur ait eu à porter à la Casedieu sur sa bicyclette depuis quinze années. Un événement que l'homme salua d'un grand coup de casquette, comme on fêtait, au stade, un essai transformé.

— C'est la vie, de nouveau !

Il offrait les services du bureau de poste de Saint-Girons, téléphone, télégramme, en attendant qu'on équipât un jour la maison et l'usine.

— Le progrès, ça n'a pas de fin !

En ouvrant l'enveloppe, Maylis sentit son cœur battre un peu plus vite. La lettre était une intruse, le rappel de quelques années vaguement gâchées, dans un monde déjà lointain. Mais, par sa simple existence, elle témoignait encore un peu de l'émotion des premiers temps, quand indifférence et vexations n'avaient pas encore fait leur œuvre de poison entre elle et son mari.

L'écriture de Mathias n'avait pas changé. Hachée, désinvolte sur la fin des mots espacés inégalement, elle était d'un homme pressé, et sans doute en colère. Et racontait un agacement, extrême, duquel l'héritier Durrugne avait du mal à sortir. D'excuses, point, ni de promesses d'un avenir meilleur. Mathias demandait à Maylis combien de temps durerait sa bouderie, que d'aucuns, à Bordeaux et même au-delà, commençaient à trouver étrange. «Par quels recoins ignorés de ton caractère dois-je expliquer cela ? Entres-tu dans une de ces périodes de silence et d'éloignement dont tes cousines me disent qu'elles pouvaient durer des semaines ? Que vas-tu faire, avant que je prenne les dispositions nécessaires à ton retour à Caudéran ?… »

Dispositions nécessaires… Maylis cessa de lire. Le héros des Éparges avait besoin de sa jolie potiche, de son meuble familier, pour la représentation qu'il donnait de lui-même dans ses futures circonscriptions électorales. En même temps qu'elle sentait monter en elle le tumulte de sa déception, Maylis s'étonnait, amère, que ce jeune homme si plein de ses certitudes et de son bon droit ne devinât rien d'elle, de ses chagrins, de ses frustrations ou de son ressentiment. Elle était suffoquée. Son caractère, et lui seul, l'inculpait ! La guerre avait-elle donc transformé Mathias Durrugne en automate, comme des milliers d'autres ? Certains, détruits, répétaient les mêmes gestes, les mêmes mots, le jour durant. D'autres, comme lui, exorcisaient leurs peurs entre les contraintes rigides de leur façade sociale et les boulimies d'existence qui les jetaient dans la débauche. Entre tous ceux-là, il devait bien y en avoir, tout de même, qui avaient repris le cours habituel de leur vie…

Maylis supposait que le courrier de son mari serait appuyé par une pression de la famille. Celle-ci vint, sous la forme d'une visite en bonne et due forme des dames de Libourne, Eugénie Savayran en tête, suivie de ses deux filles, qui débarquèrent de la Panhard par une rude journée de janvier, prétextèrent une étape sur la route de Mont-de-Marsan — où l'on avait de lointains cousins — et investirent le salon de la Case-dieu.

— Mon Dieu ! Et tu te chauffes comment, là-dedans ?

Camille frissonnait, les bras repliés contre sa poitrine. Pendant ce temps, son œil jaugeait, soupesait, estimait. Sa sœur se contentait d'observer les réactions d'Eugénie. Il y avait, dans ce trio, la belle harmonie des opinions partagées sans que l'on ait besoin de trop en dire, et des silences qui valaient sentences. Eugénie s'inquiéta.

— Mais tu as un peu d'argent, tout de même…

Interprété comme il le fallait, cela signifiait que toute ponction sur la cassette commune équivalait à une rapine dont Mathias pourrait à raison demander restitution. Maylis n'osait répondre. Elle avait emporté de quoi subsister quelques semaines. L'en-gourdissement qui la prenait peu à peu dans son refuge marensinois la retranchait de ces contingences pécuniaires, à tort, sans doute.

— Ça ira…, dit-elle d'une voix neutre.

Pour ses proches, elle était devenue une bizarrerie. Cela se devinait dans le regard d'Eugénie. Quitter ainsi Caudéran, sans avertir quiconque, et pour Dieu sait quelle obscure raison… C'était là un comporte-ment de gens ordinaires guidés par leurs seuls ins-tincts.

— Tu comptes rester ici encore longtemps ?

La question valait injonction de rentrer au bercail. La voix d'Eugénie s'était faite un peu plus aiguë, et sa gaieté, un peu plus menaçante. Ainsi cette femme autoritaire savait-elle depuis toujours se faire obéir. Mais cette fois, elle devrait patienter pour obtenir une réponse.

On s'était installées devant la cheminée, dans l'espace réduit que Maylis avait meublé de bric et de broc. Quelques chaises, le canapé négligé par Eugénie, que celle-ci occupait de la pointe des fesses, toute droite et crispée, une table basse pour les maigres repas vite avalés, et un tapis encore marqué de plis et dont les coins rebiquaient.

— Tu as coupé tes cheveux, dit Anne. Quel dommage ! Je me souviens qu'ils tombaient jusqu'aux reins. Moi qui ai tant de mal à faire pousser les miens…

Camille renchérit.

— Et cette tunique rouge. Tu l'avais dans une armoire de Caudéran ?

Maylis se tenait debout devant la cheminée, les mains dans le dos, face à ses visiteuses. Elle pencha la tête, vit ses propres jambes que le vêtement dévoilait jusqu'aux genoux. Longtemps, elle s'était dissimulée sous ces robes compliquées de larges ceintures et de dentelles traînant à terre, qu'une mode puritaine héritée d'avant-guerre imposait encore à l'aube des années 1920. Un jour, chinant seule rue Sainte-Catherine, elle avait fait l'achat d'une robe en velours à la ligne toute simple, et si courte, comme on en voyait sur les photographies des cabarets parisiens. Mauvais genre, qui pourtant commençait à s'imposer, même en province. A l'époque, elle n'avait en fin de compte jamais osé la porter, craignant la critique de son mari.

— Comme tu es changée ! dit Anne.

C'était une vérité, enfin, qui contenait l'essentiel. Car si Maylis ressentait quelque chose, à cet instant, c'était bien d'être déjà devenue autre, pour elle-même comme pour le cénacle intime des trois femmes qui la détaillaient et la jugeaient. Le reste était accessoire : la culpabilité, qui s'effaçait jour après jour, l'angoisse du lendemain, fondue dans la bruine océane, l'ennui, même, qui jamais ne viendrait de ce pays de silence, de murmures et de lacs étales, quand, dans son couple, elle avait connu une vacance qui avait fini par ressembler à une douleur.

Du haut de leur courroux — discret mais très perceptible —, les dames de Libourne devaient admettre que malgré son dénuement, ses meubles dépareillés et les traces, sur les murs, de sa vie antérieure, la maison de Paul et Eve Savayran avait retrouvé une âme. C'était dans la lumière qui l'inondait sous le ciel bas ; la présence d'objets, puérils comme des coquillages, des pommes de pin, ou plus symboliques, comme les photographies alignées sur le piano, qui racontaient une histoire de quelques années, brusquement interrompue. A cet examen, le regard d'Eugénie s'adoucissait. Depuis l'arrivée de ses parentes, Maylis avait espéré cet attendrissement, mais il ne dura guère.

— Et qu'as-tu fait de Serge ? lui demanda sa tante. Depuis sa dernière visite à Libourne, il n'a pratiquement pas reparu à l'usine.

— Serge ? Je l'ai vu il y a déjà deux semaines, au moins. Que ferais-je de lui, mon Dieu ?

— Il allait bien, j'espère. Ton oncle se fait du souci pour lui, tu sais. Entre autres…

Elle se mit à parler des élections, qui approchaient. La droite était menacée, jusqu'à Bordeaux même, ce qui était un comble. Ah, Clemenceau… Avait-on été ingrat, avec lui. Et ce Cartel des gauches, la carpe radicale et le lapin socialiste… Il ne manquait plus qu'un ralliement des bolchevistes pour que la sauce devînt carrément toxique. Anne se signa, ce qui fit sourire Maylis. Sa cousine gardait son âme simple ; ainsi y aurait-il toujours de l'ordre à Libourne.

Camille brûlait de parler de Mathias, mais elle avait dû recevoir des consignes, et s'abstint. On passait, simplement, et on faisait un rapide état des lieux. Maylis s'excusa.

— Je n'ai pas de thé à vous proposer, tante Génie. L'œil bleu s'éclaira. Cela ne faisait rien. On n'était pas venues pour se restaurer, et il y avait encore deux ou trois heures de route pour arriver à Mont-de-Marsan. De toute façon, il était clair pour tout le monde que la conversation allait commencer à tourner en rond. Eugénie se leva. Maylis l'imaginait, seize ans plus tôt, donnant du même endroit ses ordres aux déménageurs : « Cette commode, là, et puis cette table de jeu… n'oubliez pas le lit Empire, dans la grande chambre. Et les guéridons de l'entrée… » Devrait-elle rendre gorge, un de ces jours ? L'idée fit rougir Maylis, avant de la mettre secrètement en rage. Eugénie Savayran ne manifestait pas beaucoup d'amitié à son égard. Tout, dans ses gestes comme dans ses regards, n'était que tension, et interrogations sur la petite poupée de chiffon triste qui lui tenait tête, dans les murs qu'elle s'appropriait.

— Quelle savane ! dit-elle, tandis qu'elle trempait le bas de sa robe dans les herbes sauvages du chemin.

Maylis affronta une nouvelle fois le regard de sa tante. Elle les avait assez vues, elle et ses filles. Quels que fussent les sentiments d'affection qu'elle leur portait, les trois dames de Libourne représentaient pour elle le temps où l'on avait pensé, et vécu, à sa place.

— Je m'en occuperai dès qu'il fera meilleur, dit-elle.

Eugénie se raidit, eut un petit bruit de gorge, un gloussement de poule contrariée, mais ne dit mot. Le chauffeur Auguste avait l'air ravi de revoir sa jeune passagère.

— Vous ne remonterez pas à Bordeaux avec nous, Mademoiselle Maylis ?

Maylis fit non de la tête, dans un sourire. On se sépara sur des embrassades sans chaleur, le cœur un peu inquiet, malgré tout, puis la voiture disparut avec son chargement de commentaires, de questions et de critiques, de quoi siffler aux oreilles de Maylis pour le restant de l'hiver.

Le soir était encore loin. Un crépuscule de cendre noyait la dune, les arbres, les chemins, dans sa couleur uniforme. Une angoisse envahit Maylis, tandis qu'elle contemplait la maison, subissait sa puissance immobile, sa présence de témoin. Là était le doute, ce poison de l'âme. Des fantômes calcinés rôdaient près des murs blancs de la Casedieu, avec des choses à dire, que Maylis essayait d'entendre. Au fond, rien n'avait changé depuis l'accident. Il y avait toujours cette question terrible et si simple : pour quelle raison les vies basculaient-elles ainsi, en une fraction de seconde ? Les récits des soldats apportaient un élément de réponse. Fatum… Mais pour Maylis, les deux morts de la Casedieu ne valaient pas moins que les six cent mille de Verdun. Rien n'était réparable, nulle part.

Elle rentra dans la maison, et se retrouva face aux visages de ses parents, figés sur les photographies, face à ces masques au sourire éternel, seule dans son décor trop vaste, les larmes aux yeux. Enfant, c'est dans le mutisme et la rêverie sans but qu'elle trouvait l'apaisement, une rémission de ce mal. Désormais, Maylis affrontait la réalité. Elle sentait monter les pressions de sa famille, ce tribunal qui ne cessait jamais d'instruire ses procès.

— Retourner à Caudéran ? murmura-t-elle.

Retrouver spontanément Mathias, avant qu'un tiers zélé ne se charge de la ramener au bercail ? Maylis s'ébroua. Il y avait autour d'elle, dans le pays landais figé sous le suaire de janvier, des gens, qu'elle avait frôlés, qui connaissaient son existence. Elle devrait aller vers eux d'une façon ou d'une autre, leur parler, connaître leurs vies. Sa solitude, refuge habituel, était un leurre, complaisant et dangereux. Elle ne céderait pas aux siens, et ne se rendormirait jamais tout à fait, c'était un serment.

13

Il se passa encore deux semaines avant que l'on
vînt frapper à nouveau à la porte de la Casedieu, par
une de ces journées de rigueur glacée, que balayait le
vent de mer. Entre les plages de ciel d'un bleu
presque métallique, fonçaient des nuées blanches, en
troupeaux. L'air se chargeait d'embruns qui venaient
se déposer jusque sur les hautes fenêtres de la maison. Tout, les tourbillons de sable entre les pins, le
haut murmure de ceux-ci, et jusqu'aux éclats éphé-
mères du soleil entre les nuages, évoquait la tempête
éclose au grand large.

Les visiteurs étaient un couple de paysans vêtus de
grosse laine sombre, chaussés de sabots, qui arrêtèrent leur bros devant la maison et mirent pied à terre.
La femme portait une coiffe noire un peu pointue et,
sur les épaules, un châle écarlate qui tranchait avec
l'austérité de sa mise. C'étaient des gens sans âge,
qui empoignèrent des sacs de toile et vinrent s'incliner devant la jeune femme.

Maylis ne comprit pas leur nom, très compliqué,
et mangé par l'accent de l'homme.

— Voilà, mademoiselle Maylis, dit ce dernier.

Nous sommes vos métayers de Hourcade, et nous avons appris votre présence dans la maison de Monsieur et Madame Paul. Avant leur décès... enfin, autrefois, la coutume était de leur porter les morceaux de cochon au début de l'année. Monsieur Henri a certes pris l'habitude de passer à la ferme en avril, pour les partages des volailles et du porc, mais avril, c'est encore loin, alors, nous avons pensé qu'un peu de votre part vous ferait plaisir dès maintenant.

Béret en main, il avait parlé d'un seul élan, comme s'il récitait un texte appris par cœur. Maylis écarquillait les yeux sur le sac plein de victuailles que la femme était en train d'ouvrir.

— Et là, il y a le jambon, dit la paysanne. Coupé dans la partie de la bête qui va jusqu'à la première tétine.

Elle était fière de ses produits. Sur son visage, on lisait l'expression grave et soulagée de la besogne bien faite, ou de la justice bien rendue. Douze œufs frais, une poule vivante et le maïs pour la nourrir constituaient le reste de l'offrande. Maylis avait envie de rire. Un partage ! Il y avait de quoi appeler à l'aide la tante Eugénie, qui savait sans aucun doute ce que l'on baillait là.

— Où se trouve votre ferme ? demanda Maylis.

L'homme indiqua la direction des terres.

— Sur la commune de Lévignacq, à deux heures et demie de charrette. Vous y êtes venue, avec votre père, quand vous étiez petite. A la métairie de Hourcade, rappelez-vous, oui...

Ses métayers... Comme ils auraient dit ses chevaux ou ses portefaix. Des phrases de Serge qu'elle croyait avoir oubliées lui revinrent en mémoire, des bavardages à la table de Libourne, aussi. Les soucis de son oncle... maïs malade de la sécheresse, cochons trop maigres, terre landaise étique. Ou le plaisir d'Henri Savayran, quand l'année se révélait meilleure que prévue. A voir ces deux-là qui, ayant dit ce qu'ils avaient à dire, attendaient, immobiles, tout cela prenait un sens.

— Êtes-vous voisins de la Sorbe ?

A la tête que firent les paysans, Maylis comprit qu'elle n'aurait pas dû poser cette question.

— Té, pas vraiment, dit l'homme. Ils sont de Linxe, eux.

Il n'en rajouterait pas. Maylis leur proposa d'entrer dans la maison, mais ces choses-là ne se faisaient pas. L'homme se proposa simplement pour porter les sacs dans la cuisine, en passant par-derrière.

— Mais venez, de votre côté, proposa la femme. Avec votre bicyclette, vous y serez en moins d'une heure. Vous verrez la métairie.

Ils vivaient éloignés des Darribats, et pas seulement par la distance. Dociles et prévenants, devançant les contraintes du bail qu'ils avaient signé, ils allaient au-devant de leurs maîtres, quand les autres se retranchaient derrière le mur de vieilles haines, ou de comptes mal réglés. Maylis se souvenait de ce que Lestrade lui avait dit en la ramenant de la Sorbe. Elle comprenait soudain une de ces différences essentielles qui faisaient, à l'intérieur, le monde paysan. Comment ces gens se jugeaient-ils entre eux ? Les soumis face aux irréductibles ? Les lutteurs méprisaient-ils ceux qui se couchaient avant même de s'être battus ? Ou bien, au contraire, dans un monde où les actes peinaient souvent à suivre les pensées, les raisonnables n'avaient-ils pas en fin de compte raison, face aux preneurs de risques ?

Maylis remercia ses visiteurs. Il y avait dans leurs yeux un mélange indéfinissable de fatalisme et d'affection, comme si l'on faisait partie malgré tout d'une seule et même famille, avec des codes perdurant à travers les siècles.

« Chacun à sa place, donc... », pensa Maylis tandis que le bros prenait, au pas de ses bœufs, le chemin de la forêt.

Le jambon avait la couleur des vieux cuirs, et un fameux goût de salaison. Maylis l'attaqua au couteau, de façon classique tout d'abord, en tranches fines. Puis, l'appétit venant, elle alla, d'une lame décidée, au cœur de la chair, prélevant des noisettes de celle-ci qu'elle finit par avaler sans pain, l'une suivant l'autre comme de la confiture dans un gosier d'enfant gourmand. Lorsque le sel eut commencé à lui piquer la langue, elle se résigna à interrompre le carnage, but de l'eau à profusion, et termina son déjeuner avec les quelques biscuits qui faisaient son ordinaire.

Elle avait oublié ces luxes de la table, qui permettaient de manger sans compter. Repue, vaguement saoule d'avoir ainsi dévoré, elle se préparait à une longue marche sur le rivage lorsque, de la fenêtre de la cuisine, elle reconnut la grosse automobile que son beau-père avait coutume de conduire, pour le plaisir, à travers les routes d'Aquitaine, et parfois jusqu'à Paris. Jean Durrugne sauta à terre, casqué, lunetté comme pour une course de vitesse. Maylis le vit, contemplatif, se débarrasser de sa pelure de mouton à gestes lents. Elle le trouvait changé. Non dans sa corpulence de cep de vigne tordu par le temps, ni dans sa chevelure où le blanc avait chassé presque en entier le gris. Mais plutôt dans la fatigue qui trans-

paraissait, et la contrariété qui creusait son visage.
Elle alla à sa rencontre.

— Père...

Il eut une ébauche de sourire, qui disparut bien
vite.

— Mon petit, nous nous faisons bien du souci. Il
faut que tu le saches.

Il ne pouvait détacher son regard du personnage
qu'il avait en face de lui. Les joues creuses, les cheveux courts de sa bru, qui lui faisaient un casque sur
les tempes et laissaient apparaître sa nuque, ses
jambes découvertes presque jusqu'aux genoux et,
sous ses yeux, les cernes des nuits au sommeil pro-
blématique, n'étaient plus de la jeune épousée de
Caudéran. Il y avait là une mue, comme un effet théâ-
tral de costume et de maquillage. Et une femme, soudain, qui ne baissait pas la tête, mais attendait, sereine
en apparence.

Il arrivait de Biscarosse, et de ses pinèdes du Born ;
répéta « bien du souci, oui » plusieurs fois, ajouta
qu'il ne s'attarderait pas, et qu'il convenait de parler
franchement.

— Il pleut, lui dit Maylis. Rentrons.

Quelques jours auparavant, elle avait découvert,
dans le grenier de la Casedieu, des aquarelles de sa
mère, des marines ensoleillées où figuraient des pins
alignés telles des bûchettes sur une page de cahier.
Les toiles peuplaient désormais un mur du salon,
qu'elles animaient de leurs couleurs vives.

— Ainsi, ta mère peignait...

Durrugne parut décontenancé, un court instant.
Maylis, qui l'observait avec attention, le vit cependant reprendre presque aussitôt son maintien habituel, et se désintéresser de l'exposition. Il marcha

vers une porte-fenêtre, réfléchit puis se tourna vers Maylis.

— Tu sais que je t'aime bien, dit-il, et que je t'ai accueillie dans notre famille comme ma propre fille.

Maylis sentait venir la leçon. Parce qu'il avait été gentil avec elle, familial, plus exactement, Durrugne se donnait d'emblée le rôle du maître d'école déçu par une élève trop fantasque. Maylis ne lui laissa pas le temps de poursuivre.

— J'attendais plutôt Mathias. Votre fils. Vous devez savoir ce qui s'est passé…

La mine sévère, le menton haut, il avait levé la main pour obtenir le silence. Maylis passa outre.

— Vous ne pouvez ignorer où je suis allée le chercher. Deux mois plus tard, il ne sait, ou ne veut choisir. J'en suis encore humiliée. A l'époque, il a été incapable de justifier son comportement. La guerre, toujours, la guerre, et elle seule. Je l'aurais pourtant écouté, mais il s'est détourné de moi. Aujourd'hui, je ne peux faire plus, et puis je n'ai pas quitté un couvent pour entrer dans un autre.

Durrugne respirait un peu plus vite, ses joues prenaient de la couleur.

— Je n'excuse pas mon fils, dit-il d'une voix que l'émotion altérait. J'essaie moi aussi de comprendre. Ces garçons ont vécu des choses que nous n'imaginons même pas. Ils en gardent des fêlures, si profondes… Moi, j'ai vu partir un tout jeune homme insouciant, qui allait à la guerre comme il serait allé jouer une partie de rugby. A mesure que les années passaient, quatre années, Maylis, j'ai lu entre les lignes de ses lettres. Derrière les mots d'espoir, et les certitudes, il y avait les images d'un cauchemar. La peur, le sentiment que cela ne finirait jamais, et l'acceptation de la mort, par-dessus tout. A vingt-trois ans... Tu te rends compte... Nous leur devons tant, à ceux-là. Tout, mon petit. Nous leur devons tout.

Maylis écoutait. Elle devait à Mathias Durrugne deux ans d'une existence morne et glacée, un interminable automne qui avait suivi l'été des espérances, pour une fin de parcours pitoyable dans un bordel des bas quartiers de Bordeaux. Deux ans ou deux heures, sa réaction eût été la même. Son beau-père jouait-il les naïfs ?

Mais la réparation venait. Par le vent d'Atlantique à l'assaut de la Casedieu, par le désert forestier, et les milliers de pas que Maylis traçait sur le sable de la dune.

— Que fait-il, maintenant ? demanda-t-elle.

— Té, la campagne électorale avec Laforgerie, dont il serait le suppléant à la Chambre.

Où dormait-il ? Quel trophée dénudé exhibait-il à ses amis, du haut d'un escalier ? Comme l'accomplissement du devoir conjugal avait dû lui paraître fade, au regard de ces délices clandestines ! Mathias était un fauve révélé par la guerre, et magnifié par elle. Au fond, il ressemblait à Victor Darribats. Comme lui, incapable de se pacifier, tendu par des colères, des peurs secrètes, et par le désir forcené de vivre, et d'en découdre encore.

— Maylis, je t'en prie, ne sois pas égoïste. Mon fils a besoin de toi.

Elle en doutait. Quant à son égoïsme, il consistait dans son esprit à se défier désormais de celui des autres. Elle haussa les épaules, un geste de petite fille contrariée. La voix de son beau-père se fit plus sèche.

— Mathias a mérité la carrière qu'il ambitionne, et tu peux l'y aider. Tu dois ! Je le crois vraiment. Pour tous les gens qui vous ont approchés, tu représentes la grâce, à ses côtés. Il faut que tu le rejoignes, maintenant. Votre brouille a suffisamment duré, et tout de même, Maylis, une escapade au soir d'un match de rugby, ce n'est pas une raison suffisante…

Elle s'approcha de lui, tranquillement, pour lui dire qu'il n'en serait rien, qu'elle avait souffert assez longtemps sans en savoir la raison pour prendre le risque de récidiver. A mesure qu'elle parlait, elle sentait la maison, autour d'elle, et la lande, plus loin, qui l'entendaient, et la confortaient. Durrugne lui rappela ses devoirs, et tout ce que les familles réunies avaient fait pour elle. Il sermonnait ; finit par étaler sans pudeur les arrangements conclus en son nom. Maylis se détachait de lui, et de ce qu'il représentait. Elle percevait bien la menace sous ses propos mesurés, et sous les mots qui allaient avec : devoir, morale, responsabilité. Sa pensée balayait tout.

— Je ne suis coupable de rien, murmura-t-elle. Il m'a fallu du temps pour m'en rendre compte. Maintenant, c'est fait. Je peux vivre sans ce poids.

Durrugne se fit méprisant. La culpabilité de sa bru ? Billevesée.

— C'est là que tu vis ? Dans cette turne bouffée par l'humidité, où tu vas attraper la mort, sur ces chaises dont mon cocher ne voudrait pas ? La belle retraite que voilà. Allons, mon petit, ressaisis-toi. Tu as un rang à tenir, et une famille, pour t'y aider.

Maylis ferma les yeux. Devait-elle être à jamais l'enfant docile dont les silences valaient acceptation, la petite fille rescapée du pire qui toujours remercierait ? Mathias avait cru cela. Il n'avait rien compris.

— Je vais y penser, promit-elle. Voulez-vous manger une tranche de jambon, père ?

Il se préparait à prendre congé. La proposition de Maylis empourpra un peu plus ses joues, le décontenança un bref instant.

— Je n'ai pas faim. Fais ce que je t'ai dit, et sans traîner. Il commence à circuler des rumeurs autour de cette histoire. C'est mauvais pour tout le monde, et jusqu'ici, sans doute. Nous avons des ennemis, Maylis. Il ne faut pas les armer contre nous. Et puis, j'ai vu ton oncle Henri, qui ne comprend pas ce qui se passe. Nous sommes d'accord tous les deux sur un point : vous allez reprendre la vie commune, Mathias et toi. Et nous faire un petit. Quoi ! Il a eu les oreillons à six ans, mon fils ! As-tu consulté, à Bordeaux ? Si vous m'en aviez parlé, je t'aurais conduite à Paris, voir les meilleurs spécialistes de ces problèmes.

Maylis sentait son corps se tendre ; les mots de son beau-père étaient des dagues bien effilées qui lui perçaient les tempes, une torture contre laquelle elle était impuissante. Elle colla son nez à la fenêtre, ouvrit grands les yeux sur le spectacle de l'hiver dans le parc en friche. Tout y était glacé, comme son ventre, qui lui faisait mal, soudain.

— Rentre chez toi, ma fille ! L'aventure est terminée.

Durrugne enfila ses gants de peau, et sortit, sans un mot de plus. Maylis le vit regagner sa voiture à grandes enjambées. Elle était épuisée, malade de honte, mais réveillée pour de bon, et debout sur ses jambes, même si celles-ci tremblaient et la portaient à peine. Son combat pour s'appartenir avait déjà commencé. Elle pressentait qu'il serait long.

Maylis avait trouvé le nom d'un notaire de Castets, dans les quelques papiers épars qu'Henri avait négligé d'emporter à Libourne. Elle prit un train, quitta les collines sableuses du Marensin pour les étendues sans frontières du grand massif forestier, et se présenta à l'étude de Maître Larrègle.

L'homme avait une soixantaine d'années, le regard clair, et grisonnait comme l'eût sans doute fait au même âge son ami Paul Savayran. Habitué à scruter avec froideur les visages qui lui faisaient face dans son bureau, et rompu au petit jeu de la lecture des pensées et arrière-pensées qui les animaient — ou les figeaient —, il observa un long moment sa jeune visiteuse, avant de se décider à la mettre à l'aise.

— Je me souviens de vous petite fille. Nous nous sommes croisés ici même, bien avant la guerre. Votre père et moi étions très liés. Nous sommes nés le même jour, à Mont-de-Marsan. Jumeaux, en quelque sorte. Du catéchisme à la caserne en passant par le lycée Victor-Duruy, l'Étoile cycliste montoise, et les palombes ! (Il insista, le doigt levé.) Nous ne nous sommes jamais quittés. Sa mort reste un mystère pour moi, et un déchirement, aussi.

Il écarta les mains, se tut. Maylis ne savait trop par quel bout commencer. Larrègle l'aida.

— Avant tout, dit-il, sachez que dès la disparition de vos parents, votre oncle Henri Savayran a transféré l'essentiel des affaires de la Casedieu chez un de mes confrères de Libourne. C'était son choix, compréhensible. Il devait gérer des biens très éparpillés. Je n'ai donc gardé ici que quelques copies d'actes, et des souvenirs précis, bien sûr. Et je suppose que vous cherchez à y accéder.

Maylis acquiesça d'un petit mouvement de la tête. Larrègle se pencha vers elle.

— Votre oncle est-il au courant de votre démarche, madame Durrugne ?

Elle s'était présentée sous son nom de jeune fille. Mais Lestrade le lui avait bien dit : rien de ce qui concernait sa famille n'était indifférent aux gens du pays, et ce genre de sollicitude allait bien au-delà des petites provinces de la lande. Elle rougit, murmura que non. Cette démarche était la première qui l'opposât à distance aux agissements de ses tuteurs. En même temps qu'elle sentait l'incertitude peser sur ses épaules comme une chape, Maylis éprouvait le plaisir palpitant des découvertes clandestines. C'était un mélange ambigu de sentiments enfantins, dans une réalité d'adultes. Un pas essentiel, après celui qui l'avait conduite en Marensin.

Le notaire se contenta de sourire. Il se leva, ouvrit une haute armoire où s'alignaient des dossiers d'épaisseur variable, chercha.

— Savez-vous, madame, d'où vient la pâte qui sert à fabriquer ces chemises en carton ?

— Des Landes, je suppose.

— Le bois, oui. La pâte, hélas, nous revient d'Allemagne. Joli paradoxe, n'est-ce pas ? Nous exportons une matière première qui nous est revendue sous forme de produit intermédiaire par un pays sommé en principe de nous rembourser d'énormes dommages de guerre. La politique... Même chose pour les essences, figurez-vous. Les scieurs sont de Morcenx ou de Rion-des-Landes, et les chimistes de Dortmund ou de Iéna. On peut toujours occuper la Rhénanie, tenez... Demain, les Boches réarmeront. Nous laisserons faire et en prime, nous leur achèterons des camions.

La grosse poule française pondant des œufs d'or dont on s'engraissait ailleurs... Maître Larrègle en était profondément navré. Mais la France s'en moquait assez. Elle rattrapait les années perdues, s'amusait tout en pansant la plaie hideuse ouverte dans sa jeunesse. Elle fumait des cigarettes, montrait ses jambes, et gigotait du croupion sur des airs américains, pendant que le pin des Landes prenait la route de Germanie, pour se faire transformer en détachant, en sirop pour la toux ou en chemises cartonnées.

— Vous devez trouver que je radote un peu…

Troublé, il découvrait la beauté de Maylis, ses joues creusées, pourtant charnelles, et ses genoux, aussi, que laissait paraître un pli coquin de sa robe rouge. Il toussota, se rassit, ouvrit un de ses dossiers de fabrication franco-teutonne.

— Votre oncle est un homme très à cheval sur les principes, dit-il. Certains ajouteraient même procédurier. Pour lui, un arbre est un arbre, même au milieu d'un chemin. On l'a vu au tribunal de Mont-de-Marsan pour une affaire de ce genre, un vieux chêne qui ne demandait rien à personne, mais qui se trouvait contre une borne. A lui ? A l'autre ? A lui, finalement. Un joli triomphe. La nuit même du jugement, l'arbre fut coupé. Par qui ? Mystère… gageons cependant qu'il aura servi à faire cuire quelques bons confits, sous la pinède.

Maître Larrègle s'amusait encore de cette histoire, jubilait presque. Une sorte de connivence s'établissait entre Maylis et lui, faite de vieille amitié nostalgique, de charme féminin, et de solides jalousies confraternelles aussi, sans doute.

— Quel âge avez-vous, madame, si je puis me permettre ?

— Vingt et un ans, depuis le mois de novembre dernier. Vous pouvez donc me parler comme à une personne entière.

Le mot amusa le notaire. Une personne entière ? A ses yeux de séducteur un peu amolli, cela ne faisait aucun doute.

— Vous êtes majeure, dit-il. Eh bien, c'est très

simple, tout ce que votre oncle n'aura pas vendu en votre nom avant le jour de vos vingt et un ans est à vous. Et si monsieur Savayran a réalisé des ventes depuis cette date, vous serez en droit de lui en réclamer votre part. Voilà...

Il tourna le dossier vers Maylis. Un récapitulatif daté de 1908 en faisait la synthèse. Pinèdes en Marensin et en Grande Lande, chênes-lièges en pays de Seignanx, une dizaine de métairies entre Linxe, Lévignacq et Vielle-Saint-Girons.

— Et l'usine, bien sûr, dit Larrègle. Vous n'avez donc pas lu votre contrat de mariage ?

Maylis haussa les épaules. Le jour de la signature, elle n'avait que dix-neuf ans. Son oncle Henri pensait, calculait et agissait pour elle. Larrègle l'affranchit sur sa situation passée et présente.

— Lorsque votre père s'est marié, il avait déjà quarante ans, et des ennuis cardiaques qui le rendaient prudent. Il a donc rédigé un testament dont voici la copie. Vous y êtes en ligne directe, derrière votre mère. Après l'accident, votre oncle a organisé un conseil de famille — oh, il n'y avait pas grand-monde, votre grand-mère, votre tante Eugénie, mon confrère de Libourne et moi — au cours duquel votre sort a été fixé... si je puis dire. Vous êtes mariée sous le régime de la communauté ?

L'ignorance de Maylis le fit rire, ce dont il s'excusa aussitôt.

— Pour l'essentiel, cela n'a pas de conséquences. Tout ceci est à vous, madame, à quatre-vingt-dix pour cent. Les dix pour cent restants ont été alloués à votre oncle, contre une part équivalente du vignoble de Gironde. Un cep sur dix est donc à vous, là-haut. Du Pomerol, chère madame, et du bon.

Le notaire se divertissait fort de ces révélations.

Maylis le soupçonnait de prendre du plaisir à étaler ainsi sur son bureau les affaires qui lui avaient un jour échappé. Larrègle s'étonna que l'on ait si longtemps tenu l'héritière dans l'ignorance complète de son droit, et qu'elle n'eût pas cherché à se renseigner plus tôt. Certes, il y avait à travers les Landes des patrimoines bien plus considérables que celui-là, mais l'usine avait des clients fidèles, tant pour le bois que pour la distillation. Paul Savayran ayant hérité de cette part-là, l'avait bonifiée en devenant lui-même un peu chimiste, par la force des choses. C'était avant guerre…

— Votre oncle ne croit pas trop à la chimie résineuse. Pour lui, l'avenir est à l'image du passé, dans les poteaux de mine pour l'Angleterre, les traverses de chemin de fer, les madriers. Il a cependant préservé les anciennes méthodes de l'usine, sans toutefois les faire progresser. Vous êtes encore parmi les meilleurs en distillation pure, essence et colophanes, mais pour peu de temps, sans doute. Dommage. Les temps changent, et vite. Il y a trop de gens comme votre oncle, dans ce pays. Leur inertie les perdra, et notre résine avec. Votre père était dans le vrai. Il y aura une véritable industrie chimique dans les Landes, un jour ou l'autre. Ce pays est fait pour les mutations, violentes ou non. De la lande des bergers à l'usine en plein air, et demain ? Du maïs à la place des pins, pourquoi pas ? Ce désert est une vache à lait, pour qui sait la traire.

Maylis se sentait flotter, portée par une houle légère. C'était comme au bout d'une de ses longues marches sur la dune, lorsque le vent, le bruit de l'océan, l'immensité du ciel et de la forêt emplissaient sa tête d'étoupe. Une sorte d'ivresse la prenait, qui lui faisait oublier rages et incertitudes. Larrègle lui demanda si elle comptait s'installer pour de bon à Saint-Girons, et gérer ce qu'il appelait le domaine. Elle commençait à se faire à cette idée. La visite de son beau-père l'avait meurtrie, et fouettée, aussi. Mais les affaires du massif étaient par tradition dévolues aux hommes. Son cousin Serge n'avait pas manqué de le lui rappeler, et Lestrade aussi. Larrègle la rassura.

— Je connais deux ou trois dames, certes un peu plus âgées que vous, qui, à la suite de veuvages, ont dû s'atteler en peu de temps à la conduite de distilleries, ou de scieries. Ma foi, elles n'y déméritent pas.

— Si tel était le cas, j'aurais besoin de conseils. Il me semble que le rôle des femmes landaises est plutôt à la cuisine et à la basse-cour, à la rigueur au travail de la résine…

Il y en avait pourtant comme cette Madeleine Darribats, qui faisait la classe aux enfants de la forêt, et venait haranguer les ouvriers jusqu'à l'intérieur de l'usine. Maître Larrègle écarta les bras. Modeste, il savait deux ou trois choses sur le monde de la pinède, et ne demandait qu'à les faire partager. Maylis comprit entre les mots qu'il suffisait pour cela de lui confier à nouveau les affaires de Saint-Girons, et se leva. Un projet lui venait à l'esprit, qu'elle devrait réaliser très vite.

— Votre mère portait le chapeau un peu rabattu sur l'œil, comme vous, lui dit Larrègle. A l'époque, il y avait la plupart du temps une mantille pour le prolonger. Il fallait deviner qui se cachait derrière. Mais bast, la mode fait bien les choses, je trouve. Je puis vous dire, madame, que vous êtes aussi ravissante que l'était Ève Savayran.

— Mon père était-il un bon maître ? C'est bien le mot utilisé, ici…

— *Leu meste*, oui. Paul ? Je ne saurais dire. Il n'avait pas vraiment la fibre paternaliste, les histoires des autres, leur destin, ne l'intéressaient guère. Il pensait que les choses, les lieux, avaient leur raison d'être, et les gens leur place autour, ou dedans. Selon une hiérarchie incontestable et inchangeable. Mais sans doute était-il à part ça comme tous les êtres, comment dire… dissymétrique ?

— Vous voulez dire qu'il ressemblait à la façade de sa maison.

Maylis se remémorait des cris résonnant à travers la Casedieu. Les gens à leur place… Qui contestait suffisamment cela pour attirer les foudres du chef ? La voix douce d'Ève donnait des réponses, mais se perdait aussitôt. Maître Larrègle avait envie de raconter.

— Savayran était un homme complexe. Il avait pris la défense de Dreyfus. Il suivait politiquement Barrès, mais sa conscience lui disait pourtant Péguy. Un déchirement. Ces hommes étaient ses phares. Vous êtes trop jeune pour vous souvenir de ça, et puis la guerre est passée là-dessus.

A Libourne, « l'Affaire » avait été l'un de ces fragments d'Histoire que l'on rangeait en haut de la bibliothèque, où la poussière et le temps faisaient tranquillement leur travail d'enfouissement. Quant au pensionnat, on y enseignait la rédemption des péchés et le nécessaire pardon des fautes. De toutes, en bloc.

— Nous reparlerons de vos parents, si vous le désirez, madame Durrugne. Venez dîner à la maison, ou passer une journée, même. Je dirai à mon épouse de vous envoyer une invitation.

Maylis se retrouva sur la petite place du village de Castets. Il flottait dans l'air une odeur de bois humide, sous le ciel bas charriant ses nuées crépusculaires. En gare, un convoi de rondins énormes et de planches empilées manœuvrait, dans un panache de fumée noire. Tout était là austère, triste comme les chemins de fer parisiens sur les toiles de Manet. Et la forêt derrière cela, de toutes parts, comme une muraille de ville fortifiée. Maylis sourit. Dans son humeur maussade et ses habits de plein hiver, ce paysage sans charme lui convenait. Maylis se sentait confortée dans sa détermination. Mathias l'avait piquée, plusieurs fois. Il l'accusait en vérité de paresse, d'indécision, de mollesse intellectuelle. Aurait-elle donc payé pour cela ?

« Pourquoi pas ? » pensa-t-elle.

Elle venait de prendre une décision. Elle irait voir l'océan dans son désespoir absolu de janvier, à la tombée de la nuit. Puis elle dormirait, et prendrait d'autres trains, pour Libourne cette fois.

— Té, cousine.

Camille Savayran se tenait bien droite à la porte de la gentilhommière de Libourne, avec son sourire que démentait l'éclat bleu et froid de son regard. Avec le temps, elle prenait les attitudes et le maintien de sa mère, et jusqu'à sa voix aux accents de gaieté sous contrôle permanent.

— Tu viens de Caudéran ? s'inquiéta-t-elle.

Maylis lui répondit par un sourire. Camille s'effaça, d'autres questions plein la tête. Maylis fit quelques pas dans le long hall d'entrée qu'éclairait pauvrement une verrière empoussiérée. Comme beaucoup de ses semblables, la maison de Libourne était faite pour l'été, quand sa cuirasse de lierre la tenait au frais dans son jardin fruitier. L'hiver pour-

222

tant tempéré de Guyenne enterrait ses perspectives lugubres sous un crépuscule boréal, comme si elle avait été construite au siècle d'avant par des allergiques à la lumière.

— Papa est à Pomerol. Il ne devrait pas tarder. Maman, c'est Maylis !

L'intimité familiale que Maylis avait connue entre ces murs couverts de gravures anglaises avait vécu. Comme le souvenir des jeux entre les innombrables recoins d'ombre qu'ils ménageaient aux enfants. Pour la première fois, Maylis y ressentait de l'hostilité. L'écho défavorable de ce qui s'y disait depuis quelques semaines lui parvenait, et lorsqu'elle vit sa tante sortir du salon, les traits tendus, elle eut le sentiment que la Justice s'avançait vers elle.

— Ah, mon petit, nous avons reçu ta lettre. Mais que se passe-t-il ? Tu nous parles de décisions que tu aurais prises. Ton oncle se fait un tel souci.

Les soucis de l'oncle Henri se classaient selon une hiérarchie bien établie. Il y avait d'abord ses affaires, et celles des autres pour peu qu'elles lui fussent en partie communes. Venaient ensuite sa santé, très bonne, et celle de ses proches. Le reste s'étageait en ordre dispersé, très loin. Maylis imaginait aisément l'inquiétude du maître des lieux.

On passa au salon, pour des banalités sur le climat landais. Il y eut des silences, des mots sans importance. Maylis jaugeait l'effet qu'elle faisait désormais sur sa tante, cette femme autoritaire qui lui avait si longtemps imposé sa façon d'être et de penser, et jusqu'à la couleur de ses chaussettes. Eugénie s'efforçait à la gaieté, mais sa lèvre supérieure tremblait un petit peu.

— Les parents de Mathias étaient à dîner ici, pas

plus tard qu'hier, dit-elle. Tu vas tout de même les visiter, eux aussi, je présume ?

Toujours cet art des ordres en forme de questions. Eugénie se rangeait dans le camp des surpris, des outragés possibles. Elle signalait les limites qu'elle mettait aux fantaisies de sa nièce, et les excommunications qui pouvaient s'ensuivre. Mais allons, cette crise n'avait rien de bien exceptionnel. Tous les couples en connaissaient de semblables, surtout à leur début. Il fallait faire connaissance, s'adapter à l'autre. Et puis, les hommes, n'est-ce pas ?... Maylis l'interrompit.

— Je suis surtout venue voir mon oncle. Mais à propos, tante Génie, j'ai cherché en vain un certain nombre de choses, à la Casedieu. Des meubles, des tableaux, qui s'y trouvaient, je crois, autrefois...

Camille se leva, décida qu'elle allait faire du thé. A trois heures de l'après-midi ? Sa mère était écarlate, les doigts serrés sur ses genoux. Eugénie expliqua à Maylis qu'il s'agissait de la donation Savayran.

— Ta pauvre mère n'avait pas amené grand-chose dans sa corbeille de mariage. Aujourd'hui encore, sa famille, son origine restent un mystère pour tout le monde. Quand ton père a pris la Casedieu, ses parents l'ont doté. Il y a sans doute eu quelques erreurs à cette époque. Des meubles dépareillés, des tableaux en trop, là-bas. Avec ton oncle, nous avons rétabli l'équilibre. Mais Ève le savait, tu peux me croire. Nous en avions parlé, bien avant l'accident. Elle était d'accord.

Attaquée sur son terrain, troublée, Eugénie Savayran se faisait prolixe, soudain. Serge ne s'était jamais privé de railler le soin que mettait sa mère à visiter les donateurs agonisants. Vieilles tantes de Dordogne ou du Lot, cousins sans descendance directe, qu'elle maternait comme une infirmière de guerre… Maylis découvrait, étonnée, le salon que ce zèle pieux avait transformé en musée, et qu'elle n'avait jamais considéré sous cet angle singulier. De quoi doter à leur tour ses deux cousines, qui finiraient bien par convoler, elles aussi.

Eugénie s'était ressaisie. Elle hochait la tête avec vigueur, se donnait mille raisons d'avoir procédé pour le bien commun, s'ulcérait que l'on mît en doute son ardeur patrimoniale. Maylis écoutait la litanie de ses acquisitions. Il allait y en avoir pour un bout de temps. Heureusement, le maître de maison s'annonça au moment où Camille revenait de la cuisine avec le plateau de thé.

— Té, Maylis.

Derrière ses lorgnons, Henri Savayran considérait sa nièce avec une intense curiosité. Était-ce là l'enfant hébergée dans sa demeure patricienne, ou la jeune fille, même, qui s'était laissé épouser de si bonne grâce par l'héritier Durrugne ? Savayran avait gardé le souvenir d'une jolie nigaude enrubannée, et découvrait à son tour une femme dont la simple beauté éclairait le salon. Maylis percevait bien les interrogations de l'homme d'affaires. Il avait face à lui une charmante gravure de mode, certes, mais qui lui avait annoncé, par courrier, d'importantes décisions.

— La Landaise, murmura-t-il.

Maylis effleura sa joue de ses lèvres et se rassit au centre de ce conseil que Camille fut priée de quitter. A la vue de sa cousine se levant, vexée, et quittant la pièce dans le claquement rageur de ses talons, Maylis sentit son cœur se serrer. Des sentiments contradictoires se heurtaient en elle, compassion et colère, amertume et jubilation. Dans ce salon, on s'était déguisées en Parques ou en vestales, on avait joué, pour Noël ou pour les grandes vacances, des scènes bibliques, ou de la mythologie. On avait, à d'autres moments, chanté des lieder de Brahms ou de Schubert, récité du Corneille ou du Sully Prudhomme, et prié, aussi, pour les hommes du front. Ce passé-là ne mourrait jamais.

Mais Maylis y avait aussi été l'orpheline, la mal-aimée, celle que l'on avait casée pour raisons économiques, et bien qu'elle essayât de s'en défendre, elle sentait un goût de revanche griffer le fond de sa gorge.

— Eh bien, ma nièce, j'ai lu ta lettre, dit Henri Savayran sur un ton neutre. Tu me parles de décisions, de choix, tout cela me paraît bien sérieux pour tes vingt ans et quelques. Alors, je t'écoute, mon petit.

Une lumière douce entrait dans la pièce où tout respirait le temps arrêté sur des chuchotements, des conversations tranquilles, et l'aisance bien cachée de la province. Rien d'un tribunal, et pourtant, c'était bien en juge que le maître des lieux s'exprimait. Maylis se lança. Elle avait eu les jours et les nuits pour réfléchir, livrer ses combats intérieurs, révéler une nature combative qui l'étonnait elle-même. Son esprit s'était tour à tour reposé et mis en ordre, le long du rivage atlantique, pour refuser la course à l'échec engagée aux côtés de Mathias Durrugne, et choisir une autre vie. Il fallait exprimer cela, trouver des mots aussi clairs que le projet qu'elle avait, mais ces mots n'étaient pas faciles à dire, maintenant, devant ceux qui avaient toujours dominé Maylis de leur autorité.

— Je souhaite que mon droit soit établi sur les

biens de mon père dans les Landes. J'en suis l'héritière principale, n'est-ce pas ?

Elle vit la pomme d'Adam de son oncle faire un mouvement de yo-yo, et redescendre doucement à sa place, tandis que le sourire d'Henri se figeait un peu. Les frères Savayran étaient de tempérament colérique, cela se savait. Un cep mal taillé, un moût insuffisamment piétiné, une odeur de liège à l'ouverture d'une bouteille, et Henri s'emportait, gesticulait, hurlait à en perdre la voix. Cette fois, il ouvrit simplement les mains, en offrande.

— Mais, mon petit, ton droit est bien réel. Avons-nous songé une seule seconde à te le contester ?

« Les affaires sont un monde terrible… » Maylis se souvenait de cette affirmation répétée à l'envi par son oncle, de ce constat dissuasif qui le plaçait en première ligne, là où se donnaient entre carnassiers les coups dont il tentait de protéger les siens. Quelles affaires ? Le vignoble, les placements immobiliers à Bordeaux, à Arcachon ou ailleurs, l'usine ? Ou d'autres, dont Maylis n'avait même pas idée. Henri devança la question suivante.

— Les biens de Paul, évidemment. Il est très normal que tu aies ta part sur leurs dividendes. Cette part a d'ailleurs servi jusqu'ici aux soins prolongés que nécessitait ton état, après l'accident, à ton éducation, ainsi qu'à ta dotation maritale. Et il ne faut pas oublier la modernisation de l'usine de Saint-Girons. Ça coûte cher, ça, et en permanence.

Il se tut. Eugénie hochait la tête, en syntonie parfaite avec ses arguments. Maylis ne put s'empêcher de penser aux vieilles machines de la distillerie, aux salaires des ouvriers, et, par contraste, aux appartements dont Henri Savayran avait dû augmenter ses possessions bordelaises. Elle donna cependant quitus à son oncle de tout ce qui avait été fait pour la sauvegarde et l'entretien de son patrimoine. Elle avait encore à dire l'essentiel, et cette perspective lui faisait l'impression d'un saut dans le vide. Henri reprit le fil de son discours.

— Tu vas désormais nous aider, bien sûr. Serge s'est déjà mis au courant, dans les Landes. A sa façon, il nous rend tout de même service (il leva le doigt), parce que je peux te dire qu'avec ce qui nous attend en politique, il va falloir faire front, là-bas.

Derrière la bonhomie de son visage, Maylis distinguait l'extrême tension qui le tenait aux aguets, comme un chasseur près de son chien en arrêt. Ainsi devait-il être lorsqu'il refusait de l'argent à des proches, «pour ne pas les humilier par des intérêts». Ou pour ne pas en faire des ingrats. Maylis prit une profonde inspiration.

— C'est en fait de vous que j'aurai besoin, oncle Henri, de votre conseil avisé pour prendre en main l'usine, puisque telle est mon intention.

Son cœur s'affola. Il y eut un silence, total. Puis Henri Savayran, qui avait préféré, au thé des femmes, un verre d'armagnac, se colora en rouge brique, laissa tomber son ballon de cristal qui se brisa sur le tapis, tandis qu'Eugénie refermait sa bouche sur un léger claquement de dents. Maylis poursuivit.

— Je ne voulais rien faire sans vous avoir prévenu, et surtout sans vous avoir vu. Maintenant, c'est une question d'actes. Mon père avait confié ses affaires à un notaire de Castets qui se dit prêt à les reprendre.

Henri Savayran avait du mal à respirer. Il avait prévu une demande de participation, voire de partage, et allait proposer à sa nièce un regard d'actionnaire

228

sur la marche de l'usine. Mais la prendre en main !
La nouvelle avait de quoi le faire suffoquer. Eugénie
se pencha pour ramasser les morceaux de verre.

— Quelle maladresse ! dit-elle, sobrement.

Henri avait tiré de sa poche un mouchoir dans
lequel il se moucha bruyamment. L'émotion, l'armagnac avalé de travers le faisaient larmoyer. Il dut
éclaircir sa voix pour réagir, enfin.

— Notre Maylis qui se lance dans l'industrie landaise, à vingt et un ans. *Fuera los viejos*[1] ! Ah, nom
de Dieu, j'aurai vécu ça !

— Je savais qu'à ma majorité vous seriez amené
à m'en parler, lui dit Maylis. J'ai un peu bousculé les
choses, c'est vrai, je vous prie de me le pardonner.

— Bousculé…, murmura Savayran.

— Ainsi, tu comptes t'installer pour de bon à
Saint-Girons, constata Eugénie. Seule ?

— Mathias est bien occupé, en ce moment. Il a
ses gens, autour de lui, ses comités à visiter, ses repas
et ses amis, surtout. Ah oui, ses amis, Dieu sait si cela
a de l'importance pour lui. J'ai pensé que dans ces
conditions je serais plus utile dans les Landes. En
attendant que tout cela se tasse un peu, bien sûr.

— Ah, tout de même, dit Eugénie, qui apercevait
là une lueur d'espoir.

Les Savayran ne pouvaient ignorer la « broutille de
garçon » qui avait provoqué cette situation. Face à
Maylis, cependant chacun raisonnait et réagissait
avec ses codes très personnels, et la dose suffisante
de non-dit. Henri se leva, fit quelques pas dans le
salon. Il se reprenait, son dos s'arrondissait, signe de
concentration.

— Il ne s'agit pas d'un appartement à louer, ou

1. « Dehors les vieux ! »

même d'une vigne à faire produire, dit-il, mais d'une usine, ma nièce, d'une grosse affaire, avec des dizaines de personnes qui y travaillent de près ou de loin, avec aussi des choses que tu ignores totalement, une gestion, des partenaires à l'étranger, des clients, des financiers. Et cette agitation des rouges, un peu partout en forêt, jusque dans les métairies du Marensin, qu'en fais-tu ? Une femme ne peut affronter pareilles affaires. Enfin, tu imagines ça ? Nos intérêts…

— … restent entiers, évidemment, l'interrompit Maylis. C'est leur répartition entre nous qui changera, voilà tout.

Elle avait haussé le ton, mais elle savait qu'Henri avait raison, car elle ignorait tout des affaires, et plongeait dans l'inconnu. Elle apprendrait. Pour le reste, on effacerait les comptes antérieurs. Henri garderait sa part, un dixième des bénéfices de l'usine, et sa voix dans les discussions la concernant. A voir son oncle occupé soudain aux soustractions fort simples qu'il avait à faire mentalement, Maylis se disait que son culot devait frôler l'irrespect, mais quoi ! Elle avait été, elle aussi, l'objet d'un calcul, d'une tractation entre familles. Certes avec les meilleures intentions du monde, mais, à l'heure des comptes, seule la colonne des pertes lui apparaissait.

Elle observait Savayran, et le trouvait pathétique. Pensait-il à l'erreur qu'il avait commise de traverser la forêt landaise, un jour d'été 1921, en compagnie de cette nièce censée avoir tout oublié de ce qu'elle y avait vécu ? Elle lui demanderait peut-être, bien plus tard, s'il avait ainsi pensé à une quelconque thérapeutique de ses mélancolies. Lui avait-on conseillé, pour la jeune fille triste, ce bain express dans les senteurs de résine et les chants des cigales, comme

230

baume sur d'anciennes blessures ? Finirait-il par considérer, en fin de compte, que le traitement proposé avait réussi au-delà de toute espérance, même s'il lui trouvait pour l'instant le goût saumâtre des potions magistrales ?

— Alors, si c'est ainsi, tu devras le faire seule, Maylis. Et en tout. Je ne travaille pas au rabais pour des aventures vouées à l'échec. Les notaires verront entre eux…

Maylis remballa ses questions. Henri s'était détourné. Les mains derrière le dos, il se perdit dans la contemplation des arbres dépouillés par l'hiver, et du ciel gris qui allait avec, puis traversa brusquement le salon et sortit. Eugénie se leva.

— Eh bien, si c'est ainsi…, répéta-t-elle en écho.

Maylis eut peur de ne pas tenir sur ses jambes, et dut faire un effort pour se lever à son tour.

— Ton oncle a reçu un choc terrible, il faut que tu le saches, mon petit. Après tout ce qu'il a fait et consenti pour toi.

Il y avait dans les yeux d'Eugénie Savayran, mêlée aux éclats d'une colère qui demeurerait silencieuse, une vraie lueur de tristesse. Maylis devait faire la part des choses, et des mots. « Mon petit… » A aucun moment de sa jeune vie en Guyenne, elle n'avait souffert d'une quelconque bassesse de la part de ses tuteurs. Si elle n'avait reçu aucune de ces caresses dont le manque la jetait parfois, frissonnante et perdue, sur son lit, elle n'avait pas été pour autant la Cendrillon confinée dans les tâches ménagères, mais une enfant élevée comme les autres, avec rigueur. Au moment de quitter la gentilhommière, elle éprouvait un déchirement, une réelle souffrance à devoir ainsi choisir entre ses intérêts et ses sentiments. Mais au fond d'elle-même, elle savait aussi qu'elle avait eu raison de dire les choses de cette façon. Eugénie jouerait certainement de cette guerre intérieure, comme elle savait le faire, et ses filles prendraient son parti. Cela n'avait désormais plus d'importance. Quant à Henri, il finirait bien par s'intéresser à nouveau à la gestion de l'usine, ne fût-ce que pour en stigmatiser les carences et les fautes qu'il souhaitait déjà.

— Tu as un amant ?

Maylis était seule avec Camille, qui la raccompagnait au bout du couloir. Elle dévisagea sa cousine, dont la curiosité faisait briller les yeux.

— Non.

Camille eut l'air un peu déçue, fit mine de penser le contraire. Elle précéda Maylis dans le jardin ruisselant sous un crachin de fin d'hiver.

— J'ai peine à te reconnaître, pour de bon. Qu'est-ce que tu as changé, en deux ans ! Tu vas vraiment vivre là-bas ? Moi, je pense que c'est une décision bizarre. Tout de même... te rends-tu compte des conséquences ? Mais c'est vrai, j'ai su des choses sur Mathias. Maintenant, tu penses, les langues se délient. Enfin, tu es majeure, toi, depuis tes vingt et un ans. Anne et moi devrons attendre quatre ans de plus, quelle barbe ! Alors, vraiment, il n'y a personne d'autre dans ta vie ?

Elle avait son idée, qu'elle suivait sans se soucier des réponses de sa cousine. Sa curiosité empressée, son goût intact pour la conservation et la propagation des potins amusèrent Maylis. Camille se débrouillait toujours pour tout savoir, et en raconter le maximum. Comme elle était sous l'obédience stricte de ses parents, ses jugements n'avaient encore qu'une importance relative. Mais cela ne l'empêchait nullement d'en porter à tout propos, sur tout et sur tous. C'étaient des exercices, en quelque sorte, un entraînement à sa vie future. Maylis lui sourit. Camille ne risquait pas de décevoir. Elle régnerait un jour sur cette maison, et sur quelques autres lieux, avec ses certitudes inébranlables, et ses logorrhées qui lui tenaient lieu de réflexion.

— Nous passerons te voir, dit-elle.

Menaçante promesse. Maylis acquiesça, l'embrassa.

— La maison est ouverte, murmura-t-elle. Enfin, envoyez-moi un petit mot avant, que j'aie le temps de la préparer.

Elle hésita longuement avant de se laisser conduire en taxi jusqu'à Caudéran. La nuit était tombée sur la petite ville. Maylis demanda au chauffeur de l'attendre. Puis elle entra dans le jardin où les tiges étiques de ses plantations vibraient sous la rude caresse du vent. Tout était dans l'ordre qu'elle avait laissé trois mois auparavant, la table de jardin et les chaises en fer forgé qu'elle avait peintes en blanc, sous l'auvent de la véranda, les énormes pots de terre cuite qui attendaient toujours les géraniums promis, de part et d'autre de la lourde porte aux vitraux bleus et jaunes, et la maison elle-même, ce don des Durrugne à leur fils unique pour y abriter son tranquille bonheur de héros vivant.

Maylis traversa l'entrée faiblement éclairée par des appliques, toqua à la porte entrouverte du salon. Mathias vint à sa rencontre, tarda à la reconnaître, et finit par lâcher, d'une voix fatiguée, une quelconque banalité sur l'heure tardive. Il se reposait, et reprit la position, étendu sur le canapé, ses pieds, chaussés, contre les accoudoirs. Souvent, il finissait là, tout habillé, une nuit de voyage. Quels voyages, en vérité ?

— C'est vrai que tu as changé, dit-il. Excuse-moi, j'attends du monde, et j'ai peu dormi depuis trois ou quatre nuits. Tu rentres chez toi ?

Il avait son visage des réveils difficiles, yeux cernés de brun, joues creuses, et des plis d'amère fatigue abaissaient un peu plus les coins de ses lèvres. Maylis devait être la seule à connaître ce reflet désenchanté de son mari, si loin de son aura diurne.

— Je ne crois pas, dit-elle.

Il ne réagit pas, observant l'intruse, de sous son bras replié. Maylis n'avait pas bougé. Debout dans l'embrasure de la porte, elle laissait flotter son regard sur les lieux qui avaient été siens. Elle avait craint d'avoir à s'infliger cette petite mort, et se trouvait sereine, presque indifférente. Mathias était malade. C'était visible dans son comportement présent et passé, dans cette impossibilité de se livrer tant soit peu qui le fermait à elle depuis si longtemps.

— Je vais m'installer à Saint-Girons, dit-elle.

— Ah, ce n'était donc pas fait ?

— J'ai hésité. Il faut que je m'occupe de mes affaires, de l'usine…

Il s'esclaffa.

— Toute seule ! Mais tu vas te faire bouffer ! Tu plaisantes.

Il n'y croyait pas. Son discours était le même que celui de Savayran. Il y avait les finesses du commerce, les prédateurs tournoyant au-dessus de la bête, propriétaires, industriels, maquereaux internationaux faiseurs de cours, et les syndicats, même, « ce marigot de pauvres types, ivres de n'avoir jamais rien eu

234

à eux ». Sans oublier les parents et alliés, soudain privés de leur jouet landais. Et elle, en face de ce front ? Petit soldat perdu d'avance.

— On courait sus aux Boches pour moins que ça, dit-il. A huit ou dix, contre cinquante. On voulait, nom de Dieu, passer ou crever, boire leur boue, mélangée avec leurs tripes. On finissait par ne plus penser qu'avec nos pieds, l'envie de fuir d'un côté, de l'autre, celle du suicide. Et ça passait. Comment ? Je n'ai jamais bien compris. Tu sors de ta petite tranchée, Maylis, devant les mitrailleuses qui t'attendent, et qui vont te faucher comme les pauvres sacrifiés du Chemin des Dames. Je ne t'envie pas.

Il s'assit, hébété. Puis son œil se fit mauvais.

— Tu n'avais qu'à me faire un fils. Deux ans à attendre, et rien. Ventre vide, voilà ce que tu es, ma pauvre. Jolie frimousse et ventre vide. Maintenant, il faut que tu t'en ailles. On va venir. Ces gens que tu hais, et d'autres, avec. Laisse-nous.

Il prévenait tout geste, le moindre mouvement vers lui, comme s'il avait encore le pouvoir d'influencer sa femme. Maylis pâlit sous l'insulte, sentit une vague d'amertume la submerger. Elle avait compté sur cet homme pour combler le gouffre laissé par l'absence brutale de ses parents et la faillite de leurs caresses. Par maladresse ou par égoïsme, elle avait échoué. Mathias avait fui, à sa façon. Et comme à son habitude, il fallait qu'il ait raison, jusqu'à l'absurde. Maylis s'en voulut d'être venue à Caudéran. Elle se détourna, livide, sortit de la maison.

D'une calèche descendait déjà une troupe que la perspective d'une bonne soirée mettait en joie. On fêterait cette nuit-là une victoire sur les forces combinées anglaises, ou une défaite contre les aviateurs américains. Qu'importait. Maylis se dissimula sous son chapeau, croisa des garçons d'honneur — ceux-là, au moins, ne s'étaient peut-être pas encore mariés — et les femmes qui les accompagnaient, dont les rires excessifs résonnèrent longtemps en elle. Puis elle monta dans son taxi, et se fit conduire à l'hôtel.

DEUXIÈME PARTIE

LA DAME ROUGE

14

Mars 1924

Maylis franchit le portail de l'usine, s'arrêta entre les alignements de barriques, à l'endroit d'où elle avait observé, près de trois ans plus tôt, son oncle affrontant les ouvriers. Tout prenait des contours différents, des bruits inconnus naissaient sous les toitures des hangars et des ateliers. Maylis écouta longuement ces échos du travail des hommes : clapotis régulier d'un moteur, souffle des brasiers sous les alambics, avec pour les briser, de temps à autre, le cri aigu et prolongé d'une scie dans la pulpe d'un tronc.

La promeneuse de janvier qui avait longé cet univers n'avait d'autre souci que d'y trouver un repère dans ses mélancoliques randonnées. L'entrée dans le monde industriel, telle qu'elle l'avait voulue, donnait soudain sur un mur d'angoisse, noir comme la fumée rabattue par le vent. Il y aurait de l'inquiétude, des nuits courtes et, par-dessus tout, prêt à la juger, le regard des gens qui œuvraient dans cette clairière.

Maylis attendait Jean Comets. Dans sa minuscule maison forestière à distance de l'usine et du village, le vieil homme l'avait écoutée, impassible, lui raconter son projet. Parfois, ses paupières se plissaient comme du drap, son regard étonné fouillait le visage tranquille de Maylis. L'usine ? Certes, il en avait été pendant plus de trente ans le contremaître. Au service de Monsieur Paul et, avant lui, à celui de son père, le fondateur, ce Monsieur Édouard dont le nom semblait à lui tout seul ébranler sa maigre carcasse de coq fatigué.

— Un chef, votre grand-père, oui. Ses colères, *diou biban...* on les entendait jusqu'en Amérique !

Retourner à l'usine ? Et pour quoi faire ! Comets doutait. Il y avait des vies antérieures dans lesquelles il ne tardait à personne de revenir. Et puis, l'usine avait changé de mains, de patron, et d'âme. On y sciait toujours, et la térébenthine coulait encore dans les barils. Mais les gens n'y étaient plus les mêmes. La guerre en avait retranché quelques-uns, quant aux autres, c'étaient des plus jeunes, des migrants du Born ou de Grande Lande que la terre ne nourrissait plus assez. Des étrangers, même, Espagnols ou Gitans saisonniers... Maylis avait insisté.

— J'ai besoin d'apprendre, monsieur Comets.

— Alors, Monsieur Henri ne passera plus ?...

Il y avait là pour lui un grand mystère, à propos duquel il se garderait cependant du moindre commentaire, ou même d'une ébauche de question. Les affaires des maîtres se traitaient depuis toujours loin de sa bicoque. Il avait fait remarquer à sa visiteuse que l'usine était dotée d'une sorte de directeur nommé Barra, qui se ferait un devoir de la guider dans son domaine de copeaux et d'effluves résineux.

— Je le verrai, avec vous.

Maylis avait gardé en réserve un argument qu'elle finit par utiliser.

— Vous ferez comme si mon père vous le demandait. Vous étiez proches, je crois.

Jean Comets avait subi le charme de son regard presque implorant, et ce sourire dont Maylis savait se servir comme d'une arme.

— Je vous montrerai… ce que je pourrai, avait-il promis, à contrecœur.

Maylis le vit appuyer sa bicyclette contre les fils de fer clôturant l'usine. Elle avait cherché en vain son cousin, pour ce travail de présentation, mais Serge se faisait aussi rare à Saint-Girons que du pain au froment en Grande Lande. Pourtant, il devait savoir pas mal de choses, malgré la répulsion qu'il affichait pour sa besogne de comptable. Fantasque cousin… Comment allait-il vivre sa sujétion nouvelle ?

— Eh, té, vous avez tout devant vous, madame.

Comets hésitait, et Maylis dut se mettre en marche pour qu'il se résignât à lui emboîter le pas. L'usine était partagée en deux secteurs complémentaires, une distillerie et une scierie dont les bâtiments se succédaient en ligne droite le long d'une allée principale. Lorsque Antoine Barra, le contremaître en exercice, montra son embonpoint à la porte du bureau directorial, Comets parut soulagé, ce que lui fit remarquer Maylis.

— Vous avez vraiment peur de revenir ici, monsieur Comets ? Vous êtes pourtant presque voisin…

— Oh, té, c'est peut-être parce que j'ai laissé ma jeunesse par ici.

C'était sans doute aussi pour une autre raison. L'homme était apparenté aux Darribats, mais vivait seul, loin de la ferme familiale et des coups de gueule de son irascible neveu. La façon que ces gens avaient en commun d'évoquer le passé par ellipses laissait supposer quelques anciennes bisbilles. Maylis questionnerait une autre fois. Elle s'avança vers Barra, sous la pluie atlantique qui recommençait à tomber, à peine palpable, mais déjà audible dans la pinède.

— C'est madame Durrugne fils, dit Comets. Elle désirait voir l'usine.

Maylis avait oublié l'apparence physique du contremaître. A la place du bûcheron noueux et boucané qu'elle avait imaginé sorti du rang ouvrier, elle se trouvait face à un bonhomme en forme de bouteille de bourgogne, entre deux âges et entre deux poids, une sorte de long mollusque habitué des siestes, qui devait faire avec Serge Savayran une paire directoriale assez risible. «La Seiche», pensa Maylis.

— Ah, la dame de la Casedieu…

Il s'empressait, cauteleux.

— Je me disais…

Quoi? Maylis le laissa s'épancher. Et ce séjour? Humide, certes. Le Marensin, ce n'était pas la Grande Lande. L'océan! Depuis la dernière visite de Monsieur Henri, il n'avait pratiquement pas cessé de pleuvoir. Barra ne tarissait pas. L'usine? Mais bien sûr. On y travaillait ferme, dix à douze heures par jour. Et comment allait le vieux Comets, qui avait de la famille sur le site, et qu'on voyait si rarement au village? Au bout de ses politesses qui lui tenaient lieu de méfiance, et de manœuvres d'approche, Barra revint à sa visiteuse.

— Vous vous intéressez donc à la gemme pendant vos vacances, madame?

— Je ne suis pas en vacances. Et je m'occuperai personnellement de l'usine, désormais.

«La Seiche» eut besoin d'un peu de temps pour croire ce qu'il venait d'entendre. Resta bouche bée, grattant son front d'un geste mécanique de l'index. Ah, tiens... Et Monsieur Henri ? On le verrait toujours, n'est-ce pas, c'est qu'il y avait des affaires en cours, des négociations avec des clients étrangers... Barra avait tout de même un peu de mal à admettre ce que Maylis venait de lui annoncer de sa voix grave et tranquille. Le sourire malicieux de Comets le persuada qu'il ne s'agissait pas d'une lubie. Barra doutait, malgré tout, mais de cauteleux, il se fit soudain servile, au point de s'incliner devant sa nouvelle patronne, comme un valet s'apprêtant à déplier un marche-pied.

« La Seiche, ou le Grand Léchant mou », pensa Maylis, qui ne put à son tour réprimer un sourire.

Alimentée par les bûches qu'un ouvrier enfournait dans sa gueule béante, la chaudière soufflait avec des bruits de chat en colère. Par instants, des lueurs de jaune et de rouge mêlés s'en échappaient et venaient lécher la cuve d'acier au fond de laquelle bouillait la sève.

— Le chaudron du diable, Mademoiselle Maylis, et au bout, ce n'est pas de l'armagnac qui en sort, croyez-moi.

Jean Comets recula d'un pas. Maylis suivit en pensée le cheminement obligé des premiers produits de distillation, dont les plus lourds, goudrons et brais, allaient se déposer au fond d'une cuve tandis que l'essence, plus volatile, poursuivait son chemin à travers les fins canaux de verre et de caoutchouc. Une odeur prenante comme un parfum se dégageait du terminal où la térébenthine, longtemps simple vapeur en transit, venait se liquéfier dans ses récipients de premier recueil, avant d'être conditionnée sous le toit d'à côté, pour reposer, enfin, pareille à un vin dans son muid.

— Ainsi finit la gemme landaise, dit Comets.

Il y avait de la tristesse dans sa voix, comme si la fusion de la résine au fond des noires machines de métal lui laissait à l'âme une impression de mort, ou d'irréparable blessure. Maylis ne pouvait éprouver semblable sentiment. Elle découvrait l'industrie autour de laquelle s'activaient des hommes dont elle aurait désormais la charge. Face à cette troupe assez pauvrement payée, les nostalgies impressionnistes de la verte forêt pour promeneurs du dimanche seraient sans doute de trop.

— Expliquez-moi, monsieur Comets…

Il prendrait l'habitude d'entendre ces quelques mots.

— J'étais assez bonne élève au pensionnat, j'apprenais vite. J'essaierai de ne pas vous faire répéter trop souvent.

Comets souleva son béret, se gratta l'occiput avec des airs madrés de maquignon sous-évaluant une bête. Maylis lui sourit. Elle s'efforçait de ne rien demander à Barra. Le contremaître lui faisait l'impression d'une sorte de machine humaine parmi ses pareilles en acier. Il semblait tout juste bon à obtenir des plus petits que lui le quantum de produits exigé par son patron. Comets, lui, avait encore dans les yeux de ces bontés fatiguées que la vieillesse abandonne en cours de route chez certains.

En même temps qu'elle découvrait la poésie chuchotante de la distillation, Maylis devinait à l'intérieur des tuyaux, et dans les profondeurs des cuves, une chimie dont les arcanes semblaient malgré tout accessibles à son pauvre esprit de femme. Les secrets qui gîtaient là-dedans étaient-ils aussi épais que ceux que la lande et la forêt enfermaient en elles ? Impossibles à percer ? Question de temps, comme pour tout le reste, pensa-t-elle.

Ils sortirent, se dirigèrent vers les bâtiments voisins dont les toitures de tuiles rouges tranchaient sur le fond uniforme et vert de la forêt. Là, dans une senteur âcre qui montait au cerveau comme de l'alcool trop longtemps respiré, travaillaient les ouvriers chargés du conditionnement des essences. Maylis aperçut immédiatement des femmes, qui faisaient partie de cette équipe. L'une d'elles, visage émacié, les bras maigres, occupée à faire rouler des bonbonnes vers le fond du hangar, se releva, épongea son front, montrant son ventre qui pointait sous sa jupe de grosse laine grise.

— Cette personne…, murmura Maylis.

Barra l'interrogea du regard.

— Que fait-elle ici ? Combien de temps travaille-t-elle, chaque jour ?

Barra la renseigna. De mars à la fin de l'automne, les résinières travaillaient sous les pins. Lorsque l'hiver vidait la forêt de ses gens, certaines d'entre elles, qui n'avaient pas trop à faire dans leurs fermes, se proposaient à l'embauche de l'usine, pour de petits salaires et des tâches subalternes. Les heures ? C'était variable, de dix à douze, parfois moins. Il n'y avait pas de règle établie. Maylis eut un haut-le-corps.

— Je veux que celle-ci rentre chez elle, et ne reparaisse pas avant d'avoir accouché, dit-elle.

Barra eut une espèce de petit rire, incrédule. Chez Savayran, on ne forçait personne à travailler. Maylis brisa net. De nouveau, l'image de la Jeanne sur son lit d'agonie venait la hanter. Il n'était pas bien difficile d'imaginer l'ouvrière pareillement foudroyée par l'éclampsie, ou par tout autre accident de fin de grossesse. L'ordre tomba une seconde fois des lèvres juvéniles de Maylis qui ne souriaient plus.

— Il n'y aura plus de femmes enceintes à l'usine. De même sur les parcelles de pins gemmés qui nous appartiennent. Ici comme en forêt, il faudra aussi que tous soient affiliés à une société de secours mutuel. Il en existe plusieurs dizaines sur la commune. Je sais cela...

Antoine Barra eut un petit ricanement. La patronne, puisqu'il fallait bien désormais l'appeler ainsi, avait déjà pris ses renseignements. Quelle mouche sociale avait bien pu la piquer, pour qu'elle se préoccupât ainsi des grossesses en cours dans l'usine ?

Maylis eut quant à elle une pensée pour Serge. Dans sa distribution de bonnets d'âne, son cousin n'avait pas manqué de railler les bonnes âmes acharnées à parfaire le bien-être commun, et au premier rang d'icelles, les créateurs de tontines et autres mutualités secourables.

— La pinède, c'est une autre histoire, dit Barra. Je n'y interviens pas. D'ordinaire, c'est Monsieur Henri qui s'en occupe directement, sans passer par ici…

Maylis haussa les épaules, s'approcha de la femme, à qui elle demanda de cesser ses va-et-vient entre la distillerie et le hangar. Barra observait la rencontre avec l'air de débarquer sur une planète inconnue. Quant à Comets, il avait fait quelques pas vers la porte du bâtiment, et humait l'air du large.

— Mais c'est que j'ai besoin de travailler, figurez-vous, se défendit l'ouvrière lorsqu'elle eut écouté Maylis. L'argent ne pousse guère sous le sable landais.

— Je ne veux pas, vous m'entendez, je ne veux

pas que vous déplaciez ces bonbonnes et ces barriques dans votre état. Il y a d'autres usines dans la région, si vraiment vous avez besoin... Sinon, je verrai comment vous aider.

— M'aider, et à quoi, grands dieux...

Il y eut quelques secondes de parfait silence. Il se passait un événement imprévu, comme il ne s'en était sans doute produit jusque-là dans aucune usine de toute l'Aquitaine. La femme tombait des nues, sous le regard patelin du contremaître, qui se demandait encore comment il devait prendre l'intrusion de Maylis dans ses affaires courantes. Barra réfléchissait à ce qu'il allait faire, aussitôt libéré de sa visiteuse. Foncer au bureau de poste, probablement, et télégraphier à Libourne pour prendre des instructions. Mais pour l'instant, prudent, il ne ferait ni zèle ni obstruction.

— Y a-t-il d'autres femmes enceintes, ici ? s'inquiéta Maylis.

Barra aurait pu la questionner sur son étrange phobie de la grossesse. Quel rapport pouvait-il bien y avoir entre cet état naturel et le simple fait de pousser des récipients de térébenthine sous un hangar ? Il s'abstint, préférant observer.

— Voudrez-vous parler au reste des ouvriers ? demanda-t-il. Vous sauriez...

— Non. Pas maintenant.

Maylis rejoignit Comets devant le bâtiment, marcha jusqu'au bureau pompeusement qualifié de directorial. Des ouvriers la croisaient, qui la saluèrent, pensant qu'il s'agissait d'une de ces promeneuses en visite familiale. Il en passait parfois, de ces petits groupes de citadins en randonnée sur les dunes, que les puissantes senteurs de l'usine attiraient, et qu'on laissait entrer, pour un bref coup d'œil, avant de leur indiquer les chemins menant au rivage.

Maylis entra dans la pièce obscure, au plafond bas, fit rapidement l'inventaire de son mobilier sans fantaisie. Deux bureaux modèle administration en vis-à-vis, l'un pour le contremaître, l'autre pour le comptable — au fait, si Serge avait eu la bonne idée de se montrer, au lieu de se cloîtrer dans son auberge de Léon... En vérité, personne ne savait où il traînait, mais à l'usine, cela ne provoquait guère de remous depuis longtemps —, des armoires aux portes entrouvertes sur des dossiers, un guéridon portant une lampe à pétrole entourée de boîtes d'allumettes et de cendriers. Barra fit un descriptif rapide du contenu des meubles. Il était là dans son élément de prédilection, la direction théorique et planifiée de l'usine. A mesure qu'il parlait, Maylis sentait monter en elle une de ces paniques auxquelles il faudrait qu'elle s'habituât. Les bruits de l'usine, soudain hostiles, étaient ceux d'un monde dont elle ignorait tout. Pétrifiée, elle pensait aux gens qui attendraient les ordres qu'elle serait incapable de donner, pour faire des gestes précis qu'elle n'imaginait même pas.

— On ne peut vraiment pas joindre mon cousin ?

Barra devinait son trouble, et demeurait aux aguets. Chasseur, sur sa terre. Quant à Comets, il se tenait en retrait, dans l'embrasure de la porte, l'air absent.

— Monsieur Serge, oh, té, lui..., dit Barra sur le ton du regret, il est ici deux fois par semaine, et encore. Mais si je peux vous renseigner à sa place...

Il marquait son territoire, observait Maylis tout en lissant sa moustache, attendait. Serge Savayran ne servait à rien, ou presque. Son père l'avait envoyé en Marensin dans l'espoir de le fixer quelque part.

L'échec de sa tentative s'entendait à la voix du vrai patron de l'usine lorsqu'il prononçait le nom du rejeton. Monsieur Serge… Simple ouvrier, le fils Savayran, que le poids d'une vasque de colophane eût terrassé, aurait été depuis belle lurette renvoyé aux travaux forestiers…

Maylis déclina l'offre. Sa détermination fondait comme une chandelle de résine dans la chambre d'un mourant. Dans le murmure proche des machines, la jeune femme mesurait l'ampleur de sa précipitation. Comme elle avait dû paraître grotesque, aux yeux mêmes de l'intéressée, cette remarque sur la grossesse et le travail. Et d'où sortait cette jeunesse en chandail rouge qui ressemblait aux petites malades des préventoriums de la côte landaise, et donnait des ordres du haut de ses vingt et un ans ? Lorsque Barra s'inclina devant elle, Maylis vit soudain dans son regard le reflet de sa propre fragilité.

— J'ai à faire en forêt. Madame, si vous me permettez…

Il se coiffa de son melon, sortit. Maylis le regarda s'éloigner de sa démarche un peu lourde vers les bâtiments les plus excentrés de l'usine. Jean Comets avait lui aussi pris un peu de champ, et faisait les cent pas entre des amoncellements de troncs énormes. Ainsi étaient les hommes, dans des situations qui les troublaient, ou les diminuaient. Maylis remercia le vieil homme de sa présence, et le libéra. Comets avait l'air soulagé, et un peu désolé, aussi. « Tout de même », pensa Maylis.

— Je passerai vous voir chez vous, monsieur Comets.

Il lui fit un petit signe de son béret, qui voulait dire qu'elle agirait à sa guise, marcha vers le portail. Ainsi Maylis voyait-elle ceux dont elle aurait eu besoin lui tourner le dos l'un après l'autre, ou déserter carrément, comme son cousin. Elle serait sans doute plus utile, terrée dans sa maison, au secret de la Casedieu, qu'au milieu de ces gens qu'elle ne servait en rien, ou gênait, même.

— Sottise…

Elle contempla la fumée des machines à vapeur qui montait vers le ciel bas, et se diluait très vite entre les nuages. Il lui venait des envies d'océan, de brumes où se perdre, et pourtant, elle rentra dans le bureau, posa son feutre et s'assit face aux armoires pleines de leurs notes et de leurs chiffres en colonnes.

Il y avait là toute la substance de l'usine, depuis sa création, au milieu du siècle précédent. Les femmes ne se mêlaient guère de ces activités-là chez les Savayran. Comment faire pour briser cette tradition écrite nulle part ? Maylis examina quelques dossiers. On y parlait une langue inconnue, un patois commercial évoquant des brais et des colophanes, des résidus terpiniques, des WW négociés à deux francs le kilo, des «George» taillés aux deux cinquièmes, des poteaux de mine sulfatés, en partance pour le pays de Galles. Maylis laissait courir les pages des cahiers entre ses doigts. C'étaient, sous des écritures différentes mais toujours appliquées, des machines à distiller, achetées bien avant la guerre, avec leurs schémas de fonctionnement, des colonnes entières d'amasses résineuses, de la première à la cinquième, des 6A, 5A ou brais clairs. Semaine après semaine, parcelle après parcelle, triomphait un jargon décourageant qui finit par lasser son attention.

Un carré de ciel bleu rompait la morne ordonnance des nuages. Le froid se mâtinait de bouffées humides venues de l'océan ; quant au soleil, il ne montrait de lui-même qu'un pâle reflet, au-dessus des pins. Maylis frissonna. La tâche la dépassait. Il fallait tout prendre de zéro, comme on se ferait enseigner l'alphabet et les nombres premiers.

Maylis s'apprêtait à reprendre le chemin de la Casedieu lorsqu'elle aperçut, pénétrant dans l'enceinte de l'usine, la grosse automobile de son oncle, conduite par le chauffeur Auguste, qui ralentit avant de stopper devant le bureau. Quatre hommes en descendirent presque simultanément, défroissèrent leurs redingotes et s'avancèrent, chapeau en main.

— Madame Savayran ?

Ils étaient belges et irlandais, de vieux clients de la distillerie, d'avant guerre, avec des noms compliqués, Van de Kerzeel, Mahoney, et parlaient français avec des accents invraisemblables.

— Nous sommes allés à Libourne, voir votre oncle, comme chaque année, dit un Belge, et qu'apprenons-nous… il se retire des affaires. Cependant, il nous prête sa voiture, car savez-vous, une fois, nous avons coutume de traiter les contrats à venir directement, et ce, depuis toujours. N'est-ce pas, Auguste ?

Le chauffeur acquiesça, salua Maylis à son tour. Étonné, comme s'il avait du mal à envisager la présence de la jeune femme à l'entrée du bureau.

— Mon oncle vous a-t-il chargé d'un message ? demanda Maylis à celui des Belges qui semblait mener la troupe.

— Certainement pas. Il nous remet entre vos mains, selon ses propres termes. Avec ceci, tout de même…

L'homme exhiba des feuilles de journaux portant des cours d'essences et de bois aux Bourses de Dax et de Bordeaux. Maylis se souvint d'en avoir vu de semblables autour de bibelots entassés dans des malles, à la Casedieu. Les brais, les goudrons, la térébenthine... Certaines cotes concernaient même le négoce de New York... tout un voyage.

— C'est bien avec vous que nous devons en parler, une fois, chère madame ?

Il était d'un naturel jovial, et souriait. En même temps, il ne pouvait s'empêcher de toiser son hôtesse. Pendant qu'il s'exprimait, les autres jetaient des regards vers les bâtiments de l'usine, et les barriques alignées devant eux. Maylis se laissa entraîner à l'intérieur du bureau, comme si elle n'était en vérité que l'invitée des étrangers. Son oncle lui expédiait une torpille, mais devait-elle s'étonner de cette attaque, après leur entrevue à Libourne, et cette insolence tranquille qui avait dû mettre Henri Savayran en rage ? De quoi parlerait-on ? Il ne servait à rien de faire comme si l'on était entre initiés, mais le courage consistait à tenir la position, seule sous le feu. Maylis s'excusa.

— Je ne suis pas encore très au courant...

Elle sortit sur le pas de la porte, chercha en vain quelqu'un qui pût lui ramener le contremaître, rentra, l'esprit en charpie.

— Je compte sur votre aide, messieurs.

Les visiteurs avaient allumé des cigares. Ils les fumaient debout, occupant de leur masse presque tout l'espace du bureau. Un Belge, celui qui s'exprimait le mieux en français, prit la parole. Sa présence en Marensin n'avait rien de fortuit. Depuis des lustres, ce voyage était en soi un moment essentiel de l'année, l'occasion de revenir au pays des grandes forêts pour quelques agapes et pour de la palabre commerciale, un exercice dans lequel les Savayran avaient de tout temps excellé.

— Votre franc bat de l'aile, dit Van de Kerzeel dans un nuage de fumée blanche. Dommage… car vos prix montent très exagérément depuis deux ou trois ans. Voici nos comptes, une fois, tels qu'ils étaient à l'orée de cette année. Vous devez disposer des mêmes, quelque part. Vous n'êtes pas contrariée si nous en parlons tout de suite ? C'est que nous avons d'autres visites à faire pour les prochaines heures…

Maylis ferma les yeux. Elle se tenait au bord d'un gouffre dont elle n'apercevait pas le fond, et ces quatre types allaient s'unir pour lui faire faire le pas fatal. Le Belge avait posé son document sur le bureau, et attendait, les mains sur ses hanches replètes. Maylis toussa. L'atmosphère du bureau devenait irrespirable, ce qui parut encourager les étrangers à tirer un peu plus fort sur leurs cigares.

— Madame ?… Ces tarifs pour l'exercice 1923… les cours remontent depuis la crise d'il y a deux ans, c'est un fait. Quelle est votre position ?

Maylis hocha la tête. Elle ne savait strictement rien de cet exercice, ni de l'année en question. Sur les feuilles de papier s'alignaient des colonnes de chiffres qui se mirent à danser devant ses yeux. Arabesques et spirales… Tout cela était grotesque, ces hommes inquiets qui évaluaient son incompétence et se jetaient des regards en coin, ces sommes en milliers de francs, avec leurs virgules, et l'usine, derrière, toute proche dans sa rumeur et ses copeaux, ses voix humaines et son labeur. C'était un désastre, né du caprice d'une femme trompée que la nécessité de fuir avait entraînée dans l'impasse. D'un geste machinal, Maylis compulsa quelques dossiers. 1923… Introuvable. Soixante-dix années de la vie de l'usine gisaient sur des étagères en bois, sauf la dernière. Et qu'en aurait-elle fait ? Maylis chercha un prétexte pour abandonner la partie, et courir vers la maison vide où elle se terrerait une fois pour toutes, mais même cela lui était impossible. Van de Kerzeel avait compris. Il se détendit un peu, leva la main.

— Vos concurrents s'activent, savez-vous, dit-il. La France sera décidément toujours un mystère pour nous. Les Allemands entrent dans une crise terrible, une fois, mais cela ne les empêche nullement de nous dominer à nouveau, les uns et les autres. Les affaires, madame Savayran, les affaires ! Votre oncle y est expert.

Il y avait entre l'usine et ses clients du jour une relation ancienne qui ne s'était jamais démentie. Une amitié aussi, peut-être, s'était tissée là, dont Henri Savayran était maître d'œuvre, patron et comptable. S'enfermait-il des jours entiers dans son bureau de Libourne pour la parfaire au nom des siens ? Maylis se sentait submergée par la honte. Les affaires, c'étaient des questions d'hommes entre eux, comme les fins de nuit dans les bordels. Il fallait faire confiance aux experts, et Henri Savayran était de ceux-là. Maylis s'assit derrière le petit bureau. Un message vers Libourne, et tout rentrerait dans l'ordre. Elle fit non, de la tête.

— Donc, vous trouvez nos tarifs excessifs, dit-elle.

Van de Kerzeel se récria.

— Je n'ai pas dit cela ! Diable, non. Mais permettez que je vous explique.

Un des deux Irlandais jouait avec une boîte percée de fenêtres carrées qu'il avait dénichée sur une étagère. Van de Kerzeel lui emprunta l'objet, s'assit face à Maylis.

— Connaissez-vous cet instrument, chère madame ?

Maylis répondit par un sourire. Toute question concernant l'usine serait cruelle, et humiliante, et les quatre hommes le savaient bien. Le Belge leva la boîte vers la lumière, fit tourner son centre autour d'un axe, ce qui eut pour effet de faire défiler dans les fenêtres des cubes de matière solide plus ou moins colorés.

— Le secret Savayran est là, expliqua-t-il. Ces colophanes sont de natures fort différentes, des plus claires aux plus sombres. Voyez-vous, celles-ci, qui semblent limpides comme de la vitre, les WW, comme *water white,* et WG, comme *window glass*, sont ce que les Américains peuvent proposer de mieux. Regardez bien, une fois. Il y a encore un peu d'ambre, dans leur couleur.

Maylis constata. Le Belge fit tourner le barillet, amenant à la lumière d'autres cristaux, qu'il exhiba.

— Voici en revanche le miracle. La translucidité parfaite. Il y a dans votre pays landais des dizaines de distilleries comme la vôtre, mais c'est ici que depuis toujours se fabriquent les colophanes dont nous rêvons tous pour nos vernis et nos colles. Les grades 2, 3, 4 et 5A. Les meilleures, nées de la méthode Savayran ! Comme les liqueurs des monastères de chartreux. Celles-là, même les Allemands auront du mal à les imiter.

Il y avait d'autres lettres accolées aux produits colorés, du A au WW. Van de Kerzeel en révéla le sens. Cela venait d'Amérique, pays dominant le marché, et de quelques initiales de secrétaires ou de commis. A comme Alice, C comme Carrie, F comme Franck...

— George, Henry, Isaac, Kate pour les colophanes les plus courantes, Mary et Nancy pour les plus communes. Simple comme bonjour !

En même temps qu'elle touchait le fond de son humiliation, Maylis eut tout à coup l'impression de percer un secret. Cette révélation toute simple entrouvrait le coffre-fort au fond duquel son oncle Henri avait toujours jalousement enfermé ces codes, ne laissant qu'à son fils une clé dont il conservait évidemment le double. Maître de tout et de tous, que son orgueil blessé retranchait désormais du monde forestier. Maylis ouvrit un dossier daté de l'année en cours, découvrit une feuille portant une courbe de prix. Van de Kerzeel se pencha, expertisa aussitôt le document.

— Il s'agit du cours de la térébenthine. Nos achats portent essentiellement sur la colophane, ce qui n'a rien à voir. Nous sommes fabricants de peintures et de vernis, pas de détachant pour costumes pleins de gras.

Il rit, heureux de sa trouvaille. Maylis pensa que son calvaire pouvait durer ainsi jusqu'à la tombée de la nuit. D'un produit à l'autre de l'usine, ses hôtes auraient tôt fait de lui bâtir une réputation d'ignorante complète, voire d'usurpatrice. Elle se leva, pâle, les narines pleines de l'âcre fumée des cigares qui flottait dans la pièce. Comment ces gens pouvaient-ils inhaler un tel brouillard ?

— Un peu d'air de l'extérieur, implora-t-elle.

On s'empressa. Dehors, il faisait presque doux. Le vent avait tourné à l'Espagne et ramenait vers la Gascogne ses nuées humides, dégoulinantes de pluie épaisse.

— De quoi pourrir les meilleurs bois, dit le Belge. Si vous êtes fatiguée, ajouta-t-il, nous pouvons remettre à plus tard notre discussion. Mais c'est bien vrai, madame, nous devrons repartir avec des assurances, comprenez-vous.

Maylis acquiesça. Les Irlandais se passaient une flasque d'alcool qu'ils tétaient sans discrétion, avec l'air de s'ennuyer un peu. C'était le peuple disparate des clients de l'usine, des messieurs exclusivement, dans un univers masculin. Ceux-là avaient traversé en train la France, pour s'assurer que le privilège consenti par les industriels perdurait malgré les secousses de l'économie. Lorsque l'on saurait de quelle façon ils avaient été accueillis à Saint-Girons, Landes, un grand éclat de rire secouerait l'Europe des brais et des calfatages de navires, de Copenhague à Lisbonne, en passant par Bruxelles et Dublin.

Maylis s'excusa. Elle avait aperçu la silhouette aisément reconnaissable de Barra, émergeant de l'averse. La terreur qu'elle éprouvait se transformait en colère. Elle courut tête nue au-devant du contremaître, le forçant à s'arrêter sous la pluie battante.

— Où étiez-vous, monsieur ?

— Té, je vous l'ai dit, j'avais à faire en forêt.

— Vous saviez que ces étrangers devaient venir aujourd'hui…

— Ça… d'ordinaire, c'est votre oncle…

— Il n'est pas là. Et vous le saviez. Ne me dites pas le contraire !

L'homme ne put s'empêcher de sourire. La donzelle ruisselante qui surgissait brusquement dans son existence, et piétinait la boue sous son nez, avait beau être la nièce de celui qu'il considérait encore comme son patron, il ne changerait pas pour autant ses façons de travailler. Il voulut s'en expliquer. Maylis ne lui en laissa pas le temps.

— Ecoutez bien ceci, lui dit-elle, excédée. Vous allez prendre sur votre temps pour me dire très exactement comment marche cette usine, ce qu'on y fabrique, et à quels prix cela se vend. Je prendrai ces leçons à toute heure du jour, et je vous les paierai. Si cette charge vous semble insupportable, il faudra me le dire, et chercher ailleurs un emploi qui vous convienne mieux.

Barra avait cessé de sourire, gardait le silence. Les mâchoires serrées, il faisait face, à la toucher, à la promeneuse en rouge qui avait longé l'usine sans jamais y pénétrer, à l'ombre de la grande maison basque qui soignait par la solitude et l'air marin Dieu savait quelle mélancolie ramenée de Bordeaux. A travers la pluie qui la changeait en harpie délavée, Maylis observait, elle aussi, ce partenaire statufié, qui réfléchissait à toute vitesse.

— C'est bien, madame, dit enfin Barra. Nous ferons comme vous le souhaitez.

— Dès aujourd'hui.

— Dès aujourd'hui…

Maylis hocha la tête. Dans l'immédiat, elle avait besoin d'une adresse d'auberge, la meilleure, de préférence, où elle pourrait inviter les quatre étrangers à déjeuner. Car c'était bien ainsi qu'allaient les choses. On discutait de la conjoncture avant de se mettre à table, on se repaissait, puis on signait les accords dans les effluves de l'armagnac. Et ainsi passaient ces journées importantes.

— Je tâcherai d'être de retour pour cinq heures du soir, dit-elle, à peine calmée. Nous parlerons des colophanes, et de quelques prénoms américains.

Barra s'inclina, laissa Maylis sous l'averse. Le chauffeur Auguste s'était précipité, un parapluie à la main. Mademoiselle Maylis était-elle devenue folle ? En plein hiver, sous une pareille trombe d'eau ? Il souriait pour de bon, lui. D'ordinaire, les histoires de famille de ses maîtres l'intéressaient moins que l'automobile et le jardin dont il avait la charge. Mais ce petit bout de femme inondée, dont la pluie emmêlait les cheveux en filasse roussie, qui renvoyait le grand Barra dans son coin, comme un arbitre le boxeur saoulé de coups, ça avait de la gueule, oui, pour de bon.

— Oh, té, la gentille pensionnaire de Sainte-Foy, s'écria-t-il, qu'est-ce qu'ils ont donc, dans les Landes, pour vous changer quelqu'un comme ça ?

Vent debout, martelant la boue de ses talons de bottines comme pour y laisser l'empreinte de sa colère, Maylis rejoignit les visiteurs qui, éberlués, en oubliaient de tirer sur leurs cigares. On irait se restaurer. Quant aux relations commerciales, elles seraient maintenues avec de sages propositions tarifaires. Sans doute trouverait-on un peu étrange que la partenaire ait encore, pour quelque temps, du mal à faire la différence entre les grades de pureté des colophanes. Mais ceux-ci resteraient les meilleurs, et leurs tarifs demeureraient par principe raisonnables, et abrités autant que faire se pouvait des dérèglements de la monnaie. Et surtout, on ferait en sorte de croire aux capacités qu'avait Maylis d'en faire le commerce. Après tout, l'oncle ne devait tout de même pas se tenir très éloigné de la nièce. L'intérêt commun, pour rassembler les familles en crise : on n'avait pas encore inventé mieux.

— Vous, glacée ! Boivez ! ordonna un Irlandais, hilare.

Il offrait sa liqueur. Ondine ruisselante aux cheveux en bataille, Maylis faisait sécher ses cheveux devant le poêle en fonte, sans pudeur particulière. Elle appuya le goulot de la flasque contre ses lèvres, avala une gorgée d'alcool qui lui brûla la bouche, puis la poitrine et le ventre, et qui la fit soupirer, longuement, lui donnant au passage une forte envie de se laisser tomber à terre. Mais elle demeura bien campée sur ses jambes. On apprécia la performance. Ainsi se préparaient de bons accords, que l'on scellerait devant des bécasses à la purée de foie gras.

Auguste avait raccompagné son monde d'une auberge à l'autre, parce qu'il se faisait tard, et que les ondées avaient assez défoncé la route pour que le voyage de retour vers Bordeaux fût remis au lendemain. La nuit était tombée lorsque Maylis regagna la Casedieu, les bras chargés des dossiers et des revues rassemblés pour elle par Barra. Les heures qu'elle venait de passer lui laissaient une impression d'euphorie après la terreur, à moins que ce ne fût le vin de Pauillac, dont les quatre étrangers avaient fait quant à eux une consommation carrément prohibitive.

Maylis se demandait comment elle pourrait, en fin de compte, se faire accepter par le milieu éminemment masculin représenté ce jour par ces visiteurs venus de leurs lointaines provinces. Ceux-là, elle avait su les charmer, et les émouvoir, peut-être, lorsqu'ils avaient compris sa situation. Van de Kerzeel, qui était leur interprète, avait initié ce mouvement de sympathie dès lors que, malgré quelques légers doutes rémanents, il avait été clair que les affaires continueraient comme par le passé. Mais bast ! Il y avait eu examen, fort mal débuté, catastrophique même, et rattrapage inespéré. Il n'était jusqu'au contremaître qui, n'ayant apparemment reçu aucune directive de Libourne, exécutait les ordres de Maylis, et répondait à ses questions, comme si elle était vraiment la patronne…

En arrivant, Maylis aperçut le rougeoiement d'une cigarette, en bas de l'escalier, et la longue silhouette de son cousin, acagnardée dans un recoin.

— Tu vas attraper la mort, dit-elle à Serge. Ça fait combien de temps que tu es là ?

Il gardait le silence, haussait les épaules. Elle le précéda dans la maison, posa ses documents près de la cheminée où ne luisait aucun feu, alluma des lampes à pétrole. Serge frissonnait, les bras repliés sur le buste. Sa chemise ouverte au col sous sa redingote débordait en larges pans sur le pantalon froissé. Où avait-il traîné, avant de venir se réfugier chez Maylis ?

— Cousine…

Il avait son air d'hébétude au réveil, celui qui rendait son père fou, depuis sa tendre enfance. Il lui faudrait un peu de temps pour rassembler ses esprits. Maylis s'occupa du feu. Elle avait froid, soudain, et se couvrit d'un châle.

— Je suis revenu de Libourne en train, dit-il. Ton passage là-haut a fait l'effet d'un cyclone tropical. A se demander si tout ça a réellement eu lieu. Mon père a pris dix ans d'âge et ne veut plus voir personne, ma mère est en perdition sur son prie-Dieu, quant à tes cousines, elles essaient de se rappeler à quoi tu ressemblais lorsque tu étais normale.

— Normale…

Maylis eut un petit rire. L'essentiel de sa normalité lui paraissait encore à venir.

— Quels sont tes projets, Serge ? demanda-t-elle.

Il soupira. Maylis avait besoin de savoir, très vite, si elle pourrait compter sur lui, sans ses tergiversations et sautes d'humeur qui le transformaient en courant d'air. Le jeune homme hochait la tête, désolé. Il ne savait pas très bien lui-même ce qu'il voulait, et se rendait compte, brusquement, à quel point l'enfance s'était éloignée. Le ton de Maylis n'était plus à la confidence, comme à l'intérieur des buis de Libourne.

— La petite orpheline…, murmura-t-il. Perdue dans son pensionnat, attendant bien sagement qu'on en fasse une bonne épouse et une bonne mère, modèles courants… Joli pari, mais bien raté ! La douce, la secrète, un peu triste Maylis, tu parles !

Il s'épanchait, rageur. Il avait tout eu, famille, aisance, supériorité sociale. Et gardait à vingt-quatre ans une chiourme forestière en alignant des colonnes de chiffres, sous le regard condescendant de ses proches. Maylis le laissait dire. La verve de Serge avait disparu sous le sarcasme, digérée par des biles amères.

Maintenant, il lui faudrait travailler pour sa cousine, perspective intolérable.

— Quel binôme, dit-il, le vieux macaque, dans ses vignes, dépossédé de ce qu'il t'avait emprunté, et ruminant d'inexpiables rancœurs ! Et toi, la jolie nièce, qui lui rogne les ongles avec l'air de ne pas y toucher. Me traiteras-tu comme lui, que j'ai tant déçu, paraît-il ?

Maylis en avait assez, tout à coup, et le lui dit.

— Que veux-tu, exactement, Serge ? Maintenant, il faut te décider. J'ai besoin qu'on m'aide. Tu ne peux le faire en apparaissant comme cela de temps à autre, selon ton humeur ou ton envie de travailler. Je suis désolée de te parler de cette façon. L'usine…

— Ce que je veux…, l'interrompit-il, tu le sais bien, va. Quant à l'usine, je m'en fous à un point que tu n'imagines même pas.

Il s'était approché d'elle, pitoyable dans ses vêtements mis en désordre par son voyage en train. Maylis se raidit. Elle connaissait les tourments qui agitaient l'esprit de son cousin. En famille, cela avait eu son charme de petit jeu sans grande conséquence. Désormais, tout était différent.

— Ce que je veux, cousine, ha !

Il se figea, les lèvres tremblantes, le regard plein de colère et de désir, écarta les bras.

— Je ne peux rien pour toi, Maylis, rien du tout, murmura-t-il. Depuis que tu es arrivée, je m'enfonce dans une espèce de cloaque, une glu pire que la vase des marais de Haute Lande et Dieu sait si elle colle, celle-là. Je te regarde, de loin. Je voudrais m'enfuir, disparaître, mais voilà, il y a désormais une petite lumière dans cette maison sinistre, et moi, je la vois comme un phare dans la nuit. Elle me précède, me suit, m'entoure. C'est à devenir fou. Je dois faire quelque chose, pour moi, pour moi !

Il avait crié, soudain. Maylis vint vers lui, posa la main sur son torse, à l'endroit du cœur, un geste qui fit sursauter et reculer le jeune homme. Serge jura en gascon, ricana.

— Et tu me touches. Ah, la belle promesse. Et si je t'aime, moi, qu'est-ce que ça peut bien te faire ? Tu t'en fous, depuis toujours.

Il contemplait la frêle silhouette de Maylis, qu'estompait le contre-jour de la flambée. La solitude dans laquelle sa cousine se lovait, comme un chat sur un coussin, l'exaspérait. Quel besoin Maylis pourrait-elle avoir un jour d'un raté comme lui ? Il avait pourtant été le seul de sa famille à deviner la force cachée derrière le masque de douceur qui prêtait à la jeune femme sa trompeuse apparence. Maintenant, ils allaient voir. Les autres, tous les autres. La mauvaise surprise était pour ceux qui n'avaient rien vu venir, les péremptoires, les sûrs d'eux, les patrons régnant sur des destins calibrés comme des huîtres, stupide engeance, indécrottable. Il y avait de quoi hurler de plaisir, mais Serge ne parvint qu'à sourire pauvrement. Son errance s'achevait devant les murs de cette maudite maison, et sa lucidité ne faisait qu'accroître sa douleur.

— Je sais ce que tu penses, dit-il. Tu es inquiète de me voir rôder autour de toi à ces heures de la nuit. Pour répondre à la seule question qui semble t'intéresser, ajouta-t-il, amer, il ne faut pas compter sur moi à l'usine. De toute façon, je n'y sers à rien. Barra sait tout, c'est lui le chef, l'agent zélé de ton oncle Henri. Tu devras te méfier de ce type. C'est une larve.

Il se dandinait, indécis. Maylis s'était assise sur une chaise, devant le feu. Le malheur de Serge la touchait. A Sainte-Foy, elle avait été la bonne camarade de toutes, et l'amie d'aucune. Maintenant qu'elle rompait avec sa famille, elle apercevait derrière la défroque de son cousin la seule véritable amitié qu'elle eût possédée, et qu'elle laissait se perdre.

— Reste, dit-elle. Tu ne vas pas partir dans la nuit, comme ça…

Il ne voulait pas l'aumône.

— J'en ai marre, dit-il d'une voix lasse. Je fous le camp. Tu sauras bien apprendre toute seule.

C'était son choix, la vague liberté qui lui restait. Maylis n'insista pas. L'idée d'exploiter à son profit la connaissance que son cousin avait des affaires de l'usine la taraudait. Mais elle ne le ferait pas dans de telles conditions. Son visage apparut dans l'agonie de la lampe à pétrole, avec une expression de tristesse tempérée par la pénombre.

— Tromperie…, murmura Serge en passant devant elle.

Mathias Durrugne n'avait guère changé. Quelques cheveux en moins sur le crâne, quelques centimètres de plus à la ceinture. La vie civile favorisait l'épanouissement du petit maître de guerre, et Mathias rejoignait doucement la cohorte sans gloire des gastronomes de congrès. Debout à l'entrée de la Casedieu, cette maison que son œil calculateur avait négligée, il en estimait, mi-troublé, mi-goguenard, la transformation.

— Eh bien, entre.

Il s'exécuta, tandis que Maylis refermait la porte derrière lui. Avec les assurances de l'homme sûr de son bon droit, et ce qui lui restait de ses audaces militaires, il fit mine de pénétrer chez lui, ou dans un espace qui lui eût de tout temps été familier. La vacuité austère du grand salon ne parut pas le gêner, lui que trop d'années dans la boue des tranchées avaient rendu dépendant des soies et des velours, des coussins moelleux et des matelas de laine. Il eut un geste large, comme pour se réjouir, se trouva aussitôt inutile dans l'espace de vide et d'air que Maylis avait aménagé entre les murs de son domaine. Apprécia.

— Jolie recherche. Tu reçois peu…

Elle eut envie de mentir, de lui donner une réponse du genre «je ne reçois pas ici», se retint. Mathias jouait son rôle de mari abandonné avec assez de justesse. Il tâtait, des yeux, du nez, faute de pouvoir le faire de ses doigts cramponnés à son chapeau melon. Maylis le préférait en canotier, et le lui dit. C'était sa tenue de corrida, son allure estivale, la paille des étés au bord de mer, un peu de cette jeunesse qu'ils avaient tous deux regardée fuir, faute de l'honorer comme il le fallait.

— Je roulais vers Mont-de-Marsan, sur ces horribles sautoirs landais. La route de Sabres, un cauchemar d'ornières et de boue, enfin... tu connais. J'ai vu le soleil basculer vers ici, alors, je me suis dit...

Assise à un bout de l'unique canapé, Maylis observait Mathias qui occupait l'autre bord, et elle ne le désirait pas. Lorsqu'elle avait vu la voiture s'avancer vers la maison, et son époux en descendre, c'était la première question qui lui était venue à l'esprit. Passerait-il la nuit contre elle, en elle ? Il dut comprendre assez vite, et se réfugia dans des banalités. Le devoir électoral, la solidarité entre candidats quand la révolte grondait toujours dans les campagnes de Chalosse...

— Et même ici, en Marensin. Mais comment fais-tu, avec ces bolchevistes qui s'arment un peu partout ? Tu ne sais donc pas ce qui se passe en Russie, où le Juif Trotski triomphe ? Nom de Dieu, Maylis...

Il la morigénait comme un maître d'école, tandis que son œil poursuivait l'exploration du lieu, et de la personne. Il était de ces hommes que la sensation de ne plus tenir les rênes excédait. Dans le rire comme dans les pleurs, il lui fallait son auditoire, sa coterie tout acquise, qu'il possédait et quittait quand il le décidait. Un tyran, que la guerre avait servi quand elle humiliait ou brisait la plupart des autres, une plante vivace que l'on devait arracher des deux mains, en tirant assez fort, si on voulait la déraciner tout entière.

— Ça ne va pas, tout ça.

Il avait envie de Maylis, et cela se voyait à son regard. Prévoyait-il de poursuivre à deux la journée dont les derniers feux mouraient sur l'océan ? Maylis se leva. Elle avait à faire. Des comptes, la lecture des cours des résineux à Dax, des lettres à des clients, l'ordinaire de ses journées à Saint-Girons.

— Ça va très bien au contraire. Je te l'assure, dit-elle.

Il y avait un secrétaire, dans un angle de la pièce. Pour aller s'y installer, Maylis passa devant Mathias, qui saisit sa main, l'espace d'une seconde, avant de la laisser filer.

— Fiche-moi la paix, Mathias.

Il eut l'air d'accepter, se mit à parler de ses obligations politiciennes, et de tout le travail que faisaient les gens comme lui pour que la société continuât à marcher comme il le fallait.

— Tu ferais mieux de rester en Gironde, lui dit-elle. La résine des Landes n'est pas le vin de Bordeaux, et les gemmeurs n'ont pas grand-chose à voir avec leurs cousins des vignobles. Tu aurais bien du mal à imposer tes idées, par ici.

—Tu sais ça, toi…

Elle sourit. La politique l'ennuyait au plus haut point. Entre les Élus répandant leur bonne parole avec humanité, patience et compassion, et les Mauvais, qui ne savaient que vociférer, insulter et meurtrir, elle ne voyait qu'arrangements, compromissions, subtils balanciers de l'esprit, et surtout paroles données que l'on reprenait à sa convenance. Du meuble sur lequel elle se penchait, elle sortit un cahier, qu'elle exhiba.

— Il y a des gens, sous tout cela, qui ont, chacun, une envie de bonheur. Je me moque de savoir s'ils l'obtiendront par tes amis du Bloc national, ou par ces bolchevistes qui te font si peur. Je sais ce qu'ils pensent, moi, ce qu'ils veulent.

— Ah ? Dis voir, un peu.

— Qu'on les regarde, et qu'on leur parle.

Il s'esclaffa. Qu'avait-il fait d'autre, pendant quatre ans de guerre ? Ses Gascons du 34ᵉ d'infanterie, et les autres, les avait-il envoyés à la mort sans risquer le sort commun ? Par quel effet morbide cette fraternité d'armes serait-elle changée en affrontement ? Elle le laissa dire. Il retardait, d'une guerre. Face à lui, et à la bonne conscience qui le maintenait dans les rassurants parages du siècle d'avant, Maylis voyait grandir les malentendus, et se préciser les déconvenues électorales. Qu'en pensaient les stratèges landais de son parti ?

— Ils sont un peu courts, c'est vrai, admit-il. Vicomtes et barons… Ils ont parfois un peu de mal à comprendre, et comme des rigidités.

Ce fut à son tour de rire, ce qu'elle fit de bon cœur. Si Mathias trouvait ses pairs rigides, c'était qu'il devait s'agir de leurs cadavres !

— Enfin, tout ça n'a guère d'importance.

Elle retrouvait le jeune homme charmant du premier jour, capable de ruser comme sur les terrains de rugby, partant d'un côté avec l'adversaire à ses trousses pour se tourner aussitôt, et foncer dans la brèche ouverte. Feinteur, c'était ça. Et que devenaient ses « manchots », et les autres, ses compagnons de ribaude, témoins de mariage et fieffés coquins dont elle récita la litanie des noms, comme une leçon apprise par cœur, et pour la vie ?

Il eut un geste vague. La paix faisait son œuvre de dispersion, autant que chaque jour qui passait. On se mariait, ici ou là. Il devenait un peu difficile de garder les contacts. Maylis en conclut qu'en se casant certains avaient trouvé à qui parler, et qu'un cercle vide s'élargissait autour d'eux. Guerriers au foyer…

Lorsqu'elle remercia Mathias de s'être détourné pour prendre de ses nouvelles, lui signifiant ainsi son congé, elle craignit de l'avoir provoqué, d'avoir dépassé les bornes. Lui ne savait plus trop quoi faire, sauf sourire et venir vers elle, les mains ouvertes, avec ce qui lui restait de sa superbe d'officier. Tandis qu'il caressait son buste, et se pressait contre elle, murmurant, elle songeait à la femme dont il avait dû se détacher le matin même, pour se lever et s'habiller. Les yeux grands ouverts, le corps inerte comme une pâte à l'abandon, elle attendit, le nez brusquement assailli par les parfums du bordel qui revenaient flotter autour d'elle. Puis elle croisa le regard de Mathias, sentit que son étreinte se relâchait, demeura ainsi, ployée, passive, indifférente au désir érigé contre le mur de son ventre, à ce corps étranger qui pourrait la traverser sans tirer d'elle un soupir.

— Hé, madame Durrugne…

Elle le contemplait, qui revenait à lui, incrédule. Allait-il la tuer pour la posséder, morte, se répandre en elle en implorant la vie comme s'il devait monter à l'assaut d'une tranchée allemande, le matin d'après ? Il baissa la tête, fit un pas en arrière, ses doigts quittèrent doucement les seins de Maylis, à regret. Le charme auquel il semblait avoir cru pour de bon se brisait, comme du verre. Mathias eut une mimique d'incompréhension. Il n'y avait dans les yeux de sa femme ni crainte ni plaisir. Maylis se souvint d'avoir été le «ventre vide» de son mari, son conceptacle inutile. C'était dans une vie antérieure. Cela ne lui faisait plus rien. Mathias hocha la tête. Il s'effaçait.

— Tu es un être étrange, et glaçant, lui dit-il en la quittant.

Elle avait attendu de lui qu'il manifestât un peu de

distance qui eût ressemblé à de l'humour. Mais elle avait appris à connaître Mathias. A défaut de cette qualité rare, le possible futur suppléant du député de Gironde avait certes de la faconde, qu'il réservait à son premier cercle d'amis. Pour le reste, il y avait déjà un certain temps que Maylis avait cessé de confondre l'accent régional, qu'il maniait assez bien, avec l'esprit, dont il était singulièrement dépourvu.

15

Avril 1924

Elle aimait écouter le bruit de forge assoupie que
faisait la chaudière, et deviner le lent cheminement
de la vapeur odorante au long des tubulures. Il y
avait, quelque part entre le métal et le caoutchouc,
une alchimie qui séparait les gouttes de térébenthine
des goudrons. Puis, lorsque le liquide s'était écoulé
dans les cuves, commençait la sédimentation des produits secs, des brais que l'on allait porter ensuite au
soleil. Maylis ne se lassait pas de ce mystère au bout
duquel la glu collant aux barriques se transformait en
essence limpide, ou en cristaux. Rien ou presque ne
se perdait en route, jusqu'aux résidus noirâtres qui
donneraient les goudrons et s'amassaient en attendant
au fond des récipients.

Elle avait compris les mécanismes essentiels de la
distillation. C'étaient ces lois physiques que son éducation avait délaissées au profit d'Ovide et de *La
Princesse de Clèves*. Elle devait apprendre un pan de
la réalité, la construire à partir de ce qu'elle voyait.

— Voilà, je n'arrête pas de naître à nouveau…

Le vieux Comets hochait la tête, revenait à ses dessins et à ses formules. A cette école-là, Maylis retenait vite, comme promis. Le soir, à la Casedieu, assise devant la grande table de la cuisine, elle se penchait sur les livres et les articles de revues que Comets et Barra choisissaient pour elle, et lisait, tâchant de comprendre. Au-delà des principes simples de la distillation, elle voulait tout savoir sur les machines, leur coût, leur évolution technique.

— Pourquoi les brais ne sont-ils pas tous *window glass*, monsieur Comets ?

Il écartait les mains, faisait semblant de réfléchir, avouait son ignorance. Cela tenait peut-être au travail du gemmeur, à la qualité de ses carres, et à la résine elle-même, qui donnait ce qu'elle pouvait. Il devait y avoir de bonnes années, comme pour le vin, quand l'arbre jouissait de ses climats les plus favorables. Un jour, peut-être, partant de ces données aléatoires, des chimistes inspirés trouveraient le diamant universel, la colophane pure comme un cristal de glace. Maylis ironisait.

— Quelque chose comme le white-spirit...

Il était sceptique. Le pétrole ? Bah, ce liquide noirâtre et nauséabond donnant quelque chose d'aussi odorant que la gemme landaise ? Allons donc ! Une cigale pouvait-elle survivre à ce contact fétide ? Et puis, les enfants américains se fortifiaient-ils en buvant l'eau stagnant dessus, comme les petits *lanusquets* [1] le faisaient avec celle des pots d'argile ?

— Pourquoi n'y a-t-il pas de chimiste chez nous, monsieur Comets ?

Il n'en savait rien, et ce n'était pas son affaire. Les Savayran suffisaient à la science, depuis des généra-

1. Compagnons landais.

tions. Leur savoir, ils se le transmettaient au pied des chaudières et des arbres, à la Bourse de Dax et aux assemblées avec leurs pairs.

— Et ça marchait assez bien comme ça jusqu'à présent, concluait-il.

— Même pendant les grandes grèves d'avant-guerre, monsieur Comets ?

Il s'apprêtait à rentrer chez lui, après avoir longé avec Maylis, au pas des promeneurs, les alignements de vasques à ensoleiller. Les grandes grèves de 1907, c'était loin, presque vingt ans. Pour les éternelles histoires de partage, de pots cassés. Les esprits s'étaient échauffés. Il y avait des meneurs, le rouge Duclos, et Ducamin, aussi, plus modéré. C'était d'ailleurs assez curieux, ce petit propriétaire, ancien militaire, qui se mettait à la tête d'une troupe arborant les drapeaux rouges et qui chantait avec elle *L'Internationale*, et *La Carmagnole*. Le pays était divisé, les maires, la jeunesse, même les curés, il y avait des pour et des contre. A Lit-et-Mixe, dont le maire était plutôt réactionnaire, les femmes avaient bien participé. On en avait vu pas mal qui encourageaient les hommes à se battre.

— Elles s'étaient réunies autour d'un grand drapeau rouge, devant le café Darmaillacq. Ces cris, *diou biban !* Le Ducamin, il s'était retrouvé en prison, après ça. Et vous savez quoi ? Il est passé enchaîné devant la maison de ses parents, avec vingt gendarmes autour de lui, qui le menaient à Dax. Hé bé, ses parents, on dit qu'ils en sont morts de honte, et de chagrin, quelques mois plus tard…

Comets pressa un peu l'allure. Maylis le vit réfléchir.

— On a calmé tout le monde, et mis d'accord ceux

qui voulaient avec ceux qui voulaient moins, les résiniers, et quelques maires et propriétaires. Monsieur
Clemenceau s'en est occupé, à l'époque. Il a envoyé
des gens de Paris, qui ont réglé ça avec le préfet, et
les députés. Quatre mois de grève, ce n'était pas rien.
Ça a coûté cher à tout le monde. Enfin... tout s'est
arrêté en juin. Les grévistes ont gagné quelques
copeaux de bois, et ont repris le travail sans condition. Ensuite, des granges ont brûlé, on a encore
entendu *La Carmagnole*, ici ou là. Mais les gens
avaient besoin de leur travail...

— Et mes parents se sont tués dans leur automobile. C'était en juin, aussi, de cette année-là.

Elle guettait sa réaction, le vit se tasser un peu,
comme chaque fois qu'elle évoquait leur présence à
Saint-Girons.

— C'est très dur de ne rien savoir là-dessus, monsieur Comets. Il me semble pourtant que ces choses
sont liées entre elles. Je ne sais pas pourquoi. Peut-
être à cause de ces bouts de mémoire que je retrouve,
quelquefois, et du silence général sur leur vie, ici.
C'est bizarre, vous ne trouvez pas ? Je pense que mon
père n'était pas très aimé. J'ai même cette conviction.
C'était un maître, avec tout ce que cela veut dire dans
la tête des gens, et dans leur cœur. Comment s'est-il
comporté à cette époque ? A-t-il joué un rôle dans ces
affaires ? Ces questions me tourmentent.

Il tourna vers elle son visage parcheminé qu'éclairait un petit sourire. Ses yeux profondément enfoncés dans leurs orbites semblaient lui dire qu'elle était
sur une bonne piste, mais que peut-être le jeu n'en
valait pas la chandelle. Maylis se sentit perdue,
comme chaque fois qu'elle venait buter sur ces fins
de non-recevoir, sur les « quelle mort horrible »,
« pauvre madame Durrugne », et autres « *diou biban*,

c'est affreux de finir comme ça » dont elle devait se satisfaire. Maylis insista.

— Mon père était un mauvais maître, n'est-ce pas ? Il y avait de la haine, autour de lui. Je me souviens de ça, parce que c'était dans sa voix, dans ses colères, et dans la tristesse de ma mère, aussi. Ça, monsieur Comets, je ne l'ai pas inventé. Je cherche chaque jour en vain le souvenir d'une vraie joie dans leur maison.

Comets s'arrêta, fit face, pour une fois.

— Monsieur Paul était dur, mais il devait avoir des raisons pour cela. On ne conduit pas une usine, un domaine, des affaires d'argent aussi considérables en offrant à tous des silènes et des épervières de la dune.

Elle frappa le sol du talon, son geste de petite fille contrariée. Les suppositions du vieil homme ne l'avançaient guère. Quant à la végétation dunaire, elle l'avait suffisamment observée et cueillie pour la connaître sur le bout de ses doigts. Comets s'approcha d'elle. Il souriait, semblait penser que tout cela n'avait plus guère d'importance.

— Vous, c'est différent, dit-il. Ce que vous avez fait ici en quelques mois vous a placée dans le cœur des gens, entre le respect et l'affection. Ces régions-là, c'est comme celles où l'on aime bien vivre, les uns et les autres. Trouvez celle qui vous convient. Peut-être ressemble-t-elle à ce pays, avec ceux qui y vivent. Je puis vous assurer qu'ici personne ne vous hait.

— Même votre neveu Darribats ?

— Oh, lui… vous avez vu ce que la guerre en a fait, n'est-ce pas ?

— Sa mère a travaillé à la Casedieu. Je me souviens d'elle, de sa voix. Je l'ai même revue, à la Sorbe. C'est votre sœur.

Elle sut qu'elle touchait un point sensible, une plaie que le temps n'avait pas cicatrisée. Mais de ces vieilles douleurs, il y en avait dans toutes les familles, et chez les Savayran comme ailleurs. Aussi, lorsqu'elle vit la mine de Comets prendre une teinte d'automne, elle n'insista pas, et se mit à parler de la Bourse de Dax, dont les cours avaient tendance à grimper. Comets pensait que cela continuerait, parce que le franc s'affaissait, et que la spéculation ne tarderait pas à flamber, bien au-delà de Dax et de Bordeaux, jusqu'en Amérique.

— Ils tiennent tout, là-bas, au risque de déclencher quelques catastrophes, mais comment leur en vouloir. Sans eux, nous serions encore à nous saigner, sur le front. Les vrais maîtres du monde, ce sont désormais les Américains, madame Maylis.

Il la regarda prendre le chemin de la Casedieu. La *Daoune roi*[1]. C'était ainsi que l'on appelait la solitaire de la maison basque. Pour souligner la couleur habituelle de ses vêtements, pour railler ou magnifier le souci qu'elle avait des plus humbles. Comets trouvait que ça lui allait bien de toute façon, parce que sous la mélancolie du visage et des attitudes de Maylis, il entendait simplement un cœur, plein de son fluide bouillant, qui battait fort. Il se souvenait de la petite fille contemplant, fascinée, les flammes des chaudières et la fumée noire qui par grand vent courait vers la cime toute proche des pins, et jouait avec, des heures durant. Bon Dieu, oui, il s'en était passé, des choses, entre les rugissements des scies entamant les aubiers et l'ombre silencieuse des jardins de la

1. « La Dame rouge ».

Casedieu, où vivaient les maîtres. Si la dune, murmurant de toutes ses fougères, de ses ajoncs et de ses astragales, avait à raconter...

Comets s'éloigna. L'usine tournait. C'était là l'essentiel. Tous avaient craint ce qui arrivait aux familles, la guerre, avec ses partages, et parfois la dispersion des biens comme dernier recours contre la ruine. Mais au sortir de son long hiver, la jeune femme tenait bon, toute seule. Les charrois s'alignaient le long de l'allée, déversaient leurs cargaisons de barriques qui roulaient, grondant sur les cailloux, et trente personnes vivaient autour de cette manne sans cesse renouvelée. De loin, les alignements des muids dessinaient leurs vagues claires, par dizaines, des courbes au galbe généreux, comme dans les chais de Bordeaux, où sommeillaient les vendanges des grands châteaux.

— Eh, l'oncle, tu rêves ?

Comets eut du mal à reconnaître son neveu. Victor masquait les ravages de sa peau derrière le large bord d'un feutre, qu'il releva, laissant paraître son regard des mauvais jours, à vrai dire le plus habituel. Il ricanait, et son haleine empestait l'alcool.

— Il y a trois « pattes-seules » au canton, tu devrais le savoir. Lartigue, le savetier, Beyrie, le gemmeur de chez Ducasse, et moi. Ce sont des petits détails qui nous différencient. La longueur du moignon, l'habileté à tenir l'équilibre, l'ampleur du geste. (Il se balançait d'avant en arrière.) Tu vois, là, c'est moi le meilleur, comme autrefois aux quilles de neuf. Tu te souviens, l'oncle ? Ces parties... Tiens, on va arroser ça.

Au jeu gascon, il n'avait pas son pareil, autrefois. La pièce de bois qui faisait office de projectile volait, à tir tendu, vers la quille de tête, qui chutait sur ses pareilles en entraînant deux, trois, parfois quatre. Les lendemains de fête, on manquait rarement de vin, à la Sorbe.

Comets s'exécuta. On ne refusait pas une invitation de Victor Darribats. Les deux hommes entrèrent au café. Comets se forçait à sourire. Quatre ans ou presque après son retour, son neveu restait pour lui une énigme. La faute à la guerre, sans doute, mais il n'y avait pas que cela. Victor projeta une épaule contre la sienne, pour une bourrade à sa façon, rigolarde.

— Heureusement, je les ai gardées, elles. Ça sert à l'amitié. Dis, vous faites une belle paire d'amis, la fille Savayran et toi. Qu'est-ce que tu lui racontes, le jour durant ? La vie de son père ? Hé, l'oncle ?

Comets vidait son verre de blanc, la tête basse. Cela faisait longtemps qu'il n'avait échangé autre chose que des banalités avec les membres de sa famille. Victor lui rappela qu'à la Sorbe Blanche attendait sa visite depuis une bonne quinzaine d'années.

— Blanche, ta sœur, tu te souviens, tout de même. Quoi ? Huit kilomètres. Ah, oui, un monde. Tu sais jusqu'où je suis allé, moi ? Tu le sais…

Ils se regardèrent. Passé le premier moment de surprise, les quelques consommateurs attablés à cette heure de l'après-midi avaient repris qui leur partie de tarot, qui leurs bavardages. Victor se mit à parler entre ses dents avec des faux airs de conspirateur, chuchotant presque. La présence de Maylis Savayran l'inquiétait. Que voulait-elle exactement ? Tenir l'usine ? La bonne blague ! Elle serait rentrée à Bordeaux avant les battages. Elle y avait un mari, et une famille qui ne plaisantait pas avec les usages de la bonne société.

278

— Qu'est-ce que tu peux bien lui raconter?

Comets haussa les épaules. Maylis? Il lui faisait la classe, comme Madeleine aux petits de la pinède. Le reste? Quelle importance?... Tout le monde s'en foutait bien, après les quatre années de guerre qui avaient nettoyé la mémoire des gens comme l'océan passait sur le sable. Victor frappa du poing sur la table.

— Et tu leur restes fidèle, *pouta, macareou*! C'est à vomir.

Comets se rebiffa.

— Tes frères ont aussi travaillé à l'usine, pendant la guerre. Lorsque tu es rentré, je n'ai pas souvenir que tu les en aies empêchés. Au contraire, il me semble que tu es allé défendre leur salaire, avec les résultats que l'on connaît.

— De 14 à 18, ce n'était pas pareil! Il fallait vivre sans nous, et les deux autres, là-haut, ils étaient morts. Alors, tout était bon, pour ça, même l'usine. Les petits, fous-leur la paix. Ils n'avaient rien à voir avec les grèves de 1907. Pauvres, ils avaient six et sept ans à l'époque, tu parles! Mais au fait, il serait peut-être bon qu'ils obtiennent réparation, maintenant. Tu te souviens tout de même qu'on les a chassés comme des malpropres.

— Oublie, Victor. Le temps a passé. Tu ne vas tout de même pas crever avec ces vieilles lunes.

— Ta gueule, l'oncle!

Il avait crié. Le silence se fit dans le cabaret, comme chaque fois que le mutilé y donnait de la voix. Darribats, celui de la Sorbe... On s'habituait à ses désespoirs, à ses insultes, et personne n'avait encore osé le calmer par la force. On attendait que la fatigue et le vin fassent leur travail, ce qui prenait parfois du temps. D'une main aux gestes vagues, Victor sortit de sa poche des pièces qu'il jeta sur la table.

— On est pensionnés, dit-il. Voilà. On a gagné le droit de boire tout ça, pour la Patrie, *hay, dio* !

Lorsque Comets se leva, il plaqua la main sur son bras, et ses yeux qui voyageaient de l'oncle au plafond reprirent leur éclat méchant.

— Reste là, Jean Comets.

Le vieil homme se dégagea d'un geste vif, presque brutal. A son tour, il pesa sur l'épaule de Victor, le forçant à rester assis.

— Tu vas me foutre la paix, mon neveu ! Cesser de m'emmerder. Je suis libre, tu entends, libre. D'oublier, ou de parler. Ma conscience, je m'en arrange. Comme toi, je suppose, sauf que moi, je ne suis pas un héros de la guerre. Je fais avec mes moyens.

Victor se laissa aller en arrière. Les héros de guerre avaient ceci de particulier qu'au fil des années la génération qui venait, si elle les respectait par devoir, les trouvait parfois un peu encombrants. Ils avaient donc intérêt à se faire discrets, d'autant que ceux de leurs classes qui avaient échappé aux rigueurs du front, et qui en nourrissaient quelques complexes, ne se privaient pas de le leur conseiller, à l'occasion. Alliés, parfois, avec les autres, les plus nombreux, et de tous âges, qui n'avaient pas porté l'uniforme une seule seconde. Victor éclata de rire.

— L'arrière… belles figures de culs de singes. Haut les cœurs ! Je vous emmerde, et je vous crève la paillasse, pourris ! Gibiers faisandés ! Caque !

Il fit tomber la table et son chargement de verres, chercha ses béquilles, chuta sur la hanche, lourdement. Comets l'observait sans broncher. L'exhumation des vieux souvenirs enfouis sous la pinède marensine ne l'excitait guère. De la petite Savayran à l'ivrogne qui gigotait comme un ver de terre à la recherche de ses appuis, il y avait une passerelle sur laquelle le vieil homme refusait de s'engager. Un jour, peut-être…

Il eut une pensée pour Madeleine, qui tentait de régenter la Sorbe, et la tribu somme toute disparate qui y vivait. Il la revoyait, fiancée à Victor, dansant avec lui une ronde Congo, un quadrille ou une scottish à deux temps, et le souvenir de cette vie antérieure foudroyée le bouleversait. Il y avait eu de la grâce dans ce couple, un vrai sentiment de tendresse, même. La beauté de ces jeunes gens, la force secrète qu'ils semblaient s'échanger pour affronter la vie en avaient fait à l'époque une sorte de modèle. Mais tout ça était révolu, mort, et enfoui.

Comets s'assura que Victor ne s'était pas rompu quelque os et, sans un mot de plus, sortit du café.

Maylis avait passé sa matinée dans les magasins de Mont-de-Marsan. Comme ses pareilles, petites villes de province, la préfecture des Landes offrait à ses chalandes des Galeries, quelques boutiques de mode et de modistes, des merceries en nombre conséquent. Il s'y était ouvert un bazar où les enfants trouvaient leur Noël toute l'année, et la cité comptait assez de pâtisseries pour satisfaire leur gourmandise. Un musée, pour la mémoire, une mairie et une église tout droit sorties d'un XIXe siècle copieur maladroit des Anciens, et les incontournables agences bancaires complétaient un paysage urbain d'une exemplaire banalité.

Entre ses trois rivières où la batellerie, durement concurrencée par le rail et la route, déclinait doucement, la cité de soldats et de fonctionnaires sommeillait, loin des courants vitaux irriguant la province. Ce charme sans apprêt ni attrait particulier séduisait Maylis, qui y trouvait un assez juste pendant à ses propres humeurs, et la paix voluptueuse des endroits où le temps passe sans en avoir vraiment l'air.

Flânant ainsi, ses paquets à la main, le nez au vent léger de midi, Maylis dépassa la statue de l'Alsacienne, érigée en hommage aux provinces reconquises, longea la massive Madeleine, aperçut les colonnes napoléoniennes de la Préfecture. Des potaches adolescents, juste libérés par leurs maîtres du lycée Victor-Duruy, se répandaient en ville, chahutant et riant. Maylis allait rebrousser chemin, à leur suite, vers le théâtre et le pont sur le confluent, lorsqu'une voix, joyeuse, retentit derrière elle.

— Madame Durrugne ! Et dans nos murs montois ! Six colonnes à la une !

Sylvère Lestrade achevait une mise en page lorsqu'il avait vu passer Maylis devant son antre. Il la soulagea d'autorité de ses paquets, la fit pénétrer dans son sanctuaire : une échoppe chichement éclairée par la lumière du jour, capharnaüm meublé par des piles de livres et de journaux. Au milieu de ces murs imprimés, croulant sous une charge de documents, une table de cuisine faisait office de bureau, baignée par la lueur jaunâtre d'une ampoule nue. Seul luxe dans ce fatras de choses et de faits, bizarrement isolé à distance de la machine à écrire, un poste de téléphone occupait un angle entier de la table. L'expression de Maylis découvrant son domaine mit en joie le journaliste.

— Voilà pourquoi je travaille seul. Vous comprenez ?

Il trouva une chaise, qu'il débarrassa de ses paperasses, l'épousseta, et la tendit à sa visiteuse. S'accoutumant à la pénombre, Maylis distinguait, entre

282

les cartes d'état-major et les photographies d'écarteurs en action fixées aux quatre murs par des punaises, un mobilier vertical totalement saturé de dossiers, de chemises, et d'objets divers ; des balles de pelote dans une chistera, des banderilles aux fers encore ensanglantés, des piles de photographies, des ballons, ronds ou ovales, et, dominant le tout du sommet d'une armoire-secrétaire, au milieu d'une collection de bérets, une série de poupées sur leurs échasses se donnant la main pour un rondeau. Maylis ne put s'empêcher de rire, à son tour. Lestrade rayonnait.

— Les gens sont à l'aise, lorsqu'ils viennent me raconter leur vie. Comment disent les Anglais, déjà... cosy, cosy-corner, c'est ça. Alors, voilà, ils s'installent, comme vous, et se sentent bien. Ça aide.

Il n'avait à offrir que de l'armagnac, un peu rude pour une jeune femme de vingt et un ans. Maylis refusa. L'alcool des Irlandais lui restait en mémoire, ainsi que les maux de tête qui avaient suivi le déjeuner à l'auberge de Léon. Mémorable journée...

— Voici donc où naît *La Liberté des Landes*. Qui fait si peur à ma tante Eugénie...

— Boh ! Vous savez, des journaux, il y en a plus d'une centaine, rien que pour ce département. Nul n'y a le monopole des idées, ni des idéaux. Et c'est bien ainsi. Votre tante peut s'y retrouver, comme il lui sied. Plaise au ciel de nous épargner le jour où il ne resterait plus sur la place qu'un seul d'entre nous. Mais cela n'arrivera jamais. Je veille !

Il eut un geste de prière, un salut, vers l'église dont Maylis apercevait les deux grosses tours carrées. Puis il plongea les mains dans son maelström de papier et d'encre, fit voler des feuilles.

— Regardez, il y en a vraiment pour tous les

goûts. Vous êtes cycliste, rugbyman, canoteuse ? Voici *Les Landes sportives*. Torero ? Lisez *La Course landaise*. Curé, nonne ? Je vous propose parmi trente autres *Le Petit Dacquois*, bulletin paroissial de la cathédrale de Dax.

Il pointa son doigt vers Maylis.

— Mais vous êtes vous-même industriel du bois et de la résine. Quoi ! Vous ne connaissez pas *Bois et Résineux*, journal économique de défense forestière paraissant le dimanche ? Si, bien sûr… Et la politique. Ah, la politique ! Que serions-nous, sans elle ? Votre cœur est radical-socialiste ? Lisez *Le Franc-Parler*, *La Nouvelle Chalosse* ou *Le Militant*, que mes confrères du *Clairon républicain*, « organe de la démocratie landaise », bigre, ce n'est pas rien, traitent amicalement de poisons démagogiques, et ceux du *Travailleur de la terre*, ces rouges qui piquent, de pauvres cabots fringants-prétentieux, ou de jouisseurs fainéants.

Il brandissait les journaux, les agitait comme des oriflammes.

— Et pour arbitrer, *Le Républicain landais* qui « soutient la thèse du bon sens et de la vérité ». La vie, madame, tout ça, c'est la vie, avec sa belle liberté !

Il jubilait. Cela faisait vivre les imprimeurs, dont le sien, qui aurait dû toucher sa livraison depuis la veille au soir.

— Il attendra ! Ce soir, grande réunion des gauches, à Lesperon. On y entendra quelques ténors. Lesperon. Ce nom ne vous dit rien ? De là sont parties les révoltes d'avant-guerre, quand la forêt landaise était un laboratoire d'idées que la France entière observait. Je ne devrais pas vous en parler (il rit), quelques-uns de vos pairs ont été enfermés dans la mairie de ce village, et il a fallu les gendarmes pour les en libérer. Le vieux temps… mais vous, que lisez-vous ?

Un peu saoulée par la faconde chantante de son hôte, Maylis dut admettre qu'en politique elle avait besoin de conseils. Lestrade ne lui laissa pas le temps de détailler. En quelques minutes, il amassa aux pieds de sa visiteuse une pile de bouquins et de revues propres à éclairer son jugement sur deux ou trois choses importantes, telles que les syndicats et leurs chefs, l'histoire de la forêt, et les brais, même. Maylis leva la main.

— Pour ça, je bénéficie d'un enseignement direct, et efficace ! Vous ne pouvez savoir à quel point j'apprends vite.

— Vous m'accompagnerez à cette réunion ?

Il avait posé la question comme on lance à la mer une bouée, et guettait la réponse, anxieux. Maylis fronça les sourcils. Elle savait bien, maintenant, la différence entre les maîtres de l'industrie landaise et leurs ouvriers. Hors des ateliers, des entrepôts et des palombières, tout de même, ces gens ne se mélangeaient guère. Et l'usine n'était pas la terre, qui elle se partageait parfois, même peu, même mal. Lestrade plaida.

— C'est tout de même assez loin de vos bases. Une façon d'apprendre, là aussi…

Maylis réfléchit, choisit d'accepter, ce qui réjouit son hôte. Elle avait pris, le matin même, une décision concernant ses métayers, autrement plus importante que celle-là. Peut-être en parlerait-elle à Lestrade, plus tard.

— Nous déjeunons ! Le temps de ranger un peu…

Maylis rit de bon cœur. Lestrade en profita.

— Vous vous souvenez que je dois enquêter sur

vous. Quoi ? Dès lors que tout le monde parle de cette Dame rouge, dans le département, et plus loin encore, jusque dans le Gers, oui, madame, le Gers, je n'aurais pas le privilège d'en savoir plus ? Vous voyez, je travaille tout seul. Nos secrets seront bien gardés.

— Ils ne sortiront pas de cet endroit !

— Parfaitement, promit-il.

— Alors, je réfléchirai, dit-elle. Nous ferons peut-être des échanges, si vous en êtes d'accord. Ne me dites pas que vous ignorez tout, ou à peu près, de ce qui se passe dans la région. Ou de ce qui s'y est passé… autrefois ?

Ils s'affrontèrent, de leurs sourires. Lestrade se souvenait d'une passante aux airs de petite fille triste, parcourant la forêt à bicyclette, à la recherche de visages disparus. La jeune femme qui se tenait assise devant lui, le buste bien droit, du fard aux joues et aux paupières, les cheveux coupés au ras de la nuque et des tempes, gardait, au fond des yeux, le sombre éclat de cette mélancolie. Trompeur, pensa-t-il. Il y avait bien autre chose dans cette âme, des forces dont on aurait plaisanté quelques semaines auparavant, une envie de vivre et de mépriser le malheur plus puissante que tout le reste.

— Irrésistible, murmura Lestrade.

— Que dites-vous ?

— Rien, enfin, une pensée, qui me traversait l'esprit… Nous irons au café où se retrouvent ces terribles syndicalistes, suppôts de Lénine et autres Louise Michel. Mais bon, ils sont tout de même au travail à l'heure de midi. Nous serons entre nous. Dans une petite demi-heure.

Elle le regarda achever la mise en page d'une recette de civet de canard à l'hysope. Il expliqua.

— Tout est dans l'hysope, comprenez-vous…

Des abonnées lui adressaient ces trésors dont il faisait profiter le plus grand nombre. Ah… Où placerait-il la grande nouvelle ? Sous la réclame pour la brillantine, ou près de celle des corsets ?

— Quelle grande nouvelle ? demanda Maylis.

— Tout près de chez vous, à Lit-et-Mixe. La Société philharmonique a bien failli gagner le concours de Dax ! Tenez, la photographie des héros. Vous ne leur avez pas encore fait de don ? Eh bien, chère madame, vous manquez à tous vos devoirs.

Ahurie, Maylis découvrait l'invraisemblable polyvalence de Lestrade, la rigueur et la liberté de son esprit, dans le grand foutoir de son bureau, où nul autre que lui n'aurait pu s'y retrouver. Paraissant deviner sa pensée, le journaliste déclara dans un grand rire :

— Je vous le dis, madame, la liberté de la presse mourra avec les gens comme moi. Souvenez-vous de cela !

De toute sa jeune vie, Madeleine Darribats n'avait guère eu l'occasion de monter dans une automobile. Aussi, lorsqu'elle aperçut l'énorme Chenard qui manœuvrait sur l'airial de la Sorbe, sentit-elle son cœur battre un peu plus fort. Victor guettait lui aussi les arrivants, par-dessus l'épaule de sa femme. Son humeur ne s'en trouvait pas pour autant améliorée.

— Regarde-les, ceux-là. C'est peut-être pour pouvoir se pavaner dans ce genre d'attelage qu'ils ont tout cassé au congrès de Tours.

La scission de la gauche en 1921, en même temps qu'elle avait donné naissance au parti communiste français, avait tué chez Victor Darribats les dernières illusions sur la grande révolution que l'on ferait tous ensemble. En laissant leur aile radicale se constituer en parti, les socialistes avaient rejoint à ses yeux les modèles bourgeois qu'ils faisaient semblant de haïr, pour mieux les jalouser, et, à terme, leur ressembler.

— Et c'est ça qui fait peur à des Ripeyre…

Victor jura. Les syndicalistes landais qui pataugeaient dans la boue de l'airial avaient pourtant été ses compagnons. D'enfance, d'abord, entre seigle et résine, à besogner la terre près des parents. D'école ensuite, très vite pour ce qui le concernait — les autres s'étaient instruits, ou avaient essayé —, et puis de tranchées, ou de camps de prisonniers. Victor les reconnaissait. Duprat, de Castets, Lamarcan, de Mont-de-Marsan, les frères Castaignède, de Linxe. On se croisait, autrefois, entre les ateliers, les champs et les réunions politiques. C'était avant guerre, et tous étaient d'accord. On séquestrait les ayant-pins, on arrêtait les trains, et les gendarmes hurlaient sous leurs chevaux aux jarrets tranchés par les hapchots. Victor ricana.

— Et tu vas les aider, ces rouges-clairs ?

Madeleine haussa les épaules. Ses hôtes n'étaient pas n'importe qui, mais des tribuns, des meneurs d'hommes, de ceux qui pouvaient faire avancer les choses. Ingambe, Victor les eût tout de même suivis, et écoutés, comme certains communistes qui refusaient toujours le divorce de Tours. Mais dans son état, l'ancien de l'armée d'Orient ne pouvait faire autre chose qu'attendre, juger de loin et condamner, de plus en plus radicalement, tout ce qui n'allait pas dans le sens torturé de son jugement. Madeleine se retourna, désigna la table autour de laquelle les enfants tiraient la langue, penchés sur des cercles et des triangles.

— Ce sont ces petits que je vais aider. Le travail

leur est soi-disant interdit, mais tu vois bien. Ils s'activent à la ferme, au pinhadar, à ce qu'on dit... la belle affaire. Ils ont droit à autre chose qu'à mon école à demi clandestine. Si je ne le dis pas, qui le fera ?

— Et qui s'occupera de ma mère, aujourd'hui ? demanda Victor.

— Mes sœurs. Je leur en ai parlé, elles feront comme d'habitude.

On frappait à la porte. Madeleine esquiva le regard furibard de Victor, alla ouvrir, fit entrer les hommes. Les saluts furent brefs, muets. On ne s'attarderait pas. Planté sur ses béquilles, au milieu de la pièce commune, Victor gardait les lèvres closes, hostile aux politesses des syndicalistes. Il y avait du maïs à espourger, de la volaille à plumer, au lieu de quoi on irait discutailler à Lesperon, jusque tard dans la nuit. Des coups de trique se perdaient, par là.

Les visiteurs n'avaient pas envie d'engager la conversation. Ils avaient du mal à reconnaître leur camarade dans cette caricature grimaçante dont rien ne semblait pouvoir apaiser les rancœurs, les vieilles haines ressassées, le malheur, en vérité. Victor consentit enfin à ouvrir la bouche.

— Et alors, vous restez là, ou vous foutez votre camp ?

Madeleine avait couvert ses épaules, et jusqu'à ses chevilles, d'une capule grise comme celle des femmes landaises en deuil. Victor se montra ironique.

— Elle se l'était préparée pour le cas où les Bulgares m'auraient réglé mon compte. Mais bah, nul n'est irremplaçable, eh, les anciens ? Vous me laissez, oui, bordel de Dieu ?

— Tu ferais mieux de nous suivre, et de te calmer, dit Lamarcan, un apprenti des forges de Brocas que la guerre avait transformé en pointeur d'obus.

Victor eut un geste de rage, que Madeleine savait de profond dépit, s'assit sur un banc, près des enfants que les problèmes d'adultes ne semblaient guère intéresser.

— Je verrai. Peut-être, sur la nuit, quand vous aurez déblatéré vos promesses jamais tenues, et tout votre fatras de conneries pontifiantes. Bon vent, té. Pour le moment, je reste avec les cancres privés de madame.

Madeleine pénétra dans la salle de réunion de Lesperon, une espèce de grande halle aux murs jaunis que n'égayait nulle affiche, contempla l'assemblée déjà bien fournie des participants. Les tribuns s'étaient égaillés, saluant les uns, complimentant les autres, donnant des rendez-vous, déjà, pour d'autres soirées.

On était venu de partout, de Lit et de Rion-des-Landes, d'Onesse, de Morcenx, en bros, à bicyclette, à pied ou à dos de mule. La réputation des orateurs avait déplacé la grande foule, et mobilisé jusqu'à ceux des forges et des radoubs du Boucau, des durs, citadins que les gemmeurs et les métayers des Landes terriennes considéraient avec respect.

Il n'y avait, en cette soirée pour laquelle on avait sacrifié une veillée de samedi, pas plus de fantaisie que de coutume. Sagement assis en longues rangées de chaises et de bancs, le public attendait, murmurant. Sous une épaisse couche de fumée de tabac, la vague uniforme des bérets s'étalait, avec çà et là, pour la rompre, les taches plus claires de chapeaux ou de coiffes de femmes, une vingtaine sur les trois ou quatre cents personnes qui avaient fait le déplacement.

On vint chercher Madeleine, que l'on installa au pied de la tribune.

— Ça va, petite ? lui demanda Lamarcan, assis à ses côtés, tu te souviens à peu près de ce que tu vas dire ?

Elle se souvenait. Parcourant du regard les travées, elle reconnaissait avec soulagement des visages de forestiers et de paysans ; cousins, voisins, amis, anciens des séquestrations d'avant 14, et d'autres, plus jeunes, de la génération qui montait, désormais.

— Camarades…

L'hôte était cabaretier, savait lire et écrire, ce qui le rendait précieux pour le courrier aux autorités, ou aux avocats. Il célébra la rencontre, qui se voulait fraternelle et unitaire. Dans quelques semaines, on voterait pour les législatives. Comme la Fédération des gemmeurs et métayers, qui conservait sa liberté depuis la scission de 21, et n'adhérait nulle part, il souhaitait que l'on oubliât les querelles, les divorces, pour un combat commun contre la droite qui régnait depuis la fin de la guerre.

— Et pour les radicaux, on fera quelque chose ? cria quelqu'un.

Il y eut des rires, quelques applaudissements. L'homme poursuivit sans se démonter. Les radicaux se ralliaient aux socialistes. Ce n'était pas le moment de les heurter.

— Cinq années de patience, et au bout, rien. Tout reste en l'état, la terre, la forêt. Adieu, piquetalos, où êtes-vous passés ? André Lamarcan, tu as peut-être la réponse, toi ?

Lamarcan monta à la tribune, encouragé par sa coterie, de loin la plus nombreuse dans la salle. Ses larges mains à plat sur la table, son buste projeté vers l'avant, l'homme en imposait. La quarantaine massive, les cheveux en bataille, les sourcils épais, comme le nez, il laissait son regard dur de paysan errer sur la foule, d'un côté à l'autre de la salle. Lorsque sa voix retentit, il y eut comme un frisson dans le public, et Madeleine ne put s'empêcher de sourire. Celui-là était un chef. Et tribun, pour de vrai. Ses mots alourdis par un accent de rocaille pesaient leur poids de conviction, et les murmures du début se firent bien vite cris, et ovations répétées. Ses poings se serraient, assenant leurs vérités.

— Abrogation de la loi de 1889 ! Remplacement du métayage par le fermage intégral ! Baux de trois ans au minimum, écrits, nom de nom ! Et ces redevances, ces corvées, à bas ! Et tout ça, pas seulement en Marensin, en Chalosse ou en Seignanx, séparément, mais dans toutes les Landes, une fois pour toutes ! Je vous le dis, en mai, élisez des députés socialistes. Vos enfants pourront aller à l'école de votre choix, vous ne laisserez plus qu'un quart de votre récolte au propriétaire, et si tout va bien, c'en sera fini, ou presque, de la bourgeoisie qui vous écrase et vous méprise ! La terre à ceux qui la travaillent, *diou biban* !

Il y eut un hurlement, de plaisir et d'assentiment. Madeleine se tourna, contempla les rangées de sièges sur lesquelles ondulait la foule.

— Les socialistes à la Chambre !

— Les Internationales, ensemble ! Union !

— Et sans les radicaux, pitié !

La salle joyeuse, mais aussi colérique, se partageait en deux tendances. On s'apostrophait d'une travée à l'autre sous l'œil jubilant de l'orateur.

— Et les femmes !

Lamarcan demanda le silence. Les femmes, oui. Elles avaient tenu l'arrière, tout au long des quatre années de guerre, et puis rien, ou pas grand-chose. Il en était pourtant de plus méritantes que d'autres, qui donnaient des exemples, comme Madeleine Darribats. Savait-on assez pourquoi les enfants des ouvriers forestiers se retrouvaient chez elle, quand ceux qui avaient le temps d'aller à l'école se préparaient à s'endormir ? Où était la justice ? Dans le pain de blé qu'ils ne consommaient que le dimanche, ou les jours de fête, comme avant guerre ? La foule s'était tue, et buvait les paroles du meneur. Avec une voix pareille, Lamarcan secouerait un jour les travées de la Chambre des députés. Comment pouvait-il en être autrement ?

— Viens là, Madeleine.

Madeleine se leva, les jambes un peu molles, monta à la tribune d'où elle découvrit, effarée, la densité de l'assistance.

— Dis-leur.

Cramoisie, elle attaqua sur le ton de la confidence, ce qui amusa Lamarcan.

— N'aie pas peur, la rassura-t-il, raconte tes heures, tes jours, parle haut.

Elle s'enhardit. Ses journées n'avaient rien d'exceptionnel. Les champs, la volaille, les repas, le soin des vieux qui vivaient encore sous son toit, les travaux d'intérieur. Simplement, elles se prolongeaient par cette classe buissonnière au terme de laquelle les enfants restaient souvent à dormir à la Sorbe.

— Pas de corvées, chez ton bailleur, Madeleine ? lui demanda Lamarcan.

Elle releva le menton, dans un geste de défi. Bien sûr, il y avait aussi ces contraintes difficilement supportables, le ménage ou la lessive pour la femme du

293

maître. Certes, cela était payé quatre francs de la journée, et n'était pas quotidien. Deux dimanches par an, mais deux de trop. Madeleine s'enflammait, peu à peu.

— Qui nous dira quand ça cessera? Couper un quart de cochon jusqu'à la tétine, pour la redevance, c'est déjà un geste douloureux. Mais passer la serpillière sur des carrelages qui ne sont pas les vôtres, sous prétexte qu'un bail signé il y a plus de trois quarts de siècle vous y oblige, il y a là quelque chose d'insultant.

Le mot produisit son effet. Lamarcan avait l'air satisfait, et opinait avec vigueur, comme pour donner plus de force à ce que disait sa protégée. Victor Darribats était bien partial, et diminué dans ses facultés mentales, pour ne voir dans sa femme qu'une frivole davantage préoccupée de paraître en public que de se donner aux tâches de la ferme. Il savait bien, lui, Lamarcan, que cette Madeleine-là saurait faire vibrer les foules à sa façon.

— Eh bien, messieurs de la terre et de la forêt, puisque vous voterez pour nous, à notre place, l'année prochaine, poursuivit la jeune femme, faites-le pour de bonnes raisons. Si les prêtres, ou d'autres, vous disent, comme parfois, que notre travail pendant la guerre a permis de faire de grandes économies dont les métayers ont profité à leur retour, riez leur au nez. J'en connais au fond de la lande qui rêvent encore trop souvent de pain blanc, et comptent les quignons, sur la table. Et j'en ai vu, aussi, qui mouraient tout seuls sous les pins, et faisaient pour ça moins de bruit qu'un caillou lancé dans la rivière. Alors, à ceux qui vous diront que métayage veut dire en principe moitié, et qu'ils sont bien généreux de vous laisser trois cinquièmes, vous répondrez que notre calcul, à nous, c'est justice égale quatre cinquièmes, au moins. On le mérite.

— Ça, c'est de la bonne arithmétique ! apprécia Lamarcan.

Lorsque Madeleine passa près de lui, il murmura : «Bien, petite, bien», et pressa sa main. Puis il se leva à nouveau. Il y avait un vrai problème de partage de la résine. Tandis qu'ailleurs dans les Landes on avait tant bien que mal conservé l'ancienne égalité, les propriétaires du Marensin se distinguaient par leur refus d'aligner la part des résiniers sur les cours de la gemme. Lamarcan fulminait.

— Et pourtant, ils remontent, ces cours ! Les industriels nous mènent en barque avec la crise de 21, l'Amérique qui décide tout et les chemins de fer qui rançonnent. De trois cents francs la barrique en 19, la résine sera cette année aux alentours de six cents francs ! Et ça continuera, *diou biban,* peut-être même que les spéculateurs de Dax et de Savannah feront en sorte que ça ne s'arrête jamais ! Et votre part, à vous, serait toujours la même ? Ils se foutent de vous, voilà la vérité !

Sous l'abri complice de son chapeau de paille à large bord, dans la pénombre qui baignait le fond de la salle, Maylis écoutait les huées et les vivats saluant les temps forts du discours. Assis à côté d'elle, un petit carnet sur ses genoux, Lestrade prenait des notes. Il trouvait Lamarcan particulièrement en forme, ce soir-là.

— Et cette Darribats, té ? Elle a de la moelle. Dites, vous n'avez pas les oreilles qui sifflent trop ?

Maylis ne pouvait détacher son regard de la tache noire que faisait le chignon de Madeleine, loin devant elle. Au milieu de cette assemblée aussi étrange que les tribus indigènes des revues illustrées, avec une langue, des gestes, des signes de reconnaissance qui n'appartenaient qu'à elle, la jeune paysanne immobile et comme abîmée en prière semblait presque étrangère. Maylis eut le sentiment qu'à cet instant précis leurs pensées se rejoignaient près de la Jeanne mourant dans sa cabane sordide, et cette évidence la bouleversa.

— Peut-être finirez-vous par vous parler, dit Lestrade, troublé lui aussi.

Ce n'était ni le lieu ni l'heure. Ce soir-là, Maylis se contentait de découvrir la face d'un monde dont elle n'avait jamais soupçonné simplement l'existence. Où donc étaient les métayers endimanchés qui portaient trois ou quatre fois l'an à leurs propriétaires leurs parts de volailles, d'œufs et de filasse, l'air un peu contrit ? Et les forestiers qui se découvraient sur le passage du maître, venaient lui serrer la main lorsqu'il s'approchait d'eux, et allaient jusqu'à demander quelques nouvelles de la famille ? Maylis avait entendu leurs chants vengeurs. Quelle peuplade surprenante, en vérité, qui se soumettait, le jour, et venait faire provision de révolte et de détermination dans le lieu nocturne qu'animait l'écho de sa contestation.

Lorsque retentit *L'Internationale*, soufflée à pleins poumons par plus de trois cents poitrines, Lestrade se pencha vers sa voisine.

— Vous ne chantez pas, madame Durrugne ?

— Ne soyez pas stupide.

Il rit. Madeleine s'était levée, comme les hommes. Chantait-elle ? Et ses petits élèves, apprenaient-ils *L'Internationale* avant les rondeaux et quatrains champêtres ? Lestrade commenta.

— Signe des temps qui changent… On dit que ces bougres ont appris ces insanités au front, entre les gares régulatrices et les cantonnements de repos. A qui se fier ?

Maylis haussa les épaules. Elle ne désirait pas être reconnue, et demanda au journaliste de la raccompagner.

— Vous ne voulez pas connaître mes collègues du *Travailleur de la terre*, ces bouffeurs de calotte ?

— Non.

— Alors, le temps de les saluer, et je vous rejoins.

Maylis quitta la salle, sortit dans la nuit qu'éclairaient vaguement quelques torches. Il faisait doux. Maylis marcha à quelque distance des premiers groupes qui rentraient chez eux, vers la route sableuse traversant le village. La foule grossissait. On y discutait encore ferme, on s'encourageait comme si l'on craignait que le bel élan de la soirée ne s'épuisât avant longtemps. Les tribuns passèrent à leur tour. Ils se rendaient à l'auberge, en compagnie des organisateurs. Au moment où ils allaient atteindre l'autre côté de la rue, ils furent apostrophés, rudement.

— Té, le citoyen Lamarcan, et avec toute sa ménagerie ! cria quelqu'un.

Le silence se fit, tandis qu'un groupe d'une dizaine d'hommes quittait l'abri des platanes et s'approchait. Maylis recula. Les arrivants n'étaient guère différents des autres. Certains étaient vêtus comme eux des chemises et ceintures de résiniers, sous d'épaisses vestes de drap, d'autres, à l'image des orateurs, portaient costume, cravate large et melon. Lamarcan s'arrêta, fit face, les mains sur les hanches.

— Le Bloc national est de sortie ! s'écria-t-il. Eh oui, la ménagerie, comme vous voyez… Té, il nous manquait les ânes, merci de les avoir amenés avec vous jusqu'ici !

Un homme se détacha du groupe.

— On vous laisse la place chez cette fripouille d'aubergiste, dit-il, hilare. C'est de bon cœur. Et crevez-y tous !

— On crèvera pas avant de vous avoir fait cracher la journée de huit heures, lui rétorqua Lamarcan. Nous, on vous offrira la retraite en échange. Définitive !

Les hommes se toisèrent, longuement, tandis qu'on s'attroupait autour d'eux. Le ton montait, les invectives fusèrent. Maylis vit Madeleine quitter la salle, suivie à quelques mètres par Victor, clopinant. Le mutilé avait donc cédé à la curiosité. Placée comme elle l'était, Maylis aperçut deux hommes qui se détachaient lentement du groupe des contradicteurs et qui marchaient vers les Darribats.

Victor les avait vus, lui aussi, et s'était arrêté.

— C'est quoi, là ? cria-t-il. Ripeyre ? Ou semblables ?

Des réflexes de sa guerre le tenaient en alerte. Il aurait pu crier « qui vive ». Attendant l'assaut, il se figea. Les deux hommes étaient déjà près de lui, à le toucher.

— Salauds, hurla-t-il ! Fous le camp, Madeleine !

Il leva une béquille, la tendit devant lui comme une lance. Mais les autres n'en avaient pas après lui. Patauds, ils s'étaient lancés à la poursuite de Madeleine. Maylis vit la jeune femme courir entre les platanes, et se rapprocher d'elle, tandis qu'une échauffourée rassemblait, sur la route, la classe politique landaise en campagne. De la belle pignade, comme disait Lestrade, une de ces brèves mêlées de fin de réunion, où l'on s'échangeait fort heureusement davantage d'insultes que de coups. Madeleine trébucha, chercha son équilibre, chuta aux pieds de Maylis, laquelle, voyant arriver sur elle les deux poursuivants précédés de leurs cannes à pommeau, fit un pas vers eux.

— On n'avance plus !

Les deux types s'arrêtèrent. Il y avait du monde, à moins de vingt mètres de là, des gens qui cherchaient d'où venaient les éclats de voix, intrigués.

— Ou je crie, dit Maylis, sans grande illusion sur l'efficacité d'une telle défense.

Couchée sur le côté, ne comprenant pas trop ce qui avait bien pu se passer en moins de trente secondes, Madeleine reprenait son souffle. Maylis fit face, dit qui elle était. Les deux hommes se regardèrent, firent un pas dans sa direction. Lestrade s'interposa, les poings serrés.

— Toi, le journaliste, tu nous emmerdes, dit l'un des deux hommes.

Il lança un coup de canne à l'aveuglette, reçut une gifle, puis un coup de savate dans la cuisse, qui le fit gémir. Son compagnon avait sorti un couteau de chasse, et jetait des regards affolés vers lui.

— Je sais qui tu es, lui dit Lestrade. Arrête tes conneries.

On se rassemblait vers ce coin de place mal éclairé, Victor Darribats, écumant, et quelques autres, rameutés en chemin. Un peu plus loin, une escorte conduisait les orateurs vers l'auberge, sous les lazzis. L'heure était au joyeux chaos des fins de réunion, au brassage des opinions sous la garde de saint Horion, patron des hommes d'idées. Dans la petite seconde où elle aidait Madeleine à se relever, Maylis croisa son regard, si proche et intense qu'elle revit l'adolescente prise en faute dans la chambre de sa mère.

C'était bien elle, furieuse et humiliée, pleine de sentiments qu'elle ne pouvait exprimer, exactement comme ce jour si lointain. Maylis se pencha.

— Vous et cette Blanche, la servante de ma mère, à la Casedieu…

Madeleine s'époussetait, agenouillée. Victor était là, hurlant.

— Tu les as vus, ces putains-là ! Et les autres, où ils sont, au lieu de te défendre ? Tu peux me le dire ?

Appendu entre ses béquilles, il dominait sa femme, bavait sur elle, prenant à témoin les curieux. Et cette Dame rouge, au milieu de tout ça, la patronne d'une distillerie au porche d'une réunion syndicale. On aurait tout vu, ce soir-là.

— Tes socialistes, à l'auberge ! Et toi, dans la poussière. La belle engeance que ces camarades-là. Ils ne t'ont pas invitée à dîner ?

— C'est un joli foutoir, dit Lestrade.

Victor ricana. Le tableau était complet, mais il fallait tout de même se pincer un peu pour le croire. On avait passé la soirée à bavarder entre amis, comme si les choses allaient changer à partir de la salle de réunion de Lesperon. Sottises. C'était de la pinède, et d'entre les sillons, que partirait la vraie révolte.

— En Chalosse, té, ils ont compris ça. Comme ils ont montré ce qu'il faut faire ! Les piquetalos ! Rêvez, peuples ! Ceux-là sont en train de se relever, et ils feront trembler tout le reste.

Le tumulte retombait, comme du lait soudain privé de feu. Les perturbateurs s'étaient fondus dans la nuit. Vers l'auberge, on s'inquiétait de Madeleine, qui devait souper avec les tribuns. Victor fit savoir qu'elle rentrait à la maison avec lui, refusa la proposition de Lestrade de le ramener avec sa femme en voiture, vers les grands calmes atlantiques.

— Va te faire foutre, toi, et tes réclames d'onguents avec !

Lestrade avait pris sur la pommette un coup qui faisait rougir sa joue. Il se massa doucement, vérifia le bon fonctionnement de sa mandibule.

— Hé bé, droite comme gauche, dit-il, je vous trouve tous bien gracieux, ce soir. Ça va nous faire quoi, dans deux mois ? La guerre civile ?

Maylis guettait le regard de Madeleine, ce feu qui revenait dans sa mémoire, et éclairait la nuit. En vain. Les Darribats rejoignaient déjà leurs amis, sans un salut. On prononçait des noms, proférait des menaces. Les comptes se régleraient tôt ou tard. La routine landaise, jugea Lestrade. Maylis frissonnait. Lestrade jeta sa veste sur ses épaules, réprima l'envie, subite, de lui frotter le dos, et les reins. Ils marchèrent tous deux en silence, vers la guimbarde que personne n'avait par bonheur songé à tabasser. La salle de réunion s'était vidée. On y entassait les chaises et les bancs, tout au fond. Maylis jeta un dernier coup d'œil sur les lieux. La place était déserte, et les torches, épuisées.

16

Sous son toit de tuiles rondes émergeant à peine de la forêt, au fond d'un airial d'une petite dizaine de chênes, la ferme était une oasis minuscule au cœur du pinhadar, et c'était tout juste si les quelques ares de vigne limitrophes de la forêt se distinguaient de celle-ci. Pour arriver là, Maylis avait dû pédaler ferme pendant près de deux heures, craignant que le plan cadastral qu'elle avait consulté à intervalles réguliers ne fût erroné. A un quart d'heure de là, à un croisement de chemins, des ouvriers juchés sur un Decauville [1] lui avaient, d'un geste, épargné une errance de plusieurs kilomètres.

— Non, non ! Vous leur tournez le dos, malheureuse !

Les mollets douloureux, la Dame rouge laissa tomber sa bicyclette contre un arbre, et marcha vers la maison de ses métayers.

C'était Hourcade, la ferme de la famille Larrieu-merlou, ceux-là mêmes qui avaient offert à Maylis

1. Train forestier à vapeur et à petit gabarit, installable rapide-ment.

ses premières redevances de jeune maîtresse. Dans les tiroirs de la Casedieu, Maylis avait trouvé la trace d'un achat fait dans les années 1860. L'époque devait être favorable. Les Savayran s'étaient alors répandus sur la lande, courant les adjudications, taillant, à travers le désert landais distribué à l'encan, leur petit empire de bois et de terres. De ce temps déjà ancien dataient la vingtaine d'achats qui avaient fait des marchands gersois un modèle standard d'ayant-pins landais. Douze métairies, un gros demi-millier d'hectares de future forêt, et cette usine qu'un aïeul aux prétentions industrielles avait érigée…

La maison était petite, son extérieur, bien entretenu. Des colombages d'un bleu tendre, presque pâle, donnaient au torchis écru de ses murs une sorte de gaieté, sous le froid soleil de mars. Maylis frappa au carreau de la porte d'entrée. De la pièce commune engloutie par la pénombre, elle ne distinguait que la table massive, les bancs qui l'entouraient et, tout au fond, le rougeoiement de l'âtre.

Il n'y avait personne, ni chien pour donner l'alerte. Maylis fit le tour de la maison, traversa le dallage de ciment sur lequel se faisaient les battages, longea l'abri duquel sourdait, puissante, l'odeur du fumier. A proximité d'une petite borde à auvent renfermant le mélange de fougère, de bruyère et de *molinies*[1] servant au soutrage, deux porcs couchés l'un contre l'autre près de leur bauge, dans une étroite courtilière, grognaient. Un petit potager prolongeait ces communs, piqué de pieds de haricots et de tomates voisinant avec quelques alignements de carottes et de salades au tendre vert printanier. Des pommiers en fleur marquaient la limite de ce jardin aux modestes

1. Herbes de l'ancienne lande.

promesses, au-delà de laquelle la forêt, longée par une dizaine de ruches disposées en arc de cercle, s'imposait, implacable, serrant au plus près champs et bâtiments.

Maylis s'avança vers les pousses de céréales à peine sorties de leur terre grise. A une centaine de mètres du potager, la propriété se prolongeait par des sillons de seigle et de millet. De l'endroit où elle se trouvait, Maylis embrassait d'est en ouest les huit hectares cultivés de Hourcade, la plus petite de ses métairies. La sensation qu'elle éprouva de posséder tant de terres et de biens la fit sourire, le temps de ce rapide examen. Rebroussant chemin, elle aperçut une silhouette courbée, sortie de derrière les pommiers, et marcha vers elle.

— Eh, té, qui c'est, par là?

La femme était sans âge, très vieille. Un chignon, blanc comme la coiffe qui le tenait, surmontait sa tête fléchie au point que son visage de papier chiffonné ne pouvait se montrer que par un effort conjugué de tout le dos et du cou.

— Maylis Savayran, la fille de Monsieur Paul.

— Oh, pardi! Et je suis seule ici, moi...

Le constat la mettait dans un état d'excitation et d'accablement; la tâche de recevoir une personne de ce rang la submergeait. Maylis la rassura. Elle passait, un peu au hasard.

— Vous êtes Mathilde Larrieumerlou, la mère d'André?

— Eh, té, oui. Ils sont en forêt, tous, pour les premières carres, et ma bru, à la rivière, pour la *bugade* [1]. Elle va rentrer, dans pas trop de temps, je pense.

1. Lessive.

Elle avait la voix encore bien assurée, et l'œil vif, qui souriait malgré le souci du moment.

— Hourcade…, dit Maylis, c'est donc ici.

— Té, oui. Le travail n'y manque pas. Seigneur, votre pauvre mère… on m'avait dit que vous lui ressembliez, mais c'est bien plus que ça.

Une larme brilla sous sa paupière. Maylis la vit qui se voûtait à nouveau, pesait un peu plus sur sa canne.

— Elle venait ici ?

— Pardi. Je l'ai vue se marier, moi, à l'église de Saint-Girons. *Diou biban,* une beauté de la ville, comme on n'en n'avait pas vu de pareille. C'était juste après le siècle. Elle est allée à l'église dans une calèche, tirée par deux chevaux blancs pomponnés, oh Seigneur ! C'était le jour des princes, té, pauvrette.

Maylis vint à côté d'elle, lui offrit son bras. Mathilde rentrait à la maison, au bout d'une promenade dont la durée diminuait un peu chaque jour.

— Il faut bien, té, sinon, on se couche et on se laisse mourir. Les vieux, tenez. Encore heureux qu'on ne nous mette pas à l'hospice. Et regardez, là-bas, sur le chemin, c'est Louise, ma bru, avec mes petites-filles.

Leurs paniers de linge sur l'épaule, les femmes revenaient à pied de la rivière. Maylis reconnut la paysanne aux formes généreuses qui avait ouvert pour elle ses torchons pleins de trésors, dans la cuisine de la Casedieu. Celle-là n'était pas à la réunion de Lesperon, ni son mari. Par méfiance ? Conviction ? Ou parce que c'était trop loin ?

— Madame Maylis ! Ça, alors !

Elle avait l'air sincèrement heureux, posa son panier par terre, présenta ses filles, deux brunettes aux chignons couverts par de petites coiffes coniques, blanches. Elles riaient, la taille bien prise dans des jupes aux couleurs vives, coupées à mi-mollets.

— Mais on ne savait pas… et les hommes qui sont à saigner les arbres. C'est que ça commence, un peu partout, les campagnes !

Maylis était en terrain ami. La théorie de Lestrade sur la diversité de l'accueil en forêt landaise se vérifiait. Il y avait la Sorbe, et Hourcade ; deux manières d'envisager l'existence, deux visages d'une même tribu dont la course du temps et des idées distendait jour après jour le lien secret. La vieille appuyée sur son bras, Maylis prit le chemin de la ferme.

— Je voulais vous dire quelque chose d'important.

— Ah… et cela nous concerne. Vous ne voulez pas qu'on aille chercher les hommes ?

— Allons les voir ensemble.

Au début de la campagne de gemmage, les femmes s'occupaient au nettoyage des parcelles, tandis que les métayers pratiquaient les premières saignées. On raccompagna la grand-mère. Maylis observait les adolescentes, leur grâce déliée, leur insouciance rieuse, et cette façon légère qu'elles avaient de porter leur panier sur l'épaule. Il y aurait un temps pour elles, désormais sans guerre, peut-être, un de ces moments de la vie où l'on pourrait faire des projets, ne plus craindre les deuils. Maylis songeait à la Sorbe, que la guerre avait broyée de loin, avec ses êtres pris au piège, comme des animaux. La terre était-elle plus riche, à l'autre extrémité des chemins tranchant la forêt ? Les gens, en tout cas, n'y étaient pas également heureux.

La petite escouade de quatre femmes prit sous l'airial, pénétra en forêt par une piste de sable. Louise marchait un peu en retrait de Maylis, ce qui obligeait celle-ci à ralentir. Il y avait des préséances, de vieilles habitudes ancrées jusque dans les gestes les plus ordinaires. Maylis se mit à parler des cours de la résine, de la concurrence américaine. Louise l'écoutait poliment, hochait la tête. Pour les gemmeurs, le circuit s'arrêtait à la livraison de leurs barriques à la distillerie. Par tradition, ils empochaient alors la totalité des gains, pour en faire ensuite eux-mêmes le partage avec leur bailleur. La suite était l'affaire des moussus à chapeaux melons et gros pardessus, dans leurs bureaux pleins de dossiers et de livres de comptes.

Les femmes entendirent bientôt les premiers bruits du chantier. C'étaient les coups de hapchots au flanc des pins, parfois en rafales avec des bruits de bec de pivert. Lorsqu'elle fut en vue des hommes, Louise prit les devants pour annoncer la visite de Maylis. Celle-ci vit alors les résiniers venir à elle et se découvrir, de loin, pour la saluer. Louise s'empressa.

— Il y a ceux de Jeantot, avec nous. C'est nos voisins, on s'échange les services. Ici, vous êtes sur votre pinède, madame Durrugne…

— La première amasse de l'année passée, sur cette parcelle, a donné une barrique et huit vingtièmes, lui dit Maylis. Le total pour les cinq amasses a été de sept barriques et un vingtième. Pensez-vous faire mieux, cette année ?

Louise Larrieumerlou ouvrit grands ses yeux. Était-ce bien la même personne, alors débarquée d'une autre planète, et terrée au fond de sa maison trop grande pour elle, à qui elle avait apporté un jambon et des saucisses, quelques mois à peine auparavant ? Maylis se mit à rire.

— J'apprends, dit-elle. Par cœur, comme au pensionnat, ce qui explique ma récitation un peu… mécanique.

Elle se trouva bientôt face à une huitaine d'hommes de tous âges, dont un manchot d'une trentaine d'années, tous pareillement ceinturés de rouge, le béret vissé sur le crâne, à la landaise. Il y eut quelques secondes de silence, de sourires et de grattages d'occiputs accompagnés de banalités. André Larrieumerlou présenta ses fils, un frère, deux beaux-frères, un oncle, s'enquit de la santé de Maylis. Ainsi, elle visitait son pinhadar pour la première fois. On lui montrerait. Sa femme s'extasia.

— Madame Maylis sait ce que donne cette parcelle, au vingtième de barrique près ! Tu te rends compte ?

— Hé bé…

— Je suis venue vous voir dans un but précis, dit Maylis. J'ai décidé de vous proposer, à tous, ici et ailleurs, une transformation de vos baux en fermage (elle se tourna vers Louise), cela veut dire aussi qu'il n'y aura plus de redevances sur tout le domaine de la Casedieu, madame.

Louise se trouvait tout près d'un pin contre lequel elle se laissa aller. Il y eut, dans le silence absolu qui s'abattait de nouveau sur le groupe, l'écho de quelques coups de hapchots. Des gemmeurs travaillant trop loin pour avoir été prévenus… Puis André Larrieumerlou ouvrit la bouche, bégaya. Maylis ne lui laissa pas le temps de s'exprimer.

— D'autres que moi ont déjà procédé ainsi, en Marensin et en Haute Lande, et s'en trouvent bien, dit-elle. Je le sais. Vous serez libres d'accepter, et, le cas échéant, cela voudra dire un passage chez le notaire et des documents à signer.

— Un fermage, comme ça…, murmura Louise.

Le mot ne lui était pas étranger. Il devait même hanter les lieux, les chuchotements des conversations intimes, et sans doute les rêves inavoués de la plupart des gens qui vivaient sous son toit. Mais trois générations eussent encore passé avant que quiconque chez ces gens l'eût ouvertement revendiqué. A la mine décomposée de son hôtesse, Maylis sut que les clameurs échappées de la salle de réunion de Lesperon, et d'autres lieux similaires, se dissipaient entre les pins bien avant de parvenir jusque-là. Les résiniers de Saint-Girons avaient beau être pour la plupart syndiqués, les choses allaient leur cours séculaire à Hourcade, et le jugement porté sur elles ne sortait pas des murs.

— Qu'en pensez-vous, madame Larrieumerlou ?

— Eh bien... c'est une proposition...

Elle faillit dire « surprenante », chercha un autre mot, puis dit en baissant aussitôt la tête, les lèvres pincées :

— ... importante.

Il y avait des retours de bugade dont on pourrait se souvenir ! Son mari n'avait pas éprouvé le besoin de s'appuyer contre un arbre. L'esprit déjà ailleurs, il cherchait l'assentiment des siens. Son regard sur la forêt qui l'entourait avait changé, et Maylis pensa qu'elle avait bien fait d'aller vers ces gens, ce jour-là.

— *Diou biban,* le fermage, ça veut donc dire un loyer...

— Voilà, dit Maylis. Il conviendra de le fixer, pour l'année en cours, et en proportion de la surface des terres cultivées. Il y a des barèmes, enfin, vous connaissez ça mieux que moi. Et puis, c'en sera fini des deux chapons et des trois douzaines d'œufs pour la Saint-Sylvestre, et aussi des filasses et autres balais. Ces comptabilités-là m'ennuient. Et votre jambon, je vous l'achèterai, madame Larrieumerlou. Voilà.

Louise eut un bref sanglot, comme à l'annonce d'une naissance, ou d'un trépas, un bruit de gorge qui résumait, à lui tout seul, quelques siècles d'histoire des Landes.

— Et vous le proposez à tous vos métayers, vraiment, *boudi*…

— Et pour la résine ? s'inquiéta son mari qui envisageait la question dans son ensemble. Monsieur votre oncle suivait les recommandations des propriétaires du Marensin. Vous savez, toutes ces histoires de pour-cent qui ne changent pas. On en discutait encore avec lui, il n'y a pas bien longtemps, et on pensait le faire avec vous, autour de la première amasse…

— Nous ferons comme il doit en être, moitié-moitié, au cours officiel de Dax, et sans retenue pour la vaisselle ou pour quoi que ce soit d'autre.

Les visages s'éclairaient, comme devant une révélation. La vaisselle, ce pourcentage que captait d'avance le bailleur, pour la casse éventuelle des pots et des outils, était un prélèvement que les syndicats dénonçaient comme la survivance honteuse de mœurs médiévales.

— Mon Dieu…, murmura Louise, le fermage, proposé comme ça, quand tant de gens se mangent les sangs à le réclamer sans l'obtenir. En Chalosse, tout ça…

Il y avait du miracle dans l'air. Quelqu'un proposa du vin. Maylis n'aurait certes pas le temps de visiter ses autres métayers avant la nuit. Mais elle gageait qu'ils seraient avertis avant l'aube suivante. Cette forêt devait transmettre la voix promptement. Maylis observait les hommes, leurs sourires encore incrédules, le merci que leurs lèvres ne parvenaient pas à formuler. Peut-être l'idée d'acheter un jour la ferme et ses dépendances germait-elle déjà dans les esprits. D'autres, dans les immensités du terroir gascon, avaient pu réaliser ce rêve, devenir propriétaires-exploitants, tout petits, mais libres.

— Vous êtes les premiers, dit Maylis, tandis qu'à genoux dans le sable un jeune homme aux allures de torero landais emplissait des verres de vin blanc. Maintenant, il faut que je visite les autres, ceux de Lévignacq, de Lit, et d'ailleurs. Il n'est pas dit que tous acceptent, n'est-ce pas ?

Il y avait ceux que la perspective de briser des liens séculaires allait effrayer, si soumis à la règle que la pensée même qu'il pût en exister une autre ne les effleurait pas. C'était de ces choses difficiles à croire, comme de vivre dans la senteur et le climat de l'océan, et n'être jamais allé le voir. Les fins esprits de Bordeaux pourraient railler encore longtemps leur bout de province aquitaine exilé sous la pinède sans fin. Les idées ne le pénétraient par endroits guère plus commodément que les chemins.

— Il faudra que je conseille à monsieur Ripeyre de proposer ça à ceux de la Sorbe, dit Maylis lorsque, en compagnie des femmes, elle eut rejoint la maison d'Hourcade.

— Oh, té, ceux-là…

C'était chacun pour soi. Maylis n'insista pas. Louise traversait l'airial, pensive. D'autres, gagnants à des loteries, eussent sauté en l'air, hurlé leur joie, pris le ciel à témoin, ou le premier passant. Elle, elle regardait en silence ses poules piquer le sol, et passer les canards dont elle vendait ce foie si succulent, à ce qui se disait autour des étals de marché. Si elle savait écrire, la proposition de Maylis signifierait quelques beaux chiffres de plus dans une certaine colonne.

Maylis enfourcha sa bicyclette. L'oncle Henri était décidément un homme bien organisé. L'abandon de la Casedieu devait l'obliger, en janvier, à une tournée des popotes, et c'était lui qui entrait alors dans les cuisines pour y recevoir la redevance. Ce butin que tante Génie fêtait si fort, lorsque son mari rentrait, fourbu, de sa mission dans les Landes : les jambons pendus dans cette pièce sans fenêtres de la maison de Libourne qui sentait le port de Valparaíso, d'après Serge, les volailles que l'on mettait en confits dans leur graisse jaunâtre au bout d'interminables cuissons, et ces os énormes, encore bruns de viande, que le chien avait interdiction formelle d'enterrer dans le jardin.

— Attendez, madame Durrugne !

Louise courut vers la ferme, en ressortit les bras chargés de torchons aux formes arrondies qu'elle attacha sur le porte-bagages de la bicyclette.

— C'est du pastis, je le fais moi-même, et un peu de cochon, aussi. Prenez, prenez. Maintenant, c'est carême, mais il me reste des choses des repas de carnaval. Vous ne voulez vraiment pas vous restaurer un peu, avant de repartir ?

Elle avait cuisiné pour les siens de la poule farcie, du jarret, un civet de lapin, du pigeon en salmis. Croulant sous l'énumération, Maylis affirma qu'elle se contenterait de ce qu'il y avait dans les linges attachés à sa bicyclette.

— Mon Dieu, on va avoir du mal à dormir, cette nuit, dit Louise. Vous saluerez Monsieur Henri, et Madame Eugénie, je vous prie...

Elle s'immobilisa, l'esprit en grand désordre, la main devant la bouche. Maylis lui sourit.

— Dès que je les rencontrerai. A vous revoir chez le notaire, madame Larrieumerlou.

La forêt frémissait sous un vent aigre invitant à l'effort. Tout en pédalant, Maylis songeait à la réunion de Lesperon, à la dépense d'énergie, de passion et de colères que consentaient ces gens pour obtenir ce qu'elle offrait en quelques secondes à des paysans incrédules. C'était donc ça, le pouvoir, ce bien dont les hommes étaient si jaloux. Maylis appuya un peu plus fort sur les pédales. La forêt au sol verdi par la jeune fougère commençait à sentir la résine. Il n'y avait guère de distance entre cette odeur-là et celle de la térébenthine.

Maylis en avait terminé avec l'inspection de la cinquantaine de fûts alignés à l'entrée de l'usine. Il y en avait une vingtaine pour l'Angleterre, le reste se répartissant entre le Danemark, l'Allemagne et la Belgique. Des plates-formes tirées par des mules s'étaient mises en place, que les ouvriers chargeaient déjà. De là, on irait à la gare attendre le train pour Morcenx. La livraison serait faite au port de Bayonne dès le lendemain matin.

Jean Comets souleva son béret, apprécia. Depuis qu'après d'intenses négociations les compagnies de chemins de fer avaient accepté de baisser leurs tarifs de fret, les distillateurs, longtemps étranglés par le coût du transport, respiraient un peu. Maylis prenait ses affaires en main au bon moment.

— Té, Victor et les jumeaux, murmura Comets.

Il s'effaça un peu, laissa Maylis face à ses neveux, qui débouchaient sur le chemin empierré menant à l'usine. A peine arrêté en équilibre devant son oncle, Victor ironisa.

— Eh bé, Jeannot, toujours monsieur de compagnie, à ton âge ?

Il raillait, son béret vissé sur le crâne et pincé en visière au-dessus des sourcils. Comme les deux autres, que Maylis reconnut : les chasseurs, en forêt, dans la cabane de résiniers. Comets eut un petit rire.

— C'est bien que tu sois là, Jean, dit Victor, parce que nous sommes venus pour parler à madame Durrugne de ce que tu n'as pas oublié, j'espère.

Comets toussota. Maylis percevait sa gêne. Il y avait une telle différence entre ces quatre hommes. L'ancien contremaître dont la vie en société avait policé le maintien, le langage, et jusqu'au visage épargné par les crevasses du soleil et des jours à la terre. La gueule cassée, face à lui, offrant son masque de cauchemar aux compassions vomies, et les deux jeunes, braconnant entre deux mondes, rejetés par celui de l'industrie et réfugiés dans l'autre, celui de la forêt et de ses silences.

Comets interrogea Maylis du regard. Il y avait des endroits, pour se rencontrer, après que l'on eut pris rendez-vous. Le bureau de l'usine, ou la Casedieu, même. Mais ceux de la Sorbe n'avaient pas appris à en passer par là et, pour le leur enseigner, il était sans doute un peu tard. Maylis ouvrit ses mains.

— Dites...

Elle se souvenait de la prise de bec de ces hommes avec son oncle. « Ça suffit. Maintenant, je me débarrasse de ces bolchevistes. Qu'ils aillent se faire foutre dans leurs clapiers. » Les premiers mots d'Henri Savayran à son retour dans la voiture. Il n'avait commencé à décolérer que lorsque son chauffeur avait passé le village de Belin, et encore, Maylis se rappelait l'avoir entendu maugréer jusqu'à Gradignan, à l'entrée de Bordeaux.

Victor Darribats tourna vers Maylis son visage habité par la seule chose qu'eût épargnée le feu, le regard, intense ; desserra ses lèvres amincies par les brûlures.

— Ça ne vous dérange pas trop d'entrer chez nous sans prévenir, alors, on s'est dit qu'on pouvait peut-être en faire autant, lâcha-t-il.

Il avait oublié la soirée à Lesperon, la bagarre, ou ne voulait pas s'en souvenir. Ce n'était pas très grave. Maylis hocha la tête, attendit, sans un mot. Un peu dépité de ne pas obtenir de réaction, Victor poursuivit.

— On a su, pour vos fermes, Hourcade, et les autres. S'il y a de la justice, elle doit être pour tout le monde.

Maylis eut un léger sourire. Elle savait ce qui viendrait, comme ce que signifiait le mot «justice» dans la bouche de Victor : une victoire pour ceux de son camp, la prise d'une tranchée ennemie, ou d'un fortin narguant les camarades.

— Monsieur Henri a foutu mes frères dehors, il y a quelques années. On ne sait toujours pas pourquoi.

Il toisa son oncle, cherchant un assentiment, à défaut d'un soutien, mais Comets gardait les mains dans ses poches, et ses yeux fixaient l'horizon ondulant de la dune. «Parce que rouges, simplement», pensa Maylis. Elle regrettait moins la visite qu'elle avait faite à la Sorbe que le silence de tous sur ce qui s'était passé à l'usine. Ainsi, les fils d'une histoire encore bien vivante dans les cœurs et les mémoires se renouaient-ils devant elle, presque trois années plus tard. Maylis mentit.

— Je n'ai pas la réponse, monsieur.

— Peut-être… toujours est-il que sans ceux qui sont tombés à la guerre, les hommes ne sont pas si nombreux au travail, ces jours. Il se dit même que des places sont libres, chez vous, c'est bien ça, oncle Jeannot ?

Il y avait du mépris dans sa voix. Comets eut une moue dubitative.

— Je ne suis pas qualifié pour répondre.

— Et pourquoi l'es-tu, qualifié, tu peux nous le dire ? Tu es resté dans l'usine, toi, quand ceux-là en étaient chassés…

— Je n'y étais plus, depuis longtemps.

— Ta gueule ! Tu as toujours rôdé autour, comme un chien. Et aujourd'hui… C'est pareil.

Maylis avait assez écouté ce soudain déferlement de haines. Cette famille-là ne se distinguait guère de millions d'autres. Elle renfermait ses secrets plus ou moins avouables, ses rites, ses comptes à régler dans un an ou dans cent ans, et surtout cette fantastique énergie que donnent aux humains bêtise, mémoire et goût du sang lorsqu'ils s'unissent pour faire campagne.

— Que voulez-vous enfin, monsieur ? demanda-t-elle.

En prenant un peu d'âge, les cadets se ressemblaient de plus en plus, efflanqués, noirs de cheveux et de moustaches, avec des nez péninsulaires qui marquaient leurs visages d'ascètes sylvestres. Ceints de flanelle rouge, comme les ouvriers de l'usine, ils avaient délaissé leurs bottes de chasse pour des sabots, et n'avaient pas débarrassé leurs cheveux de la paille de leur dernière sieste, qui dépassait çà et là de leurs bérets. Maylis comprenait enfin la raison de leur accueil désinvolte et moqueur, dans la cabane.

Ils parlèrent, ensemble, véhéments, mêlant leurs

arguments, défendant leur honneur dans un français fleuri de gascon.

— Monsieur Henri nous a fait payer pour les autres. On a obéi. Maintenant, il y en a qui n'ont plus leur place dans l'usine. Les femmes seraient mieux à retourner dans les fermes, plutôt que de rouler des barriques de trois cents litres.

Maylis réfléchit. Jamais les Darribats ne se seraient risqués à interpeller ainsi son oncle. En évoquant devant elle le sort des femmes qui travaillaient à la distillerie, ils savaient bien qu'ils touchaient un point sensible. La Dame rouge avait publiquement montré sa compassion. Certes, elle restait de l'autre côté de la barrière, chez les riches, mais son âme n'était pas complètement dévorée par le profit. Maylis soutint l'impatience insolente de leur regard. Ils avaient tous trois en l'observant cette sorte de sans-gêne des Manouches lorsqu'ils mendiaient pour une ferraille, ou pour lire dans la main.

— C'était tout de même vous, et les vôtres, qui péroriez à l'entrée de l'usine, il y a quelques étés. Je me souviens de vos menaces. Mon oncle n'était donc pas fondé à se défendre ? Et les choses ont-elles vraiment changé, depuis ?

Victor gardait la tête baissée, taureau fixant la terre de l'arène. Maylis eut honte, soudain, de l'avoir comparé à l'un de ces migrants apatrides réfugiés dans leurs clans hautains et insaisissables. Elle espérait une réponse qui ne vint pas, au lieu de quoi Victor se lança dans une de ses diatribes. On ne s'était pas battu que contre les Boches, mais pour un monde meilleur, aussi. Et tout restait en l'état, ou pire.

— Ce qui a changé, c'est le prix de la gemme au litre, ça, oui ! Près de trois francs en 20, et zéro franc soixante l'année suivante, cinq fois moins, quand ici on revendait la térébenthine et les brais au tiers. Vous croyez qu'on ne sait pas calculer ? Et qui gagne à ces petits jeux, d'après vous ?

Maylis se rebiffa. Les fluctuations de l'immédiat après-guerre ne la concernaient que de loin, mais elle avait appris à lire les chiffres, et tenait à le faire savoir.

— Aujourd'hui, la résine est stable à un franc soixante le litre, rétorqua-t-elle. Mais la monnaie se déprécie très vite, et personne ne sait de quoi demain sera fait. Votre problème me concernerait si j'étais votre bailleur, ce qui n'est pas le cas. Pour ces messieurs, je verrai, poursuivit-elle, mais je n'ai aucune raison de priver les ouvrières de leur travail, si elles désirent le continuer. Et des emplois, pour les hommes, cela ne doit pas manquer dans les autres scieries, ou en forêt. J'ai vu des chantiers où les pins sont encore saignés par les femmes, et la guerre est finie depuis plus de cinq ans.

Les Darribats voulaient être réintégrés là même d'où ils avaient été chassés. La fierté maladroite qu'ils mettaient à faire valoir leur droit ne laissait pas Maylis indifférente, mais il y avait les contingences de l'économie, et les cours des matières premières, qui obligeaient à de fréquents ajustements. Et si les petits propriétaires et industriels se mettaient de plus en plus volontiers en coopératives, ce n'était pas par plaisir, mais bien pour se protéger des caprices de la Bourse. Ce que Victor résuma à sa façon, qui n'était pas sans pertinence.

— Dax, Bordeaux ou l'Amérique, c'est bien pareil. L'argent se construit des châteaux forts, et dessous, crève ! On te jettera de l'huile chaude !

Des ouvriers passaient, leur journée terminée. Le spectacle de leur patronne conversant avec ses ennemis de classe sembla les étonner. Reverrait-on bientôt les enragés de la Sorbe haranguant la foule, perchés sur des barriques ? Ça jaserait dès le soir, dans les cafés de Saint-Girons, de Léon et de Lit-et-Mixe !

— Té, regardez qui arrive. Et où a-t-elle trouvé cette bicyclette ?

A la vue de Madeleine prenant le chemin de l'usine, Victor se renfrogna. Il était venu parlementer, de son propre chef. L'intrusion de sa femme, qui n'avait rien à faire au village ce jour-là, le contraria.

— Qu'est-ce qui t'amène au bourg, Madeleine ? Lamarcan va y prendre la parole ?

Elle haussa les épaules.

— Les filles m'ont dit que vous étiez allés à la distillerie…

— Eh bé, comme tu vois. Et alors ?

— Rien. Je pense qu'il n'y a pas grand-chose à y faire pour nous, en ce moment.

En équilibre instable au bas de sa selle, la jambe tendue, elle s'abstenait de regarder Maylis. Le calme relatif de Victor la stupéfiait. Que se passerait-il lorsque le petit groupe se serait dispersé ? Dans quel café Victor irait-il chercher une de ces querelles au bout desquelles on le laissait en général seul avec ses fantasmes, ses haines et ses impuissances ?

— Tu penses, tu penses…, maugréa Victor. Fous-nous la paix, oui. Tu vois, même l'oncle est resté à causer. Hé, Jean Comets ?

Maylis s'excusa. Elle avait à faire à l'usine. Comets, qui ne savait trop quel parti prendre, opta en fin de compte pour le chemin de sa maison.

— Eh bé, voilà, dit Victor à sa femme, tu arrives, et tout s'arrête. Comment veux-tu qu'on fasse ? Il faut ta permission, maintenant, pour aller en ville ou pour pisser contre un arbre ? Dis, tu vas me coller comme ça encore longtemps ?

Sa respiration s'accélérait, ses joues gonflaient, comme s'il avait du mal à expulser l'air de ses poumons. Madeleine connaissait ces mimiques-là, annonciatrices de cris et de gesticulations. Elle avait craint que Victor ne se mît en position attaquable vis-à-vis de la Dame rouge, et le lui dit. Personne ne savait très bien qui elle était, et il ne servait à rien de la brusquer.

— Parce que je l'ai violée, peut-être, cette *repimpète* [1] ? Mais nom de Dieu, vous allez enfin me foutre la paix, tous autant que vous êtes ! Vous allez me laisser, oui ?

De rage, il se projeta en avant, trébucha, tomba sur Madeleine qui chuta à son tour, le cuir entaillé par le fer d'une béquille. Les beaux-frères se précipitèrent, mais Victor, allongé sur le côté, s'était mis à ruer de sa jambe unique, et à faucher l'air avec son autre béquille.

— Foutez le camp, vous m'entendez, foutez le camp, salauds !

Madeleine s'assit, un filet de sang barrant son front. En tombant sur elle, son vélo lui avait écrasé le flanc et ouvert la peau au genou. Aveuglé par la rage, Victor allait la frapper directement lorsque l'un de ses beaux-frères réussit à la saisir sous les aisselles et à la relever.

— J'en tue un ! hurlait Victor en tournant sur lui-même comme une toupie, tandis que Maylis, alertée par les cris, revenait au pas de course.

Appuyée contre son beau-frère, pâle comme la mort, Madeleine louchait sur la strie écarlate qui des-

1. Coquette.

cendait le long de son nez et gouttait jusque sur son menton. A l'hôpital, Maylis avait vu des infirmières examiner des plaies tandis qu'elle tenait la main des blessés. Elle s'approcha, reçut la jeune femme contre elle, la soutint, à son tour.

— Venez, il faut vous soigner, dit-elle.

Madeleine fit quelques pas puis, prenant conscience de ce qui se passait, se mit à pleurer en silence. Souvent menaçant, au bord du passage à l'acte, Victor ne l'avait jamais touchée pour autre chose que des simulacres d'étreintes, qu'elle subissait les yeux grands ouverts, sans en tirer plaisir ni douleur. Là, le grand blessé bavait comme un chien et semblait devoir se déchirer lui-même, faute de pouvoir l'atteindre.

Maylis s'interposa, comme elle l'avait fait à l'échauffourée de Lesperon.

— On va l'emmener, madame Savayran, promit l'un des deux garçons, on a l'habitude.

Replié sur lui-même, épuisé, Victor sanglotait comme un enfant. Madeleine se précipita vers lui, reçut en cinglante réponse une bordée d'injures qui la pétrifièrent.

— Ça suffit, dit Maylis. Venez, Madeleine, vous ne pouvez rester à saigner comme ça.

Madeleine se laissa faire, brisée. Des gens de l'usine accouraient à leur tour, que la vue de Victor grimaçant dans la poussière ralentissait. L'idée de se colleter avec lui ne les enchantant guère, ils passèrent leur chemin, tandis que Maylis soutenait Madeleine jusqu'à la Casedieu.

— Cela faisait quelques années que vous n'étiez venue ici, n'est-ce pas ?

Dans la grande cuisine de la maison, Maylis avait installé sur la table une sorte de poste de secours, de l'eau dans une bassine de cuivre, du mercurochrome, et du coton avec lequel elle comprimait doucement les estafilades qui marquaient le visage et le genou de sa patiente.

Madeleine sécha une larme sur sa joue. Lorsqu'elle avait reconnu la maison où Blanche avait été longtemps employée, elle avait eu un mouvement de recul. Un instant, ses traits avaient semblé reprendre de leur énergie, mais ce n'était qu'illusion, et maintenant, la jeune femme s'abandonnait. Maylis la laissa sangloter, évitant de lui parler, attendit qu'elle eût repris ses esprits au bout de quelques minutes, et de pas mal de hoquets.

— Vous êtes enceinte…, murmura Maylis.

Tandis qu'elle examinait Madeleine, elle devinait son ventre, bombant légèrement sous la jupe de lin bleu.

— De deux à trois mois, oui, peut-être…

Elles se regardaient comme si elles venaient de faire connaissance. Cette fois, personne ne violait de sanctuaire, ou de domaine réservé. Il n'y aurait ni cris ni anathèmes, rien de ce qui les avait jusque-là empêchées de se parler. Maylis éprouva soudain l'envie de poser sa main sur le ventre de Madeleine, de chercher, à son contact, la vie enfermée là. Elle eut un geste, qu'elle arrêta aussitôt. Il n'y avait pas entre elles l'intimité qui l'eût permis.

Maylis sourit. Sa stérilité lui avait laissé la Casedieu comme alternative aux humeurs maussades et aux fugues de son mari. Un enfant aurait-il ravaudé son couple construit sans doute à la légère ? Il était un peu tard pour en juger. Maylis poursuivit ses soins.

322

— Je me rappelle ce qui s'est passé dans la chambre de ma mère, dit-elle. A Lesperon, j'ai vu votre visage d'aussi près que ce jour-là. Alors, les choses me sont revenues, petit à petit, par les voix de Blanche et d'Ève Savayran. C'est ainsi que ma mémoire se remet en place depuis l'accident. Les mots précèdent les images du passé ; c'est très étrange pour ce souvenir-là précisément, parce que vous n'aviez pas desserré les lèvres !

Elle faillit s'en amuser, découvrit le ravage que cette évocation faisait sur le visage de Madeleine, et se trouva presque frivole de parler aussi aisément de cela. Ainsi cette rencontre, qui aurait pu avoir l'apparence d'un simple jeu enfantin, était-elle demeurée comme une plaie ouverte au cœur de la petite métayère. Maylis s'excusa aussitôt. Elle ajoutait cette réminiscence aux violences du présent, par maladresse. Madeleine haussa les épaules, mentit.

— Ça ne fait rien. Tout ça est bien loin, maintenant.

Elle grimaçait, par instants. Sa peau lui faisait mal. Elle s'inquiéta de l'heure. Il y avait des choses à faire à la Sorbe.

— Reposez-vous encore un peu, lui dit Maylis. Vos beaux-frères vont venir vous chercher.

Elle lui proposa de la tisane, que Madeleine but du bout des lèvres. Dans le silence de la grande cuisine, elles se jetaient de furtifs coups d'œil. Au fond, leurs destinées ne manquaient pas de points communs. Elles avaient eu des enfances ordinaires, chacune dans son milieu, puis des ruptures brutales, qui leur laissaient à l'âme ces cicatrices qu'aucune famille d'accueil ne pourrait jamais faire disparaître.

— Les deux orphelines étaient sœurs, au moins…

Madeleine consentit à sourire. Maylis s'approcha d'elle.

— Il y a bien des raisons pour que je sois revenue ici, dit-elle dans un murmure. Vous en connaissez une, importante, qui m'occupe l'esprit chaque jour depuis ce mois de juillet d'il y a presque trois ans. Je crois que je suis née vraiment dans cette cabane de résiniers, au moment où votre amie s'y éteignait. J'avais besoin de cette révélation, des imprécations qui l'accompagnaient, de votre silence et de votre regard, surtout. J'aurais dû me souvenir du reste, dès cet instant, mais il y avait cette chose incroyable, qui se passait, et l'impuissance de tous, en face…

Elle se tut. Madeleine la contemplait avec, à son tour, un peu d'amusement. Elle savait bien, elle, d'où lui venaient l'énergie pour affronter son quotidien, et la force, pour améliorer celui des autres. Certes, il y avait eu la mort de Jeanne, et, bien avant, la génuflexion forcée devant la fille du maître. Mais c'était d'abord le reste de sa jeune existence, les milliers d'heures et de jours sur la terre des autres, dans les pinèdes et les jardins des autres, qui lui avaient offert ces trésors-là.

— Je dois vous paraître futile, avec mes réminiscences, lui dit Maylis. De vieilles lunes, comme vous dites ici. Mais peut-être sommes-nous tous à leur recherche.

Madeleine ne répondit pas. Elle était ailleurs, impatiente, peut-être, de rompre. Maylis avait pourtant attendu cette rencontre, qui filait vers son terme sans qu'elle pût la prolonger. Elle eût aimé avouer à Madeleine qu'elle l'admirait, pour ce qu'elle faisait de sa vie. Mathias Durrugne lui avait offert en spectacle la face cachée de la politique, le cloaque où l'instinct de compromission agitait les ambitions per-

sonnelles. Comment s'y prendre, séduire, pour soumettre en fin de compte, et dominer. Madeleine était-
elle dupe de ses propres amis, chez lesquels ces
façons occultes devaient sans doute aussi exister ? Ça
n'avait guère d'importance. Elle ouvrait les yeux sur
son existence, qu'elle trouvait améliorable. Elle le
disait, le faisait savoir à sa façon, entre deux classes
buissonnières aux petits de la forêt.

— Je crois qu'on revient vous chercher, dit Maylis, comme à regret.

Victor avait fait quelques pas dans la propriété de
Maylis, et attendait, la tête enfoncée dans les épaules,
comme si une très ancienne prévention l'empêchait
d'aller plus loin. Avec ses deux frères qui l'encadraient, il figurait une espèce de crucifixion, Christ
et larrons que des bourreaux facétieux auraient coif-
fés de bérets. Madeleine les aperçut, et se leva. Maylis l'observait avec intensité. Elle, elle avait quitté
son mari sans se donner vraiment la peine de l'excuser, ou même de le comprendre. Madeleine Darribats
allait rejoindre le sien sans se plaindre, le corps meurtri, le visage gonflé de coups par endroits.

— Je vous envie d'être aussi forte, lui dit Maylis.
Ne prenez pas ce que je vous dis en mauvaise part,
mais c'est vrai, je suis vraiment désireuse de vous
revoir, dans des circonstances un peu plus calmes,
peut-être. Je sais ce que je vous faites, comment vous
vivez. J'aimerais tant vous aider.

Madeleine se tourna vers elle, lut l'anxiété dans
ses yeux, parvint à sourire.

— Oh, je ne suis pas si forte que ça, mais j'ai l'habitude de m'en sortir seule, dit-elle d'une voix lasse.
Comme vous, je crois.

— Non, murmura Maylis en la regardant s'éloigner.

On ne s'habituait pas à ces violences-là, fussent-elles nées de la guerre, ou de n'importe quel autre malheur. Maylis suivit des yeux la longue silhouette de Madeleine. La métayère passa devant les hommes sans paraître les voir, et prit la tête de leur petite troupe. Victor fermait la marche. Au moment où ils franchissaient le portail, Maylis le vit se retourner vers la maison, et rester un long moment sans bouger, avant de se remettre en route, le dos rond, le cou jeté vers l'avant.

Sylvère Lestrade conduisait son antiquité brinquebalante à la hussarde. Et le moteur de la Renault, renâclant, toussant sa fumée noire sur le chemin de sable qui menait à Lit, lui signalait, en vain, sa souffrance. Sur le siège passager, les jambes allongées devant elle, Maylis Savayran se laissait mener sans état d'âme, le regard perdu dans le défilement géométrique d'une parcelle de grands pins.

— Ce que vous allez découvrir n'a rien à voir avec la course de taureaux ! cria Lestrade. Ces matamores espagnols, avec leurs petites fesses serrées, et leurs allures de danseuses… Vous verrez. Les nôtres n'ont pas vraiment la même dégaine.

Lorsqu'il jetait un regard à la dérobée sur sa passagère, Lestrade découvrait le spectacle innocent des mains de Maylis croisées sur son ventre, et la forme de ses cuisses, sous la robe de lin couleur paille. Pour aller à la course landaise, la Dame rouge avait abandonné sa couleur fétiche. Elle gardait néanmoins le mystère de ses silences, de ses rêveries. Elle n'avait accepté l'invitation qu'à condition de ne pas voir tuer des taureaux, fussent-ils des fauves élevés dans le simple but de combattre des hommes.

— Vous parlez pourtant des corridas dans votre journal, monsieur Lestrade. Vous aimez ça…

Il sourit. Le soleil printanier, déjà intense, faisait ressortir ses taches de rousseur, au front, sur le nez, et même au-dessus de sa moustache, ce qui lui donnait des faux airs d'adolescent.

— J'ai adoré ! Et puis cela m'a quitté, avant de me trotter à nouveau dans l'esprit. Mais j'ai des lecteurs, qui ne sont ni picards ni vosgiens. Il faut leur en donner, à ces bougres. Comprenez-moi. Je tiens à mon petit commerce.

La guerre était passée par là, quatre années à « lidier[1] » du Boche, loin des arènes et des jeux solaires des étés gascons. C'était étrange, ces hommes aux mains rougies, qui les lavaient sans cesse, comme Lestrade, ou les conservaient dans le parfum des massacres, à la manière de Mathias Durrugne. Maylis se tourna vers son chauffeur, avec de la malice dans les yeux.

— Vous ne craignez donc pas d'être reconnu en ma compagnie ? Vous, le défenseur des ouvriers landais et de leurs syndicats, le pourfendeur…

Il l'interrompit, furieux, soudain.

— Mais pas du tout ! Pas du tout ! Chacun s'exprime, chez moi, et librement. Qu'est-ce que vous racontez ? Vous parlez comme ce rustre de Ripeyre, et ses pareils. C'est incroyable, tout de même. Tout ça parce que je donne aussi la parole à ceux qui ne l'ont jamais…

Elle avait touché juste, et rit, de bon cœur. Lestrade lui avait fait part de son désir de l'interroger sur l'usine, et sur elle-même, dont l'aventure n'était pas banale. Maylis n'y tenait pas pour le moment, et

1. Terme tauromachique signifiant « combattre ».

réservait sa réponse. Lestrade se détendit. La Dame rouge s'amusait de lui, gentiment, et il se livrait, comme il le ferait sans doute à tout coup, face à cette femme dont il devenait chaque jour un peu plus amoureux.

Le rire de Maylis lui perçait le cœur. C'était tout à la fois doux et douloureux, comme ces baumes faits pour apaiser qui finissaient par brûler la peau si on les gardait trop longtemps. Mais il y avait du bonheur dans l'air, ce dimanche-là. On verrait bientôt le Cartel au pouvoir à Paris, et à Lit, bourgade du Marensin, des vaches au noir regard attendaient dans des enclos de pouvoir courir sus à des cibles exaspérantes. Maylis se tourna vers Lestrade. Le haut de sa robe bâillait un peu sur son buste, et le journaliste eut la vision brève d'une peau très blanche et de formes arrondies, qui empourpra ses joues.

— La course, monsieur Lestrade, parlez-moi de la course…

Il accepta. Les cornes, que l'on était désormais obligé d'embouler, tant elles avaient tué de garçons, l'écart, moment de vérité où la dague frôlait les reins de l'homme, et les fouillait parfois, et les trésors de courage qu'il fallait pour feinter, sauter, esquiver. Maylis souriait encore des enthousiasmes du conteur lorsque tous deux eurent rejoint la houle des bérets noirs et rouges qui agitait la petite arène en bois de Lit.

C'était un lieu étonnant. Faisant suite à la tribune, une lice en forme de fer à cheval, piquée d'étroites talenquères, délimitait l'aire de jeu. Ces palissades aux planches bien jointes dégageaient, malgré l'extrême simplicité de leur matériau, de la noblesse et du charme. Derrière elles, tout autour de l'arène, les gradins hébergeaient une clientèle bien différente de celle des grandes plazas aquitaines. Peu de bourgeois criards, encore moins de ces touristes qui commençaient à montrer leur nez dans les Landes, mais, bruissant de son patois, hilare ou bougon, murmurant, le peuple de la forêt et de la lande gasconnes. Paysans et scieurs, charbonniers et forgerons, rouleurs de barriques ou savetiers, et les autres, de cent métiers de la terre et de la forêt ; leur plèbe rassemblée attendait là les exploits de sa jeunesse. Il y aurait du plaisir, et de la peur aussi, pour les primes qu'alloueraient la municipalité et les commerçants du village.

Lestrade évoluait dans ce monde avec une amitié bonhomme. A ses côtés, « madame Durrugne fils » faisait son entrée officielle en Marensin. Ainsi existait-elle pour de bon, cette *Daoune roi* dont on savait deux ou trois choses, peut-être inventées d'ailleurs. Dans la foule à dominante masculine, sous les bérets alignés le long des gradins, derrière la fumée des cigarettes, il y en avait pourtant qui travaillaient à l'usine de Saint-Girons, ou l'avaient fait. Maylis reconnaissait de loin quelques visages scrutant le sien. On se donnait des coups de coude. Ce n'était plus la déférence des saluts dans les allées de l'usine, pas plus que de l'hostilité ou de la moquerie. De la curiosité, simplement.

— Té, le Sylvère... Et à Lit, s'il vous plaît. Ils ne veulent plus de toi, au *Moun*[1] ?

Les notables qui saluaient le journaliste n'avaient d'yeux en vérité que pour son invitée, ce qui ravissait Lestrade. Maylis s'apprêtait à les suivre vers la tribune officielle lorsque le journaliste prit son bras.

— Celui-là, c'est Gijon, un Gitan, le meilleur de

1. Mont-de-Marsan.

tous les écarteurs. Le champion. Il a travaillé à votre usine, pendant la guerre. Espagnol, non mobilisable… Tant mieux pour lui.

Maylis tendit la main, soutint le regard intense porté sur elle par l'homme à fort type andalou que lui présentait Lestrade. Elle se sentit rougir, dut faire un effort pour sourire. Gijon était grand, puissamment musclé sous une apparente sveltesse. Son visage avait des allures de statuaire grecque : yeux de nuit, lèvres charnues, nez rectiligne sous des cheveux bouclés ; et, dans l'expression, la force et le désir de posséder, vite.

Lestrade perçut le trouble qu'éprouvait Maylis, et la fascination que lui inspirait le torero. Vêtu comme ses compagnons d'un paletot argenté sur une chemise blanche, d'un pantalon de toile et d'espadrilles immaculées, l'écarteur n'avait pas l'allure lourde et parfois même un peu pataude de bien de ses pairs. Il avait la silhouette des sauteurs et aurait pu, lui, revêtir sans gêne l'habit des Espagnols tueurs de toros.

— Vous verrez, il sait tout faire, le bougre…

Lorsque, une vingtaine de minutes plus tard, il s'avança vers la tribune au milieu de ses compagnons, pour le salut rituel, Gijon chercha le regard de Maylis et, l'ayant croisé, ne le quitta plus un seul instant, jusqu'à ce que les hommes eussent pris position derrière les talenquères. Lestrade avait allumé une cigarette. D'une voix un peu altérée, tendu, soudain, par l'imminence de la course et par ce qui se passait si près de lui, il expliqua :

— C'est Cazaux, de la cuadrilla Labat, qui recevra en premier, pour un écart. Puis ce sera au tour de Gijon, avant le troisième larron, Desclaux…

Maylis écoutait, distraite. Elle découvrait, à moins de cinq mètres, la nuque du Gitan, ses doigts fins posés sur l'abri en bois. La tête à demi tournée, Gijon devait quant à lui deviner la forme du visage de Maylis. C'était un jeu, assez sérieux cependant, une surveillance réciproque que Lestrade affecta de ne pas remarquer.

— Té, regardez, dit-il, la Negrita, une mauvaise, qui connaît l'homme. Ils l'ont sortie en premier, pour vous.

Il eut un rire un peu forcé. Maylis s'attendait à voir paraître un veau vaguement armé de cornes. Elle vit ruer contre la porte du toril une bête noire, tout en muscles, que son propriétaire, arc-bouté, avait toutes les peines du monde à maintenir du bras contre la talenquère. Lestrade évalua le poids de l'animal à plus de trois cent cinquante kilos. Siffla…

— Vous avez vu ? Ces gracieuses péronnelles sont les sœurs des toros d'Andalousie. Et pas commodes. Quand vous recevez ça dans les reins. Té, l'écart, regardez…

Tout allait très vite. Devant la mer des bérets un instant figée, un homme s'était placé au centre de l'arène, un autre, dix mètres derrière lui, à quelques enjambées de la talenquère. Un troisième, loin sur le côté, tenait en main une longue corde nouée au cou de l'animal. Un saut, bras levés, un bref appel. Libéré par son éleveur, le bovin fonçait déjà, tête haute, vers sa cible. Maylis étouffa un cri. Au moment où la corne subitement abaissée allait le toucher, l'écarteur pivota sur lui-même, dans un mouvement plein de fougue et de grâce. Conquise, l'assistance émit une sorte de rugissement quand la corne effleura le flanc de l'homme. Celui-ci acheva alors son geste, bras écartés, tandis que son compagnon distrayait la vache, lui échappant in extremis d'un saut de chat par-dessus la lice. Lestrade apprécia.

— Joli. Mais le cordier a un tout petit peu déplacé la Negrita…

La passe, aussi brève que violente, avait été pour Maylis un choc. Lestrade avait parlé de jeu, et c'était bien de cela qu'il s'agissait. Gratuité, plaisir, et risque. Maylis avait craint de devoir assister, comme en Espagne, à d'intolérables agonies, à la lente et terrible humiliation d'un fauve plein de vie et de force brutale, face à la nuée virevoltante des péones et de leurs maîtres. Mais non. Les écarteurs se plantaient, droits, au centre de leur village, de leur pays, pour une seconde de peur et de bonheur sublime, pour la feinte laissant passer dans leur dos la masse en furie d'un bel animal qui resterait vivant. Maylis applaudit à son tour.

— C'est superbe…

— Gijon prépare quelque chose, dit Lestrade.

Devant lui, le Gitan donnait des ordres pour son premier écart. Son visage était devenu grave, fermé comme celui d'un enfant boudeur. Il y eut un murmure dans la foule, tandis qu'un aboyeur annonçait une prime de onze francs, offerte au meilleur écart de la journée par le maréchal-ferrant de Mixe. Gijon se dirigea vers Maylis, tendit la main, puis s'inclina brièvement avant d'aller se placer à son tour au centre de l'arène, le dos tourné au toril.

— Il vous offre son écart, dit Lestrade. Celui-là il ne perd pas son temps. Mais qu'est-ce qu'il va faire, maintenant ?

Ses voisins partageaient son étonnement. Le Gitan ne s'était toujours pas retourné. Lorsque la vache eut été replacée en position d'attaque, à nouveau maintenue par son *ganadère* [1] contre la talenquère, il jeta

1. Éleveur.

un rapide coup d'œil par-dessus son épaule, leva le bras, et fit un pas vers la tribune. Maylis se mordit les lèvres.

— Eh, tourne-toi, couillon, cria quelqu'un, elle arrive !

Il y eut quelques rires, puis le silence, absolu. Gijon écoutait le galop de la bête libérée. Lorsqu'il sentit qu'elle était sur lui, il se tourna enfin, projeta le haut de son corps vers la droite, avant de le retirer tout aussi vite. Puis, ayant ainsi feinté, il pivota, les pieds immobiles, joints, livrant passage à l'animal dans l'arc de son dos.

Passé la seconde de silence qui accompagnait la fin du mouvement, le public se dressa dans le même hurlement de joie. On n'avait jamais vu une chose pareille en pays landais, cette sorte de tourniquet achevé par un leurre précédant l'écart. Lestrade aurait quelque chose à raconter sur la course de Lit-et-Mixe ! Le journaliste se tourna vers Maylis.

— Vous l'inspirez. Je crois qu'il vous faudra revenir plus souvent, lui dit-il. Et ce n'est pas fini.

Au lieu de saluer, Gijon avait couru sur le côté et ordonné au cordier de lâcher son lien. Sautant sur place, il excitait la vache comme parfois les poseurs de banderilles attirent l'attention du toro. Une feinte, encore, de l'autre côté, un second écart, les pieds joints, et déjà le bovin cherchait à nouveau l'homme, qui l'attendait à moins de six mètres.

— Arrête, nom de Dieu, tu vas te faire étriper ! hurla un spectateur.

Les écarteurs s'étaient groupés derrière la talenquère, prêts à bondir ; par endroits sur les gradins, des gens debout rompaient la houle uniforme des bérets. Un grondement d'orage emplit l'arène lorsque Gijon, après avoir leurré la bête d'un mouvement rageur du pied, s'écarta pour la troisième fois, laissant sa compagne de jeu méduSée, les nasaux écumants dans le sable, des morceaux de paletot et de chemise au bout de la corne, dont elle essaya de se débarrasser à grands coups de col.

— Elle l'a touché ! cria Lestrade.

La foule s'était prise au jeu.

— Un autre écart ! Gijon, un autre !

Il y en eut encore, à droite comme à gauche, sans la cape ni le drap rouge des matadors espagnols ; l'homme, du sang sur la déchirure de son vêtement, sautait en cherchant Maylis des yeux, la bête allait, fidèle, à sa rencontre, et le public, bonnes gens émerveillées comme des enfants, frappait dans ses mains.

Lorsque la vache, désorientée, matée par tant d'audace, eut renoncé à le poursuivre, Gijon se mit à danser devant elle, tapant du pied à quelques centimètres de son museau, jusqu'à ce qu'enfin la donzelle daignât s'élancer à nouveau, calmée, et guidée par l'homme qui la dominait. Un pas de deux conduisit ainsi le couple jusqu'au toril où Gijon abandonna sa Negrita épuisée au licol du *ganadère*.

— Jamais personne, diou biban, jamais personne…

Lestrade n'en revenait pas. La prime monta à cent francs, une somme considérable, quelques semaines de la vie d'un résinier. Qui l'offrait ? Cela n'avait guère d'importance, et le nom du donateur fut couvert par les cris de la foule. Maylis se leva. Le Gitan s'était appuyé contre la talanquère, haletant, et la contemplait en riant, tandis que ses compagnons examinaient son paletot. Lestrade applaudit.

— Il a fait tout ça pour vous, madame Durrugne.

Maylis n'oublierait jamais la tristesse mêlée d'admiration, et d'envie, qui marquait le visage du journaliste. Mais, en même temps qu'elle devinait le trouble de son hôte, elle en ressentait un autre, d'une nature bien différente. Au lieu de la frustration, avec son avant-goût d'échec, c'était une onde de désir qui montait en elle, dans la chaleur du regard de Gijon, et la sensualité de ses attitudes. Conquise, Maylis pensait aux bras des ouvriers de l'usine, à leurs poses viriles qu'elle était allée observer de la dune. Gijon montrait, en plus de sa musculature déliée, l'orgueil de sa race. Il n'était pas l'employé de la Dame rouge, lui.

Maylis ferma à demi ses yeux, respira profondément. Ses mois de solitude à la Casedieu avaient dissous les élans de son corps dans l'hiver landais, gommé le souvenir des rituels sans fantaisie de Mathias Durrugne. Maintenant, le soleil déjà vaillant de mai éveillait en elle des forces inconnues, des pulsions joyeuses qui ne demandaient qu'à vivre. Lestrade s'assit, alluma une cigarette sur laquelle il se mit à tirer, rêveur.

— Il y aura une fête gitane dans un de leurs campements, ce soir, dit-il. Nous y sommes conviés. Il faut avoir vu ça une fois dans sa vie.

Il y aurait aussi d'autres écarts dans l'arène, des sauts par-dessus des vaches, et des primes pour récompenser la belle jeunesse du temps de paix. Maylis acquiesça. Elle savait l'essentiel, et son corps exultait, comme celui des Sévillanes à qui de scintillants danseurs offraient esquives et coups d'épée, et leur vie, même, au bout de quelques arabesques.

Les Gitans s'étaient installés à l'abri des premières ondulations de la dune côtière, à l'ouest du hameau de Mixe. Là, au milieu des pinèdes mollement alanguies, ils avaient groupé leurs roulottes auprès desquelles leurs chevaux et quelques moutons cherchaient en liberté l'herbe rare et desséchée.

— Quels peuvent bien être leurs projets, leurs lendemains ? Étrange peuplade de migrants...

Lestrade en connaissait quelques-uns, parmi les plus anciens. Un roi du peuple gitan était né dans l'une de ces familles, au siècle précédent. Vénéré jusque sur sa tombe au cimetière de Bayonne... La course avait-elle été belle ? Et Gijon ? Comme d'habitude... Les vieux souriaient, vaguement complices de ces jeux gascons qui n'appartenaient pas à leur culture. Le héros ne reprendrait pas la route avec eux. Gijon s'était fixé en Gascogne, avait renoncé au voyage et à sa secrète promiscuité avec ses semblables, mais l'écho de ses exploits emplissait d'orgueil ses parents de passage.

— Notre ami se fait attendre, plaisanta Lestrade. J'espère qu'on ne nous l'a pas enlevé ?

Gijon et ses compagnons avaient touché leurs primes de course, puis le Gitan était allé faire un tour chez le médecin. Dans la lumière des premiers feux de la nuit, Maylis attendait le moment où elle l'apercevrait. On avait ouvert un fût de vin d'Espagne, de l'arancio sucré qui se buvait comme du lait. Assis en demi-cercle, des guitaristes avaient commencé à jouer, à fredonner des airs.

— Ils sont d'Andalousie, dit Lestrade. Flamenco...

Maylis l'entendait à peine. Elle apercevait, entre les flammes d'un brasier, des visages au teint cuivré, aux yeux fauves, des peaux luisantes de sueur. Des fillettes s'étaient approchées, qui se mirent à onduler, tendant leurs bustes graciles, les mains occupées à des gestes immémoriaux. Puis, tour à tour rieuses et hostiles, déliées et souples, les seins libres sous leurs corsages bariolés, leurs aînées se joignirent à leur cercle, et ce fut alors une Espagne transportée en Gascogne par une trouée des Pyrénées, un flot de danse et de joie sauvage déferlant sur le pays cousin, dans le froissement des étoffes et les claquements de mains.

Par instants, lorsque s'apaisaient les langueurs criardes des chanteurs, Maylis percevait au loin le murmure de la forêt sous le vent, comme une complicité. Cherchant des angles de vue sur la danse des femmes, fascinée par la souplesse vigoureuse et altière de leurs mouvements, elle fit à pas lents le tour de la scène improvisée en pleine dune, s'éloigna vers les premiers arbres, et tarda à réagir lorsque des doigts eurent emprisonné son épaule.

— Lestrade ?…

Elle se tourna, surprise, découvrit dans la lueur du brasier le visage de Gijon, qui dévorait le sien, sut dans l'instant que son réflexe de fuite serait vain.

— Lestrade avait à faire pour son journal. Il vous a cherchée. Il est parti, maintenant.

Il avait la voix rauque, avec un drôle de parler, mélange de castillan et de français. Maylis ferma les yeux, se détendit, brusquement. Face aux Gitanes dont l'art évoquait la hauteur, le refus précédant l'abandon, elle commencerait par celui-ci, et s'en trouvait bien. La paume du garçon remonta vers sa nuque. C'était un contact délicieux, une possession qui la faisait vibrer. La main qui la caressait fouillait ses cheveux, était un soleil, une griffe irradiant des ondes bienfaisantes. Lorsque les lèvres de Gijon furent contre sa peau, Maylis frissonna, tendit le cou. Oublieuse, soudain, des musiciens et de leurs créatures inspirées, du monde alentour noyé dans la nuit, indifférente au bruit, aux regards, aux rires des enfants, à l'odeur du bois brûlé. Sereine. Gijon lui chuchotait à l'oreille des mots qu'elle ne comprenait pas. Elle arrêta de ses lèvres ce verbiage inutile, vint contre lui, se laissa soulever, et porter vers la pinède où les échos de la fête parvenaient assourdis, lointains.

Tandis qu'elle offrait son flanc, et la moire argentée de son corsage, aux mains du Gitan, elle entendait des rires étouffés par les arbres, distinguait les éclats fugitifs du brasier. Le moment était parfait pour perdre conscience, le contrôle d'elle-même, mais, sans qu'elle cherchât à s'en défendre, Maylis restait spectatrice. Elle trouva du bout des doigts la blessure qui avait saigné dans l'arène, caressa une longue estafilade, ce qui fit gémir l'homme.

— Non, garde ta main sur moi, comme ça, dit-il. Tu me fais du bien.

Gijon avait le regard des enfants devant une crèche. Tout dans ses gestes était bon, docile, maîtrisé face à la nature violente de son corps. Maylis maintint sa paume contre la blessure, ferma les yeux. Elle oublierait les musiques, le ciel d'encre confondu avec les cimes des arbres, l'âcre relent du feu, pour se laisser aller aux molles ondulations du plaisir. L'accomplissement de celui-ci fut une brève absence qui la laissa ravie.

Puis le Gitan s'assit sur ses talons, les mains sur les cuisses, dans une attitude de dévotion. Ses lèvres tremblaient, murmuraient des choses incompréhensibles. Il y eut quelques instants de silence, avant que s'apaisent les souffles des deux jeunes gens. Maylis restait allongée, sous une grosse étoile unique qui jouait à cache-cache avec les cimes des pins. Jaillissant du fond d'elle-même, l'envie de posséder à nouveau ce garçon à la beauté parfaite remontait déjà, tel un flot. Pourtant, le spectre sans forme d'un gâchis envahissait son esprit, comme si, par cette fatalité qui la poursuivait depuis l'enfance, devait succéder à chaque moment de joie un temps d'inquiétude et de remords.

Elle se leva, pensive, les reins brisés par une bonne fatigue. Gijon était déjà contre elle, la poussait fermement contre un arbre. Maylis se laissa faire. La nuit commençait à peine. On allait encore chanter et danser devant le bûcher aux senteurs de viande grillée. C'était comme en pays étranger, le sentiment d'une totale liberté, loin des regards et des jugements, l'impunité. Maylis ferma les yeux, espéra ressentir le mouvement d'une vague semblable à celle qui l'avait emportée tout à l'heure. Gijon se faisait pressant, grognait. Ses mains, ses lèvres trahissaient son impatience, et le désordre de ses sens.

— Maintenant, maintenant !

Il ordonnait, exigeait, avide de posséder. Maylis s'abandonna. L'exquise brutalité du garçon, l'exploration brûlante qu'il faisait d'elle lui révélaient son propre corps, sa propre peau, et la faculté qu'elle avait de désirer, et de prendre. C'était donc cela, un amant. Elle se sentit pleine d'une culpabilité joyeuse, et ce fut elle, cette fois, qui obligea Gijon à se coucher dans la fougère.

Elle ne voulait pas retourner dans le campement des nomades, sentir les regards sur elle, et deviner les questions. Sans doute avait-on compris, autour du feu, ce qui se passait à l'écart des arbres. Mais cela était peut-être tout aussi bien anodin, sans la moindre importance, oublié, déjà. Ces gens étaient étranges. Que pensaient-ils, derrière leurs yeux fuyants ? Ils avaient une fausse impassibilité, de l'insolence en vérité, qui leur tenait lieu de maintien…

— Reste.

Maylis refusa. Maintenant que l'exultation et l'absence avaient fait place en elle à la vague courbature des fins d'étreintes, elle désirait rompre, et s'en aller. Gijon dut s'exécuter. Contrarié. Il n'aurait pas ce second triomphe public, après celui qu'il avait connu dans l'arène.

— Vous avez promis à votre ami Lestrade. Soyez gentil…

Maylis s'amusait de son embarras. L'observant, ainsi campé devant elle dans la pénombre, les mains sur les hanches comme pour appeler une bête, et ne sachant trop quelle attitude adopter, elle lui trouva un surnom, « Reins ardents », et le petit rire qu'elle eut troua la nuit comme une clarine.

— Ça ne fait rien, dit-elle, je rentrerai à pied, par la dune. C'est un chemin que je connais bien.

— Huit kilomètres !

Elle haussa les épaules et, s'étant chaussée, se mit en route.

— Attendez, je vous en prie !

Il s'éloigna, disparut, avant de revenir quelques minutes plus tard, tirant une sangle au bout de laquelle un bon gros cheval de trait avançait d'un pas égal. D'un geste prompt, il saisit Maylis par la taille et l'assit sur l'animal, avant de se hisser à son tour, en croupe.

— Par l'océan, dit Maylis.

Sur une monture au rythme de camélidé, la promenade serait longue. Maylis se sentit vite bercée. L'obéissance de Gijon ressemblait à celle du cheval, et, transformé en alguazil de campagne, le Gitan avait perdu un peu de son aura. Malgré cela, au gré de la marche le long du rivage, et des frôlements plus ou moins appuyés de son compagnon, Maylis sentit renaître du fond de ses reins la houle brûlante du désir, le feu dévorant son jugement, ses pensées. Ce fut elle qui provoqua encore, en riant. Les flancs du cheval étaient larges, le garçon, agile. On ferait un peu d'acrobatie, et la nuit serait suffisamment opaque pour garder le secret.

Un chemin existait entre plage et forêt, en direction de l'est, et du bourg de Saint-Girons. Une sente, plutôt, sableuse, qui épousait le relief des dunes, et traversait une pinède moins dense qu'en rase lande. Maylis se laissa glisser du cheval. Il y avait encore une bonne demi-douzaine de kilomètres jusqu'à la Casedieu. Gijon s'inquiéta, proposa de continuer la route à cheval.

— Maintenant, je veux rester seule.

Il la rejoignit, voulut la prendre dans ses bras, grogna lorsque Maylis, d'un geste, le repoussa. Dans la quasi-obscurité, le regard de Gijon, plein de fièvre, luisait d'éclats inquiétants. Maylis avait découvert l'aptitude du garçon à se soumettre, mais elle gardait aussi le souvenir de sa danse dans l'arène, de cette rage qu'il mettait à provoquer, à dominer, et de la force proprement bestiale qui l'animait à ces moments-là. Elle répéta sa demande, affronta un long moment la présence immobile de Gijon. Elle ne savait trop ce qui pouvait se passer dans l'esprit de son infatigable amant, mais elle ne voulait pas de lui entre les murs de la Casedieu. A chacun ses sanctuaires, comme en religion. Gijon céda.

— C'est bon. Mais je reviendrai.

Elle ne releva pas, attendit sans un mot que le garçon fût remonté sur son destrier de comice. Lorsque cheval et cavalier eurent paru se fondre dans la nuit de mai, Maylis alla vers la mer, se dévêtit, entra dans l'eau. Elle ne savait pas nager. Pareil divertissement n'avait pas fait partie de son éducation à Sainte-Foy ni des habitudes chez les Savayran. Mais l'océan était sans méchanceté. Mollement ballottée par le ressac, Maylis s'allongea entre sable et eau.

Lorsqu'elle se releva, elle eut un peu froid, et frissonna. La solitude pesait soudain sur ses épaules, la vague fraîcheur qui accompagnerait l'aube l'enveloppait. La jeune femme se laissa tomber sur le sable sec. Son corps brisé se libérait petit à petit du souvenir des étreintes de la nuit, des mains de Gijon, de l'absence voluptueuse qui l'avait emportée. L'heure était à la vacuité de l'esprit, à la sensation du temps arrêté, au bruit tranquille de l'océan. Maylis demeura un long moment le nez dans les étoiles, à se laisser frôler par la grâce de l'instant. Elle éprouvait un sentiment ambigu de calme intérieur et de culpabilité mêlés, comme dans le train qui l'avait éloignée de Caudéran. Cherchant la fuite, sa pensée en maraude s'arrêta bizarrement sur Madeleine Darribats, avec son ventre qui commençait à pointer. Le sort de la métayère n'était guère enviable. La vie l'enchaînait, et lui faisait violence. Mais Madeleine se battait seule, et bien.

Maylis ouvrit les yeux sur la lueur grise naissante, au bout de l'horizon. Personne ne lui ferait de mal, jamais plus. Elle serait pour toujours la Dame rouge, la solitaire de la grande maison basque, avec cette part clandestine de son existence qu'elle désirait déjà vivre de nouveau, et ne redoutait pas.

17

Mai 1924

La veille du jour tant attendu où les résultats des élections législatives devaient parvenir de Paris, Madeleine et ses sœurs se trouvèrent de corvée chez leurs maîtres. Cela avait été écrit sur un bail signé vers les années 1860, au tout début de la fortune des Ripeyre. A cette époque que la guerre faisait paraître encore plus lointaine, des fortunes s'étaient faites en moins de deux générations, et ceux qui avaient eu l'opportunité d'acheter de la lande rase pour y planter du pin avaient vu leurs revenus croître comme par miracle. L'arbre d'or ! Les bornes des parcelles plantées à la tombée du plomb de chasse, comme en Amérique ! Ce n'était peut être pas un hasard si les Landes des résiniers tenaient de ce Far West dont on voyait les images dans les revues de voyages, et si Landais et Américains se comprenaient sur la gestion de la gemme…

Les Ripeyre, qui avaient bâti leur fortune sur ces achats avec de l'argent emprunté, et grâce à quelques relations dans le milieu des adjudicateurs, ne s'étaient pas contentés de posséder une part de la forêt marensine. Métayers à l'origine, ils avaient mis un point d'honneur à se doter d'une bonne quinzaine de fermes, jusqu'en Grande Lande et en Born, et les femmes de la Sorbe, comme les autres, leur devaient chaque année deux jours de travail à domicile.

— Qu'est-ce qu'elle va nous faire faire, cette fois ? demanda une des sœurs de Madeleine.

Les trois femmes trottinaient sur le chemin de terre menant à la maison des maîtres, et à la route de Linxe à Saint-Girons. Madeleine haussa les épaules. Le jour n'était plus très loin où ces corvées, mal digérées par les révolutions du siècle précédent, seraient rangées au musée du métayage.

— Dès lundi prochain, peut-être…

Elle avait caché cette expédition à son mari. Victor avait beau jeu de mettre sa femme face à quelques absurdités, dont celle-ci : faire sans rechigner ce qu'elle dénonçait à longueur de réunions politiques, qui plus est dans un coin des Landes où ces pratiques tout juste bonnes pour des métayers de Chalosse avaient tendance à s'éteindre d'elles-mêmes.

Force de l'habitude, autant que de la loi ! A quoi bon dès lors provoquer inutilement Victor. A l'approche des résultats, celui-ci perdait le peu de sang-froid qui lui restait, et plusieurs fois déjà ses amis avaient dû le soustraire de force aux mauvaises querelles qu'il provoquait ici et là. « Ivrogne, en plus… », se moquait-on. Madeleine savait bien que ce n'était même pas toujours le cas. Victor buvait, certes, mais n'avait hélas pas besoin de ce support pour s'inventer des haines, des comptes à régler, et distribuer ces litanies d'insultes jusque dans son cercle d'intimes ou au sein de sa propre famille.

« Il faut s'exécuter, pensait Madeleine. Ces heures seront au moins payées. »

De la société landaise, figée comme peut-être aucune autre en France, émergeaient de temps à autre les bulles vite crevées des révoltes, comme une respiration de végétaux du fond des marais de Grande Lande. Cela faisait de petits bruits… et se perdait dans le silence. On se souvenait des cris de gemmeurs et de gendarmes, mais de si loin, en 1907, un monde… Depuis, il y avait eu la guerre, et maintenant, les syndicats se dispersaient au lieu de se fédérer, quand ils ne cédaient pas aux sirènes des candidats radicaux, ces forts en gueule qui savaient si bien étouffer les colères. Même la révolte des piquetalos du bas Adour datait désormais. Plus de trois ans… Madeleine maugréait.

— Ce serait pourtant bien le moment…

Ces heures dues aux Ripeyre, elle n'avait pu se résoudre à les refuser. Cela ne devait pourtant pas être bien compliqué. Il suffisait de rester chez soi, et de faire dire que l'on ne se déplacerait pas. Mais il y avait la règle, les siècles d'habitudes, le consentement à ces choses d'un autre temps, et le sens du devoir que raillait tant Victor. Madeleine décida que ces corvées seraient de toute façon les dernières, et que pour l'entretien de ses pelouses ou de ses celliers, la mère Ripeyre, qui se donnait des allures de bourgeoise sous les portraits de ses aïeux en sabots, devrait trouver ailleurs d'autres gratteuses de terre et de brique.

— Mais elle pourrait se retourner contre nous, et nous chasser…

A l'idée de se retrouver sur la route, cherchant un toit, les jeunes filles tremblaient presque. Silencieuse, les mains enfoncées profondément dans les poches de son ample jupe de lin, Madeleine évitait de croiser leur regard de biches affolées. Ainsi était le para-

346

doxe de ce peuple de la terre landaise. Prompt et radical de jugement dans le secret de ses murs. Mais en public il se divisait, s'affaissait et, finalement, se laissait faire, comme les crêtes sableuses de la dune littorale sous le vent de mer.

— Moi, ma religion est faite…

Madeleine se présenta la première à la porte de la cuisine de Biarot. A l'intérieur, la domesticité des Ripeyre s'activait à la préparation d'un déjeuner de fête, un baptême prévu le lendemain, et pour lequel on avait embauché des extra. Il y avait là des filles de Linxe et de Mixe, visages rencontrés dans la pinède ou autour de l'usine de Saint-Girons, et d'autres, sédentaires du lieu, vieillis dans les murs au service fidèle de la famille. On se salua.

— Té, celles de la Sorbe !

Yolande Ripeyre compensait sa petite taille plutôt arrondie par un port de tête de duègne espagnole, cou cambré, menton relevé, et par son œil, un dard planté de côté comme une banderille, et qui ne lâchait pas sa prise.

— On est venues pour les travaux dus…

— Les corvées… oui. Ce n'était peut-être pas le jour, ici, tout le monde est occupé ; eh bien, vous irez au verger, faire la mauvaise herbe qui pousse drue, avec ce printemps de soleil et de pluies.

Il y avait donc un jour, pour cela ? Les femmes acquiescèrent de la tête. Dans sa pénombre que traversaient des rais lumineux chargés de poussière et de mouches, la cuisine des Ripeyre était une ruche comme on en voyait sur les gravures d'autrefois. Emplie de chuchotements et de froufrous, traversée en tous sens par des jupes noires et des corsages blancs, sous les tabliers de dentelle, il s'y donnait le spectacle immémorial des préparatifs de fête. En même temps qu'elle se félicitait de n'avoir jamais été domestique, Madeleine ne pouvait s'empêcher d'éprouver une sorte de nostalgie, à la vue de ces gestes simples exécutés pour autrui, et d'envier le bonheur qui semblait régner là, pour de bon. Elle soupira. Depuis le retour de Victor, la Sorbe avait laissé s'enfuir le peu de gaieté que l'on y avait gardé pour lui. Désormais, on guettait en silence et on redoutait les colères du grand blessé.

— Alors, nous irons faire les mauvaises herbes. Si vous voulez nous donner les outils.

Yolande Ripeyre avait bien d'autres choses à faire. Elle était de ces femmes occupées en permanence, ulcérées dès que l'on rompait le fil obscur de leurs pensées.

— Voyez avec le jardinier !

Les trois femmes firent le tour de la maison, empruntèrent un minuscule chemin de sable qui s'enfonçait entre d'épais rideaux de bambous, et débouchèrent sur un potager piqué çà et là de quelques arbres en fleurs. Stimulées par des pluies nocturnes que tempérait le chaud soleil des journées de mai, des herbes qu'une lame avait pourtant rasées par endroits avaient en effet repoussé un peu partout. Le potager était désert. Les femmes se courbèrent et entreprirent d'arracher à la main les herbacées. Travail pénible, semblable aux moissons du seigle qui laissaient les reins mâchés, traversés de douloureux éclairs.

— C'est plus dur que de porter les couartes ! Té, on va vous donner des lames, oui.

Madeleine se redressa. Appuyé sur un coude contre un muret de pierre, la paume soutenant sa nuque, Jean-Marc Ripeyre se tenait à l'orée du potager. A sa suite parut le jardinier, un ancien journalier de Castets qui travaillait là depuis trois ou quatre ans.

— Donnez-leur, Baptiste…

L'homme distribua machettes et faucilles. Il était fort, couperosé, et sifflait en respirant.

— Elles sont enracinées, les garces, dit-il. Je m'en suis vu pour les arracher.

Ripeyre se mit à faire le tour du clos. A pas lents, il inventoriait le sol là où croîtraient les pieds de tomates, de haricots verts et de salades qui peuplaient pour l'essentiel le potager en été.

— Té, là, et là… il ne faudra pas oublier. Et près des fraisiers, aussi. Foutue verdure, ça vous bouffe un jardin en moins de temps qu'il n'en faut pour le planter.

Il s'approcha des trois femmes, les observa un long moment, jusqu'à ce que le regard de Madeleine croisât le sien, et l'affrontât.

— Eh bien, madame Darribats, madame Victor Darribats ! Quelque chose ne va pas ?

Madeleine ne répondit pas. Ripeyre avait perdu un fils sur la Somme, en 17. Longtemps, Madeleine avait pensé que de tels malheurs ne pouvaient que rapprocher les gens, qu'une compassion plus forte que tout le reste naîtrait de ce cataclysme qui broyait riches et pauvres, à égalité, dans la boue des tranchées. A tort. Ripeyre brûlait, à sa façon, de la même envie d'en découdre que son métayer, et quatre années de tueries en tous genres n'avaient en rien affadi ce penchant.

— Tout va bien, Monsieur Jean-Marc, tout va bien.

— Ah ! Je sais ce que vous pensez, dites-le franchement. En proposant le fermage à ses métayers, la petite caille de la Casedieu a ouvert la boîte de Pandore, et vous aimeriez bien être servis de la même façon, contre nous. C'est ça, hé ? Les rouges, là, vous

349

avez le sentiment que votre tour arrive ? Dites-le, nom de Dieu ! Et ailleurs que dans vos réunions de bolchevistes ! Devant moi ! Vous verrez si c'est aussi facile.

Madeleine s'était relevée. Dans son esprit, les choses avaient toujours été bien séparées. Il y avait d'un côté la lutte pour une meilleure condition, les assemblées syndicales, les voix fortes qui venaient du Havre, de Roubaix, du Creusot, de l'autre, la chose écrite, ou non, qu'elle respectait encore ce jour-là. Elle nia de la tête, sourit, se remit au travail.

— Vous savez bien, Monsieur Jean-Marc, dit-elle, que nous avons toujours respecté nos contrats, et que cela dure depuis quelques dizaines d'années, voire plus…

— Je sais ce que vous racontez, à vos réunions ! Taisez-vous ! La terre à ceux qui la travaillent… et quoi encore ? Moi, j'ai la liberté de mon bien, et la Sorbe est comprise là-dedans. Et votre mari, qui m'insulte partout où il passe, sous prétexte qu'il s'est fait arracher la gueule en Orient, hé ! Moi, c'est un fils qu'on m'a enlevé. Vous pensez être les seuls dans la peine, alors qu'on est des millions ? Je vais vous dire, moi, quelque chose d'aussi définitif que vos discours de matamores. Je vous supporte encore, mais tout ça ne va pas durer, qu'est-ce que vous croyez ? Maître chez moi, nom de Dieu !

Il s'était mis à tourner autour des femmes qui poursuivaient leur besogne. Une jeune s'était mise à chantonner. Madeleine la fit taire d'un regard tandis que près d'elle Ripeyre donnait de grands coups de pied dans tout ce qui dépassait, taupinières, mottes, et jusque dans des fraisiers qui s'effeuillèrent loin alentour. Madeleine s'agenouilla, mit un peu d'ordre dans les mèches noires qui gênaient sa vue. La violence de

Ripeyre valait bien celle de Victor. Contre ces hommes qu'elle savait imprévisibles, et capables de frapper, elle choisissait le silence.

« Je peux être sur la route en novembre, avec toutes ces bouches à nourrir », pensa-t-elle.

Et elle se remit à l'ouvrage, aidant l'une de ses sœurs à tirer sur une racine particulièrement profonde.

Tandis qu'elle décapitait les herbes, écoutant d'une oreille distraite les bordées d'injures gasconnes qui calmaient peu à peu la colère de Ripeyre, Madeleine laissait le visage de Maylis Savayran envahir son esprit. Il y en avait, dans les quartiers de Grande Lande marensine, à Labasten, à Leytge, et jusque autour de Lévignacq et de Linxe, qui fêteraient tard dans l'année la décision qu'avait prise la jeune dame de la Casedieu. Fermiers ! Ils paieraient un loyer parfois dérisoire, ceux-là, et géreraient pour eux seuls le grain, la volaille, sans ce regard du maître sur le moindre sac de maïs, la plus petite couvée de canards. Loin de ces Ripeyre qui fermaient leurs oreilles au bruit du progrès, ils se croiraient presque propriétaires, et bomberaient le torse aux assemblades, dans les cafés et sur le parvis des églises. Fermiers, enfin, sans même l'avoir réclamé !

Madeleine se mit debout, ordonna à ses compagnes de l'imiter. Maylis Savayran lui soufflait quelque chose, par les voies de l'esprit, qu'elle entendait et comprenait. Il ne devait pas être bien difficile, pour une enfant de riches, de décider ceci ou cela. Il y avait ainsi des choses que l'on pouvait dire, et faire, sans se soucier de leurs conséquences. Élans du cœur ou de l'esprit, calcul de nantie ? Quelle importance ? Madeleine laissa tomber à terre sa binette. Elle ne manquait pas de courage, cette Maylis à l'apparence si frêle, aux mains blanches de citadine, qui prenait à son compte le sort de quelques-uns, et le bouleversait d'un seul mot.

— Monsieur Jean-Marc…

Il y avait dans la balance la menace d'une expulsion en bonne et due forme à la Saint-Martin, puisque le contrat séculaire allait être rompu. Que diraient les hommes du clan, et les autres, ceux qui parlaient volontiers en leur nom mais que l'on ne voyait pas souvent agir ? Tout cela ne pesa plus rien, soudain. Madeleine s'avança vers Ripeyre, lequel, à bout de vocabulaire et ayant suffisamment saccagé son potager, se reposait, le souffle court, entre deux pieds de haricots.

— Nous allons rentrer chez nous, maintenant.

— Mais…

Madeleine passa devant lui d'un pas qu'elle voulait assuré, mais qu'elle sentit en vérité flageolant et inégal.

— Hé bé ! La journée n'est pas terminée. Vous me devez encore des heures. On plaisante ?

Ripeyre avait aux lèvres le sourire de celui qui écoute une bonne histoire tout en sachant déjà la fin. Madeleine prit la main de ses compagnes, se tourna vers lui.

— Il n'y aura plus d'heures pour ceux de la Sorbe. Plus jamais, monsieur. Et pour les redevances, ma foi, on verra. Peut-être les œufs, à l'automne, et les deux balais de votre dame pour le jour de l'An, mais pour le porc, rien.

Ripeyre béait, incrédule, presque hilare, contemplant son jardinier au ramassage des outils. Madeleine se remit en route, le dos rond dans l'attente d'une riposte, qui ne vint pas.

— Ho, té, tu ne le lui as pas envoyé dire ! lança une de ses sœurs.

Les jeunes femmes s'esclaffèrent, pressèrent le pas jusqu'aux communs de la grande demeure, qu'elles longèrent avant de s'enfoncer dans la forêt. Il ne faudrait pas plus de quelques minutes pour que la nouvelle de leur rébellion fût connue de toute la maisonnée.

— Et maintenant ?

On verrait bien. Il y aurait sous peu le résultat des élections auxquelles les hommes avaient participé en masse. Madeleine éluda la question. Elle n'était pas la première à avoir mis en cause ces pratiques d'un autre temps, dénoncées par tous les grands tribuns de la province et de la capitale. Corvées ! Dans le calme absolu de la pinède, le mot prenait des accents de monstruosité. Madeleine se demanda ce que Maylis Savayran aurait pensé de son geste, chassa vite cette pensée. Au fond, elle ne devait rien à cette inconnue, sauf le souvenir vivace d'une ancienne humiliation. Et puis, quelle influence cette jeunesse sans expérience, à peine sortie de son cocon bordelais, pouvait-elle bien exercer sur elle, qui savait tout de la société landaise et de ses carcans ?

— Et maintenant ? Té, je n'en sais fichtre rien, à part qu'on va marcher encore une heure avant d'être rentrées.

— *Diou biban,* tu le lui as dit, comme ça…

Pour une fois, Victor parlait d'une voix presque mesurée, au lieu de ses habituels aboiements.

— Tu sais ce que ça signifie, au moins ?

Des volatiles de trois semaines dans son tablier, Madeleine avait entraîné une de ses sœurs vers le réduit attenant au poulailler, à l'intérieur duquel le destin de quelques poulets se transformait en celui de chapons. Elle s'arrêta net, se tourna vers son mari.

— Et bien sûr que je le sais, mais quoi ! Tu me le reprocherais, après tout ce que tu t'en vas dire un peu partout sur ces choses !

Victor clopinait à sa suite. Il la soupçonnait d'avoir cédé à un coup de tête, sans en avoir parlé à Lamarcan, ou à n'importe qui d'autre. Madeleine haussa les épaules. Il y avait trop longtemps que personne ne s'avisait de mettre en action ce qui se promettait en paroles. Lamarcan ne pourrait qu'être satisfait.

— Ça… il saura en tirer profit, on peut lui faire confiance, dit Victor.

Madeleine poussa la porte déglinguée de la cahute, se débarrassa des volailles aux pattes liées qu'elle posa dans une caisse. Les enfants étaient accourus. Ils avaient interdiction de franchir le seuil, et se postèrent à l'arrière du minuscule bâtiment, essayant de voir, le front collé aux interstices entre les planches. Victor était resté à distance de l'entrée. Madeleine l'observait du coin de l'œil. Il réfléchissait. Avec lui, tout pouvait arriver, abattement ou colère, jusqu'à briser quelque chose dans ce coin du poulailler.

— Tiens ce *pingaïet* [1], Honorine, ordonna-t-elle.

Sa jeune sœur immobilisa le poulet, tandis qu'en trois coups de ciseaux Madeleine lui coupait la crête et les bajoues. Elle obligea ensuite le volatile à avaler sa propre chair. Du sang perlait aux plaies, qu'elle asséch a avec de la cendre. Puis elle saisit un couteau.

— Tourne-le.

Honorine lui présenta le croupion, qu'elle fendit. Puis Madeleine, insensible tant aux cris de l'animal

1. Petit poulet haut sur pattes.

qu'aux efforts qu'il faisait pour se libérer, alla chercher du doigt les testicules, dont elle se débarrassa d'un tour de poignet. Un court surjet au gros fil, et c'était terminé pour celui-là !

— Tu as pensé que la ferme a été baillée autrefois aux Darribats, j'espère, dit soudain Victor.

Madeleine suspendit son geste, le temps d'encaisser l'attaque qu'elle décida de laisser filer. Elle gardait la certitude d'avoir agi comme il le fallait, regrettait le revirement soudain de son mari, mais en vérité cela ne l'étonnait guère. Victor avait besoin de prendre position, de juger dans l'instant. Ses faiblesses, souvent pathétiques comme celle-ci, avaient une raison évidente. L'exil promis représentait pour lui, infirme qui ne servait plus à rien d'important à la Sorbe, un surcroît de souffrances effrayant.

Madeleine eut un sourire triste. Avait-il réfléchi, lui, avant de s'en aller poursuivre sa guerre avec l'armée d'Orient ? Elle posa son deuxième opéré près du premier, proposa à sa sœur d'échanger les rôles.

— Je préfère pas, s'excusa Honorine.

— Oh, té, du sentiment…

Celle-là devait être bonne pour aller vivre en ville, et travailler au ménage de quelque bourgeoise. Victor frappait le sol de sa béquille, comme s'il voulait l'y enfoncer. De ses lèvres sortaient les habituels chapelets d'injures, tandis que les enfants, tout à deviner ce qui se passait dans l'abri, chuchotaient, et pouffaient. Estimant qu'ils en avaient assez entrevu, Madeleine les chassa de la voix, poursuivit sa chirurgie, qu'elle eut achevé en un petit quart d'heure.

Les poulets châtrés séjourneraient là quelques jours, avant d'être remis en liberté. Madeleine les regarda s'ébrouer, puis sortit de l'abri. La tension qui l'avait soutenue au long de la journée retombait, remplacée par des courbatures, aux reins et aux cuisses.

— Alors, on fera ce qu'il faudra, dit Victor.

Son regard croisa celui de Madeleine. Victor avait de ces sentences, d'énigmatiques promesses que les comptes seraient un jour réglés. Lesquels, et avec qui ? Madeleine cambra ses reins, se tourna vers sa sœur, qui fermait la porte du réduit.

— Huit chapons, dit-elle, dont deux pour la Toussaint des Ripeyre. Eh bien, en novembre, les Ripeyre mangeront autre chose. Mes chapons, j'irai les porter contre argent à l'aubergiste de Lesperon. Lui saura quoi en faire, du confit, té, pour les Parisiens qui passeront par là. Il paraît qu'ils aiment bien ça. Ripeyre, il n'aura plus rien à bouffer de chez nous. Voilà.

Elle toisa Victor, ajouta :

— Nom de Dieu !

Et s'éloigna.

Ce ne fut pas le Grand Soir que d'aucuns, à longueur de libelles enflammés et de rhétorique d'assemblées, appelaient de leur foi révolutionnaire. A l'inverse, personne, du côté de ceux qui tenaient jusque-là les pouvoirs, ne s'avisa d'ameuter les populations contre la tornade sanglante annoncée. La droite était battue, les radicaux quittaient le Bloc national pour s'entendre avec les socialistes. Une gauche bâtarde accédait au pouvoir sous les risées des communistes. Il y aurait compromis. Comme au sortir d'un combat de boxe où les adversaires eussent reçu autant de coups qu'ils en auraient donné, il y eut un moment de cette grâce citoyenne qui fait taire et méditer, lorsque les passions laissent enfin la place à la réflexion et aux manœuvres politiciennes.

Le peuple mâle de France avait parlé, comme on le lui avait demandé réglementairement. La Chambre des députés qu'il s'était choisie serait représentative des incertitudes et des évolutions du temps. Le franc flanchait, les Allemands, occupés en Rhénanie sur décision de Poincaré, et persuadés de n'avoir en aucune façon perdu la guerre, réarmaient leur industrie en attendant d'en faire de même pour leurs canons. Saignées comme de la volaille, exhibant leurs mutilations au seuil des innombrables hospices ouverts sur les ruines des villes, et bien plus loin encore, les deux nations pour un temps en paix vacillaient, hébétées, épuisées jusqu'au tréfonds d'elles-mêmes, dans les relents de victoire ou les fantasmes de revanche. Aux heures d'angoisse et de ferveur succédaient, de part et d'autre du Rhin, les fatigues mentales et physiques héritées d'une hémorragie de six millions d'hommes. En France, cela devrait s'appeler, pour un temps, le Cartel des gauches.

Lorsqu'elle arriva sur le parvis de l'église fortifiée de Saint-Girons, au matin de ce dimanche de juin 1924, Maylis avait en tête l'article de *La Petite Gironde* qui racontait comment le député Bloc national de la circonscription englobant la ville de Caudéran avait sauvé son siège, et donc celui de son suppléant. Bordeaux restait amarré à droite, et Mathias Durrugne réalisait son projet. Avait-il fêté la bonne nouvelle dans un des lupanars de sa piste nocturne ? De quelle chambre s'agissait-il ? Maylis sourit de s'être posé de telles questions. Sous la tiède caresse d'un soleil voilé par la brume de mer, la liberté qu'elle s'octroyait depuis une demi-année semblait à la jeune femme parfaitement à l'unisson du climat marensin.

Elle sentait les regards sur elle, et ne tarda pas à pénétrer dans l'église. Là, comme à l'habitude prise depuis son arrivée dans le village, elle dédaigna le prie-Dieu du premier rang portant la petite plaque de cuivre au nom de sa mère, et s'assit dans la pénombre, sur le côté de l'abside, au bout d'un banc. Ainsi excentrée, face aux meurtrières d'un poste de guet médiéval anglais, elle pouvait méditer à loisir.

Que feraient les alliés du Cartel ? Les supputations allaient bon train, jusqu'à l'intérieur de l'église. L'absence des communistes dans l'association laissait l'espoir d'une relative tranquillité religieuse, bien que le spectre du petit père Combes planât encore sur les clochers et les abbayes. Vingt ans avaient passé depuis la loi de séparation, mais on n'avait pas oublié les spoliations, les expulsions de religieuses manu militari, les couvents abandonnés aux fourriers de l'armée ou aux laïcs de l'éducation publique. Et maintenant que la parenthèse de l'Union sacrée de 14-18 s'était refermée, les questions revenaient sur le tapis, comme les bourgeons aux branches des arbres, à l'arrivée du printemps.

Maylis devinait aussi, plus encore qu'elle ne les entendait, les interrogations sur l'usine. Ah ! Les huit heures. Elles viendraient, forcément. Promises par les socialistes, acceptées par les radicaux, déjà moquées par les rouges, qui n'avaient pas attendu les élections pour exiger plus, sept heures, voire six, et des congés, payés par les patrons ! Jusqu'où irait-on ?

Quelques ouvrières de la distillerie avaient pris

place dans l'église, ainsi que des bûcherons dont Maylis reconnaissait les visages tannés par le soleil et par le vent. La Dame rouge répondit à quelques sourires, soutint des regards qui avaient l'air de la déshabiller toute ou presque. Il y avait sous les voûtes de la vieille église un mélange assez équilibré de Marensinois : des petits bourgeois commerçants, des veuves de guerre ou de paix, qu'accompagnaient leurs enfants et petits-enfants, et la bonne grosse masse paysanne des champs et de la forêt, de noir vêtue, féminine pour l'essentiel. Çà et là, des tuniques et cabans de pêcheurs venaient rappeler que si l'on vivait, pour la plupart, au bord de l'océan tout en lui tournant le dos, il y en avait tout de même quelques-uns, entre Arcachon et Capbreton, pour entretenir et mettre à l'eau la vingtaine de pinasses composant une flotte de pêche. Trente lieues de rivage, et pas un port. Les ramasseurs de coquillages ne manquaient pas d'espace entre Born et Seignanx !

La chorale entonna les chants d'accueil, conversations et murmures s'apaisèrent, et Maylis s'en trouva soulagée, tant l'ordonnance liturgique déviait soudain l'intérêt des gens. On pria. Maylis avait gardé en mémoire les chapitres principaux de son livre de messe, et le calendrier des dimanches après Pâques. Elle se rappelait l'ivresse doucereuse que lui procuraient au pensionnat l'enchaînement des mots, des phrases, la poésie mille fois répétée des Évangiles, et les différences entre Luc, Matthieu, Marc et Jean, qu'elle avait mis des années à comprendre. De sa foi d'enfant que confortait le sentiment d'avoir été recueillie par une famille innombrable, elle gardait encore la chair rassurante des paroles apprises par cœur, et récitées comme si sa vie allait en dépendre, à chaque moment de ces retrouvailles avec le Dieu des bons chrétiens. Maintenant, elle cherchait les fragments de ces émotions, jadis si intenses que des années durant elle avait pensé à s'en faire une existence, entre les murs d'un couvent.

L'abbé Cazenave sortit de la sacristie, précédé de ses enfants de chœur. Il était venu quelquefois à la Casedieu, chercher son obole. Comme partout ailleurs dans le Marensin, les curés de Saint-Girons n'avaient jamais roulé sur l'or. Les grosses et menues dîmes, le charnage d'autrefois avaient laissé la place à des dons en espèces, ou à quelques volailles et chairs cuites parfois, qu'il fallait aller chercher dans les métairies et les maisons amies.

« Trop de sable, trop de vent, pas assez de ressources, avait-il expliqué à Maylis. Comment officier dans des chapelles recouvertes peu à peu par la dune, pour des paroissiens chassés vers l'intérieur des terres ? Il a tout de même fallu détruire Saint-Girons de Lest, transférer l'église de Vielle. Savez-vous, madame Durrugne, qu'en Marensin des quartiers entiers de villes ont disparu, comme celui d'Agnès, à Lit, et que personne aujourd'hui ne sait où sont ensevelis ces lieux ! Les marais, et ces jolis lacs que nos poètes chantent si bien… des pièges, terribles, qui submergeaient cultures et maisons, prenaient le bétail, engloutissaient les hommes, même Il y a moins de deux cents ans ! C'est un pays, ça ! Il n'est donc pas étonnant que la grande œuvre forestière landaise soit partie du Marensin. »

Il était bavard autant que curieux. Madame Ève… ah… quelle femme de bien. Une sainte. Et si généreuse. C'était étrange. Il questionnait Maylis : « Et votre époux, le verra-t-on un peu, tout de même ? Il est très attaché à sa ville de Bordeaux, n'est-ce pas… ? Et vos beaux-parents ? Ils ont toujours leur villégiature à Vielle… ? » Il semblait deviner dans la maison de Maylis la présence de la morte, comme si l'ombre d'Ève Savayran enveloppait encore gens et objets. Et l'usine… Quel patrimoine ! La vie du village en dépendait pour partie, cent familles, ou presque. Saurait-on préserver ce trésor, au milieu de pairs aussi secrets que puissants ? Et cette monnaie, qui se dépréciait un peu plus chaque jour…

Tandis qu'il disait la messe, ce matin-là, le prêtre observait fugitivement sa paroissienne de la Case-dieu. Les mois écoulés avaient apporté quelques réponses à ses questions plus ou moins discrètes. On ne verrait guère Mathias Durrugne à Saint-Girons, et ce couple demeurait un mystère. Quant à l'usine, elle s'avérait assez correctement gérée, même s'il se disait qu'un certain nombre de clients, et pas des moindres, avaient changé de distillateur, et de scieur.

— Je vous parlerai des trop grandes facilités que nous offre parfois la vie, dit l'abbé Cazenave lorsqu'il fut monté en chaire, et de la difficulté dès lors à affronter le regard de Dieu…

Maylis eut aussitôt le sentiment qu'il s'adressait à elle. Il y avait scandale à s'arracher aux promesses faites à Dieu. Parce qu'elle se réfugiait loin de l'autel, et de la chaise de sa mère qu'elle eût dû occuper, comme on prend une place réservée depuis toujours. Parce que, surtout, la chaleur des mains de Gijon enveloppait encore sa peau, que le feu de ses lèvres l'imprégnait tout entière. Il y avait donc une faute supposée, quelque part, un manquement grave à la règle, sous le vertige contre lequel elle s'efforçait faiblement de lutter.

L'abbé Cazenave passa à autre chose. L'argent…

et ce qu'il autorisait. Le prêtre n'avait pas de mots assez durs pour dénoncer les appétits de luxe, le goût du pouvoir, et leur punition qui venait cette fois des urnes. Il ne redoutait rien des hommes, mais de leur Créateur, qui leur envoyait ces sortes de messages, et les alertait. Chacun en vérité en prenait pour son grade, les forts, qui ne cherchaient qu'à l'être davantage, les petits, qui se soumettaient à eux tout en rêvant de les détruire, et ce qui les gouvernait tous ensemble, le mensonge et l'hypocrisie. Et plongeant à nouveau son regard dans celui de Maylis, l'interrogeant : qui, parmi ce peuple, donnerait enfin l'exemple de la vraie rectitude ?

« Telle est donc la société au milieu de laquelle j'ai choisi de vivre, et que je connais si peu », se dit Maylis. Quelques années à peine auparavant, la simple pensée de ce qu'elle vivait et éprouvait dans le secret de ses nuits landaises eût donné à ses joues la couleur des édredons.

— La liberté ! Joli mot, concluait le prêtre. Ne l'use-t-on pas un peu trop souvent pour des plaisirs accessoires, loin de ce que la morale devrait nous imposer ? Ne la dévoie-t-on pas, au gré des appétits ? Il me semble que l'Histoire bégaie un peu, par moments. Alors, mes frères, ce ne sont pas les Évangiles qui me serviront de conclusion, mais monsieur de Chateaubriand, qui nous rappelle cette chose toute simple : il n'y a pas de véritable liberté sans religion.

Maylis ne communia pas, garda la tête baissée durant ce moment si important de la messe. Derrière les mines pénétrées par la silencieuse solennité de l'instant, elle devinait la question qui se posait autour d'elle. Combien en possédaient la réponse ? Ou bien la supposaient ? Elle se sentit rougir et, moins assurée sur ses jambes, tenta de dissimuler son trouble en rapprochant son visage de son missel. Comme elles étaient loin de cette église et de ces gens les femmes qui s'exhibaient au bras de leurs amants, cigarette aux lèvres, jupes relevées au-dessus de leurs jambes croisées, et qui triomphaient, indécentes, sur les revues parisiennes. « Femmes libres, ça ? ironisait Mathias. Des muses ou des modèles, au mieux ! »

Comment des mondes qui se touchaient presque pouvaient-ils se révéler si différents ? Le prêtre avait raison de défendre ses positions menacées de toutes parts. Liberté… que signifiait en vérité ce mot s'il n'était accompagné d'un autre : pouvoir ? Maylis soupira. La guerre n'avait pas brisé que des vies. De son chaos naissait une société nouvelle qui tentait de se mettre en ordre, traçait déjà ses lignes de partage et désignait ses classes, et leur probable affrontement futur.

Maylis quitta l'église l'esprit en tumulte. Elle avait pensé à son amant dans ce lieu sacré, et en ressentait un profond malaise. Le prêtre et les ouvriers l'avaient saluée avec ce respect vaguement souriant dont elle se fût épuisée à sonder la sincérité. Le souvenir d'un mariage raté l'assaillait, avec le sentiment vertigineux d'avoir, en refusant publiquement, et pour la première fois, la communion, rompu pour de bon avec sa famille spirituelle.

Elle avait envie de pleurer ; ne s'attarda pas sur le parvis. Abritée derrière le large bord de son chapeau, elle longea le mur de l'église, impatiente d'en détacher sa bicyclette et de prendre le chemin de la Case-dieu. Au moment où elle se mettait en route, elle vit une ombre l'envelopper, reconnut Jean-Marc Ripeyre, qui s'avançait vers elle, suivi de quelques proches.

— Madame Durrugne…

Maylis posa un pied à terre, attendit.

— Monsieur Ripeyre ?

— C'est un grand jour pour vous, j'imagine. Vos amis rouges sont au pouvoir. Vous devez être satisfaite de vos petites manœuvres, de votre participation active à leurs réunions ? Ils vous ont remerciée, au moins, j'espère.

Il avait l'air bonhomme, presque détendu, un mince sourire aux lèvres. Seule une méchante petite lueur dans ses yeux, couleur de métal, trahissait sa colère. Maylis haussa les épaules. Ses relations avec son plus gros client s'étaient bornées jusque-là à des échanges de courrier, à des livraisons payées par chèques. La mollesse de Barra servait en l'occurrence d'amortisseur et Maylis avait sans déplaisir abandonné à son servile contremaître la relation directe avec Ripeyre. Cette fois, elle aurait du mal…

— Je ne comprends pas, dit-elle.

Elle n'avait jamais pris publiquement de position politique, ni assisté à la moindre réunion depuis celle de Lesperon.

— Ah ! Bien sûr ! s'exclama Ripeyre.

Il se tourna vers ses compagnons qu'il toisa du menton, cherchant leur soutien. Maylis en avait aperçu un ou deux, à des réunions de propriétaires. Des petits ayant-pins, forestiers un peu par hasard, ou par obligation familiale, que des courtiers débarrassaient de leur bois pour le livrer à l'usine. Fort de leur assentiment muet, Ripeyre poursuivit.

— Elle ne comprend pas… moi, si ! Ça n'a pas traîné, madame. On a des socialistes à la Chambre, mais les autres ne les ont pas attendus. Les communistes, oui. Qu'est-ce que vous croyez ? Qu'ils vont se payer de mots, ceux-là, des vôtres tout particulièrement ? Tous ces rouges à qui vous prêtez votre voix, depuis plus d'une demi-année, qui nous demandent maintenant pourquoi ils ne sont pas fermiers, comme les vôtres, et à cinquante-cinquante pour la résine, comme dans vos pinèdes. Votre usine, si c'est comme ça, donnez-la-leur ! Allez-y, pour de bon, au bout de vos idées. Vous pensez qu'ils vous en sont reconnaissants, hé ? Les dirigeants syndicalistes, ces grandes gueules, les abonnés à ces torchons de journaux pour soviets, et cette andouille de Lestrade, qui voudrait bien en être ? Vous croyez ça, dites ?

Il s'était approché, à toucher Maylis, qu'il dominait de sa haute taille. Les autres faisaient cercle, soustrayant la jeune femme au regard des paroissiens.

— Ils vous haïssent autant que possible ! Plus vous leur en donnerez, plus ils vous haïront. Et puis ça suffit, maintenant, nigaude !

Il avait crié. Maylis cessa de soutenir son regard, vit ses poings, fermés, des masses de bûcheron comme devaient en avoir ses ascendants. Crispée, elle s'apprêta à lui lancer son sac à la figure, se demandant si ce serait plus efficace en le tenant par la lanière.

— Jean-Marc a raison, hasarda quelqu'un, d'une voix plus neutre.

Ripeyre jura. Maylis avait baissé la tête et regardait ses bottes de cuir, serrant des mollets sans doute énormes. Elle craignait de recevoir un coup et, dans le même temps, éprouvait une soudaine envie de rire, qu'elle réprima avec peine.

— Les bois Ripeyre, la résine Ripeyre, rien de tout ça ne vous est dû, vous m'entendez, madame, rien. Dès demain, ils peuvent aller ailleurs, à Morcenx, à Castets, à Ygos. Pareil pour mes amis, et pour d'autres encore, qui ne sont pas là ce matin, mais qui me chargent de vous le dire. Vos brais, vous pourriez bien être obligée de vous les fabriquer un de ces jours avec le sable de la plage, ou bien, té, finir par élever des carnes espagnoles, à la place. Il ne manquerait pas de vachers gitans pour vous les garder, jusque dans votre jardin.

Il eut un rire gras de chasseur au banquet. Sa plaisanterie eut le don de le calmer, au moment où l'abbé Cazenave rejoignait le petit groupe. Maylis se remit en selle, puis se ravisa, reprit sa position d'attente. Elle sortait de l'assaut plutôt ragaillardie, et ne fuirait pas. Elle laisserait le prêtre ramener le calme dans les esprits, si besoin était.

— Hé ! Ça discute ferme, on dirait…

Maylis haussa les épaules. Ripeyre avait délivré son message et se détournait déjà, imité par ses pairs.

— Des petites choses, dit l'un d'eux.

Ils saluèrent le prêtre, s'éloignèrent. Maylis sentit brusquement le sol se dérober sous elle, et dut prendre appui contre le mur de l'église.

— Vous êtes bien pâle, madame Durrugne.

Des gens passaient, endimanchés, vers des repas de famille. On rejoignait des calèches, des bicyclettes, de rares automobiles.

— Vous n'avez pas communié, ce matin, dit le prêtre. Voudrez-vous que je vous entende en confession ?

Il la considérait avec une gentillesse un peu grave, comme ceux de ses semblables qui venaient autrefois au collège recueillir les petits secrets plus ou moins avouables des pensionnaires. Maylis fit non, de la tête. Un bref instant, elle eut envie de poser à l'abbé la question à laquelle personne ne lui avait encore donné de réponse, la seule en vérité qui lui semblât digne d'intérêt. Lui en particulier, à quoi avait-il pensé tandis qu'il bénissait les corps carbonisés de Paul et Ève Savayran ?

— Non. Je vous remercie, mon Père.

Mise à exécution, la menace de Ripeyre mettrait-elle l'usine en danger ? Maylis tentait de reprendre ses esprits. Le curé avait l'air un peu désolé. Sans doute avait-il entendu quelques ragots, et tendait-il à sa paroissienne une perche, qu'elle refusait. Maylis lui sourit. Elle lui enverrait une participation à la réparation du clocher. La grande misère des églises de France, que Barrès dénonçait à longueur d'articles, et de chapitres de ses livres, n'avait pas épargné les Landes. Maylis salua le prêtre, s'éloigna, puis, soudain, freina, fit demi-tour.

— Mon Père, ce que vous avez dit en chaire, tout à l'heure, « il n'y a pas de véritable liberté sans religion », je me souviens...

— C'est exact.

— N'est-ce pas la deuxième partie d'une phrase de monsieur de Chateaubriand ?

L'abbé Cazenave rougit, opina du chef, quêtant le complément.

— Dites, madame. Une première partie, donc ?

— « Il n'y a pas de véritable religion sans liberté ». C'est bien ainsi, dans l'ordre ?

Il parut admiratif. La Dame rouge avait des lettres, et se servait avec grâce de sa mémoire.

— C'est bien cela, madame Durrugne. L'auteur aimait à équilibrer ainsi ses propos. C'était pour lui une façon d'apaiser les conflits qui occupaient son esprit. Dans sa jeunesse, bien sûr, qui fut aventureuse. L'Amérique, l'émigration... Vous l'avez bien lu, à ce que j'entends.

Maylis sourit.

— A Sainte-Foy, nous avions un choix de lectures, comment dire… pertinent. Donc pas très large, et facile à retenir. Il y avait un exercice particulier, qui consistait à lire entre les lignes, ou à imaginer celles qui avaient été retranchées. C'était passionnant, comme la jeunesse de monsieur de Chateaubriand, qu'il passa, nous faisait-on croire, à admirer cinquante femmes, sans en toucher aucune. Et même *La Princesse de Clèves…*

Elle rit, de bon cœur. Avec des camarades de pensionnat, elle avait échangé moult lettres et billets d'apparence anodine, sur un modèle codé de George Sand. Grivoiseries à lire en diagonale, en quinconce ou à ligne passée… L'abbé Cazenave écarquilla les yeux.

— *La Princesse de Clèves*, à lire entre les lignes ! Madame Durrugne…

— Bien sûr, monsieur l'abbé, bien sûr, lui lança Maylis. Relisez-la.

Elle s'éloigna sur cet au-revoir. Elle n'avait plus guère de forces, à peine assez pour faire avancer sa bicyclette sur le sable des chemins. Tout en pédalant, elle calculait mentalement le manque à gagner de la pinède Ripeyre. Énorme, sans doute. Par quoi combler ce gouffre ? Et à qui demander conseil ? Faudrait-il lui acheter la résine plus cher qu'aux autres, pour le retenir ? L'homme était en fin de compte sans détour, tout brut de sa fortune et du pouvoir qu'elle lui donnait. De quoi parler d'égal à égal avec des Jean Durrugne et des Henri Savayran.

Maylis doutait. La forêt déserte, vide de ses bruits de la semaine, lui paraissait l'image même de la vie qu'elle s'était fabriquée à Saint-Girons. Dépouillée, lugubre, fermée de toutes parts, comme un cercueil, avec son aura de clandestinité qui soudain se faisait âcre, et étouffante. Maylis accéléra, pourtant, à en perdre le souffle. La vue de sa maison la délivrerait, comme d'habitude.

Gijon… Maylis pouvait vivre quelques semaines sans penser à lui. L'usine absorbait son énergie, sa capacité de raisonner, de comprendre et de s'émouvoir. Mais il venait un moment, jour, nuit, aurore, crépuscule, où le corps de Maylis se tendait, où ses mains, qu'elle frottait l'une contre l'autre, devenaient moites. C'étaient des instants d'une délicieuse et insupportable expectative. La forme même de l'amant, les expressions de son visage, les platitudes qu'il dirait ne comptaient guère. Il viendrait. A ces moments suspendus dans le temps, Maylis n'éprouvait ni honte ni regret. Rien n'avait d'importance, sauf l'intrusion de Gijon dans son espace, puis dans son corps. Il serait toujours temps pour elle, après, de se laisser aller au sommeil, et de se réveiller, seule, dans les premières lueurs de l'aube.

Elle lui avait interdit l'accès direct à son lit, tolérant à peine qu'il entrât dans la cuisine sans y avoir été invité. Avec lui, c'était un petit jeu assez naïf, ou stupide, même. Il fallait la complicité de la nuit, et le silence de la forêt. Gijon s'y pliait de bonne grâce, attendait aux alentours de la maison que sa patience fût récompensée. Il sifflait, sortait comme un voleur des noires épaisseurs de la pinède. Maylis le faisait entrer. Désirait-il boire, ou manger ? La question, ou toute autre qui ne concernât pas le désir qu'il avait de sa maîtresse, était balayée dans l'instant. Comment se contentait-il ensuite d'être renvoyé dans la nuit océane, bien avant le lever du jour ? Maylis ne se posait pas la question. Gijon était un étrange animal, fougueux, infatigable, et servile.

Maylis avait attendu, apaisé sa tension en lisant des revues professionnelles. Puis elle s'était couchée, et s'était vite endormie. Elle sursauta, se figea aussitôt. Ce n'était pas un chat qui pénétrait dans sa chambre, mais un homme, dont elle distingua la silhouette dans la faible clarté lunaire qui baignait la pièce. Gijon ?

Maylis sentit plus qu'elle ne la vit l'ombre qui se penchait vers elle dans des relents d'alcool. Un souffle la caressait, que l'on s'efforçait de discipliner.

— Tu dors ?

Elle se tourna, au moment où Serge Savayran, qu'elle reconnut à la pâleur de son teint, et à cette fatigue de phtisique qui creusait ses joues, s'asseyait au bord du lit. Ivre. Maylis voulut bouger, mais une main plaquée sur le creux de sa hanche l'en empêchait.

— Cousine… des lustres qu'on ne s'est vus…

— Quelle heure est-il ? Que fais-tu ici ?

Il s'amusa des questions. Quelle importance ? Les nuits ne comptaient guère à la Casedieu, depuis que la maison s'ouvrait en secret pour accueillir des clandestins. Et puis qui refuserait l'hospitalité à un vieux cousin de passage… Maylis tenta de se dégager, mais la poigne de Serge la maintenait fermement.

— Tu me fais mal, Serge.

Elle sentait les doigts du jeune homme ramper sur la toile de sa chemise de nuit, et se crisper, par instants.

— Allons, allons, jolie cousine. C'est comme ça que tu reçois un pauvre pèlerin en route vers Compostelle ? Dis donc, il y en a d'autres pour qui tu parais moins regardante. Un, surtout, qui s'était fait foutre à la porte de l'usine, autrefois. Un grand feignant d'Espagne, voleur de poules…

Il s'était rapproché d'elle, penchait son visage. Sa main remonta vers le buste de Maylis, qu'elle se mit à caresser sans douceur.

— Nom de Dieu…

Son souffle s'accélérait. Maylis tenta de s'échapper, mais Serge la saisit par les cheveux et, ayant glissé son genou entre ses cuisses, par-dessus le drap, pesa sur elle, assez pour lui interdire le moindre mouvement.

— Hé bé, voilà notre Dame rouge dans une drôle de situation. Que pensais-tu, en te réveillant ? Que ton torero préféré venait se consoler de s'être fait rouler dans la poussière ? Et par une vache de Chalosse ? Quoi ? Tu t'étonnes ? Pauvre Maylis, tu me ferais croire que tu es la seule dans tout ce foutu pays à ne pas être au courant de ta propre histoire ?

Il ricana, faillit perdre l'équilibre. Bien qu'elle eût en tête l'idée première de se débarrasser de son cousin, Maylis ne pouvait s'empêcher de le trouver pour une fois en accord avec ses paroles. Le velléitaire passait aux actes, mais pour cela il aurait pu se dispenser de revenir à la Casedieu. Elle cessa de lutter, réfléchit. Serge laissait des forces dans leur corps à corps. Sa voix dérapait par moment, vineuse, incertaine. Maylis crut qu'elle pourrait commencer à raisonner son cousin, mais s'aperçut bien vite qu'elle se trompait. Serge allait passer à l'acte, en effet. Accompagnée par des jurons, et par des espèces d'encouragements de sportif, sa main libre voyageait sur le lin froissé de la chemise, cherchait l'ouverture vers la peau.

— Je me souviens… quelle beauté, cousine adorée, et quelle honte !…

Il regrettait par avance les gestes qu'accompliraient ses doigts, et sa bouche, bientôt. Mais quoi ! Ayant lâché les cheveux de Maylis, il se laissa tomber sur son ventre qu'il enserra de ses bras, râlant comme un noyé. Maylis tendit la main, trouva bien vite le contact du chandelier avec lequel, dans l'attente de la future ligne électrique, elle éclairait encore sa chambre. C'était un objet certes en métal léger, mais assez long et dur pour faire mal. Un grand coup sur l'occiput de Serge suffit. L'agresseur poussa un hurlement et tomba du lit, tandis qu'une giclée de sang venait rougir la chemise de Maylis. La jeune femme fut d'un bond à la porte de sa chambre, et disparut dans l'obscurité du couloir.

Il y eut quelques minutes d'un silence absolu. Maylis avait trouvé l'abri d'une penderie au fond de laquelle elle se cachait enfant, derrière des piles de draps et de couvertures. Depuis son retour à la Casedieu, elle la réservait aux couettes et édredons. Il régnait là une odeur hybride de lessive et de moisi, un vrai remugle de placard, assez doux au nez, finalement. Maylis se laissa glisser au fond de son refuge, reprit son souffle. Il serait bien hasardeux que dans son état, aggravé par le coup reçu, Serge vînt jusque-là achever ce qu'il avait commencé. Maylis ferma les yeux, attendit. Lorsque la voix de Serge résonna sur le palier, elle se recroquevilla, et ne bougea plus.

L'ancien comptable de l'usine de Saint-Girons peinait à reprendre ses esprits. Ayant trouvé à tâtons l'escalier, il en entreprit la descente.

— Hé, cousine, on joue !

Il manqua une marche, en dévala quelques autres sur les fesses. Cela ressemblait à un jeu, en effet, mais de si loin que Maylis n'en ressentit qu'amertume et tristesse. Serge cessait d'être son seul allié. Il fallait bien que cela arrivât un jour, et qu'en se conduisant ainsi il mît une vraie distance entre eux, et pour toujours.

— Maylis !

Il s'était relevé, furieux, humilié de chercher son chemin comme un aveugle. Il se mit à marteler les murs de ses souliers, de ses poings. Par l'entre-bâillement de la porte, Maylis l'entendit hurler, et sangloter en même temps. Il y eut des bruits de vaisselle brisée, de poignées de porte percutant des cloisons. Serge libérait une de ses colères de vieil adolescent, avec sa logorrhée qui n'épargnait personne, à commencer par ses parents, des pitres préoccupés de leur seul maintien social, et de leurs comptes en banque. De quoi se faire anarchiste, une bonne fois pour toutes, et foutre le feu à tout ça, vignobles, distilleries, et aux paquets d'actions dormant dans les tiroirs.

— Les chemins de fer russes, ah ! Piégés, les Savayran, et l'autre qui rigole, là-bas, à Moscou, Lénine ! Bien fait pour leur sale gueule ! Même pas ruinés, dommage ! Ils auraient vendu le reste, tout le reste, et moi j'aurais pissé dessus. Maylis !

Il s'était dressé dans la nuit, titubait le long des murs, brisant tout ce qui tombait sous sa main. Maylis sortit de sa cachette, marcha prudemment vers la rambarde du palier, contre laquelle elle demeura appuyée, immobile. Serge finirait bien par s'épuiser, et s'en aller.

Il se mit à lui crier son amour, cette fatalité du cœur et du ventre qui le poussait à revenir vers la Casedieu comme les papillons vers la lumière. S'en était-il défendu, des semaines durant ! Mais rien n'y avait fait, même pas l'évidence d'une telle absurdité, ni ce dédain affectueux, cette compassion terrifiante, que lui témoignait Maylis, et qui auraient dû depuis longtemps le faire fuir et disparaître. Il l'appela, dix fois, pour l'étreindre, ou pour la tuer, menaçant, implorant, retournant sa passion contre lui-même, à grands coups de tête dans les murs. Puis il cessa soudain de se répandre, et Maylis perçut des bruits sourds, des claquements secs, l'écho d'une voix différente qui se mêlait aux gémissements de Serge. Cela venait de la cuisine. Elle dévala les escaliers, marcha vers la grande pièce où l'on s'empoignait. Dans la luminescence laiteuse de la lune, elle reconnut la silhouette de Gijon, imbriquée dans celle de Serge comme au théâtre d'ombres. Le Gitan distribuait gifles et bourrades, coups de poing et de pied. Saoulé tout autant par cette correction que par ses libations de la soirée, transformé en une chiffe que Gijon secouait comme un linge humide, Serge se laissait faire, hoquetant, riant, même, par instants.

— Olé ! Le bel écart ! Et dix francs de prime pour le…

Une ruade le projeta à terre, tête la première, cela fit un bruit sourd qui résonna dans les entrailles de Maylis. Serge remuait vaguement, dans l'obscurité teintée de gris. Maylis se précipita, repoussa les bras du Gitan, qui la cherchaient, s'agenouilla près de son cousin.

— Alors, c'est comme ça, bredouilla Serge.

Il bavait. Une mousse rosée coulait sur son menton, jusque dans son cou et sur son torse, par les déchirures de sa chemise. Il eut un petit rire amer, comme un constat d'impuissance, de défaite, prit appui sur la longue table de la cuisine, se mit debout avec une peine infinie. Secoué de nausées, frêle, soudain, comme un petit enfant frissonnant, il demeura appuyé sur la table, tête basse, méditant des gestes qu'il semblait incapable d'accomplir. Maylis se releva à son tour, alla allumer une chandelle sur un buffet. La bagarre n'avait pas été bien longue, mais ses traces noirâtres et luisantes engluaient le dallage de brique de la cuisine. Maylis s'approcha de son cousin, prit son bras.

— Serge…

Il tourna vers elle son visage déformé par les coups, ses paupières à demi closes, et déjà tuméfiées, comme ses pommettes entaillées à plusieurs endroits. S'efforça à sourire, dégrisé. Gijon l'observait, les poings encore fermés, tout vibrant de la violence qu'il avait laissée sortir de lui, et dont il détenait encore des bribes. Serge le vit prêt à bondir sur lui, soupira, se mit droit sur ses jambes.

— Il faut te soigner, lui dit Maylis.

— Laisse, cousine. Je saurai faire ça tout seul.

Il crachait du sang, maintenant. Maylis se tourna vers le Gitan, lui demanda ce qu'il faisait là. Gijon baissa la tête. Il venait souvent la nuit, entrait par effraction, et tournait autour d'elle, dans la maison et jusqu'au bord de son lit, sans la toucher, juste pour l'écouter respirer, la regarder dormir, pour contempler les moindres mouvements de ses lèvres, pour l'aimer en silence, sans ordre à recevoir d'elle.

— Il voulait te tuer. Il te cherchait dans la maison…

Maylis sentait ses jambes se dérober sous elle. Comment avait-elle pu provoquer une situation à ce point grotesque ? Qu'étaient ces nuits ainsi hantées par des pantins amoureux, sous le toit de la Case-dieu ? Elle mouilla un linge sous la pompe à eau, revint vers Serge qui se laissa baigner le front et les joues, avant de reculer, soudain, jusqu'à la porte, qu'il ouvrit et franchit.

— Reviens, lui lança Maylis. Il faut qu'on parle.

— Je vous laisse, mes chéris. C'est trop beau, ça. A emporter avec soi, le plus loin possible. S'il t'aime aussi bien qu'il frappe…

Il se fondit dans la nuit. Maylis entendit son pas sur le sable, bientôt couvert par le vent léger. Elle appela, en vain. Au moment où elle rentrait dans la maison, elle sentit la main de Gijon sur son épaule, se déroba, brusquement.

— Laisse-moi.

— Je voulais t'aider, simplement t'aider. Comprends-tu ?

Les yeux du torero étaient encore pleins de leur frénésie barbare. Frapper avait dû faire monter en lui une de ces sensations voluptueuses d'homme au combat, quelque chose de bestial que Maylis ne pouvait comprendre, mais qu'elle percevait. Au tremblement menu qui agitait les doigts de son amant, et à l'espèce de sourire satisfait, veule et proprement dégoûtant, qui retroussait ses lèvres, elle sut que Gijon jouissait encore.

— Va-t'en.

Il s'approcha d'elle, du sang de Serge sur ses joues. Souillé. Maylis se tendit. Elle ne voulait plus le voir, être touchée par lui, se savoir sous son regard de chien docile. Lui aussi pouvait tuer, comme tous les hommes, par amour ou soi-disant, et ce constat l'horrifiait. Elle lui ordonna de s'en aller, de débarrasser sa maison de sa présence. Elle pensait au bruit de l'océan, au frôlement du crachin sur la forêt, à ces choses indicibles qui mettraient son âme et son corps en paix.

— Alors, je m'en vais…

Il lui obéirait ainsi, jusqu'à jamais. Peu importait à Maylis. Elle se retrouva seule. C'était la nuit, avec ses secrets gardés par le sommeil des braves gens.

Déjà la maison respirait à nouveau son silence, ses goulées d'air frais, tout près de la masse innombrable de la forêt. Il ne s'était rien passé. Maylis referma la porte de la cuisine. Un instant dérangés, les fantômes de la Casedieu vaquaient déjà à leurs occupations routinières.

18

Septembre 1924

Debout, face à la mer sous le ciel pommelé, les pans
de son caban largement écartés sur son torse puissant,
le pilote-rameuteur porta la *burne* à ses lèvres et
souffla, une demi-douzaine de fois, dans le gros
coquillage. A ce signal, une clameur monta de derrière
la dune de Saint-Girons, et, comme une armée prenant
position sur une crête, le peuple de la pêche marensine apparut entre mer et forêt, triomphant.

Les gens avaient marché longtemps à travers la
pinède océane. Précédés par les enfants en bandes
criardes, portant nourrissons, paniers et bouteilles,
nappes et tables pliantes, tout un attirail de pique-
nique, ils avaient suivi les ondulations de la dune.
Parvenus devant l'immense espace de plage qui servait là de port à perte de vue, ils cherchèrent la
pinasse et, ayant aperçu son museau de métal riveté
dépassant d'une longue bâche de toile, dévalèrent la
pente en poussant des cris de joie.

— Votre filleule, madame...

Le vieux Comets tendait la main vers sa belle

patronne si mystérieuse. Le parrainage de la Dame rouge était en grande partie son œuvre. Maylis supposait que cela n'avait pas dû se faire dans l'unanimité. Lorsqu'une délégation de l'usine —accompagnée de quelques-uns des métayers qu'elle avait libérés de leurs baux, et des commerçants marensinois qui avaient financé en grande partie l'opération — était venue la trouver devant la distillerie, elle avait d'abord repoussé la proposition de devenir la marraine d'une pinasse.

« Il y en a sans doute de bien mieux qualifiées que moi… »

Les pêcheurs avaient insisté. Sur la commune de Saint-Girons, deux embarcations pratiquaient encore la pêche à la senne, le long de la côte. Rien à voir avec les flottilles de Gujan, ou de Vieux-Boucau. Mais on avait construit celle-là par défi autant que par amour de la mer, une pinasse de dix mètres de long jaugeant près de trois tonneaux, et pouvant embarquer jusqu'à une quinzaine d'hommes, pilote compris !

« Elle portera votre marque. La Dame rouge… »

La barque était née d'une sorte de coopérative de passionnés de l'océan. Trente fois par an, peut-être plus, on la pousserait à l'eau, et elle franchirait la vague pour traquer le maigre, le bar moucheté, et la louvine même, si la chance s'en mêlait.

Maylis reconnaissait les armateurs, les bénévoles qui leur avaient prêté main-forte, et les saluait l'un après l'autre. Elle fut heureuse de reconnaître, parmi eux, l'épicière qui l'avait accueillie au matin de son retour à Saint-Girons. Maylis se souvenait du verre d'eau et de la brioche offerts à la passante un peu étrange qu'elle avait été, toute vêtue de rouge sous un caban, et qui grelottait, comme perdue en lande.

— C'est vous qu'ils veulent, madame Durrugne, et je les comprends…

Maylis souleva le bord de son chapeau de feutre. Elle avait finalement accepté, et ne le regrettait pas. La cérémonie de baptême venait quelques heures seulement après la nuit sanglante de la Casedieu. Le grand vent de nord-est qui balayait le rivage, soulevant par endroits des petites tornades de sable, était un souffle purificateur. Il emmenait avec lui, au loin, les haleines chargées de vin et de haine des deux hommes se colletant sur le carrelage de la cuisine. Au petit matin seulement, Maylis s'était sentie délivrée des nausées qui l'avaient dérangée le reste de la nuit.

Il faisait grand soleil. Des femmes, nombreuses, avaient abandonné leurs travaux de fil et de grain pour fêter l'événement près de leurs hommes. Avec les enfants déjà attroupés autour de la bâche, cela réunissait une colonie enjouée aux couleurs de la terre landaise : teintes austères des robes et des tabliers, et tons bariolés des châles et des foulards.

— Madame Durrugne, mes bons respects…

L'abbé Cazenave était aussi de la fête. Certes, les commanditaires n'étaient pas tous de ses ouailles, mais ceux-là même que la victoire du Cartel des gauches avaient ragaillardis, et gonflés, parfois, ne s'étaient pas opposés à ce que le bateau fût bénit comme à l'habitude. C'était fête, par une superbe journée d'automne. Ce jour-là, on oublierait les différences, les arrière-pensées, les vieilles choses de la mémoire.

— Il y a dans les Évangiles, comme vous le savez sûrement, dit le prêtre à Maylis, sur le ton de la confidence, de fort belles choses concernant la pêche, et ceux qui la pratiquent. Tibériade, Simon et Jacques, et ces femmes qui venaient au bord des eaux entendre la bonne parole…

Il souriait ; embrassa d'un geste large l'océan, et le peuple assemblé sur le rivage.

— Oui, dit simplement Maylis.

Elle se tourna, aperçut la silhouette de Sylvère Lestrade dévalant la dune. Le journaliste était en chemise, la veste jetée sur l'épaule, les pieds chaussés de toile et de corde, comme les *tchanquayres*[1] d'autrefois, ceux-là même dont les petits-enfants privés de troupeaux faisaient désormais les pitres pour les touristes d'Arcachon ou de Biarritz.

— J'ai entendu sonner la burne jusqu'à Mont-de-Marsan ! hurla-t-il. Un appel à la mer, depuis Saint-Girons ? J'y suis !

Il s'arrêta devant Maylis, écarta les bras.

— Sans plume ni papier ! Il faudra que je me souvienne de tout. Vous m'aiderez ?

Il avait la joie communicative. Maylis entendit son rire, que le vent modulait. Lestrade prit la main de la jeune femme, la serra avec vigueur.

— Un bail, n'est-ce pas ?

Ils ne s'étaient pas revus depuis la course de Lit. Passé le scrutin, Lestrade s'était multiplié entre Chalosse et Haute Lande, afin d'écrire l'histoire de ce printemps pas tout à fait comme les autres. Maintenant que la lame de fond faiblissait dans le secret des couloirs où l'on se partageait la nouvelle donne politique entre initiés, il prenait un peu de temps pour les courses, le rugby, et les baptêmes de pinasses.

— La Dame rouge… Vous voilà donc adoubée par les gens d'ici, et sous la protection de notre mère la sainte Église. Diable… si je puis dire ! Vous avez

---

1. Échassiers landais.

parcouru un joli chemin, en moins d'une année. N'est-ce pas, l'abbé ?

Les deux hommes étaient amis de longue date, le curé étant assez habile et connaissant assez ses Landais pour ne s'être jamais aliéné le respect des moins cléricaux d'entre eux. « La calotte, à bas… ! » Jamais il n'avait eu à entendre ce genre de souhait, et sûrement pas de la bouche de son athée d'ami. L'ironie de Lestrade lui arracha un sourire. L'abbé devait en vérité se faire plutôt du souci pour l'âme de sa paroissienne. Avec ce qui se disait ici et là, et franchissait les portes de son église… Il tendit les mains.

— Madame Durrugne est marraine, et donatrice. Et une pinasse de plus à Saint-Girons, l'événement est de taille !

Lestrade jubilait. Face à lui, Maylis gardait son air de collégienne tranquille et ce visage pur, candide, au charme irrésistible, qui avait jusque-là trompé tant de monde. La jeune femme qui laissait la rumeur croître et s'affoler autour d'elle venait se faire bénir par celui qui devrait être le premier à s'en scandaliser. Le journaliste s'inclina. Il ne manifestait aucune réserve, ni la moindre trace d'une rancœur d'amoureux négligé. Il était heureux d'être là, près de Maylis, et cela se voyait.

— Bravo, madame, dit-il. Allons au fait, et au navire !

La pinasse reposait, couchée sous la bâche que les hommes commençaient à lever. On se réunit autour d'elle, admirant déjà ses courbes, et la pointe relevée de sa proue. Les enfants trépignaient. Enfin elle apparut, toute blanche de ses bordés, sous une lisse rouge vif, à la couleur des étoffes de sa marraine. Quillarde, et mâtée, elle semblait faite autant pour la course que pour la pêche, et il n'était pas jusqu'à son gouvernail ferré d'acier qui ne lui donnât des allures de goélette.

— Gare aux coustuts ! cria quelqu'un.

On applaudit, longuement, au spectacle de la belle encore inclinée, que des bras fervents redressèrent, pour la bénédiction du prêtre. Lestrade se pencha vers Maylis.

— Cela paraît si loin de l'usine, n'est-ce pas, et des fermes de la forêt…

Maylis acquiesça. A quelques kilomètres à peine des pinèdes noyées dans leur silencieuse monotonie et des parcelles de terre grise perdues dans leur infinie répétition, l'écume des vagues, le sable éblouissant de la clarté du jour, et le vent qui traversait l'espace en liberté entre les herbes étiques de la dune, dessinaient les contours d'un pays autre, que nul n'eût soupçonné, si près de la forêt. Deux déserts coexistaient, peuplés ce jour-là d'étranges marins. Maylis reconnaissait, parmi ceux-ci, quelques-uns de ses ouvriers, les mêmes qui peinaient à l'ordinaire sous les barriques de résine, suaient devant les fours à brais, toussaient au contact des puissants éthers s'échappant des cuves. La perspective de monter bientôt à bord de leur conquête, de suivre de loin la marche de ceux qui resteraient sur la plage, leur donnait des airs d'enfants découvrant un jouet. Et ceux des métairies ! Qui battaient encore parfois au fléau, et se faisaient résiniers dès que les sillons et les bêtes leur en laissaient le temps… Marins, oui ! Maylis les découvrait, sous leurs bérets et leurs grosses vestes de toile ou de laine, avec leurs trognes, leurs bougonnements, leur joie, et l'impatience qu'ils avaient que le curé en terminât de ses latinismes.

— Regardez-les, ces corsaires, dit Lestrade. Dans

moins de deux mois, ils seront tous ou presque au fond des palombières, terriens ! C'est le Marensin ! Du temps des Anglais, ils avaient droit de bris et d'épaves. « Dieu nous préserve du chant de la sirène, de la queue de la baleine, et du clocher de Mimizan », imploraient les capitaines... C'est dire !

Il savait tout de ses ancêtres riverains de l'océan, pour qui naufrage signifiait jour de fête. Ces « cotangers » vivaient ordinairement de leurs rapines, « tranchant le dernier fil de vie des pauvres naufragés mourants qui leur criaient : "De grâce, secourez-moi !" », aux dires de l'abbé Foix. Des navires en grand nombre, des gens par centaines avaient disparu à quelques encablures seulement du rivage. Lestrade exultait.

— En 1400 et quelques, nos anciens de Saint-Girons, qui, entre nous, devaient avoir à peu près les mêmes doux visages que ceux d'aujourd'hui, ont dénoncé leur prêtre à l'évêque de Dax sous prétexte que le pauvre bougre refusait de faire des processions afin d'obtenir des naufrages !

Colbert et, plus tard, la Convention avaient mis bon ordre à tout cela. Dès que l'abbé Cazenave, qui ne bénissait plus que de pacifiques marins, eut fait son grand signe de croix, aspergé une dernière fois la baptisée d'eau bénite et refermé son livre de prières, la longue barque fut soulevée et portée au seuil même de l'océan, où les vagues achevaient de se briser. Derrière elle, une procession s'était formée, portant deux par deux les pieux soutenant le filet qui fut hissé à bord, près du poste de pilotage.

Maylis sentait son cœur battre plus fort, et sa fatigue l'abandonner. Il y avait dans ces gestes une solennelle grandeur aux apparences simples ; ces hommes trempant leurs souliers et le bas de leurs pantalons dans les baïnes, leurs mains caressant les mailles immaculées de la senne comme s'il se fût agi d'une dentelle ; et enfin, l'embarquement des premiers pêcheurs, lorsque la proue de la pinasse eut pénétré dans l'eau, quel spectacle !

— Venez. Il faut remonter sur la dune, maintenant, dit Lestrade.

Il précéda Maylis, rejoignit les guetteurs chargés de repérer, de loin, les bancs de poissons. Le calme de l'océan permettait ce jour-là un embarquement paisible, et l'équipage de la Dame rouge fut bien vite au complet, prêt à appareiller. Lestrade eut un geste large vers le nord.

— Ils vont longer la côte, à deux cents mètres environ, puis ils aborderont et l'on halera le filet. Ils seront heureux de vous savoir à les attendre pour leur première prise.

Maylis se mit en marche entre les oyats et les touffes de genêts, le sable chaud, câlin, sous ses pieds nus. Sur la plage, les enfants, suivis par l'équipe de terre, accompagnaient la barque de leur course joyeuse, tandis que, loin déjà en arrière de ce tableau mouvant, la silhouette noire du prêtre témoignait de la grâce de l'instant. Lestrade se moqua.

— L'abbé n'est ni bon chasseur ni bon marcheur. Au collège, il avait une habitude navrante. Lorsqu'il s'agissait de jouer au ballon, il s'arrangeait pour taper par-dessus le mur, et le temps qu'on aille chercher la gonfle, il s'asseyait en prétendant qu'il avait besoin de souffler… A mon avis, il ne bougera pas d'un millimètre, et sa part de poissons, il la recevra là où vous le voyez !

Maylis contempla le journaliste, que ravissait ce souvenir d'enfance. Lestrade avait de la chance, qui pouvait ainsi posséder son petit peuple du Marensin sans trop peser sur son destin, pour l'unique raison qu'il en partageait la mémoire.

— Eh, madame ! Moi, je ne suis qu'une ombre, juste bonne à écouter et à raconter les histoires des autres. Qui se soucierait de la mienne ? Nous savons bien, n'est-ce pas, comment vivent ces gens qui vous honorent aujourd'hui. Alors, le pisse-copie de Mont-de-Marsan, en face d'eux…

Il avait de son métier une vision simple d'efface-ment et de neutralité. Et se souvenait d'un mot dont il cherchait encore le sens : justice.

— A chacun sa croix, chère marraine. Vous n'avez pas choisi la plus légère…

Il lui dit à quel point il l'admirait. Ses yeux ne mentaient pas, ni le léger tremblement de sa voix. Maylis lui savait gré de respecter ainsi ses silences, ses doutes, et la face cachée de sa solitaire existence. Et puis, elle savait bien ce qu'il pensait au fond des gens qui s'agitaient le long de la grève. Sauf les arti-sans et les épiciers, qui vivaient plutôt bien, les autres peinaient à l'usine pour des salaires insuffisants, ou cassaient leurs reins sous les amasses de résine dont on chicanait encore leur part.

— On ne voit jamais les Darribats, au bord de l'eau ? demanda-t-elle.

— *Dia !* Aucune chance ! Ceux-là sont des ter-riens, des vrais. Je suis sûr qu'il y en a parmi eux qui n'ont jamais mis les pieds ici, et même vu l'océan, de leurs yeux. C'est ainsi, en 1924, sous la présidence de monsieur Doumergue ! Les Darribats… ils vous intriguent, ces gens… les rouges ! Savez-vous ce qu'on dit de vous, ici et là, depuis vos décisions du printemps ?

— J'ai eu l'occasion de l'entendre, il n'y a pas bien longtemps, répondit Maylis. Votre ami l'abbé

Cazenave en fut témoin. Je suis leur conscience, leur âme damnée, leur semblable.

Elle rit. Lestrade se fit raconter la colère de Ripeyre, ses menaces tempérées par le tarif préférentiel que lui concédait Maylis. Un jour ou l'autre, l'usine devrait se passer de ce fournisseur de matière première, elle le pressentait.

— Et puis après tout, dit-elle, si cela doit être…

Lestrade ne releva pas. Les petits et grands capitaines d'industrie landais savaient où était leur intérêt, comme ils connaissaient les limites de ce qu'ils pouvaient négocier. Durs en affaires, passant volontiers pour des cyniques enrichis sur le dos des autres, ils s'accrochaient néanmoins à leur sol de sable et de fougère, au point de finir par lui ressembler. Secrets, austères, peu causants, mais acharnés à durer malgré les incendies, les impôts alourdis, les fluctuations des cours. Une race, en somme, qui ne baissait jamais les bras. Maylis devina la pensée du journaliste, et s'en amusa.

— Vous vous dites que cette forêt finira bien par m'engloutir, n'est-ce pas ? Tout le monde le pense, vous et pas mal de ceux qui sont là aujourd'hui. Les autres aussi, là-bas derrière. (Elle eut un geste de la main, vers la forêt.) Le Massif ! De quoi rassurer les messieurs de la Bourse et des compagnies, qui tiennent leurs femmes à la place qu'ils leur désignent. Je sais bien que je suis encore une espèce d'anomalie en Marensin, mais j'apprends, monsieur Lestrade. Je me découvre même un goût pour cette étude que je ne connaissais guère. Et je survis, voyez-vous. En vérité, je me sens comme ces herbes de la dune, auxquelles le vent donne assaut, que le sable recouvre, et qui réapparaissent, pourtant, entre les tempêtes.

— Épineuses, même, parfois.

— Adaptées…

Elle secoua la tête.

— Mais je ne me battrai pas au-delà d'une certaine limite. Je n'ai ni le courage ni l'endurance de Madeleine Darribats.

Elle comprenait l'obstination patiente que la jeune paysanne mettait à vouloir sortir de sa condition. Le souvenir de la réunion de Lesperon lui revenait à l'esprit, comme chaque fois qu'une promenade ou une visite de chantier en forêt lui faisait longer des champs de seigle, ou des airiaux de métairies.

— Au fond, vous êtes entre deux mondes, lui dit Lestrade, et bien incapable de choisir celui pour lequel vous seriez prête à vous sacrifier. Vous devez donc comprendre les questions qui se posent à votre sujet, et les spéculations sur vos chances de vous en sortir.

Elle le remercia d'avoir compris cela, et de ne pas prendre son incertitude pour de la faiblesse. Devant elle, très loin, la pinasse traçait son sillage sur l'océan qu'argentait une subite éclaircie. Le ciel se tourmentait, peu à peu, strié d'ondées, à l'horizon. Maylis s'arrêta longuement, les narines frémissant dans le vent. Elle aimait sentir poindre cette aigreur du climat annonciatrice d'averses et de nuits fraîches, espérait du ciel ses longues colères sifflantes de l'hiver. Lestrade la ramena à la saison en cours. Sans gêne apparente, vaguement narquois, il se mit à l'interroger sur la journée de huit heures, qu'elle avait octroyée dès la promulgation de la loi. Serait-ce la ruine, la porte ouverte à tous les abus, comme l'annonçaient les Cassandre du Massif ? Maylis n'en savait rien. A son tour, elle questionna Lestrade sur les mouvements syndicaux en cours et la position des députés radicaux élus par les Landais.

— Les syndicats se refont, tout doux. La guerre les avait un peu dispersés. Les propriétaires se groupent, quant aux députés, ils se préparent à jouer les passerelles entre les uns et les autres, promesses obligent, qu'ils auront du mal à tenir. En fait de passerelles, ils vont avoir un pied sur le quai, et l'autre sur le bateau. Gare au départ ! Mais les radicaux sont maîtres dans l'art de l'équilibre politique, c'est ce qui fait leur charme.

La pinasse avait mis le cap sur la terre. Elle passa la vague et vint s'échouer. Maylis vit les rameurs désentraver leurs avirons et les poser au fond de la barque, avant de sauter dans l'eau l'un après l'autre. L'équipe de terre était déjà là. Le filet fut halé, et bientôt posé sur le sable dans un scintillement de ventres gris tressautants. Lestrade apprécia.

— Une bonne prise, n'est-ce pas ? Vous leur portez chance. Il faut conjurer les mauvais sorts. Il y a vingt ans, cinq hommes d'ici se sont noyés, entre un banc de sable et le rivage.

Maylis entendait les cris des hommes, autour du filet, et ceux des enfants accourus. Les poissons furent entassés dans des caisses que l'on porta sans délai sous le hangar, tandis que la pinasse s'éloignait pour un second *lans*, dans le sens inverse du précédent. La pêche étant bonne, il y aurait cinq ou six de ces voyages avant le soir, ce qui réjouit Lestrade.

— Ainsi je ne vous lâcherai pas jusqu'à ce que vous m'ayez tout raconté de vous.

Maylis s'assit sur le sable. Son corps se libérait des contraintes et des épreuves de la nuit, son esprit flottait au gré du vent tourbillonnant sur la dune. Lestrade s'était agenouillé devant elle, et la contemplait à sa façon directe, la tête légèrement inclinée sur le côté. Pour masquer sa gaucherie et son émotion, il se réfugia dans son sourire d'adolescent sous sa moustache de faux conquérant. Au moment où il semblait vouloir dire quelque chose de particulièrement important, Maylis le devança de façon brutale.

— Monsieur Lestrade, pensez-vous que quelqu'un, dans ce pays, sera capable de me dire un jour la vérité sur la mort de mes parents ?

Le sourire s'effaça sur le visage de l'homme. Maylis observait Lestrade avec intensité. Elle le vit pâlir. Il eut même l'air de vieillir, soudain. Allait-il esquiver la question, et comment ? Il s'excusa.

— J'avais douze ans, je crois...

— Vous êtes du Marensin, de par ici, même. Et journaliste...

Elle le tançait, de ce ton un peu moqueur qu'il appréciait tant d'user envers les autres, scrutait son regard comme jamais elle ne l'avait fait. Elle le vit chercher une fuite en fixant le grand large, rompre, en somme, le temps de trouver sa réponse. Ainsi, par le simple délai qu'il s'accordait, Lestrade donnait-il un vague élément de réponse. Il y avait une vraie part de mystère dans la mort des Savayran.

— C'est étrange que vous ayez attendu près d'un an pour me demander ça, dit-il.

— Le travail du temps. J'ai retrouvé beaucoup de choses de cette époque de ma vie. Une pierre dans un mur de la maison, un parterre de fleurs dont il ne restait plus que la trace, des nids de merles dans un buisson, mille détails insignifiants, mais qui avaient chacun l'importance de toute une vie. Petit à petit, je suis revenue vers ce jour d'été. J'ai même revécu l'embarquement de ce matin-là dans la voiture. Nous partions pour Mussidan, en Dordogne, visiter la famille de ma mère. J'entends les ordres qu'elle donnait aux domestiques pour la tenue de la maison en son absence. Et puis plus rien. La suite commence loin d'ici, à Libourne. Entre les deux, il y a un grand trou avec du feu dedans, de la fumée qui m'empêche de respirer, des cris, et la forêt qui va me broyer, de toute sa masse…

— La forêt ?

— Oui. Les arbres plient, se penchent vers moi. Je ne sais trop si c'est la tempête, ou la hache des bûcherons. Je vais être écrasée par un énorme tronc…

Lestrade hochait la tête. Il ne savait que ce qui s'était dit, et se disait encore. Les chemins défoncés par les pluies des jours précédents, le moteur du bolide, assez puissant, et emballé, pour qu'on l'entendît jusque dans les profondeurs de la forêt, et la fondrière au sortir de laquelle la voiture avait bondi, le nez vers le ciel, avant de retomber, et de s'enflammer. Il ne pouvait rien lui révéler de plus, et s'en trouvait soudain piteux.

Le partage de la pêche avait lieu sur la plage, près du filet déchargé que les hommes avaient étalé sur ses paous. Halée à grands coups de «ho-hisse», la pinasse était mise à l'abri sous son hangar. Celle-là était bien née. Sa première journée sur la montée de la marée offrait des muges, des dorades, du bar en quantité, et des coquillages par centaines que les enfants remettaient à l'eau. De quoi satisfaire tout le monde. La marraine reçut sa part de soles et de chinchards, et proposa un verre de vin à la Casedieu, pour fêter ça.

Les ondées striant le grand large avaient fini par se rapprocher du rivage. Le retour vers le village en fut accéléré, et c'est en bandes joyeuses, quoique un peu fatiguées, que les participants parcoururent les ondulations de la dune, et ses bois par endroits si épais que le chemin avait du mal à seulement les pénétrer. Une lieue et demie plus tard, une vingtaine de personnes se retrouvèrent au portail de la Casedieu, attendant poliment que la maîtresse des lieux les autorisât à le franchir. Tandis que sa guimbarde enfumait leur alignement respectueux, Lestrade apprécia.

— C'est ce qui s'appelle de la belle éducation, madame. Voyez ces gens. Croirait-on que trois révolutions, deux empires et une guerre mondiale sont passés sur eux ?

— Surtout les trois révolutions ! Vous avez de l'ouvrage devant vous, monsieur Lestrade, et vos amis des syndicats aussi. N'oubliez pas non plus les mille cinq cents ans de monarchie…

Maylis descendit de la voiture, ouvrit le grand portail de la Casedieu dont les tempêtes atlantiques avaient disjoint les planches, et quelque peu rouillé les gonds. Y avait-il des fêtes, autrefois, dans ce parc aux allures de gravure moisie ? Dansait-on, là, pour la Saint-Jean, ou pour tout autre rassemblement paysan ? En souriant à ses visiteurs, Maylis imaginait sa mère dans la même position, regardant passer devant elle, béret à la main, ses ouvriers et ses métayers. Non, pensa-t-elle. Cela ne s'était sans doute jamais fait. Elle en eût conservé un souvenir, les échos de musiques et de chants.

— Votre prise, madame. Où devons-nous la mettre ?

Encombré, comme le pilote, par une caisse débordant de poissons, Lestrade s'amusait. La part de la marraine était tout à fait disproportionnée, de quoi nourrir une domesticité de châtelaine.

— A la cuisine. Passez par l'arrière de la maison.

Maylis eut peur, soudain, de voir Gijon sortir de quelque recoin de la Casedieu, ou Serge, avec son visage tuméfié. Elle se précipita. La nuit d'avant, il lui avait fallu plus d'une heure pour nettoyer le carrelage de la cuisine. Dans la lueur des lampes à pétrole, la pièce ressemblait au laboratoire de quelque savant fou, avec du sang partout, qu'elle avait épongé, lavé, gratté de ses ongles.

— Là, sur la table, dit-elle.

La pièce était vide, heureusement. Et propre. Très vite, elle fut pleine de la troupe qui s'y assembla, en silence. Tandis que Maylis posait près des caisses de poissons le tonnelet de vin des dunes que lui avaient offert ses fermiers de Lévignacq, Lestrade tenta de dérider un peu les pêcheurs. Les histoires de pinasses et de lans miraculeux ne manquaient pas, non plus que celles de vieilles bisbilles entre équipes. Et jusqu'à ces Boucalais, vrais gens de mer, eux, et inscrits maritimes pour la plupart, bien forcés d'admettre que ceux de Lit ou de Saint-Girons en savaient autant qu'eux, non mais…

— Et nous sommes loin du bord, en prime, tandis qu'au Boucau, ils sont dessus !

On offrit à Maylis, en sus de ses poissons, un tonnelet de porto. Lestrade raconta.

— Il y a six ans, le 8 octobre 1918, le *Cazengo*, un vapeur portugais, reçoit une torpille de sous-marin allemand et s'échoue près de Mimizan. A son bord, plus de deux mille tonnes de porto, madère, malaga, vin d'Alicante, j'en passe. Deux mille tonnes ! Les barriques se mettent à flotter, dérivent tranquillement, et s'échouent tout le long de la côte. En quelques heures, le bruit se répand : le rivage n'est plus qu'un long, interminable chai. La population marensine se retrouve déplacée en bord de mer. Les gens, par centaines, laissent tomber charrues, bêches, hapchots et scies. On se rue, équipés de seaux, de brocs, de bouteilles, comme pour un feu en forêt. Fabuleux spectacle ! Mille tonneaux sont là, offerts par l'océan. On les roule vers la dune, on les perce pour faire son choix, blanc ou rouge, léger ou plutôt corsé. Le sable en boit cent fois plus que les gens. Au bout de trois jours, quand arrivent enfin les types des contributions directes, et les gendarmes, la plage est quasiment nettoyée. C'est avec ça qu'on a fêté notre retour, en novembre 18. Et ma foi, il reste dans les caves de la région de quoi aller jusqu'au milieu du siècle, au moins, pas vrai, mes amis « cotangers » ?

On acquiesça en rougissant un peu. Au milieu de ses pays, Lestrade était chez lui. Il avait écrit mille choses, déjà, sur les gemmeurs-pêcheurs-paloumeyres, gens d'océan autant que de lande ou de forêt, terriens rêvant de haute mer. Dans la maison des maîtres de la Casedieu, il les contemplait sirotant leur verre de vin blanc avec des mines de gardes suisses, étonnés de se trouver là, en ce soir pas comme les autres. Les épiciers, et les autres financiers de la coopérative, le fabricant de barriques de Vielle, le charpentier et le savetier, les fermiers, tous fiers de leur investissement. Lestrade fit une annonce.

— La distillation, c'est comme la pêche à la senne. L'union fait la force. Il s'est fait, paraît-il, cette semaine, un groupement de fabricants d'essences, à Morcenx. Tous propriétaires forestiers, en coopérative. Notre marraine du jour en est-elle ?

— Non, dit Maylis, mais je suis au courant.

— Vous les rejoindrez, peut-être ?

— Ça…

Il y eut un silence. Comme agitateur, Lestrade n'était pas trop mauvais. Mais tout le monde savait bien qu'à l'exemple des grosses usines en cours d'installation à Facture, et à Mimizan, seules capables de soutenir la comparaison avec les puissantes firmes allemandes ou américaines, les petits industriels landais auraient bien du mal à survivre. Ici et là, on se groupait déjà pour la gemme, entre ayant-pins ou même entre métayers-résiniers. Que ferait la Dame rouge, toute seule dans son usine, avec ses outils vieillissants, ses clients qui prospectaient ailleurs, et le poison américain plus ou moins coupé, contre le déferlement duquel les députés landais avaient juré de se battre ?

— Le white-spirit est une saloperie ! tonnait Lestrade. Mais avec des prix cassés, les Américains vont tout faire sauter. Je vous le dis, moi, si le gouvernement ne fait rien, nos essences vont se retrouver au musée avant longtemps, et de dix mille gemmeurs, on passera à mille, et pour finir, à dix.

Il y avait une menace, certes, mais à ce point ! Allons ! Les fumées noires qui montaient vers le ciel landais comme des points d'exclamation n'étaient pas près de s'éteindre, et Lestrade faisait office de foutu pessimiste. On parla taxes, de celles qui décourageaient la concurrence, et du protectionnisme qui en découlait. Comment faire autrement ?

— Eh, té, on refera des pavés de pin pour les boulevards parisiens, prédit un pêcheur, ou mieux encore, on ira à la vive, de mars à novembre. Au grand large. On jettera l'ancre, et à nous la marée ! De quoi ravir notre marraine, en attendant les palombes.

On trinqua. Lestrade prévoyait un grand article sur le baptême, d'une page au moins, et avec des photographies. Il faudrait bien ça, pour un tel événement. A mesure que le tonnelet de vin des dunes se vidait, Maylis sentait la cuisine envahie par l'odeur rude des cabans et des bottes humides, pareille à celle que les chasseurs laissaient derrière eux. Apaisée, elle laissa la puissante fragrance prendre possession de l'espace, et remplacer la veule senteur du sang. Elle n'avait jamais vu autant de monde à la Casedieu. Ce serait sans doute un précédent.

Il était huit heures. On se quitta, à la nuit tombante. Lestrade fut le dernier à saluer son hôtesse. Admiratif. Lorsqu'il eut fait démarrer le moteur de sa voiture, au prix d'un effort de plusieurs minutes sur la manivelle, il se planta devant Maylis.

— Ils s'en posent, des questions, vos filleuls, vous pouvez me croire. Mais bon... vous tenez le coup, sans laisser paraître la moindre émotion. A ce qui se raconte dans le pays, toutefois. Vous allez peut-être réussir.

Il fallait sans doute conjurer quelques mauvais sorts, mais Maylis n'était pas superstitieuse. Elle leva soudain une main, qu'elle tendit en direction d'une vague lueur apparue derrière les premières parcelles de pins.

— Qu'est-ce que c'est...

Lestrade se tourna vers un globe aux reflets jaunâtres, une sorte de large soleil comme on en voyait parfois au couchant, entre de gros nuages de pluie.

— C'est du bois qui brûle, en forêt, ou plus près du village, même. Montez.

Maylis avait entendu les histoires de feu. Jean Comets en savait de fort anciennes, qui remontaient à deux siècles de là, du temps de la grande lande et de ses pinhadars esseulés. Maintenant, la forêt était partout. Elle avait déjà souffert, ici et là, de brûlis plus ou moins gigantesques. Les jambes coupées par la peur, le cœur battant la chamade, Maylis se hissa à grand-peine à bord de la Renault. Ses parcelles de pins étaient à l'est, vers Linxe, Lesperon ou Lévignacq, loin de là. Mais ce qui apparaissait au sud, éclairant de plus en plus vivement la ligne droite des cimes, suffisait déjà à l'impressionner. En quelques minutes, les premières lueurs étaient devenues une sorte de casque rougeoyant au-dessus duquel montait une épaisse fumée noire.

— Une pinède, vous croyez ?

— Je ne sais pas. C'est en direction de l'usine, en tout cas.

Lestrade jura. Sa voiture se traînait sur le chemin de sable menant au bourg. Très vite, il apparut cependant que le feu avait pris en lisière du village, peut-être même au milieu de ses premières habitations.

— C'est à l'usine, je crois.

Des gens couraient, dont certains s'étaient munis des dérisoires défenses civiles landaises contre le feu, des brocs, des casseroles, des arrosoirs de jardin, des bols, même, pour les plus jeunes. Maylis cria.

— C'est la scierie, regardez !

L'incendie ravageait le bâtiment du bois, léchait la petite dépendance abritant le bureau. La courbe prise par les flammes leur désignait la distillerie, et les dizaines de coupelles alignées devant elle.

— Les brais ! Les essences ! Il faut sauver tout ça !

Lestrade s'était précipité, rejoignant quelques pêcheurs, et d'autres villageois, accourus de toutes parts. Des chaînes humaines se formaient à partir des points d'eau du village : cafés, fontaine. Une stratégie pour fourmis face à un feu de savane. Une cloche sonna dans la nuit, un tocsin oublié depuis août 14, appelant alentour. On serait bien quelques dizaines, assez vite.

Lorsqu'elle poussa la porte à demi ouverte du bureau, Maylis fut accueillie par un souffle de fournaise. Déjà, les montants de la fenêtre latérale avaient cédé. Maylis se rua vers les armoires, réalisa que les clés étaient restées à la Casedieu, et que leurs doubles se trouvaient dans la poche de Barra. Elle s'arc-bouta, pesa sur les portes, qu'elle frappa de toutes ses forces, à coups de pieds et de poings. Dans l'âcre fumée qui investissait la place, elle ne tarda pas à se rendre compte de l'inanité de ses efforts, contourna alors les meubles qu'elle essaya de faire basculer en avant.

— Sortez, madame, nom de Dieu !

La bâtisse en planches flambait comme une gémelle. Son toit se tordait, se détachait en larges lambeaux de poutres et de tuiles rondes, comme un jouet d'enfant au fond d'une cheminée. Seules les armoires résistaient encore. Maylis sentit qu'on la tirait par les épaules, qu'on la plaquait contre la terre de l'allée. Hébétée, elle vit le bureau s'effondrer sur lui-même dans des incandescences de feu d'artifice.

Elle se releva, le visage noirci, les mains ensanglan-tées. Dans une brume irrespirable, elle vit Lestrade et d'autres courir vers la distillerie, armés de haches, de manches d'outils, de ramures arrachées à des arbres. Il s'agissait d'achever l'effondrement de la scierie, afin de mettre à l'abri le bâtiment mitoyen. Tandis que l'on jetait sur le feu toute l'eau disponible, un commando d'une dizaine d'hommes se rua vers le brasier. Un temps, Maylis pensa qu'ils allaient être happés par les flammes, et s'y fondre. Léchés par la fournaise, ils tour-naient, tels des insectes autour d'une monstrueuse bou-gie, hurlaient, les bras devant le visage, s'entraînaient mutuellement jusqu'au contact du repoussoir bouillant qui, chaque fois, les forçait à reculer.

Maylis découvrait la seconde nature du pays lan-dais, sa fureur. Ce n'était pas la forêt qui brûlait devant elle, mais seulement sa représentation policée par le travail des hommes. Mais la scierie qui partait en fumée se donnait en spectacle comme une parcelle d'arbres sur pied, dans la même orgie de chaleur et d'écarlate. Sublime colère, dans des bruits de guerre, asthme torrentiel. Il y avait, sur cette scène trop vaste et trop tourmentée pour les hommes qui l'assaillaient, une grandeur terrifiante, aux senteurs et aux échos d'enfer.

La pompe à incendie, faite d'une citerne que prolongeait un court tuyau alimenté à la main, entra en action, projetant sur les marches de l'incendie sa pluie dérisoire. Maylis recula, aperçut les vasques d'ensoleillage qui luisaient à proximité du brasier. En tombant dessus, les débris de la scierie ne manqueraient pas de les enflammer, l'une après l'autre. Elle courut, les souleva, les poussa, les tira, autant qu'elle put. C'était le reste de sa fortune, la matière première sans laquelle il n'était plus guère possible de travailler. Tout en manipulant les vasques, Maylis jetait des coups d'œil désespérés à la distillerie encore épargnée pour l'instant. Le vent qui semblait parfois éloigner les flammes des alambics et des cuves les en rapprochait par moments, masquant la façade du bâtiment, donnant par une illusion d'optique l'impression de devoir tout engloutir. Il y eut un hurlement, plus puissant que les autres. Touché par des poussières brûlantes, le toit de la distillerie s'embrasait à son tour. On recula, sur toute la largeur de ce front, puis des ombres se ruèrent à l'intérieur du bâtiment. Les hommes en sortiraient tout ce qu'ils pourraient, tubulures, manomètres, tonneaux, et les machines les moins lourdes. Épuisée, Maylis se laissa tomber au milieu de son parterre de vasques brunes. Celles-là étaient sauves, au moins. Pour le reste…

La scierie n'existait plus, ni les dépendances abritant le bureau. L'usine résistait encore pour moitié. Son contenu de barriques avait été déversé dans l'allée centrale, roulé le plus loin possible par des mains amies. Aux fumées des madriers se mêlait celle, bien épaisse et gluante, des courroies, des huiles. Bientôt, les brais et les goudrons entassés au fond du bâtiment joindraient leur résidu au désastre, et tout s'envolerait vers le ciel.

Vint le moment où le feu se mit à dévorer la distillerie. Quelqu'un cria : « C'est foutu ! » Maylis vit les hommes, au milieu des flammes, s'obstiner à vouloir abattre encore des murs, des cloisons, à sauver le peu qui pouvait l'être. Elle se leva, courut, chercha Lestrade, tomba sur Barra qui contemplait le spectacle, les bras ballants, sa bedaine devant lui pour le protéger, comme un oreiller. Maylis lui frappa violemment l'épaule.

— Alors ?

— Bé, té…

Il gardait sa pose de statue, comme hypnotisé par quelque serpent exotique. Des cris l'avaient tiré de son sommeil, le feu à l'usine ! Maintenant, tout était au-delà de sa compétence. Il n'avait même pas l'ardeur physique qu'il eût pu mettre au service des sauveteurs. Tout se diluait dans la peur qu'il éprouvait à devoir faire autre chose que surveiller des gestes, contrôler des horaires de travail et laisser faire par des tiers les tâches que les faveurs du destin lui épargnaient.

— Crétin ! hurla Maylis. Il ne manque plus que mon grand navet de cousin ! Vous irez vous faire voir ailleurs ! De toute façon, vous me trahissez, depuis toujours.

Il la regardait sans paraître comprendre. Voulut parler.

400

— Taisez-vous ! On sait tout de cette usine, au centime près, partout dans les Landes. Ça suffit !

Il eut un rire niais, comme une évidence de ce qu'ils feraient désormais, lui et les autres qui allaient se trouver sans emploi. Maylis le laissa à ses extases. A vingt mètres d'elle, les fûts et les cuves emplis à ras bord des essences tout juste distillées explosaient, projetant haut vers les étoiles une pétarade d'escarbilles que le vent emportait vers les premiers arbres. Soufflés, les murs de la distillerie s'abattirent telles des cartes, laissant apparaître dans leur béance le brasier blanc de la térébenthine, un soleil qui semblait pouvoir pénétrer la terre et s'y répandre.

— Arrière ! Arrière !

Maylis vit venir vers elle des diables aux yeux exorbités, aux joues ruisselantes de sueur. Parmi eux, à demi asphyxié, le torse nu dans les lambeaux de sa chemise, Lestrade, qui tomba à genoux entre les vasques.

— Plus rien à faire.

Il reprit sa respiration, sa main dans celle de Maylis.

— On vous a sauvé deux ou trois choses, pas assez. La résine ?

Derrière le brasier des essences, il vit des hommes s'activer devant l'entrepôt encore épargné. Une chaîne s'était formée, qui en extrayait des barriques, et les roulait loin de l'usine. Lestrade se remit sur pied.

— Ça a pris dans la scierie, dit-il. Pourquoi, nom de Dieu ? C'est sous les alambics qu'il y a ordinairement du feu, pas sous les lames. Ou alors, une cigarette sur des copeaux…

Réduit à l'impuissance, il ne pouvait détacher son regard des cuves en fusion d'où s'échappait, rampante, une lave qui s'écoulait en boyaux de feu sur le sol de l'usine. Maylis pensa aux photographies de volcans, dans les tons gris, que publiait *L'Illustration*. Longtemps, elle avait essayé d'en deviner les vraies couleurs, imaginant des vermillons, des jaunes, et la noire opacité de la terre broyée. Cela devait être un spectacle grandiose et fascinant, quelque chose de semblable à ce que lui offrait la vague de feu un instant calmée, attaquant les brais sous la pluie qui commençait à tomber.

— Une chance ! cria Lestrade.

Il inspecta le ciel, abandonna son visage rougi à la caresse de l'eau. Partout, les hommes avaient suspendu leurs gestes, sauf les bénévoles de la pompe, qui continuaient à mouliner des deux bras comme si le sort du village tout entier dépendait de leur énergie.

— Ça reuille bien, apprécia le journaliste. Allez, il faut finir d'abriter les vasques.

L'averse ne pouvait plus grand-chose pour les restes des bâtiments principaux. Mais en forêt, elle aurait tôt fait d'écraser les projections que dispersait l'incendie. Le ciel avait, cette nuit-là, une bonté pour les forestiers et les paysans de Saint-Girons. Les autres, immobiles, ayant fait tout ce qu'ils avaient pu, attendaient que les choses se fussent spontanément apaisées pour poursuivre leur pauvre travail de sauvetage.

Il fallut une bonne heure et demie avant que l'on pût à nouveau s'approcher des flammes. Lorsque les goudrons eurent entamé leur lente combustion, et qu'eut cessé celle de la térébenthine, c'est à grands lancers de seaux, de brocs, de jattes et de vases à fleurs pleins d'eau que la lutte reprit, pour en finir, cette fois. Maylis vit alors, émergeant des décombres de l'usine comme d'une épave du fond de l'eau, les restes méconnaissables de ses outils, une ferraille couverte de glu noirâtre que les hommes étalaient devant elle comme un butin de chasse.

— Eh bien, nous allons faire le bilan de ce qui reste, dit-elle.

Ses mains lui faisaient mal. Elle les passa sous l'eau, découvrit sous la boue et les graviers leur peau lacérée, arrachée par endroits. Comme elle était étrange, cette anesthésie due à l'effort et à la tension. Maintenant que tout cela retombait, Maylis ressentait, dans tout son corps pétri de douleurs, les effets de l'épuisement. Elle s'arrêta, le souffle court, incapable de faire un pas de plus. Lestrade s'activait encore, lui. Lorsqu'il l'aperçut, immobile, le regard perdu dans les fumées qui couvraient le brasier, et l'étouffaient peu à peu, il s'approcha, prit son bras. Maylis eut un sanglot, bref, réprimé aussitôt.

— C'est fini, n'est-ce pas ? Les cristaux, les barriques, la résine…

Lestrade baissa la tête. Il pensait à ceux qui devraient retourner dans le pinhadar, et y chercher de l'emploi, là où les vides laissés par la guerre se comblaient avec le temps. La crise de 21 n'était pas encore digérée, et une génération que la guerre n'avait pas touchée arrivait sur le marché du travail. Il y avait des laissés-pour-compte par centaines qui redevenaient saisonniers dans les fermes, ou bien avaient déjà migré vers les villes.

— Je me sens tellement sale, murmura Maylis.

Elle s'effondrait, soutenue par Lestrade qui la força à s'asseoir sur une vasque renversée. Échappés de sous les gravats calcinés, des bruits sourds accompagnés de lourds panaches de fumée témoignaient des ultimes destructions. Quelques fûts jusque-là épargnés, des bacs à résidus, des bidons d'essences

403

ou de brais explosaient à leur tour. Maylis ne les entendait plus. Le ciel déversait avec générosité une eau fraîche qui coulait sur elle comme sur les mendiantes des porches d'église. Lestrade fit un premier constat.

— La scierie est foutue, le gros matériel de la distillerie aussi. Pour le reste, il faudra voir. Allez, Maylis, debout, vous allez attraper la mort, ici. On va faire un état de ce qui a été sorti de l'entrepôt. Je vous en crois capable.

Elle se leva, pantelante. Lestrade souriait. Il embrassa ses mains souillées, la poussa doucement devant lui vers le seul bâtiment que le feu n'avait pas dévoré. Devant l'entrepôt, des alignements hétéroclites de barriques, de vasques, de ferrailles et d'outils attestaient d'un sauvetage réussi. Si près des flammes qui s'éteignaient, et l'éclairaient d'une lumière presque douce, l'endroit donnait une image de paix proprement incroyable. Maylis vit Jean Comets devant la porte ouverte à deux battants. Lui aussi avait bataillé, déchiré ses vêtements à la manutention hâtive des fûts.

— Madame Maylis…

Maylis crut tout d'abord que le vieil homme compatissait, et fit un pas.

— Vous ne devriez pas entrer là-dedans.

Son regard cherchait celui de Lestrade, implorait.

— Eh, quoi ? s'étonna ce dernier.

Maylis était déjà dans l'entrepôt, que les hommes n'avaient pas entièrement vidé. Un bon tiers du sol était toujours encombré de ses rangées de barriques, sous une haute mezzanine ordinairement dévolue au rangement d'outils et de pièces de rechange pour les machines.

Maylis attendit que ses yeux se fussent accoutumés à la quasi-obscurité que rompaient très vaguement, de temps à autre, les derniers éclats de l'incendie. Elle retrouvait soudain l'odeur habituelle de l'endroit, et de toute l'usine, même, mélange de résine et de goudron. Son regard explora le fond de la grande pièce, s'arrêta sur une espèce de sac accroché au plafond de la mezzanine, et qui tournait très lentement sur lui-même. Elle dut plisser les paupières pour reconnaître un corps humain, et les vêtements qui l'enveloppaient.

Serge Savayran avait gravi l'échelle de meunier, noué sa corde à une des poutres de la mezzanine. Puis il avait repoussé du pied l'échelle, et s'était jeté dans le vide. Sa tête semblait avoir doublé de volume ; ses paupières, ses lèvres, ses joues, et jusqu'à sa langue, étaient énormes et violacées. Maylis cria. Puis elle tomba assise, demeura ainsi, les jambes écartées, incapable de se soustraire au spectacle de son cousin mort. La nuque de Serge faisait avec ses épaules un angle impossible, et le corps oscillait, tel un balancier d'horloge ancienne.

— Alors, ce serait lui qui aurait mis le feu... vous croyez...

Tandis qu'elle luttait avec les sauveteurs, elle avait pensé à des incendiaires possibles. Des gens de Ripeyre. Mais quel intérêt aurait eu ce dernier à tarir de cette façon une de ses sources principales de revenus ? Il y avait, parmi ceux de la Sorbe, Victor Darribats, le haineux, frustré de tant de choses, qui avait regardé Maylis si bizarrement lorsqu'il était venu récupérer sa femme à la Casedieu. Sottises... Maylis découvrait l'impensable, Serge Savayran, le seul ami d'enfance, ami tout court, qu'elle ait eu, et qu'elle avait laissé à l'abandon...

Lestrade s'était avancé, seul. Par peur, ou superstition, les autres, que la rumeur immédiate du suicide rassemblait à l'entrée du hangar, n'osaient faire un pas de plus. Lestrade hurla.

— Personne, pour m'aider ?

Il vit venir à lui Jean Comets, puis deux ou trois autres. On remit en place l'échelle, qu'il gravit, une hache à la main. Quelques coups de la cognée eurent raison de la corde, qui céda, libérant son fardeau. Freiné par les mains tendues vers lui, le corps de Serge fut allongé entre deux barriques de térébenthine.

Lorsqu'elle se fut agenouillée près de lui, et eut contemplé de plus près la bouffissure de cauchemar qu'offrait au monde le visage de son cousin, Maylis fut prise d'un grand écœurement plein de frissons, et se mit à sangloter. A demi ouverts, noyés dans une aura de sang, les yeux de Serge étaient fixés sur elle, et ne la quittaient pas, au point que Maylis dut se déplacer pour se soustraire à l'impression d'une étrange accusation.

— Pauvre Monsieur Serge… sûr que ce n'était pas un jeune homme très heureux, dit Jean Comets.

Tandis que Maylis se relevait, aidée par Lestrade, Jean Comets se penchait sur le cadavre, auquel il tentait de donner une posture humaine, jambes étendues, bras le long du corps. Anéantie, Maylis se laissa aller contre Lestrade. Des pensées en désordre submergeaient son esprit. Maintenant que s'étaient tus les cris des hommes, et le souffle du feu, elle entendait la pluie battre les tuiles de l'entrepôt, avec le bruit apaisant qui accompagnait parfois son endormissement. Qu'avait-elle fait ? Ignorant les peurs des hommes, leurs calculs, et ces accommodements qu'ils ont parfois, au point de les nier, avec les drames qu'ils provoquent, elle attendait une révélation, l'explication de ce qui se passait autour d'elle. Lestrade la protégeait. Ainsi, de bonnes âmes l'avaient-elles pareillement embrassée lorsque, soulevée de son matelas de fougères, elle avait été éloignée, inconsciente, du brasier de l'accident. Qui lui avait parlé de cette fatalité landaise du feu ?

— J'aurais dû l'éloigner dès le début, lui interdire de revenir, dit-elle dans un murmure.

Quelle faute, pensait-elle, et quel orgueil, encore ! Sa fâcherie avec les gens de Libourne avait laissé son cousin seul au milieu d'un gué qu'il ne pouvait franchir, et personne n'avait entendu les messages de détresse qu'avait lancés le jeune homme. Maylis revoyait sa silhouette décharnée aux allures pitoyables, ses rictus, et ses attitudes de haine et de défi qui n'étaient en vérité que désespoir et besoin d'amour. Elle mesurait l'ampleur du désastre à la consternation qui marquait les visages des villageois. Cet entrepôt sauvé du feu par la pluie et les caprices du vent était un leurre. Tout était détruit, en vérité.

Elle sortit dans l'odeur entêtante du caoutchouc brûlé que mouillait la pluie, éprouva le besoin de s'éloigner, fit quelques pas le long des barriques roulées à la va-vite. Au bout de ce qui restait de sa fortune, elle vit se dresser devant elle la haute silhouette de Gijon, distingua son visage cuivré. Le Gitan vint vers elle, avec l'air inquiet des oiseaux de proie, et dans les yeux cette flamme qui semblait être née des cuves en fusion. Maylis recula. Cela suffisait. Gijon tendait ses mains, crispait ses doigts vers elle, qui se dérobait.

— Je ne veux plus te voir, dit-elle. Jamais.

Il lui faisait horreur, assez pour chasser de son esprit toute compassion, et jusqu'au souvenir de ses gémissements amoureux. Ses bras étaient des serres où elle s'asphyxiait, soudain. Elle hurla. Lestrade s'interposa, en douceur.

— Va-t'en, l'ami. On te le demande.

Gijon le regardait sans avoir l'air de bien comprendre.

— Tu ne crois pas que ça suffit pour cette nuit ? lui demanda le journaliste.

L'écarteur avait observé l'incendie, de loin. Sa chemise ne portait que les traces de sa propre sueur ordinaire. Lestrade vint à son contact, dans un geste fraternel de soldat, ou de joueur de rugby.

— Allez…

Gijon serra les poings. Il perdait tout, lui aussi, sauf la vie, ce qui en fin de compte n'était pas si mal. Il y aurait encore des vaches à feinter, pour les beaux yeux des jeunes paysannes de Pouillon ou d'Haget-mau. Lestrade l'empêchait d'avancer, tandis que Maylis revenait vers l'usine. De guerre lasse, l'homme poussa un juron, céda. Lestrade le vit s'enfoncer dans la nuit, et disparaître.

Il rejoignit les autres, donna des ordres. On porterait le corps de Serge à la Casedieu. Au maire qui s'inquiétait d'une possible enquête policière, il répondit que personne d'autre que le fils Savayran n'avait péri dans l'affaire.

— Il y a quand même de bonnes chances pour qu'il ait foutu le feu…

— Et payé pour ça, non ? Alors, on verra.

Maylis franchit une double haie de gens hagards et muets, qui s'écartèrent pour la laisser passer. Elle avait oublié pour quelques minutes le champ de feu, réduit à des foyers épars autour desquels on s'activait encore. La nuit reprenait possession de son territoire. La pluie avait forci, rebondissait sur les ferrailles luisantes, achevait d'engluer les restes de l'usine. Maylis s'affaissa sur le sol, s'agenouilla dans la boue, la tête entre les mains.

— Je n'en peux plus, monsieur Lestrade. Je voudrais mourir ici, maintenant.

Lestrade se pencha, la saisit sous l'aisselle, la releva sans trop de ménagements.

— Il y a assez de dégâts pour aujourd'hui. Allez, encore un petit effort. Vous êtes toujours maîtresse des lieux. Tous ces gens qui vous ont aidée vont maintenant attendre vos décisions.

Dans le brouillard de son esprit, elle l'entendait lui parler des destructions de la guerre, des provinces saccagées, que l'on relevait, pierre par pierre, du front, où l'herbe poussait à nouveau. Il en avait tant vu, de ces apocalypses. Oui, répétait-elle comme une automate, tandis que, noyée tout entière sous l'averse, elle se laissait mener vers la voiture.

— Votre oncle de Libourne possède-t-il une ligne de téléphone?

A demi allongée sur la banquette de la Renault, Maylis parut émerger d'un rêve, découvrit le visage de Lestrade, penché sur elle.

— Une ligne de téléphone? Peut-être, oui. Votre moustache a brûlé sur tout un côté, Sylvère.

Elle se mit à rire, de plus en plus fort, à pleurer en même temps. Lestrade guetta la crise de nerfs, se prépara pour une de ces épreuves physiques qu'il avait appris à affronter dans les tranchées, constata, surpris, que sa passagère se calmait, et, tout bonnement, sombrait dans un profond sommeil. Il apprécia.

— Excellente méthode, madame Durrugne, excellente, vraiment.

Il se tourna. Une vague lueur, grise, naissait au levant, par-dessus la cime des pins. La pluie achevait son travail d'extinction, et, comme un comble à cette nuit de feu, c'était à la lumière de lampes à pétrole que le bros à l'arrière duquel le corps de Serge Savayran avait été déposé traversait à son tour l'allée de l'usine.

L'après-midi du lendemain était bien entamé lorsque la Panhard d'Henri Savayran s'arrêta, au bout d'un voyage de quinze heures en vue du portail de la Casedieu. De la grosse berline descendit le père de Serge, qui prit à pied le chemin montant vers la maison, suivi à quelques mètres par Auguste, son chauffeur, qu'accompagnait un manœuvre vêtu de toile bleue.

Maylis avait dormi de son sommeil d'enfant, ce miracle qui stupéfiait Lestrade. Tandis qu'il l'allongeait sur le canapé du salon, et dépliait sur elle une couverture, elle avait demandé si, cette fois, ses parents avaient survécu. Il y aurait alors une rencontre, quelque part entre deux parcelles de pins au coin desquelles scintillait un reflet de soleil, « comme dans un miroir ».

Maylis se redressa avec peine. Son corps lui faisait mal, la plaquait dans la position couchée. Mais il fallait faire face. Elle s'était éveillée dans la grande solitude de sa maison, comme au sortir de sa première nuit de fugitive, dix mois plus tôt. Elle avait ouvert la porte du bureau de son père, et vu le corps de Serge étendu sur une table, couvert d'un drap. Elle s'apprêtait au sinistre rendez-vous avec les siens, qui viendraient dans la journée.

Par une fenêtre entrebâillée du salon, elle vit la petite procession immobile devant le portail, attendant que l'on vînt à sa rencontre. Cela lui laissait une impression de déjà vécu. Il ne manquait que les Durrugne, ses voisins de Vielle, beaux-parents devenus étrangers à son histoire. Elle attendit quelques instants dans la pénombre de sa maison, vit le pâle soleil de septembre s'élever plus haut que les arbres, sortit.

A mesure qu'elle approchait de son oncle, elle le voyait se raidir, effacer de son visage les dernières traces d'aménité, prendre la position d'outragé devant laquelle son propre fils était venu tant de fois se fracasser, toute volonté de conciliation vaincue d'avance. Parvenue à deux pas de Savayran, elle ouvrit les bras, mue par un élan du cœur.

— Où est-il ?

Il avait reculé et crié, péremptoire. Maylis resta bouche bée, vit le masque de marbre de son oncle, sa main droite trembler sur le pommeau d'une canne que son autre main tentait de maîtriser.

— Dans le bureau de mon père.

Henri fit un signe à ses compagnons, donna un ordre bref. Au passage, Auguste ne put s'empêcher de se découvrir, furtivement, devant Maylis, qui gardait quant à elle la position, les mains jointes, la tête légèrement penchée sur le côté.

Maylis songeait aux raideurs de l'âme et du sentiment qui aboutissaient à ce rendez-vous. Il s'était accumulé tant de silences entre elle et les siens que parler n'avançait en effet plus à grand-chose. Henri contemplait un point imaginaire, entre ciel et pinède. Lui dire ce que son fils avait attendu de lui ne servirait même pas à le faire douter une seule seconde. Il y avait sa raison, et le reste du monde qui ne la pénétrait que pour négocier avec elle des parts de sociétés, ou des muids de Pomerol. Maylis concevait sans mal de quelle fureur l'esprit de son oncle était habité, et combien il devait être difficile de la tempérer par un tant soit peu de vrai, profond, chagrin.

Les porteurs ramenaient le corps de Serge vers la voiture. A son passage, Maylis ferma les yeux, submergée par une onde de détresse si puissante qu'elle dut s'affermir sur ses jambes. Elle ne voulait voir ni ce fantôme en transit sous son suaire ni la main d'Henri Savayran qui, sans doute, tremblait encore plus. Elle écouta les bruits que provoquaient le chargement du colis macabre dans la voiture, puis le claquement des portières, ouvrit les yeux sur son oncle, qui avait fait un pas vers elle, et la fixait avec intensité.

— Tout se sait, ma nièce. Tout. Ta façon de vivre ici est pitoyable, indigne. Tu te crois au-dessus des règles communes ? Regarde le résultat. Maintenant, il va falloir que tu affrontes quelques responsabilités d'un autre ordre, rien à voir avec le travail obscur et patient que tu as saccagé. Tu n'as plus rien, ou presque, et bien assez des doigts d'une seule main pour compter tes vrais amis. Moi, je vais penser à toi, très fort, chaque jour de ma vie. Ça me donnera du courage pour la terminer.

Il tourna les talons. Maylis s'élança. Savayran crut qu'elle revenait vers lui, la vit s'arrêter à deux pas de lui, et lui faire face.

— Serge a fait un choix d'adulte. Moi, je ne sais toujours pas pourquoi mes parents sont morts. Est-ce que quelqu'un d'assez cynique, ou indifférent, finira un jour par me le dire ?

Henri Savayran ricana, embrassa la lande d'un geste large.

— Tu peux toujours le demander à ceux qui vivent là-dedans. Le malheur des riches, ça les excite, mais ce qu'ils préfèrent par-dessus tout, c'est le silence.

Il se hissa dans la grosse berline, sortit sa tête par la fenêtre, tandis qu'Auguste commençait à manœuvrer.

— Le silence des cimetières ! hurla-t-il. Essaie de l'écouter !

19

Le vent de mer était impuissant à faire le ménage du ciel. S'il ne pleuvait plus, les nuées poursuivaient néanmoins leur course obstinée vers les terres, rasaient la cime des arbres, laissant traîner çà et là des bandeaux de brouillard. Maylis franchissait le portail de l'usine lorsque Lestrade la rejoignit. Il avait dormi chez des amis, emprunté des habits présentables, mais ne s'était pas rasé, ce qui roussissait un peu plus son teint.

Maylis serra la main qu'il lui tendait. Ils n'étaient pas les premiers à l'usine, ce jour-là. Par petits groupes hagards et silencieux, les gens allaient le long de l'allée, passaient et repassaient depuis le matin devant les fantômes des bâtiments. Comme par une sorte de crainte mal exorcisée, ils ne franchissaient pas les ultimes tas de gravats et de bois noirci, et revenaient sur leurs pas dès qu'ils se trouvaient tout près de l'entrepôt.

— Ah, madame Maylis…

Jean Comets n'avait pas fermé l'œil. Avec quelques autres, il avait passé le reste de la nuit à fouiller les décombres. Derrière lui, des gens continuaient encore cette tâche dérisoire, étalaient leurs trouvailles en tas informes. Registres en partie mangés par le feu, bidons épargnés, fragments de poutres et de madriers sucés par les flammes, tuyaux d'alambics et pièces métalliques dont certaines, lustrées comme au jour de leur achat, brillaient étrangement au milieu des épaves. Restait-il seulement de quoi remonter une machine, un moteur ? Comets écarta les bras.

— Je crains fort que non.

— Avez-vous un système d'assurance ? demanda Lestrade.

Quelques semaines plus tôt, Maylis avait reçu la visite d'un courtier de Dax. Il y avait bien des contrats, anciens, qui ne correspondaient plus très bien à l'usure du matériel. On allait modifier les écritures. Maylis s'en voulut d'avoir laissé traîner ces démarches, bien malgré elle. Sans doute avait-elle présumé de son désir d'apprendre et de maîtriser les choses. Perdue dans de sombres pensées, elle poursuivit l'inspection de son usine comme un général passe en revue son armée défaite.

Il ne manquait pas que les bâtiments principaux dans le décor de l'usine. Des amoncellements de bois fraîchement coupé que l'on n'avait pas eu le temps de mettre en piles étaient également partis en fumée, ainsi que les quelques milliers de poteaux entreposés de l'autre côté des ateliers, qui avaient préféré le court trajet en volutes vers le ciel landais au voyage vers les mines du pays de Galles. Tout ou presque de la production de la scierie avait disparu en même temps que les outils. Par endroits, cependant, il restait assez de matériau pour raviver le souvenir de ce qui s'était fabriqué ici. Maylis alla vers quelques restes mis en faisceau comme des crosses de fusils.

— Regardez, monsieur Lestrade, cela aurait fait un bon sujet d'article pour votre journal, aussi intéressant que cet incendie.

Il la regarda fouiller les débris, se relever, une planchette à la main.

— Voilà, dit-elle. Je trouvais les planchers fabriqués ici un peu tristes de couleurs, et plein de ces nœuds qui en diminuent la valeur. J'ai cherché, et c'est le cœur de l'arbre qui m'a donné la solution, il y a moins de deux semaines. C'était encore un secret, hier soir.

Lestrade saisit le morceau de bois. Cela n'avait en effet rien à voir avec l'habituelle production locale, que sa rugosité destinait au gros œuvre des charpentes de combles et de remises, plutôt qu'à l'habillage plus délicat des chambres et salons. D'un brun tendre que rompaient en douceur des plages de teintes plus sombres aux formes arrondies, la surface donnait au toucher la sensation d'un velours. Maylis sourit.

— Il ne faut pas voir plus grand que cette taille-là. Mais pour lancer une mode de caissons ou de dalles de planchers, de voliges, même, qu'en pensez-vous, franchement ? Voyez, enfin… imaginez, pour le moment. On peut les associer de différentes manières, créer des motifs, des formes géométriques, des chimères…

Elle reprenait vie devant les restes de son usine. Des chimères ! Lestrade contemplait, incrédule, cette femme qui n'avait sans doute pas encore mesuré l'ampleur du désastre, et parlait de caissons et de voliges quand le bon gros matériau qui faisait l'essentiel de sa fortune s'était dispersé dans l'air du

416

Marensin, tandis que son cousin se balançait au bout d'une corde. Avait-elle sa raison ? Maylis le rassura.

— Mais tout est fichu, n'est-ce pas ? Je rêve. Un mauvais rêve…

— La gemme est intacte, dit Comets, l'ensoleillage d'automne, et les barriques les plus proches du feu, que l'on a pu éloigner. Mais pour les machines, c'est une autre affaire.

Le maire accourait, suivi à quelques mètres par l'abbé Cazenave. Les deux hommes avaient les traits tirés, la mine des soirs de défaite.

— Ce pauvre Monsieur Savayran, quelle horreur !

L'abbé aurait soin d'une âme, même suicidée, le maire ferait aussi le compte de ce que perdait sa commune.

— Les gens seront payés pour le reste du mois, dit Maylis. Il y aura sans doute encore un peu de travail pour quelques-uns, le temps que les machines soient remplacées. Après… je ne sais pas, on verra. Je crains qu'il ne me faille choisir entre les activités anciennes. Le bois, les essences… Continuer les deux en même temps me paraît difficile. Poteaux de mine, ou brais clairs ?

Elle réfléchissait encore, après avoir déclaré pourtant que tout était perdu. Lestrade était sidéré. Il y avait du soldat dans cette femme, de l'officier en campagne indifférent à ses propres souffrances, capable de masquer ses états d'âme, ou de ne pas en ressentir, pour sauver sa troupe de la débâcle. Maylis avait la frêle silhouette des jeunes filles en cure dans les préventoriums de la côte atlantique, leur maintien un peu languide, leur regard, assorti aux nuances du ciel et de l'océan. Mais ces apparences étaient bel et bien trompeuses. A l'intérieur, il y avait la rigide structure d'un métal, avec sa tolérance aux coups, aux humeurs du temps et des hommes, aux guerres, même.

Désemparés, des ouvriers erraient, seuls ou en couples, cherchant encore la trace d'objets qui ne fussent point détruits. La vue de leur patronne leur arrachait de brefs sourires, des mimiques désolées, sous l'interrogation, visible : qu'allait-il advenir d'eux, désormais ? Lorsqu'elle se rendit compte que tous ou presque se retrouvaient sur le champ de ruines, Maylis décida de les réunir. Parce qu'il ne restait que cet endroit pour s'installer, on se dirigea vers les vasques et les barriques, au pas des pénitents, chacun dans ses pensées, n'osant troubler le silence qui régnait sur le site. Maylis songea qu'il ne manquait plus là que les syndicats pour lâcher quelques imprécations, et prêcher la future société des résiniers et des chimistes, coopérative et garantie contre le feu par l'État. Une solution parmi d'autres.

Les gens se mirent en demi-cercle face à Maylis, debout, ceux du village, que le tocsin avait précipités, affolés, vers l'usine, et qu'un bref sommeil laissait épuisés, et les autres, prévenus sur le tard, ou même ignorant tout jusqu'à leur arrivée au village, ce matin de lundi. Lorsqu'elle voulut prendre la parole, Maylis se rendit compte que sa voix la trahissait, et dut faire un effort pour se dominer et prononcer ses premiers mots.

— Je suis responsable de tout ce qui s'est passé cette nuit, dit-elle.

Le maire opinait, navré, du même mouvement de tête que le curé, et cette syntonie parfaite eut le don d'amuser Lestrade. Maylis parla des reconstructions, qui seraient faites le plus rapidement possible, et du travail de la distillerie qui reprendrait alors.

— On pourrait affirmer : l'Allemagne paiera,

418

déclara le maire, mais hélas, on sait bien que même dans la Somme et la Meuse, ils n'ont strictement rien payé des dégâts qu'ils y ont fait.

— Nous ferons distiller ce qui nous reste de résine à Ygos, ou à Lit, poursuivit Maylis, ce qui me permettra de vous payer la fin de ce mois. Après…

Personne ne l'obligeait à cela, ni aucune loi. Elle lut sur les visages une approbation générale qui la contenta.

— Je pense néanmoins que ceux qui travaillaient à la scierie devront dès maintenant chercher un emploi ailleurs. Cela ne devrait pas être trop difficile, des coopératives se créent dans les Landes. J'aiderai, autant que je le pourrai.

A mesure qu'elle parlait, les éléments de la catastrophe se mettaient en place dans son esprit. Payer les ouvriers ne serait pas insurmontable. En revanche, il allait bien falloir livrer les commandes qu'attendaient les clients, et, pour cela, acheter des produits chez la concurrence. Mais lesquels ? Les gens voulaient la qualité des essences et des colophanes mises au point par trois générations de Savayran. Les produits plus ordinaires, fabriqués ailleurs, ne les intéressaient pas. Avec ce qui restait dans les vasques, on pourrait fournir en brais les plus pressés. La térébenthine, stockée à proximité des alambics, s'était, elle, presque intégralement volatilisée.

Les clients… quels clients ? Maylis eut un haut-le-cœur. Tous les registres de l'usine avaient disparu.

— Si vous le dites, madame…

Le maire doutait, et il n'était pas le seul. Maylis vit dans le regard de Lestrade une interrogation terrible. Il y avait des secrets de fabrication, chez Savayran, qu'il ne serait pas évident de retrouver sur d'autres matériels, même avec la mémoire de Jean Comets. Et puis, comment relever un champ de ruines pareil avant que la concurrence américaine, espagnole ou mexicaine n'ait saisi les marchés ?

La nouvelle de l'incendie devait déjà se répandre à la Bourse de Dax. Bordeaux serait au courant avant le soir. Maylis se savait incapable de faire face aux questions que poseraient des clients dont les adresses avaient brûlé en même temps que leurs bordereaux de commandes. C'était la catastrophe, pour de bon, sans aucun moyen immédiat de faire face. Maylis sentait sa détermination fondre comme une chandelle de résine. Elle connaissait cette envie de renoncer, qu'elle avait éprouvée au plus noir de sa première nuit de réfugiée à la Casedieu. Mais cette fois, il faudrait autre chose qu'un gâteau à l'anis, et le sourire d'une épicière, pour trouver la force de mener le combat.

— Ce sera très difficile, dit-elle, et je ne suis absolument pas certaine de m'en sortir. Mais je vous ferai savoir l'avancement de mes démarches pour l'usine.

— Il y a un charroi à l'entrée, dit un ouvrier. Ça ressemble bien à une livraison de gemme. Qu'est-ce qu'on fait, madame Maylis ?

Une procession de bros, suivant une automobile décapotée, avait pris position le long du grillage. Des hommes en étaient descendus, qui patientaient devant le portail. Maylis remercia les ouvriers. Lestrade s'approcha d'elle.

— Vous attendiez Ripeyre ?

— Boh, celui-là. Un jour, il me coupe les vivres, un autre, il continue d'apprécier mes tarifs. Ce reître va où l'entraîne son intérêt.

Ils s'en retournèrent, la tête basse. Dans leur pré-

cipitation, les sauveteurs avaient, en les entrecho-
quant, brisé quelques barriques dont la sève s'écoulait, gluante, comme la bave de monstrueux escar-
gots. Cela donnait une impression de naufrage, de
cargaison éventrée par des rochers. Seule, l'odeur
puissante de la résine rappelait que la forêt donnerait encore de la vie en quantité, si on le lui demandait.

A l'entrée de l'usine, c'était bien Jean-Marc
Ripeyre, que la découverte du champ de feu ne semblait pas émouvoir.

— Té, ça a cramé. Et les ateliers, il n'y en a plus ?

Lestrade lui fit signe que l'heure n'était pas à l'ironie. Ripeyre désigna son chargement d'un coup de
menton.

— Mais c'est que j'ai ça à livrer, moi, onze barriques, et ce matin, figurez-vous.

Il sortit de sa poche un bordereau qu'il exhiba.

— C'est signé là, en bas, de votre main, madame.
Les barriques… té, les voilà. Elles sont à vous.

Des tonneaux, il y en avait en permanence entre
cent cinquante et deux cents le long des chemins de
l'usine, sauf au sortir de l'hiver, dans l'attente des
premières saignées, où leur nombre était moins
important. Ripeyre s'amusait assez.

— Ça meublera, dit-il.

Le désolant spectacle de l'usine, et des ombres
erratiques qui la hantaient, lui convenait. Maylis eut
envie de lui demander s'il regrettait de ne pas avoir
assisté au meilleur. Elle avait cru, au début, qu'il pouvait avoir été l'auteur de cette pyrotechnie, lui ou l'un
quelconque de ses amis. Il n'était pas rare que la forêt
flambât pour des raisons obscures… Ripeyre donna
l'ordre de décharger. Le maire venait vers lui, les bras
écartés.

— Jean-Marc, tu vois bien qu'aujourd'hui…

— Fous-moi la paix, Léonce ! J'ai fait près de deux lieues landaises pour honorer une commande. Maintenant, je repartirai à vide, et avec ce qui m'est dû.

Lestrade avait rejoint le maire, et se préparait à intervenir.

— Toi, le pisse-copie…

— C'est bon ! cria Maylis.

Elle s'avança, se campa sur ses jambes, les poings sur les hanches, à un mètre de son fournisseur.

— Le litre était à un franc soixante-cinq, samedi à Dax, dit-elle. A moins d'une révolution en Amérique, il n'a pas dû beaucoup changer. Je suppose que vous savez la quantité que vous m'apportez, au litre près. Alors, dites-moi ce que ça représente, et alignez les barriques. Là.

Elle montrait du doigt un point sur l'allée, qui ne correspondait à rien d'habituel. Ripeyre avait cessé de sourire. Il fit semblant de calculer mentalement, sous le regard d'une dizaine de personnes, maire, curé, et ouvriers qui attendaient les ordres, finit par lâcher un chiffre. Maylis hocha la tête, mit la main sur son cœur.

— Je vous fais confiance. Seulement, le peu d'argent que j'avais laissé à l'usine a brûlé avec mon bureau. Il vous faudra donc attendre la permission de mon banquier. Rassurez-vous, monsieur Ripeyre, nous en sommes tous les deux au même point, à cette différence près que ni votre bois ni votre résine ne sont partis en fumée dans la nuit.

Il y eut des sourires. Ripeyre essuya le regard du curé, implorant, celui du maire, courroucé, évita la mine goguenarde de Lestrade, donna enfin un ordre. De part et d'autre des bros, les uns et les autres, tous amis, cousins de famille ou de palombières, se mirent au travail, soulagés.

— A la bonne heure, dit Maylis à Ripeyre, lorsque le déchargement des barriques eut pris fin. Vous devrez patienter un peu pour voir votre gemme transformée en essence, mais vous comprenez…

— Je me fous bien de vos essences, de votre usine (il ricana) et de ce que vous allez devenir. Des distilleries, il n'en manque pas en Marensin, et plus loin dans les Landes. Je connais des convois de résine qui prendront désormais d'autres chemins. Ça, c'est dit.

— Vous vous répétez, lui lança Maylis.

Il eut un geste de la main, comme un coup de hache, signifiant qu'il en avait assez vu, et entendu, remonta dans sa voiture aux ailes en forme de sirènes alanguies, et disparut derrière les projections de boue que soulevaient ses roues. Lestrade apprécia.

— A la Saint-Matthieu, fauvettes et tourterelles disent adieu. Mais pas Ripeyre ! Joyeux caractère, notre vieux camarade. Il ne s'arrange pas en vieillissant. L'abbé, vous devriez faire quelque chose, vous ne croyez pas, enfin… prier pour lui à Lourdes, ou plus efficace, si vous avez.

Il se retint de cracher par terre. Les ouvriers roulaient déjà vers l'usine ces tonneaux parfaitement inutiles dont on tirerait probablement un prix correct. Opération blanche, pensa Maylis. Le maire la salua. Il se tenait à sa disposition, prendrait de son côté des avis. L'abbé Cazenave s'inquiéta de l'inhumation de Serge.

— Vous connaissez la position de l'Église sur ces terribles problèmes de suicide. Mais enfin, s'il y avait une réelle impossibilité en Gironde, nous pourrions voir, ici…

Maylis frémit. De tous les événements de la nuit,

c'étaient la mort de son cousin, et la levée du corps, à la sauvette, qui avaient le moins occupé son esprit. De quoi s'en vouloir, parce que, en vérité, il n'y avait sans doute rien de plus important. Maylis serra son châle de laine sur ses épaules.

— Maintenant, il va falloir affronter quelques réalités bien vivantes, murmura-t-elle.

L'assurance qui refuserait de rembourser, la banque qui allait demander des comptes, les clients dont il faudrait retrouver la trace et supporter l'impatience… Le télégraphe de Saint-Girons allait être occupé pour quelque temps. Lestrade proposa son aide, et sa guimbarde qui survivrait peut-être à la mission.

— Et votre journal ? s'inquiéta Maylis. Je ne suis tout de même pas son sujet principal.

Il eut un geste vague. Du journal, non, certes. Maylis sourit.

— C'est vrai, vous écrivez vite, monsieur Lestrade. Quelle chance vous avez, vraiment !

Elle avait besoin d'être seule, de se laisser aller à sa fatigue, à la détresse qu'elle s'efforçait de masquer en public. Lestrade lui dit qu'il serait encore en Marensin pour deux ou trois jours. Il prendrait des photographies, chercherait l'écho de la tragédie en forêt, irait visiter les autres usines, et lui rapporterait ce qui se dirait alentour.

Comme pas mal d'autres, qui stationnaient quelques instants à l'entrée de l'usine, ils étaient venus voir, avaient fait le déplacement de leur villégiature de Vielle au bourg de Saint-Girons. En voisins. Maylis reconnut sans peine les silhouettes de ses beaux-parents, immobiles près du grillage de l'usine.

Ainsi pétrifiés, ils ressemblaient, de loin, à ces moulages humains que l'on exhumait des cendres de Pompéi, dans les attitudes où les avait surpris l'éruption du Vésuve. Maylis marcha vers eux.

— Voilà, tout est par terre, et mon cousin est mort.

Elle soutenait leurs regards pleins de questions, et de reproches. Pareille présence, au bout de tous ces mois de silence, quand les voyages qu'ils faisaient vers le sud les mettaient très régulièrement à une portée de fusil de la Casedieu, avait quelque chose de déplacé.

— Comment va votre fils ? Monsieur le député suppléant…

— Maylis…

Sidérée par tant d'insolence, Marguerite Durrugne ouvrait grands ses yeux, tandis que son mari, que l'inspection rapide du désastre avait déjà fixé sur son coût, réfléchissait.

— Tu vas avoir besoin d'aide, Maylis, dit-il. Une usine comme celle-là ne peut s'arrêter plus de quelques jours sans être plombée comme un gibier. Avec en plus la spéculation qui galope…

Il faisait un constat de spécialiste, aussi lucide que froid. Ses petits yeux malins qui interrogeaient Maylis connaissaient déjà en grande partie les réponses. Marguerite se mit à pleurer.

— Ton pauvre cousin, mon Dieu. Quand je pense à nos familles, il y a encore moins d'un an… Comment tout cela a-t-il pu se passer, et ici, dans ce pays si calme, si loin de tout ?

Son mari n'avait pas de ces chagrins. Pour être initié au cœur de ses rouages les plus secrets, il connaissait mieux que quiconque les mécanismes de l'économie landaise. Et Maylis savait bien à quoi pensait son beau-père, à cet instant précis. Sans qu'ils aient

425

eu besoin d'en dire davantage, elle et lui s'étaient bien compris.

— J'espère me rendre compte assez vite de la meilleure manière de m'en sortir, dit-elle.

Ils n'avaient pu être partenaires. Ils deviendraient donc adversaires, dans une partie très inégale que pimentait la situation familiale. L'équilibre des comptes de l'usine, sa gestion réputée bonne avaient tenu le vieux fauve à distance. Maintenant que l'odeur du charnier flottait loin sur la forêt, il sortait de sa tanière, et venait la respirer, déjà impatient d'assister à la curée. Tandis que Marguerite, totalement étrangère aux aspects financiers du drame, sanglotait et se lamentait à son bras, Jean Durrugne méditait, en parfaite communion avec sa bru.

— Je pense que cela ne sera pas très facile, ma chère enfant, lui dit-il d'une voix neutre.

— Sans doute, Père, on verra…

— Passe donc à Vielle, si tu veux bavarder.

Il eut un petit geste de la main, vers son chapeau qu'il se garda d'ôter. A son côté, sa femme semblait avoir vieilli d'une dizaine d'années. Agacé par les soubresauts de Marguerite, il finit par lui donner l'ordre de se taire, et l'emmena, titubante, à sa voiture.

Lorsqu'elle eut terminé le compte sommaire de ce qui s'était perdu dans l'incendie, et aligné en colonnes les chiffres de ce qu'il faudrait payer à court et moyen terme, Maylis ressentit dans tout son corps une impression de grand vide, comme au début d'une chute mortelle. Le constat était bel et bien celui d'une faillite, terme qu'elle avait parfois croisé dans ses lectures, mais aussitôt exorcisé en se gardant d'en analyser la statistique, des causes comme des effets. Ces histoires-là, c'était pour des aventuriers de la finance, ou des chevaliers d'industrie dont les déboires paraissaient à la rubrique faits divers des journaux. Que redouter d'une petite entreprise familiale sainement gérée depuis toujours, et dont les ambitions n'avaient jamais outrepassé les moyens ?

— Qu'elle brûlât…

Maylis posa son crayon, ferma les yeux. Le lien qu'elle avait rétabli entre la maison et l'usine n'existait plus. La solitude silencieuse de la Casedieu, qui l'avait tant de fois rassérénée, et convaincue d'être sur le bon chemin, ne lui parlait plus. Il y avait même de la part des murs et du décor forestier qui l'entouraient comme une sorte d'indifférence, qu'elle résolut d'ignorer.

— Vendre…

Elle fouilla des tiroirs, lut et relut les documents que le notaire lui avait remis. Par instants, sentant près d'elle des présences, elle se retournait, cherchait, comme lorsque, enfant, elle vérifiait que personne ne s'était glissé sous son lit. Une fois, croyant avoir aperçu par-dessus son épaule la face monstrueuse de Serge, elle avait dû s'agenouiller. Elle était restée prosternée un long quart d'heure, tremblant de tous ses membres sur les papiers éparpillés, doutant que cette catastrophe fût arrivée.

Elle reprit ses esprits, alla aux fenêtres de l'étage et du grenier, par où l'on apercevait les fumées des cuves en ébullition. On eût dit qu'un coup de gomme les avait effacées, avec les cheminées de brique noire. Tout avait disparu, pour de bon. Maylis retourna à ses documents. Elle se battrait pour remettre l'usine en fonction. Elle voulait soudain tout savoir en même temps, calculer, interroger les gens qui sauraient la conseiller. Sous ses yeux défilait à grande vitesse l'histoire de son patrimoine, les achats de fermes et de lande, les boisements successifs, les premières ventes de résine, puis de bois, combien avaient coûté les machines, les alambics, les manomètres. Par quoi les remplacer, désormais ? Elle savait pas mal de choses sur les colophanes, mais beaucoup moins sur les coûts du matériel.

— Vendre…

Il y avait des parcelles à couper, d'autres à liquider en l'état. Le domaine comptait des pins de cinquante ans par milliers, dont les sommets feraient des poteaux de mine, et les fûts, des stères. Il y avait aussi des arbres plus jeunes, bons à gemmer, ceux-là même que les métayers de la Casedieu, devenus fermiers, auraient peut-être la tentation d'acheter.

— Et leurs maisons, d'abord !

Maylis ferait le tour de ses fermiers, leur proposerait de devenir propriétaires. Assise sur le plancher, près des plans cadastraux de ses possessions landaises, elle entrevoyait une issue. Le rêve de tous les paysans du monde n'était-il pas de posséder un jour leur lopin, et le ciel, au-dessus, pour y tirer les oiseaux de passage ? La terre à ceux qui la travaillent ! Eh bien, soit. Elle irait au-devant des désirs de ceux-là, et de leurs tribuns. Puis, lorsque tout cela aurait été accompli, l'usine serait à nouveau debout, avec ses fumées, ses ouvriers, et leurs syndicats, s'il le fallait.

Elle se leva, serra les poings. Il fallait faire attendre les clients. Comment ? Leur liste avait brûlé. Il devait y avoir un moyen de retrouver des traces, à l'usine ou ailleurs.

— La banque !

Les transactions avec l'étranger passaient par elle.

Maylis poussa un cri. Elle commencerait par ce voyage-là.

Il y avait d'abord eu l'accueil du banquier, plus réservé qu'obséquieux. Son regard se posait sur Maylis, différent, lui aussi, débarrassé de la tiédeur complice à laquelle l'homme se contraignait d'ordinaire.

— J'ai su, pour votre cousin, c'est terrible.

Il s'enquit presque aussitôt de l'ampleur réelle des dégâts matériels. A mesure que Maylis décrivait, il prenait des notes, alignait des chiffres, approuvant de la tête, ou faisant des moues.

— C'est gros, très gros, répétait-il, sceptique.

Maylis fit le bilan de ce qui était parti en fumée : les costines, madriers et panneaux, les traverses et bâtards, jusqu'au rebut des vieux pins échauffés, et au bois de feu, escail ou barrot.

— Voulez-vous la part du bois « sans nœuds » et du « commun », des manches à balai, ou même des allume-feu ? s'inquiéta-t-elle.

Il l'en dispensa d'un geste, indifférent au sourire que la présence d'allume-feu dans les produits de l'usine faisait naître sur les lèvres de sa visiteuse. Comme pour conjurer cette vision, Maylis parla des amasses de résine sauvées des flammes, des essences et des produits secs qui seraient livrés en temps. Cela faisait assez d'argent pour payer les ouvriers, et remonter quelques murs. Il l'écouta, tourna brusquement vers elle la feuille de papier sur laquelle il avait dessiné une espèce de figure géométrique.

— Madame Durrugne, voilà la vérité…

Maylis vit sur une moitié de la feuille des cercles reliés entre eux par des lignes, et légendés : scierie, distillerie, stocks… et sur l'autre, des points d'interrogation. D'une main très légèrement tremblante, l'homme pointa la mine de son crayon sur les cercles, qu'il barra d'une croix, l'un après l'autre.

— Ça, c'est terminé, dit-il. Si l'on considère la moyenne des rapports de l'usine sur les trois ou quatre dernières années, compte tenu, bien sûr, des fluctuations de la résine et de l'essence, votre perte en francs d'aujourd'hui peut être estimée à...

Il avait travaillé la question, dont il connaissait les paramètres avant la visite de sa cliente. S'étant éclairci la voix, il annonça un de ces chiffres que Maylis, au bout de ses propres calculs, avait rejetés comme impossibles, et cauchemardesques. Ayant vu pâlir le visage de sa visiteuse, l'homme fut satisfait de son effet, qu'il tempéra aussitôt.

— Bon, il faudra être précis, et puis, c'est vrai, vous avez sauvé des barriques, et des colophanes. Cela étant dit, madame, vous allez devoir faire face à une situation plus que délicate.

Il eut une mimique qui signifiait « que fait-on, maintenant ? », attendit que Maylis eût calmé son trouble, et repris quelques couleurs. Il y avait à la banque, en sus d'une liste d'une trentaine d'acheteurs réguliers, assez d'argent pour payer les ouvriers, honorer les commandes de gemme et de bois passées le mois courant, et pour indemniser les clients les plus pressés qui refuseraient d'aller se ser vir ailleurs.

— Madame Durrugne, cette malheureuse affaire va activer la concurrence américaine, voire espagnole... sauf que pour trouver des produits de la qualité des vôtres...

Il prenait un ton d'instituteur contrarié, plaisantait à moitié. Maylis sentait venir la question qu'il se posait depuis un bon bout de temps.

— Vous avez pour de bon l'intention de remonter l'usine, dans toutes ses activités ? Enfin, je veux dire par là que vous comptez le faire seule, vraiment…

Maylis comprit. Elle affrontait un homme qui, depuis le début, doutait en vérité de ses capacités de gestionnaire. « Ça ne durera pas autant que le marché de Dax », disait un proverbe du Marensin. Le banquier ne devait d'ailleurs pas être le seul à penser ainsi ; ses mots avaient un sens précis. Les détours ne l'embarrassaient pas. Maylis baissa les yeux, ne put réprimer un soupir. Le recours à sa famille lui semblait impossible, elle ne devait compter que sur elle-même, et le dit.

— Il faut que je fasse un bilan avec Maître Larrègle. Lui seul pourra me dire ce que je peux espérer de mon patrimoine.

Elle n'avait pas encore parlé d'emprunt, pressentait, malgré son peu d'expérience, que ces choses-là devaient se négocier sur des hypothèques, des objectifs rigoureux, des engagements entraînant une surveillance de ses faits et gestes. « Ne jamais rien devoir aux banques ! » C'était un mot de son oncle, une antienne qui lui revenait en mémoire. Un peu tard, sans doute.

Le banquier hochait la tête, tentait de montrer qu'un vautour pouvait avoir de la compassion, même si l'assurance pourtant bien entamée de Maylis lui en imposait un peu. Il ouvrit les mains, daigna sourire.

— Bien. Vous allez voir Maître Larrègle. Sans doute vous conseillera-t-il au mieux. Si vous le désirez, nous pourrons projeter avec lui quelques plans sur la comète. Vous savez, madame Durrugne, nous sommes, lui comme moi, à des croisements de routes. Nous savons qui désire vendre, acheter, et, surtout, qui peut (il insista sur le mot) le faire. Ce n'est pas tout de clamer je vends, j'achète, comprenez-vous, il faut des chiffres, derrière, des bases, solides.

Il se voulait engageant, ne parvenait qu'à glacer un peu plus Maylis.

— Nous allons déjà calculer ce qui peut sortir d'ici en urgence. Puisque vous persistez à vouloir payer à ne rien faire des gens qui ne produisent plus.

Maylis éprouva un trouble qu'elle ignorait, une révolte de tout son être, mêlée d'une soudaine envie de frapper son interlocuteur. C'était un sentiment de colère, étrange, qu'elle supposait ordinairement réservé aux hommes. Heureux ceux qui pouvaient emmagasiner ces énergies-là, les dompter et les lâcher ensuite dans les parties de rugby, ou les matchs de boxe. Ne pouvant compter sur ces exutoires, elle dut faire un grand effort sur elle-même pour ne pas se lever, et jeter l'encrier du bureau à la figure de son hôte.

Elle l'observa, plongé dans ses comptes, agile du porte-plume, ses manches de lustrine caressant le bois de son bureau avec des petits bruits qui ressemblaient à des soupirs de femme. L'atmosphère recueillie du bureau et la lumière douce qui entrait par la fenêtre eurent assez vite un effet apaisant sur Maylis, qui se mit à rêver. Au mur, une carte du binôme Landes-Gironde offrait à ses yeux une palette de couleurs, la longue dune littorale, du Verdon à Hossegor, jaune paille, le brun des collines de Chalosse, le bleu pâle des marais et des lacs, et la forêt, partout présente, camaïeu vert troué çà et là par les oasis des villages.

Une main habile avait ajouté à ces bases scolaires une multitude de minuscules dessins représentant les forges, les distilleries et scieries, les ports et leurs conserveries, et jusqu'aux tout nouveaux fleurons de l'industrie gasconne, les papeteries de Facture et de Mimizan. Maylis murmura.

— Je pourrais faire du papier…

— Pardon ?

— Si le projet de Mimizan ne suffit pas, il y a peut-être la place pour une autre usine.

L'homme avait relevé la tête. Il ne put s'empêcher de s'esclaffer, et sa joie presque enfantine, qui rajeunissait son visage d'ascète, désarma Maylis.

— Mais Facture et Mimizan sont d'énormes projets, madame ! Il y en a pour des dizaines de millions de francs de capital. Soixante-dix à Mimizan, deux cent quarante à Facture, pour être précis, et investis par Saint-Gobain ! Saint-Gobain, nom de nom ! A côté des machines qui vont se mettre en route là-bas, ma pauvre, les alambics et les chaudières des distilleries landaises sont des jouets, des maquettes industrielles. Le papier, holà ! Par ici, on se contentera de fournir du bois pour le fabriquer, et croyez-moi, on sera aussi heureux comme ça.

— Je plaisantais.

« Ma pauvre » passait par des humeurs variables, de l'envie de griffer à celle de rire. Le banquier redevint sérieux, tout à coup, se remit à ses bilans, qu'il termina, et présenta derechef à sa cliente.

— Voilà très précisément ce que je peux faire, aujourd'hui, avec les disponibilités de votre compte, plus un découvert, sur trois mois, ce qui vous laissera le temps de mûrir votre décision définitive.

Cela faisait pas mal d'argent. Maylis flottait dans des limbes rassurants. Lorsque tout serait terminé, elle s'enfermerait à la Casedieu et toucherait le loyer de ses fermes, pendant que d'autres remonteraient les cheminées de l'usine, brique par brique. Le banquier s'était levé, arpentait son bureau. Son avantage sur Maylis l'enhardissait.

— Madame Durrugne, sincèrement, vous ne croyez pas qu'il est temps maintenant pour vous de passer la main ? Regardez (il tendit le doigt vers la carte murale), des entreprises comme la vôtre, il y en a tant, dans ce département. Certaines battent de l'aile, trop vétustes, incapables d'affronter la concurrence, d'autres se fédèrent en coopératives où l'on voit métayers et propriétaires s'allier et partager leurs outils, vous vous rendez compte. Le monde landais à l'envers. Et vous, là, au milieu... Tenez, je vous le dis, moi, aujourd'hui. L'arbre d'or a vécu. Oh, les cours peuvent encore monter, faire quelques riches de plus, et nos braves députés défendre le pré carré de la forêt, et de ses hommes. Mais c'est comme une digue qui commence à céder. Vous vous souvenez de cette histoire du petit garçon qui empêche la Hollande d'être submergée ?...

Il s'humanisait, tout à coup. Maylis supposa que cela durerait le temps de sa démonstration, et choisit de patienter.

— ... vous allez être comme lui, à cette différence près que le déferlement aura lieu. White-spirit américain, bois mexicain ou russe, parquets et caisses espagnols. Ah, oui... la guerre a fait bien du dégât, et pas seulement sur le front. Ce pays landais a déjà entamé son déclin, j'en ai peur. Il se dépeuple, se disloque, perd ses valeurs ancestrales, et maintenant les propagandistes rouges vont être chez eux partout. Les Landes vont basculer à gauche, madame.

Il semblait éprouver une de ces paniques de courtier en Bourse, sur le fond de pleutrerie propre à cette engeance. Les yeux écarquillés, il répéta, à voix basse : «A gauche... partout», et, ayant bouclé la boucle de sa pensée sur ce funeste présage, mit un terme à l'entretien.

Maître Larrègle avait aussi l'air désolé, avec cependant une allure d'humanité qui toucha Maylis.

— Ma maison est en travaux, et ma femme dans un état de nerfs que vous imaginez. Nous resterons donc dans ce bureau pour discuter, à l'abri. Navré…

Paul Savayran devait avoir eu, chez son vieil ami, des entrées privées auxquelles sa fille n'aurait pas droit. Maylis perçut, au-delà de l'embarras que semblait éprouver son hôte, la distance qu'il mettait désormais entre elle et lui. A vrai dire, depuis sa première visite, elle n'avait fait aucun effort particulier pour approcher les notables de la région, ou même pour se faire reconnaître, comme étant des leurs. Il y avait eu aussi la grande cérémonie au cours de laquelle elle avait signé la transformation de ses baux de métayage. Bien que pareille décision fût loin d'être exceptionnelle en Marensin, Larrègle lui avait fait part de son regret. Lui n'aurait pas eu ce genre de largesse. Elle résolut donc de ne pas s'attarder, et brusqua un peu les choses. Il lui fallait une estimation de son patrimoine, et surtout de ce qui pouvait être réalisé tout de suite.

— Vous continuez, donc.

La surprise semblablement inquiète et amusée de ses interlocuteurs la mettait hors d'elle. Maylis éleva la voix.

— Oui. Que feraient mes pairs, en pareilles circonstances ? Pensez-vous qu'ils se retireraient, satisfaits d'avoir perdu l'essentiel ? Qu'ils iraient vivre de quelques rentes, en se nourrissant des jambons et des

435

chapons de leurs métayers, au fond de palombières, dès l'âge de vingt-trois ans !

Le notaire leva les mains.

— J'en connais que l'idée séduirait, hasarda-t-il, troublé.

Maylis ne l'entendit pas.

— Je continue, oui. On va reconstruire cette usine, racheter en premier le matériel de distillation, indemniser les clients qui nous resteront fidèles, et puis on refera de l'essence, et des produits secs, et les meilleures colophanes du monde.

Elle se calma, avant de reprendre.

— Auparavant, j'aurai vendu assez de pinèdes, de résine, de fermes et de chênes-lièges pour cela. Quant à la scierie, je verrai. Il doit bien y en avoir deux ou trois cents dans la lande. Une de plus ou de moins…

Maître Larrègle rompit l'assaut. Lui aussi avait cogité sur les conséquences de l'incendie, et fait de l'arithmétique au long de feuilles de papier qu'il sortit d'une chemise, et présenta à Maylis, s'excusant.

— Je ne suis pas vraiment expert en alambics…

— On travaillait depuis quarante ans sur les mêmes outils, dit Maylis. Aujourd'hui, il existe mieux. J'ai réfléchi à la question.

Elle ouvrit son sac, exhiba une page arrachée à une revue. Un industriel de Mont-de-Marsan y présentait sa création insurpassable, une chaudière qui promettait des brais encore plus proches du diamant, et des goudrons affinés comme du chocolat noir. Maylis se lança dans les détails sous l'œil mi-narquois, mi-impressionné du notaire.

— Avec tout ce qui la complète, tuyauterie, cuves intermédiaires, élévateur à hélice, cette machine coûte dans les vingt-cinq mille francs. Ce sera évidemment une installation électrique.

C'était l'équivalent, à elle seule, de deux fermes, d'une année de production des pinèdes Savayran, sans compter le salaire du chimiste diplômé que Maylis avait l'intention de lui associer.

— Un chimiste...

Maître Larrègle la contemplait, soudain admiratif. La petite fille égarée à qui il avait révélé les détails de sa fortune avait fait quelques progrès. Il la suivrait dans ce qu'il considérait pourtant comme une folie. La machine était au centre de l'affaire. Autour d'elle, il allait falloir construire des murs, convaincre de nouveaux clients, en ramener d'autres au bercail, et surtout affronter la situation de concurrence et de crises inévitables que le banquier avait déjà évoquée.

— On s'en sort mieux lorsque l'on est costaud.

— On fera son possible, maître.

Les fermes seraient vendues pour la plupart sans problème, la pinède irait grossir les domaines qui la jouxtaient. Quant aux chênes-lièges de Hossegor, que Maylis n'avait pas eu le temps, ou l'envie, de découvrir, il faudrait encore attendre une quinzaine d'années avant que leur écorce se soit reconstituée.

— Dommage... enfin, on vendrait si cela s'imposait.

Il la raccompagna. Maylis lui savait gré de ne pas lui avoir donné la leçon de morale économique qu'elle avait dû subir à la banque. Au moment où elle passait devant lui, Maître Larrègle ne put s'empêcher de lui dire que, même détruite, l'usine pourrait intéresser d'éventuels acheteurs.

— Il vous reste suffisamment de clients pour amorcer une négociation, si vous le désirez. Cela s'appelle un carnet d'adresses. Et puis, à terme, c'est la qualité qui paiera toujours.

Il leva le doigt, un peu magistral malgré tout.

— La qualité, madame Durrugne. Ne la sacrifiez jamais. Hors d'elle, point de salut !

Un petit sourire aux lèvres, elle lui recommanda de saluer son épouse.

— Une maison à refaire, maître, je me doute bien de ce que cela représente. On n'a plus l'esprit à quoi que ce soit d'autre, non ?

L'espace d'un instant, il y eut entre elle et lui une ombre qui ressemblait fort à celle de Gijon. Maître Larrègle s'inclina, et Maylis fut dans la rue, pensive et absente au monde extérieur.

Lestrade l'attendait près de son automobile, discutant avec un ami de rencontre. « Inévitable, où que je me trouve, expliqua-t-il à Maylis, mais comment faire autrement dans un métier comme le mien... »

— Je pense que vous en avez assez fait pour aujourd'hui, poursuivit-il, mais, comme d'habitude, vous déciderez, sans l'aide de personne, ajouta-t-il.

Il la regardait en souriant, un peu d'amertume dans la voix. Lorsqu'ils furent seuls, il lui dit qu'elle avait rarement été aussi pâle, ce qui signifiait aussi d'autres choses qu'elle fit mine de ne pas comprendre. Elle ironisa.

« Dramatique incendie dans les Landes. Une héritière injustement frappée. Récit complet à l'intérieur du journal... »

— Moquez-vous. Il a bien fallu que j'en parle, tout de même.

— Écrivez comme bon vous semble.

Il vit qu'elle chancelait, s'approcha, reçut le front de Maylis contre son épaule.

— Je crois que je vais tout laisser tomber, murmura-t-elle.

Lestrade suspendit sa respiration. La sensation d'avoir reçu la grâce, tout comme, enfant, il ouvrait la bouche devant l'hostie, le faisait chavirer. Il cessa de bouger, attendit, les yeux fermés, que Maylis décidât quelque chose. Cette femme ferait de lui ce qu'elle voudrait, mais il avait assez espéré finir un jour ainsi, au long de ses quatre années de guerre, pour que le châtiment lui parût infiniment tolérable. Maylis se tenait contre lui, les bras ballants. Il prit ses mains, qu'il porta à ses lèvres. Elle se laissait faire, gémissait doucement, comme si elle se berçait. Lorsqu'il eut son regard à quelques centimètres du sien, il se sentit fondre. Ainsi avait-il souvent imaginé la rencontre avec la balle qui le tuerait. Ils restèrent un long moment sans bouger, puis Maylis le contempla, souriant de ses seuls yeux, comme une gamine refusant d'avouer une bêtise notoire. Aussi, lorsqu'il eut sa joue contre la sienne, fut-il à peine étonné d'entendre ces mots, prononcés d'une voix candide.

— J'ai faim. Il doit bien y avoir une auberge ?

— Voulez-vous une réponse de Landais ?

— Dites.

— Quand vous demandez à un Landais quelle est la meilleure des deux auberges d'un village, il vous répond : l'autre !

Il rit, comme à une bonne blague entre hommes, embrassa de nouveau les doigts que Maylis abandonnait à ses mains.

— L'autre auberge est à Léon, près du lac. Il y a un ancien relais de poste, où l'on mange du confit de chapon, une garbure et plein d'autres choses dont vous vous souviendrez. De quoi ranger vos soucis au rayon des anecdotes.

Elle rit. L'endroit était connu dans toute la France, et même bien plus loin. C'était là qu'elle avait pris une sorte de pension, pour le plaisir de ses meilleurs clients.

De Léon, ils allèrent jusqu'au courant d'Huchet, qui coule entre le lac et l'Atlantique.

Dans ses promenades solitaires, Maylis avait parfois longé à pied le fil d'eau douce alangui derrière un écran d'épaisse végétation. Tout au long des dix kilomètres de cette rivière en transit vers le grand large, elle avait écouté les cris des oiseaux, deviné leur présence, près d'elle, ressenti, sans chercher à en violer la vie secrète, un univers enfoui dans sa nuit.

— Montez, maintenant.

D'une simple poussée sur une rame, Lestrade avait lancé la barque au milieu du courant. Oh, cela n'allait pas bien vite, mais on y surprenait un monde insoupçonnable de l'extérieur. Étonnée, Maylis découvrait tout à coup l'envers d'un décor anodin.

— Huchet, vu de ses entrailles, dit Lestrade. Chanté par D'Annunzio, Rosny jeune, Paul Margueritte, et quelques autres. Laissez-vous aller, madame Durrugne...

Sous une voûte végétale assez épaisse pour empêcher par endroits la lumière de la transpercer, le courant cheminait, traînant son charroi d'hydromètres, de feuilles et de mousses. C'étaient, partout, des entrelacs de lianes, branches et racines cherchant la rive dans une pénombre hostile, et précédant d'adorables frondaisons ajourées par le ciel. L'Amazonie, qui jouxtait la Touraine. Tout cela serpentait entre deux bancs de sable landais.

Maylis s'était allongée à demi à l'avant de la barque, la tête sur le plat-bord, les yeux perdus dans la jungle silencieuse qui défilait au-dessus d'elle.

Étrange nature, qui créait ce vase clos, oppressant à force de verte et obscure solitude, dans le désert de la dune littorale.

— Où est le reste du monde ? murmura Maylis.

Le fleuve n'avait que quelques mètres de large, et paraissait immense, cerné par de mystérieuses Afriques. Autour de lui, tout s'éloignait de son ventre humide au fond duquel Maylis se lovait, tel un fœtus ; la forêt, l'usine, et jusqu'à la hideuse bouffissure du corps de Serge, la hantaient. Il coulerait ainsi, ce courant unique, à travers des continents entiers. De temps à autre, Maylis apercevait le visage de Lestrade, croisait son regard. Elle savait tout de lui, de sa patience, de sa force, tranquille comme les coups de rame qu'il donnait pour corriger son cap.

— Les racines qui sortent de terre, on les appelle sièges de bonnes sœurs, ou de filles, c'est au choix, expliquait-il. Si vous faites bien attention, vous verrez des loutres et des visons, par là, peut-être une tortue. Il y en avait des milliers, dans toutes les Landes, mais elles se raréfient, comme si la nature leur faisait la guerre…

Il lui parla des bécasses et des palombes, des sarcelles, et des familles de pêcheurs qui vivaient entre lac et océan. Il lui montra les cyprès et les saules, les marécages, au bout des petits bras du courant. Souriant, il se confiait à elle, et Maylis pensait qu'il lui donnait par avance tout ce qu'elle pourrait attendre d'un homme aimant. Le temps passé ailleurs, dans d'autres existences ? Passé, tout simplement. La clandestinité de la Casedieu, pour le souple torero, habile de ses reins autant que de ses doigts ? Perdue en brumes, gommée. La vie ? De l'autre côté des épaisses frondaisons du courant, là où il y avait de la lumière pour illuminer les cendres, et de la chaleur, pour assécher les chagrins.

Il y eut une bonne heure de ce voyage en pensées, de ces glissades sur l'onde étale, dans la nuit artificielle. Puis le jour se fit sur le courant dans la couleur rousse de l'automne, gagna mètre après mètre son combat contre la pénombre, et la barque pointa son nez sous le soleil. Le voyage n'était pas terminé pour autant. Devenu canal, le fil d'eau que le grand ciel de mer colorait en bleu longeait le rivage sur plusieurs kilomètres, parfaitement parallèle à lui, avant de se résoudre à le traverser pour se jeter dans l'océan. Lestrade échoua la barque, aida sa passagère à en descendre.

— « Ce pays est trop beau pour rester inhabité », dit-il, citant Rosny. Voilà… il se peut que demain les enfants de nos paysans deviennent hôteliers, ou quelque chose de semblable, au service des oisifs. On construit, à Hossegor. Des villas. Pourquoi pas une lande tout entière dévolue un jour au soin des riches vacanciers ? Un Arcachon de bois et de ciment, étalé de Soulac à Capbreton ? Deux cents kilomètres de front de mer ! Vous imaginez une chose pareille ? On viendrait, l'été de préférence, on s'effraierait de notre goût pour les jeux taurins, que nous serions sommés de renier, comme les nègres leurs idoles en bois sculpté…

Il disperoa d'un rire le fantasme. Qui accepterait de passer plus de quelques heures à ne rien faire, couché sur ces rivages inhospitaliers balayés par le vent, sous un soleil mordant la peau au point de la roussir parfois ?

Ils s'assirent, ôtèrent leurs chaussures. Lestrade se releva le premier, tendit la main à Maylis, s'apprêta à lui dire quelque chose. Les doigts de Maylis se posèrent sur sa bouche. Les joues de l'homme s'empourprèrent, ses yeux découvrirent le visage grave qui s'approchait du sien. C'était une noyade en eau claire, la sensation d'être aspiré tout entier dans une onde d'indicible mélancolie, et de s'y laisser emporter.

— Je ne suis que désordre, murmura Maylis. Pardonnez-moi.

Il embrassa ses mains, ses tempes, ses lèvres. Il prenait tout, désordre, chagrins, colères, et aussi le plaisir du corps qui venait à l'abandon contre le sien. Il avait envie de hurler. Maylis lui souriait. Il se laissa glisser à genoux, sentit les doigts de la jeune femme caresser ses cheveux, sa nuque. Il y avait un endroit de son corps où il avait rêvé de poser son front. C'était sous la taille, à la naissance du ventre, là où les hanches un peu pointues de Maylis faisaient le berceau le plus large. Elle se pencha vers lui, peut-être pour l'éloigner. Mais il était le plus fort. Alors, toute frêle soudain, elle se laissa aller dans les bras puissants qui l'enserraient.

20

Octobre 1924

C'était à Cazaubon, aux limites du Marsan et de l'Armagnac, loin de l'océan. Il faisait une chaleur lourde, l'arène en fer à cheval était comble de son peuple paysan.

La fanfare avait joué *La Cazérienne*, pendant que les toreros saluaient la tribune. Puis, très vite, les écarteurs avaient rejoint les talenquères, guettant à l'abri l'irruption de la première vache. Gijon, qui avait rejoint ses compagnons au dernier moment et, depuis, n'avait pas desserré les lèvres, alla se poster sur le côté de l'arène, près du cordier.

Les meilleurs écarteurs du moment avaient convergé vers la place forte de la course landaise. Il y avait des questions de suprématie qui tardaient à se régler, et de vieux champions que les jeunes de la trempe du Gitan brûlaient de pousser en douceur vers la retraite.

Lestrade observait Gijon. Cela faisait quelques semaines que le journaliste suivait ces affrontements entre générations qui accouchaient de spectacles grandioses, de mano a mano à quarante ou cinquante écarts. De Geaune à Cazères, de Grenade-sur-l'Adour à Dax, il n'était de place qui n'ait vibré jusqu'au délire à la vue de ces frôlements millimétrés, la corne contre les reins, le corps de l'animal s'encastrant sous le flanc de l'homme pour une caresse fugitive, douce et violente à la fois. Le décret récent obligeant à embouler les cornes avait soulagé ces jeux de leur mortelle incertitude. Gijon s'était montré le maître, tout au long de la saison. De trophée en trophée, il avait surclassé ses adversaires, chassant les primes comme un paloumeyre ses ramiers. Imbattable.

Ce jour-là, il avait cherché des yeux son ami journaliste, l'avait salué de loin, habitude qu'ils avaient prise tacitement. Lestrade faisait son travail, et Gijon le sien, mais tandis que le premier laissait ronronner sa chronique, le second donnait de course en course le sentiment de n'être jamais rassasié de risque, et de danger. On l'avait même vu, invité par un matador de Cordoue, faire par trois fois l'ange au-dessus d'un taureau de six cents kilos, dans les arènes de Bayonne. Trompe-la-mort !

A Cazaubon, il passait en second, derrière Buisse, un ancien qui de sa première compagne à cornes tira une demi-douzaine d'écarts tout à fait convenables, dont le dernier, à l'intérieur de la corde, fut une petite perfection. Les pieds sur le mouchoir à l'entrée comme à la sortie, le buste rectiligne, les bras en croix, souple comme un danseur de tango, le vieux champion reçut, de sous la houle des bérets, l'ovation qu'il méritait. Lestrade nota cependant qu'à deux reprises le cordier avait dû tenir un peu l'animal pour limiter la perte de terrain de l'écarteur. Véniel, mais sans doute quelques points perdus sur les grilles du jury…

Gijon se mit en position au centre de l'arène, face

aux portes du toril. De la barrière au-dessus de laquelle il dominait la place, Lestrade aperçut, en se penchant, le mufle de la dénommée Habanera. C'était une landaise d'assez mauvaise humeur, reconnaissable à son armure, très large, et capable d'aller chercher l'homme à plus de cinquante centimètres. Pour la maintenir contre la palissade, il ne fallait pas moins de deux ganadères, en sueur, tous muscles bandés, impatients de voir leur pensionnaire s'élancer.

— *Hoy!*

Gijon croisa les bras sur sa poitrine, fit un saut sur place, attendit. Derrière lui, un camarade se préparait à courir vers l'abri, la bestiasse à ses trousses. Lorsque celle-ci eut démarré, le Gitan déplaça lentement son buste vers la droite, l'attirant ainsi de ce côté, puis, s'étant brusquement dérobé, pivota sur lui-même, et acheva dans la seconde son écart.

La foule murmura. Pas assez vif, l'homme avait écarté les pieds à deux mètres de l'animal, et perdu pas mal de terrain. Quelqu'un cria « Feignant ! », ce qui provoqua quelques rires, et des protestations outragées. On lui répondit « Bordelais ! », et il se tut. Gijon n'avait pas entendu, ou fait semblant. Il avait déjà traversé l'arène, à grandes foulées, et, dessous la tribune officielle, provoquait à nouveau sa compagne de jeu.

— *Hoy! Hoy!*

Un bruit de bouche, pour l'exciter un peu plus, quelques petits pas vers elle et, au moment de l'impact, un saut par-dessus son front, bras écartés, avant de retomber loin derrière, dans un gracieux mouvement d'enroulement. Le silence qui suivit permit d'entendre les enfants qui jouaient sur la place du village, après quoi, l'enthousiasme recouvrit tout de sa clameur.

Lestrade s'était levé. Gijon était parti pour une de ses séries débridées d'écarts et de sauts que les juges avaient un peu de mal à noter selon les barèmes officiels. Il y avait des records à battre, plus de vingt sur la même bête, et d'autres à établir. La houle des bérets se creusa, puis se figea. Gijon avait fait désembouler la bête. L'interdiction ? L'homme n'en avait rien à faire, et le public, nostalgique du temps si proche où les cornes étaient nues, le voulait. La présidence ayant cédé, on remit Habanera en position.

Gijon fit un petit signe amical en direction de Lestrade, puis il ordonna au cordier de lâcher son lien. L'homme hésitait. Gijon tapa du pied.

— Lâche ça, couillon !

Pendant une ou deux secondes, il ne se passa rien, puis la vache, corde flottante, s'élança vers sa cible immobile, qui décroisa les bras au dernier moment et, ayant feinté, écarta cette fois sans perdre un seul centimètre. Il n'y eut pas de lazzis, juste un murmure, pendant que le comparse distrayait la vache au fond de l'arène. Gijon reculait à petits pas. Il se plaça au centre, provoqua l'animal pour un saut périlleux qui fut salué par un cri de joie unanime. Il y avait du spectacle, même si ces enchaînements n'étaient pas très académiques. Mais ce diable de Gitan était dans un jour faste, de quoi donner de l'ouvrage à ses concurrents pour lui ravir les primes.

Un épicier gersois offrait quinze francs pour l'écart suivant. Gijon parut un peu déçu, fit un geste de mendiant en direction du public. Il s'était replacé face à la tribune, dans la courbe de l'arène. Lestrade le vit le chercher des yeux, se pencha vers l'aboyeur, des billets à la main.

— Et une prime de quarante francs de monsieur

Sylvère Lestrade, journaliste à Mont-de-Marsan ! hurla celui-ci.

Les gens se tournèrent vers le généreux donateur, pour le féliciter. Apparemment satisfait, Gijon se mit en marche à petits pas de torero andalou, suivi de l'œil par Habanera, que ses éleveurs plaquaient à grand-peine contre la talenquère. Puis le Gitan s'arrêta, écarta les bras, et donna l'ordre.

Lorsque la bête eut démarré, il l'accompagna d'un mouvement des reins qui tendait vers elle son corps, comme pour l'encourager. Lestrade réprima un cri. Tout allait très vite. Gijon ne bougeait toujours pas. Lestrade le vit ouvrir la bouche, écarquiller les yeux, comme pour un effort démesuré.

— Tu lui diras… !

La vache avait baissé la tête, puis relevé les cornes à l'instant de l'impact. Lestrade vit les deux dagues symétriques s'enfoncer dans la poitrine de Gijon, et, poussées par toute la masse noire, projeter l'homme au-dessus d'elles, avant de le cueillir à nouveau, par la gauche cette fois, et au ventre, et de le secouer, comme une poupée de chiffon.

— Aï, diou !

A la seconde de stupéfaction succéda l'affolement général. Les toreros se précipitèrent tandis que le cordier récupérait son lien et tirait aussitôt dessus. Gijon était retombé à terre, poussé du museau par l'animal qui ne voyait plus que ce jouet, et le cherchait encore de la corne. Un écarteur saisit la queue de Habanera tandis que les autres, à quatre ou cinq, la distrayaient, puis la reconduisaient à l'extérieur.

Lorsque Lestrade entra dans l'infirmerie où l'on avait transporté l'écarteur, il sut tout de suite que c'était fini. Au centre du cercle blanc que formaient les vêtements des toreros, un homme fermait les yeux de Gijon. Il y eut des cris, des pleurs de femme. Lestrade s'approcha. La chemise de Gijon était une charpie rougeâtre à laquelle adhéraient des plaques de terre ocre. Dans sa furie, la bête avait aussi touché le cou. Le sang qui s'en échappait encore coulait au sol.

Lestrade recula. Ils devaient être quelques-uns, dans la petite pièce sombre, à se souvenir des spectacles qu'offraient les tranchées conquises. Le journaliste porta machinalement la main sous ses côtes, là où un shrapnell avait fait sa niche juste devant l'intestin, avant d'être extirpé sans anesthésie, sous un abri de première ligne. La cicatrice avait gardé son relief un peu bourgeonnant, comme si des grains de maïs avaient été laissés dedans. Lestrade avait chaud, soudain. Il sortit de l'infirmerie qu'envahissait une foule livide, reçut au visage des bouffées de vent du sud qui augmentèrent son malaise, dut s'asseoir un instant, le souffle court. Vivant, lui.

— Il est mort ! Gijon est mort !

C'étaient des cris de vendeurs de journaux, autour de l'arène, pour une nouvelle qui n'était pas encore imprimée. Lestrade se sentait inutile, et désespéré. Le Gitan avait évité les places du littoral. On l'avait vu écarter à Dax, pour l'Assomption, mais ni à Lit ni à Magescq. Il était allé gagner sa vie en Chalosse, berceau du jeu dangereux qui le tuait en Armagnac. Les yeux fermés, Lestrade faisait mentalement le tour de son pays gascon, dont le centre n'était plus ni le Moun, ni Dax, ni Saint-Sever, mais une maison basque sur la dune de Saint-Girons.

Lestrade soupira, se leva. L'aboyeur regagnait sa place dans l'arène. La course continuait, il y aurait encore des primes à gagner, à Cazaubon et ailleurs, assez d'argent pour qu'un bon écarteur, économe par exception, pût réaliser le rêve de nombre de ses parents, acheter la pinède et la terre, les bœufs, et la maison.

— Les quarante francs, Sylvère ?

Lestrade regarda l'homme sans bien comprendre. L'annonceur répéta sa question. A qui donner la prime de Gijon ? Lestrade haussa les épaules, réfléchit un court instant.

— Aux œuvres pour les veuves, dit-il.

— Les veuves de guerre, ou de courses ?

Il semblait sérieux. Lestrade lui donna une bourrade à l'épaule.

— A celles des annonceurs de primes, couillon !

Novembre 1924

Victor prit appui contre un arbre, soulagea un peu ses aisselles mâchées par le bois des béquilles. La bretelle de son fusil lui sciait l'épaule. Il avait perdu l'habitude de ce contact, de la pesée de l'arme dans son dos. Mais le plaisir qu'il retirait de ces retrouvailles avec l'acier, le bois, la présence du Mauser, valait bien ces minimes désagréments. Il écouta la forêt qui s'éveillait dans ses brumes de novembre, chercha par déduction la distance qui le séparait des marcassins et de leur mère, entrevus sous une craste filant vers l'est. Essoufflé, il retenait avec difficulté le chien épagneul de son beau-frère Maurice Pouyau, qui avait senti le gibier, et piaffait, museau tendu, prêt à désobéir.

— Tott… veux-tu ! chuchota-t-il, la main levée.

Le chien s'assit, jeta quelques regards vers la moitié d'homme qui peinait à sa suite depuis le lever du jour, se coucha. En appui du côté droit, Victor fouilla les poches de sa vareuse, à la recherche de tabac, et de papier à rouler. Il ne sentait plus trop sa jambe

450

valide, avait envie de se reposer, mais les contorsions qu'il devrait faire pour se remettre debout le dissuadaient de se laisser glisser à terre.

— La mort…

S'asseoir, se coucher, c'était risquer de ne plus pouvoir se relever, comme ces dizaines d'autres dont il avait suivi les agonies. Certains arrivaient à l'hôpital sur leurs deux jambes, avec des morceaux de métal dans le corps, qu'on leur avait laissés. Tout paraissait aller, et puis l'infection se mettait quelque part, invisible, et coulait par les plaies que méchaient les infirmières. Les types s'asseyaient, puis se couchaient. Ils se consumaient de l'intérieur, devenaient des fours blêmes, fermés sur des brasiers hurlants. La mort s'installait en eux, et traçait sa route, rejetant ses scories, sa production de gangrènes et de pestilences. Crèveraient-ils assez vite pour cesser de puer autant, d'offrir leur déliquescence au monde indifférent qui s'obstinait à survivre autour d'eux ? Il fallait s'économiser les poumons pour ne pas se laisser imprégner par leur promiscuité de cauchemar.

Victor alluma sa cigarette, aspira la première bouffée qui lui brûla la gorge. Tabac, fusil, forêt… Émergeant d'une espèce de long coma, il retrouvait l'un après l'autre des désirs enfouis sous les souffrances, le temps sans limites, l'ennui. Novembre offrait un bon climat pour cela. Les senteurs de résine s'étaient fondues dans l'automne, les arbres luisaient d'une récente pluie, la nature apaisée se laissait aller à l'*adroumeilh* [1], dans la paresse de légers brouillards. Enfant, Victor avait cherché mille fois ce contact avec la nature, écouté ces bruits animaux dont il connaissait la

---

1. Sommeil magique des contes landais.

moindre note, même si la source en était lointaine. Lapins frissonnant dans le jour mauve, oiseaux de nuit regagnant leur gîte, chevreuils en marche sur le bord des chemins sablonneux…

Et laies poussant leurs petits vers quelque souche humide où les abriter…

Il en avait oublié la compagnie lancinante de la douleur qui griffait son visage rapiécé, ou fulgurait à la place du membre absent, sous le moignon qu'il avait alors envie de fracasser. Il y avait parfois des matins, comme celui-là, où il aurait même oublié la guerre, et ce qui l'avait précédée.

— Yo, petit…

Le chien s'était dressé d'un bond, déjà projeté en pensée vers un ailleurs aux senteurs porcines. Victor écrasa la cigarette.

— Va.

Il lui faudrait suivre, serrer les quelques dents qui lui restaient, gémir au contact de souches trop hautes, et, surtout, s'il chutait, se relever dans ces reptations infamantes qui le faisaient ressembler à un cloporte. Là était le fond du puits où l'avait jeté la dernière attaque bulgare. A la hauteur des mégots, des crachats, des merdes de chiens.

Il tint droit son dos, se mit en route, grimaçant. L'épagneul avait déjà disparu sous la fougère rous-sie, Victor chercha sa trace, la suivit sur quelques hectomètres de piste, avant de la perdre. Il devait y avoir de l'eau, pas loin. La pinède laissait la place à des groupes de chênes tauzins, le sol ondulait un peu. Victor siffla, appela, vit remuer la brande sous une craste qui plongeait vers un ru, à cinquante mètres, épaula.

Le chien connaissait son métier. Il avait approché le gibier par le côté, et le poussait soudain vers l'homme. Très vite, Victor entendit le grognement de la laie, puis le martèlement de ses sabots sur la terre plus ferme de la chênaie. La grosse femelle passa à moins de quinze pas, ses petits couinant entre ses pattes. Les reins contre un pin, à demi courbé vers l'avant, Victor tira, deux fois, vit un marcassin se coucher aussitôt tandis que le reste de la harde disparaissait entre les arbres. Puis il rechargea dans l'instant, attendit la charge de la laie, qui ne vint pas, chuta en jurant.

— Duc !

Son cri résonna dans la pinède. Il se releva aussi vite qu'il put, enfourcha ses béquilles, avança, prudent, jusqu'au petit animal, raide mort. Le chien devait galoper, loin devant. Victor s'immobilisa, guetta les mouvements de la fougère.

— Té, l'autre…

Il quitta le chemin, les yeux rivés au frémissement des ramures. Le second marcassin était là-dessous, couché sur le côté, la tripe à l'air. Victor retourna son fusil, assura son équilibre et, d'un coup de crosse, l'acheva, tandis que le chien, excité, le fouillait de la truffe.

— Bast, couillon de clebs, fous-lui la paix. Donne, donne…

Le chien s'énervait sur sa prise. Victor lui décocha un coup de béquille qui le tint à distance, frétillant de la queue. Il fallait ramasser les marcassins. Le chasseur se laissa tomber entre les béquilles, prit appui sur leur partie inférieure et, le genou à terre, souleva l'un après l'autre les cadavres, qu'il lia à sa ceinture. Il se remettait à l'équilibre lorsqu'il vit trois hommes débouler du chemin, et venir vers lui à grands pas.

— Té, monsieur Darribats…

Jean-Marc Ripeyre lui faisait face. Le fusil à l'épaule, lui aussi, en compagnie de deux de ses paloumeyres. Il vit les marcassins, apprécia.

— Joli doublé, sauf que vous n'êtes plus sur la Sorbe, et depuis un moment. Ici, ce sont les parcelles de Biarot, autrement dit chez moi. Vous ne le savez pas ?

Victor haussa les épaules. A part quelques pinèdes clôturées pour en protéger les jeunes pousses des moutons et des chevreuils, la forêt était un espace ouvert, où seules des bornes parfois enfouies sous la végétation marquaient les limites des propriétés. Ripeyre leva le menton.

— Je pourrais vous demander de me restituer ces prises.

— Vous pourriez, oui.

Victor décida d'avancer vers le chemin. Ripeyre se mit devant lui, les lèvres serrées, le fixa de son regard bleu.

— Je ne le ferai pas. En revanche, je vous demanderai de déguerpir de la Sorbe, vous et les vôtres, avant la fin de cette année.

Victor eut un petit rire, incrédule, qui retroussa sa lèvre supérieure sur ses chicots jaunâtres. Bien qu'il s'y attendît depuis des mois, et qu'il eût trouvé chanceux que Ripeyre ne l'eût pas décidé pendant la guerre, la nouvelle annoncée ainsi, dans le grand silence de la forêt, l'assomma. Ripeyre éleva la voix, prit à témoin ses compagnons de chasse.

— J'en ai assez de me faire insulter par vous, par votre femme, par vos amis politiques. Il y a un droit, qui me protège, des usages, comme les heures dues, que vous ne respectez plus. Je me sers de ce droit, et je vous apprends qu'il existe. Vous recevrez votre congé suivant l'usage. Ça vous laisse près de trois mois pour déménager, ce qui paraît suffisant.

Bien qu'il tentât de s'en défendre, Victor sentit qu'il vacillait, et dut chercher une fois de plus l'appui d'un arbre. Il pensait à la dizaine de métayers d'Ygos et de Carcans-Ponson, expulsés de leurs fermes au sortir des dernières grèves en forêt. C'était en Haute Lande, très loin, et très près en même temps. Les noms des fermes lui venaient en mémoire, comme une litanie, Hillande, Laroquette, Artiguelongue, Tauzin... Il murmura.

— Tauzin.

Écrits ou non, les baux permettaient ces choses-là. Maintenant, c'était le tour des Darribats. Foutus dehors, comme des chiens ! Ripeyre paraissait soulagé. Cela devait faire quelque temps qu'il cherchait le lieu et le moment. En coupant la pinède de la Sorbe, il avait déjà supprimé les revenus de la métairie en résine. Restaient les sillons, pas assez nombreux pour nourrir les dix bouches de la maison.

— A vingt minutes de marche d'ici, dit-il, il y a Minjouast. Vous connaissez. Si cette terre vous intéresse, je suis prêt à vous la céder pour un prix raisonnable. Devenir propriétaire, ça vous changerait les idées...

Il se faisait paternel, soudain, presque amical. Victor connaissait Minjouast. C'était une ancienne métairie abandonnée avant le siècle, à la toiture en partie éventrée, devenue cabane de chasse et de résiniers, deux hectares de sable et de bords de ru juste suffisants pour héberger un solitaire, ou un couple sans descendance.

— Il vous faudrait y faire quelques travaux, ça occuperait vos jeunes frères. Au fond, je ne demande qu'à vous rendre service, vous voyez.

L'œil brillant, Ripeyre attendait une réaction. Victor laissa passer son vertige. Ce qu'il ressentait avait quelque chose à voir avec les minutes précédant les assauts. Tout se jouait alors dans le silence total du front, chacun pour soi, avec ses pensées, ses peurs, et dans la bouche ce goût de cendre que rien, ni la chique ni la gnôle, ne parvenait à faire passer. Il y avait le contact avec la terre de la tranchée, ce repoussoir puant devenu soudain ventre maternel. Par les mains serrant le fusil, par la joue posée dessus comme sur un oreiller contre lequel ils pourraient peut-être dormir encore quelques minutes, les hommes cherchaient à faire reculer le temps.

— Service…, murmura Victor.

En l'exilant au fond de la lande, Ripeyre l'aidait à sa manière. Comme il eût battu un animal, fessé un enfant, ou fait guillotiner un assassin.

— Salaud…

— Qu'est-ce que vous avez dit, monsieur Darribats ?

Victor répéta l'insulte. Incapable de bouger, l'esprit vide. Maté. Ripeyre passa devant lui, à le frôler. Le pantin qui gesticulait dans les cafés de Vielle et de Saint-Girons, ses anathèmes et ses menaces plein le gosier, semblait cloué à son pin. Ripeyre hocha la tête, prit l'air désolé.

— Les choses auraient pu être plus simples, mais si vous l'avez voulu autrement, c'est votre affaire. Maintenant, il faut en supporter les conséquences. Et vous pourrez toujours ameuter vos syndicats. Je les attends, vous pouvez leur dire.

Victor le regarda s'éloigner sur le chemin. Lorsque les hommes eurent disparu derrière une craste, il se mit en route à son tour, dans la direction opposée.

— Hey, Jouann ! Hey, Martin !

Cela faisait trois bons jours que Maurice Pouyau avait fini de herser la parcelle de seigle de la Sorbe. Tirée par les deux bœufs de la ferme, la charrette de fumier avançait maintenant sur la terre encore plate, vidée à coups de fourche par les deux plus jeunes. Derrière elle, les filles répartissaient l'engrais. Victor vint à leur rencontre. La cigarette au coin des lèvres, il était calme, presque souriant. Bien calé sur ses bois, il se posta à quelques mètres de l'attelage, répondit au salut de son beau-frère en exhibant les marcassins, comme il l'eût fait d'une ceinture d'or.

Commencée la veille, la fumure touchait à sa fin. Victor leva les yeux vers le ciel que traversaient de vilains nuages chargés de pluie. Puis il se mit à observer Maurice qui, sans perdre une minute, avait entrepris de semer. Du sac pendu à sa hanche, le veuf se mit à jeter ses poignées de grain, pendant que les jumeaux dételaient la charrette pour la remplacer par un soc.

Victor se souvenait qu'avant guerre les semailles n'étaient pas son fort. Il avait toujours préféré la forêt, pour la chasse ou pour le travail de l'arbre. La pinède était un monde où les secrets se gardaient mieux que partout ailleurs, son refuge, depuis qu'il avait su marcher.

Pour une fois, le sentiment d'être totalement inutile à la Sorbe ne lui pesait pas. Au contraire, il éprouvait une espèce de soulagement, et cette fatigue des retours de coup de main, lorsque l'on ramenait des prisonniers, ou des armes, vers la tranchée amie. Il y avait quelques instants de grâce, au bout desquels on se comptait, avant de rouler une cigarette, et de sentir, cette fois, que le goût de cendre avait disparu de la bouche.

On s'était levés très tôt, ce jour-là. Un des jumeaux pesait sur la charrue, pendant que l'autre conduisait le joug. Le sillon ne serait pas bien rectiligne, mais cela n'avait plus guère d'importance. Avant 14, c'était là le privilège du chef de famille, son geste réservé. Victor sourit aux efforts que faisait son jeune frère pour conserver son équilibre, les mains serrées sur les mancherons, les sabots glissant sur la terre luisante et brune.

— Plus l'âne est chargé, plus il tire ! lui cria-t-il.

Derrière le jumeau, les filles couvraient du râteau les graines encore apparentes, et avaient cessé de se raconter leurs petites histoires.

«Té, ces quatre-là, dégourdis comme ça, ils auraient du mal à trouver l'eau à la mer», pensa Victor.

Ainsi planté en lisière du champ, le mutilé fuma quelques cigarettes, un luxe que les autres ne se permettaient pas, avant de prendre le chemin de la Sorbe, qu'il dépassa. Le semis de la pinède commençait à bien se voir, vert tendre, surtout les pins nés des graines plantées trois ans auparavant. A l'horizon de la parcelle déjà mâtinée de jeunes chênes venus là spontanément, brillait un soleil humide, bel astre d'automne enrhumé par un halo de vapeur dorée. Victor contempla longuement le spectacle, avant de se décider à rebrousser chemin.

Lorsqu'il parvint à la métairie, Madeleine s'activait dans la pièce commune. Cela faisait longtemps qu'elle avait cessé, au réveil, de chercher à tâtons le corps de son mari. Au début, elle avait bien essayé de retrouver Victor, de retour du bourg à l'aube, quelque part sur la piste de la Sorbe. Mais il l'en avait bien vite dissuadée. Sa pauvre vie, ce qui restait de lui, chair mutilée, chagrins, cela avait des façons d'être bien à soi, qu'il ne partageait pas.

Lorsqu'il entra, botté, dans la salle, Madeleine achevait de dépendre de la crémaillère la grande marmite du cochon, animal premier servi à la Sorbe, dont elle vida la soupe d'épluchures et de son dans un large récipient de métal cabossé. Victor lança son béret sur la table.

— Ma mère est réveillée ?

— Non, il me semble.

— Tu veux que j'aille la chercher ?

Elle le regarda, étonnée par la proposition, fit signe que non. Elle ferait le lever de Blanche, comme d'habitude, et les soins, aussi, dont elle mettrait le linge à la bassine après l'avoir lavée à grande eau. Victor se laissa tomber sur le banc, posa les marcassins sur la table.

— Je les viderai, dit-il.

Madeleine ne répondit pas. A la Sorbe, le gibier avait de tout temps été préparé et cuisiné par les hommes, du chevreuil en civet à la rôtie de palombes, que l'on flambait à l'armagnac, une ou deux fois par an. Madeleine suspendit à la crémaillère la soupe de midi, qu'elle avait garnie d'une cuisse de poule, pour lui donner du goût. Puis elle alla vers le cube de briques et de ciment du fourneau, posa une poêle sur son orifice grillagé, versa le tourin, qu'elle proposa à Victor.

— Tu es parti si tôt…

Elle le trouvait absent, souriant d'une façon inhabituelle, peut-être d'avoir retrouvé le plaisir de la chasse après toutes ces années. Victor contemplait le fauteuil qu'occuperait bientôt sa mère. Il n'avait ni faim ni soif, il méditait. Madeleine se garda de l'interroger. Ses tentatives pour en savoir un peu plus avaient souvent été autant d'échecs. Elle lui parla d'un vieux vagabond, un pauvre type sans toit ni feu, ancien *brassé*[1], qui était passé, à la recherche d'un travail de quelques heures. Il ricana. L'usine de la Dame rouge surgissait de ses cendres. Là-bas, il y aurait de l'emploi pour lui, peut-être…

— J'ai vu des faisans, chez Ripeyre, dit-il. Des vrais, pas de ceux qu'on lâche à dix mètres pour que les bourgeois de Dax ou de Bordeaux se fassent plaisir sans se fatiguer.

Il se leva, affermit son fusil contre lui.

— Tu diras bonjour pour moi à Blanche.

— Victor…

— Ah, la paix.

Il avait l'air las, sans colère. Madeleine s'approcha de lui, fit un geste qu'elle avait oublié, toucher son front de la paume, le caresser, même, du bout des doigts. Victor se laissa faire, les yeux mi-clos, des plis amers au coin des lèvres. Madeleine sentit battre son cœur. Il y aurait peut-être des choses à se dire, comme autrefois. Même Blanche, qui ne parlait que d'un œil, arrivait à se faire comprendre de son vieux mari, et de lui seul…

Victor fit quelques pas, de son mouvement de pendule, s'arrêta devant un petit meuble-commode, près de la cheminée. Madeleine avait placé là une photographie de leur mariage que Victor ne regardait jamais. Cette fois, immobile, il la détailla, un long moment. Il y avait là une famille, des violoneux, des enfants endimanchés, des cousins hilares, des vieux, posant, l'air plutôt sinistre, et Blanche, déjà paralysée, assise, que Gaston Darribats soutenait de son mieux. Même l'âne du violoncelliste-

1. Ouvrier agricole saisonnier.

marchand de pignes avait pris la pose. Victor hocha la tête, se détourna. Au moment de franchir la porte, il eut comme une hésitation, vit Madeleine lui sourire, reprit aussitôt sa physionomie habituelle.

— Il faudra sans doute que Jean Comets parle à cette fille Savayran, dit-il, avant de sortir sur l'airial.

D'abord surprise, Madeleine se ravisa, voulut le retenir. Mais il était déjà loin, de l'autre côté de la chênaie, fouettant le sol de son pied, entre deux pesées sur ses béquilles.

Le vent s'était mis au sud-est, dès le matin, assez fort pour ralentir les oiseaux, et les tenir à moins de trois cents mètres du sol. Les bancs de brume qui traînaient à hauteur d'homme s'étaient dissipés. C'était la configuration idéale. Sous la palombière de Biarot, les invités au « grand truc [1] » avaient déjà vu passer quelques vols, juste avant que les paloumeyres ne décident d'attirer vers eux les migrateurs.

Coups d'ailes des appeaux habilement manipulés, scintillements, en haut des arbres. Une trentaine de palombes s'étaient posées, que les roucoulades des jeunes chasseurs leurraient, au point de les immobiliser, dans le silence de la forêt.

Le soleil avait triomphé des nuages traversant le ciel, et son apparition avait précédé de quelques instants l'ordre donné par Ripeyre. Au mot « feu » chuchoté par le maître des lieux, une douzaine de fusils avaient craché leur plomb, dans la même seconde, vers les oiseaux perchés sur les feuillus de la palom-

---

1. Chasse à la palombe.

bière, fauchant leur groupe dans un désordre de plumes bleutées.

Concentrés sur les cibles qu'ils avaient posément choisi d'abattre, les chasseurs n'avaient à aucun moment remarqué la silhouette sombre appuyée contre un pin de pose, l'arme pendant au bout du bras, une main levée à hauteur du visage. Un profil incongru à cette place et à cet instant, que le vacarme de la salve n'avait guère semblé émouvoir.

Les oiseaux tombaient au sol, certains, d'un trait, les ailes repliées le long du corps, d'autres, rebondissant d'une branche à l'autre comme s'il leur restait assez de vie pour ralentir leur chute. De la terre montait une brume ténue qui absorbait au passage la fumée des canons et l'odeur de la poudre, pour les emporter vers les cimes.

Le paloumeyre qui avait préparé la chasse, un jeune métayer de Vielle, réagit le premier.

— *Diou biban*, il y a quelqu'un là-bas…

— Qu'est-ce que c'est ? grommela Ripeyre.

Il distingua à son tour la forme immobile qui paraissait guetter, ou attendre. Ce n'était ni le lieu ni l'heure. Personne dans les parages des « sols », c'était la règle. Ripeyre sortit de la palombière pendant que ses invités se relevaient lentement. Il y avait un homme, à vingt mètres.

— Qu'est-ce que vous foutez là ?

Il s'approcha, vit une jambe unique, bien posée sur son pied, sans béquille pour la doubler, sauf un fusil, qui se leva lentement vers lui.

— J'attends, debout, comme il faut, dit Victor. Pardonnez-moi, je n'ai pas sifflé pour signaler mon arrivée.

Il rit. Ripeyre tendit la main, voulut crier. La décharge le projeta sur le dos, l'épaule broyée, dans l'instant où partait un deuxième coup, qui cribla de plomb son visage.

— *Adichats, moussu*[1], dit Victor.

Il récupéra ses béquilles, disparut dans les profondeurs de la pinède. De la palombière surgissaient déjà les chasseurs, qui coururent, et firent cercle autour de leur hôte. Parmi eux, le docteur Lubin, qui se pencha. Coiffé d'un feutre à large bord, botté de cuir, la veste grise largement ouverte sur la bedaine, le visage empourpré, il avait l'air d'un capitaine saisi par la tempête.

— *Poute*… il en a pris une rasade…

Ripeyre était inconscient. Il avait reçu dans l'épaule une décharge de douze qui avait déchiré son vêtement. Quelques plombs erratiques avaient percé sa veste au niveau du thorax. De la blessure principale coulait en flaque un sang noirâtre, mêlé de poudre. Le visage portait des traces ponctiformes, certaines rougies, d'autres livides. Sous l'orbite gauche, une gelée rosâtre attestait un coup direct à travers l'œil.

A demi couché sur lui, Lubin l'ausculta, longuement. Puis le médecin se releva avec un peu de peine, frotta ses mains brunies par l'humus, conclut, provisoirement.

— Vivant, choqué, borgne. Et le tireur, c'était qui ?

Le paloumeyre s'avança vers lui, tandis que l'on mettait Ripeyre à l'abri sous le long tunnel de branchages. Le garçon lui narra la rencontre du matin, l'annonce de l'expulsion, le calme dont avaient fait preuve les deux hommes, comme s'ils échangeaient des banalités sur la chasse, ou sur le vent. Lubin eut une moue, triste.

1. « Adieu, monsieur. »

— Darribats… il devait bien finir par faire une connerie, celui-là.

Il y avait, d'un côté, l'incapacité de Victor à se remettre en société, de l'autre, la rigidité de son propriétaire, ses certitudes sur le droit que donnaient la puissance et l'orgueil, proche parent de la bêtise. Lubin constata que Victor n'avait pas lésiné sur sa cible. Il avait choisi la plus voyante, la plus symbolique, aussi. Une affaire comme celle-là, en 1907, et le feu eût été mis aux poudres, aux fermes, à la forêt. Les temps avaient changé, heureusement, même si un syndicat de métayers, le premier, venait de voir le jour à Ygos.

— Ceux-là bougeront, murmura le médecin. Boh, et encore, pas sûr…

Lubin réfléchissait. Les élections de 24 avaient tassé les choses en apparence, mais il y avait toujours de la braise sous la cendre. Il serait sans doute judicieux de ramener cet incident sanglant à sa dimension de sordide règlement de comptes personnel d'un pauvre type dont la raison s'était égarée. Voilà, c'était cela. Rien à voir avec la politique. Il y aurait sous peu une chasse à l'homme. Haro sur le fou ! On finirait bien par le trouver ; il se voyait de loin. Lubin leva les yeux, nostalgique. Des palombes passaient dans un vaste lavis de ciel bleu, de beaux vols bien groupés, mais il n'y avait plus personne dans les arbres ce jour-là pour les faire descendre.

Le déjeuner des enfants à peine terminé, Madeleine avait emmené sa marmaille à la glandée du dimanche. Entre les averses, les petits s'étaient répandus sous la chênaie, et jusqu'aux châtaigniers qui marquaient, au nord, la limite entre l'airial et la pinède des voisins. C'était à qui remplirait le plus vite son tablier, pour aller en déverser le contenu dans les paniers que l'on irait porter ensuite dans la courtilière des cochons.

— Ça suffit pour ce matin !

Madeleine donna l'ordre de repli. Filles et garçons, vêtus de bure grise, firent mouvement vers l'enclos des porcs, où se préparait l'extra, une pâte mêlée de son de maïs dont les bêtes étaient friandes. Fascinés par les deux groins avides qui quêtaient leur dessert, les gosses s'alignèrent devant l'auge. La vitesse à laquelle les cochons liquidaient la pâtée les sidérait chaque fois, comme les faisaient rire aux éclats leurs glissades dans la boue, et les coups de flanc qu'ils se donnaient pour se faire de la place.

— Et té, c'est déjà fini, dit Madeleine.

Elle évaluait le poids de ces pensionnaires si précieux, dont elle avait la charge exclusive. Il devait bien y avoir trois cents kilos de viande. Pour le choix de la victime, il n'y aurait pas trop d'hésitation. Ce serait le plus gros, le plus fatigué des deux, celui qui se faisait bouler devant l'auge et passait désormais le plus clair de son temps à dormir.

— Lequel on va tuer, Maman ?

Elle affirma l'ignorer. Elle savait l'attachement des enfants pour les porcelets qui devenaient en quelques mois ces monstres aux fascinantes boulimies, que l'exiguïté de leur parc permettait de caresser sans risque. Les mines perdirent un peu de leur gaieté. Madeleine regarda le ciel d'un bleu intense, proposa de commencer le nettoyage des pots de terre cuite qui renfermeraient confits et graisse après la tuaille.

— Ce sera du temps de gagné, dit-elle.

Elle vit Maurice Pouyau qui revenait à la maison par le chemin du couchant, le pas pressé, la tête basse. Les semeurs étaient partis avec leur casse-croûte de midi. Madeleine supposa que son beau-frère avait besoin d'un outil, ou d'une pièce de charrue. Maurice vint droit vers elle. Un jeune de chez Ripeyre était passé à bicyclette. Il y avait eu des coups de feu à la palombière, qui n'avaient pas touché que les oiseaux.

— Victor ?

Maurice eut une mimique d'impuissance. Pour Madeleine, tout était clair. Il y avait donc une explication au comportement inhabituel de son mari, à ses phrases bizarres.

— Ripeyre a pris du plomb, lâcha comme à regret Maurice, qui ajouta aussitôt : Mais il n'est pas mort. On l'a emporté à Dax, à la clinique. Quant à Victor, il a filé.

Madeleine ferma les yeux. Son univers se disloquait dans les brumes de novembre. Il n'y avait soudain plus rien autour d'elle, ni champs, ni maison, ni gens, rien que le vide, et la promesse de l'exil. Le doux, le gentil Maurice gardait la tête basse, comme s'il attendait que quelqu'un prît la bonne décision. Au bout d'un long silence, il se hasarda.

— On va peut-être se mettre à sa recherche.

— Il faut, oui.

Madeleine parut émerger d'un rêve. Chercher Victor, mais dans quelle direction ? Oh, certes, à la vitesse à laquelle il se déplaçait, les gendarmes, ou n'importe qui d'autre, auraient tôt fait de lui mettre la main dessus. Madeleine le revoyait, garnissant sa cartouchière, vérifiant la propreté des canons du fusil. Dire qu'elle avait trouvé ces gestes rassurants, félicité Victor, sans le lui dire, de revenir ainsi à sa vie d'avant la guerre. Pour ce résultat… Il avait donc la mort dans le cœur. La Camarde rôdait autour de lui, et fouaillait dans ses blessures.

Maurice réfléchissait. La palombière de Ripeyre donnait au nord sur d'épaisses pinèdes qui allaient d'un seul tenant jusqu'à une piste rejoignant le petit chemin menant à Mixe. Il y avait là des parcelles de jeunes pins, mal entretenues, des taillis difficilement accessibles où l'on pouvait se cacher.

— Ça débouche sur le carrefour de Lanticq, dit-il.

Lanticq, l'endroit où les Savayran s'étaient tués. Madeleine se mit en marche, la main sur le menton. Elle récapitulait, un à un, les mots anodins que lui avait dits Victor. L'aider à lever sa mère, vider les marcassins… il y avait autre chose.

— Comets, Jean Comets…

L'oncle exilé au bourg, qui avait toujours gardé le parti des maîtres, et tenté en vain de louvoyer entre eux et la Sorbe. La cible favorite des sarcasmes de Victor, celui dont le nom faisait luire dans l'œil de Blanche ce reflet mauvais. Que saurait, ou serait censé faire le vieil homme ? Maurice se dandinait, indécis. Son beau-frère avait tiré sur un homme, mais il y avait des semailles à terminer. Madeleine décida pour lui.

— Retourne au champ, et dis aux *maynades* [1] de rentrer s'occuper des petits, et de Blanche, aussi. Moi, je vais au bourg, avec la bicyclette.

— Les gendarmes vont venir…

Elle eut un geste de la main, indiquant le sud.

— Qu'ils viennent ! Tu leur diras qu'il est parti

1. Jeunes filles.

467

dans cette direction, vers Linxe. Ils iront en emmerder d'autres.

Il y avait quatre bons kilomètres entre la palombière et le but vers lequel Victor avançait, aussi vite
qu'il le pouvait. A mesure qu'il s'en approchait, il
sentait le calme revenir en lui, au rythme de son
souffle. A l'instant où il avait tiré, il n'avait rien
éprouvé d'autre qu'un suprême détachement. Il
s'était senti absent, loin de son propre corps, et du
geste qu'il accomplissait. Puis cela avait été un grand
tumulte, dans sa tête et jusque dans son ventre que
des spasmes douloureux tordaient. La peur... Il avait
pourtant vécu avec, assez près de l'Allemand pour
entendre parfois ses murmures, ses pets, sa hantise de
se battre à lui aussi. Puis le devoir de tuer s'était fait
routine, métier. Mi-volontaire, mi-mercenaire, tra-
quant le Bulgare dans les montagnes pelées de Rou-
manie, aux confins de la Russie, il avait souffert de
la solitude, de l'éloignement et de sa décision, qu'il
regrettait souvent.

Maintenant, c'était trop tard. La peur le quittait
lentement, comme le jour où il avait repris
conscience sous les bandages moulant son visage.
Assailli par le souvenir de la boule de feu fonçant
vers lui, il s'était répété ce mot fabuleux : vivant,
vivant... vivant.

— *Aï, pouta...*

Ses béquilles s'enfonçaient dans le sable vaseux
du chemin. L'automne laissait sa trace partout, dans
les ornières où l'on s'engluait à mi-cuisse, sur la fougère d'automne, ruisselante d'humidité, et jusqu'aux
cimes des pins, gouttant large comme des culs de
mouettes. Victor dut s'arrêter, plusieurs fois. Transi

de fatigue, il écoutait alors le silence, ce refuge. Il aurait dû rester debout, ricanant, face au cadavre de Ripeyre, mais le souvenir d'une autre affaire l'avait projeté vers les profondeurs de la forêt, avec ce mal sournois qui le rongeait depuis bien avant la guerre, et dont il allait enfin se débarrasser. C'était le jour, et l'heure.

Le ciel s'écartait, royalement bleu, lorsqu'il parvint de l'autre côté des grands pinhadars de Lanticq. Il déboucha sur une steppe d'herbe rase qui filait vers l'horizon à distance d'une longue parcelle de vieux pins, marcha, encore, à travers le paysage qui racontait la création du pays landais, mille et mille ans avant la sylve. Là, rectilignes et parallèles, les chemins forestiers rejoignaient un mauvais fil de terre détrempée que bornait une croix, perdue à la limite du regard.

Il n'y avait, pour s'asseoir et souffler un peu, ni caillou ni talus, rien que des blocs de boue entre les molinies. Victor ouvrait grands ses yeux. Il n'était jamais revenu là depuis août 14, et même depuis bien plus longtemps. Le décor n'avait guère changé. Pour se rapprocher à nouveau de la forêt, il fallait traverser ce néant que même les moutons semblaient vouloir éviter. La croix, qui donnait l'impression de reculer à mesure que l'on s'en approchait, avait pris de la gîte, mais elle tenait toujours, ruinée par les vents et les pluies, son bois torturé pis qu'un cep de vigne.

Victor sentit que son cœur battait plus fort, mais cette fois, ce ne serait pas pour préparer une de ces explosions de rogne qu'il laissait monter d'ordinaire en lui, comme un douloureux plaisir. Ce qu'il éprouvait était différent, du chagrin, en même temps qu'un grand vertige, dans tout son être.

Lorsque, au bout d'une marche chaotique à travers le désert de boue et de sable, il fut de l'autre côté de la croix, il interrogea le silence. C'était bien là, à cent mètres. Des arbres d'une quinzaine d'années remplaçaient le bois brûlé. Victor s'approcha du fossé bordant la parcelle, chercha l'endroit exact où il s'était posté pour attendre la voiture de Savayran. C'était dans une courbe que le chemin faisait pour contourner le bout d'une craste. Victor ne savait plus très bien. Il n'avait pas oublié, en revanche, le signal que lui avait lancé ce jour-là, loin de l'autre côté de la croix, son compagnon de chasse, le petit Justin Pelhade, enfoui depuis, avec quelques autres, dans la terre de Verdun. Un bout de miroir pour réfléchir le soleil, et éblouir... la puissante voiture de course, qui arrivait dans les stridulences de son moteur...

Victor roula une cigarette. Son esprit baguenaudait dans une histoire devenue floue. Ce n'était pas tant le fil des ans qui l'estompait que l'accumulation d'autres drames depuis. Il chercha le long billot qu'au prix d'un effort surhumain il avait réussi à dresser en équilibre sur le bord du fossé. Faire peur, et fuir, tout de suite... La pièce de bois avait disparu, remplacée par quelques tas d'éclaircissage, au sortir immédiat de la forêt. Victor se laissa tomber contre le talus de la craste, posa son fusil près de lui. Le dos tourné à la petite route, il ferma les yeux, goûta la fumée âcre du tabac, se souvint. C'était le temps des émeutes, des séquestrations de bourgeois et de propriétaires. Il avait alors vingt-quatre ans, et de la colère à revendre. Un jour, il mourrait avec le souvenir de sa mère désespérée, revenant du bourg le visage défait, les yeux vides.

— Chassée, comme une malpropre...

470

Elle répétait ce mot qui l'humiliait, «chassée...».
Chassée d'un geste, sans une parole pour expliquer,
comme on envoyait une esclave à la mort, dans l'Antiquité. «Il» avait laissé faire sa femme. Paul Savayran avait fermé les yeux sur cette injustice : Blanche
Comets, la petite servante qui avait vécu à la Casedieu,
servi la famille dans l'ombre de sa propre mère, et qui
continuait à s'y louer, avait été chassée.

Victor empoigna son fusil. Pour lui, l'histoire
s'était longtemps arrêtée là. Que s'était-il passé
pour qu'Ève Savayran prît un jour la décision brutale de renvoyer sa mère ? Blanche avait eu une
explication officielle. Elle avait imprudemment
parlé des émeutiers, qu'elle connaissait, de leur
cause, qu'elle estimait juste. Madame Ève était
entrée dans une violente colère, et la discussion
avait dégénéré.

Victor ouvrit le fusil, choisit avec soin une cartouche qu'il glissa à l'intérieur. Il revoyait les mines
défaites, entendait à nouveau les grommellements des
siens, leur sourde révolte. Tous s'étaient alors contentés de cette théorie de Blanche, à commencer par Jean
Comets, son frère, qui avait continué de travailler
pour Savayran, sachant tout, peut-être, et feignant
d'ignorer. Tous, sauf lui, Victor, qui avait fini par
obtenir la vérité, de la bouche de sa mère, un peu avant
que l'apoplexie la close.

«Et on ne fait rien ? s'était-il exclamé. Dehors, les
riches se terrent dans les gendarmeries, pendant
qu'ici on subit leur loi, leur drôle de justice. Et personne ne bouge... Dans ce cas, pourquoi ne rejoint-
on pas l'oncle, tous ensemble, pour travailler comme
lui, à l'usine ?»

Il se souvenait du mépris que pour la première fois
il avait éprouvé à l'endroit de sa famille, de ce fata-

lisme insupportable qui clouait ces gens à leur croix séculaire, quand d'autres, à l'esprit tellement plus libre, hissaient les drapeaux rouges aux « mais » des notables. Et sa mère, qui ne savait plus rien faire d'autre que pleurer. Il n'y avait eu que Madeleine, la petite pupille, pour les tancer à son tour du haut de ses quinze ans.

— Madeleine…

Il murmura son nom. Pour la première fois depuis qu'il était rentré du front d'Orient, Victor éprouvait, dans son âme, une paix réelle, douce comme la lumière de novembre. Il allait cesser de faire du mal, se réconcilier. Jean Comets le verrait délivré de son tourment, et ses enfants ne le craindraient plus.

Il scruta le ciel, n'eut pas à attendre longtemps. Surgissant, au nord, de l'horizon des arbres, un vol bleuté d'au moins trois cents migrateurs traversa l'espace, dans la superbe puissance de ses coups d'ailes. Cela dura quelques secondes. Puis il n'y eut de nouveau que le vide. Victor lança son mégot dans une flaque, saisit son fusil, le tourna, se mit le canon en bouche, et appuya sur la détente.

Lestrade avait installé son appareil de photographie sur un trépied télescopique dernier cri. Équipé d'une manette et d'un roulement qui permettaient d'orienter la machine dans toutes les directions, et à la vitesse de la main, le haut compas avait fière allure.

— Monsieur Comets, si vous voulez bien poser à côté de cette dame en rouge…

Le vieux se faisait prier. Les photographies, ce n'était pas vraiment dans ses habitudes. Il finit cependant par accepter, vint se placer près de Maylis, au garde-à-vous.

— Voilà, dit Lestrade, tous les deux côte à côte, près du monstre. Détendez-vous, monsieur Comets. Ça sera presque aussi beau qu'un portrait de groupe de Félix Arnaudin[1]. On ne bouge plus.

Couvé par les ouvriers qui allaient le mettre en route, le monstre était un « alambic moderne » de Tixier et Caliot, une machine à vapeur capable de traîter plus de deux cents litres de gemme, une solide travailleuse que l'export livrait déjà en Espagne, et au Mexique, même. L'engin distillait plus vite, les pâtes comme la résine brute. Associé à un tout nouveau récupérateur de griches, il permettait en plus d'exploiter la totalité des résidus, pour le meilleur rendement possible. Et enfin, nec plus ultra, un élévateur électrique à hélice permettait d'en remplir la cuve à gros débit.

— Je suis très fière, dit Maylis.

Secondés par les ouvriers, maçons, charpentiers et menuisiers avaient travaillé vite, et l'usine avait resurgi de ses cendres en moins de six semaines. Maylis avait décidé de laisser à d'autres le sciage, les voliges, les poteaux sulfatés, et les futurs caissons en cœur de pin. L'usine travaillerait exclusivement la sève, et le bois ne servirait qu'à alimenter la chaudière.

Alors, les grosses bêtes d'acier rutilant, avec leurs boulons énormes, leur foyer de dévoreuses, leurs manomètres et leurs soupapes, trônaient seules, triomphantes, au milieu du vaste hangar en briques à la peinture à peine sèche. On leur avait même offert, ainsi qu'aux tubulures qui les reliaient et les prolon-

---

1. Poète, conteur, photographe de l'ancienne lande des bergers.

geaient vers les cuves à essences et à brais, un cadeau en chair et en os, qui fut prié de prendre à son tour la pose : il se prénommait Walter, et sortait d'une école de chimie rhénane. Lestrade l'avait vu entrer dans son bureau, un soir d'octobre, pour une thèse sur la résine de pin maritime…

— Quelle date, ce 11 novembre 1924 ! s'exclama le photographe. Quel symbole ! D'alsacien, Walter devient officiellement landais. Monsieur Comets va enfin pouvoir rentrer chez lui, sa mission accomplie, et une certaine Dame rouge se préparer à lancer sa marque sous l'œil vigilant des syndicats de résiniers.

Tout était prêt pour le baptême, qui serait républicain, le maire rejoignant la fête, tout essoufflé.

— Je voulais amener la fanfare, s'écria-t-il, mais ils étaient déjà dans les cafés ! Impossible de les en faire sortir ! Tant pis. Il y en a tout de même cinq ou six qui vont revenir travailler ici…

Il prit sa place devant l'objectif. Entre la cérémonie devant le tout nouveau monument aux morts et la remise en marche de la distillerie, la journée était déjà bien remplie. Il regarda sa montre. Midi trente. Le banquet des combattants l'attendait, et ça aussi, c'était une bonne nouvelle, à fort parfum de salmis. Lestrade s'immobilisa.

— Madame Durrugne, l'heure est grave. Si vous voulez bien sourire, comme à votre habitude.

Il déclencha l'obturateur, au moment où l'on accourait, à la recherche des édiles. Un paloumeyre, tout congestionné sous son béret. Il y avait des blessés chez Ripeyre. Le temps de son voyage entre la pinède et le bourg, la nouvelle s'était déjà déformée. Des blessés ? Qui, quoi ? Un accident de chasse ? Une automobile était partie pour Dax, avec le docteur

Lubin. On prévenait les gendarmes. Il y eut quelques instants d'affolement, le temps pour le maire de voir reculer l'heure de se mettre à table. Lestrade et Maylis se regardèrent, puis Lestrade haussa les épaules. On verrait bien, c'était un jour pas comme les autres de toute façon, et cela faisait bien une quinzaine qu'il n'avait pas revu son amante.

— Ah ! Il fallait bien que ce soit aujourd'hui. Chez Ripeyre ! Qu'est-ce qu'il a encore fait, ce grand couillon ? bougonna le maire.

Il s'en alla, grommelant, tandis que Lestrade changeait sa plaque photographique. Il restait à accomplir un geste important. Walter ouvrit la porte du foyer, tendit un briquet-tempête à Maylis.

— Vous pouvez faire démarrer la distillation, maintenant, madame.

Il avait un fort accent de l'Est, qui amusait Lestrade. Le cœur battant, Maylis mit le feu au mélange de gémelles et de charbon de bois, referma la porte du foyer. Il fallait attendre que naquît dans les profondeurs de l'acier le ronflement de la chaudière, puis surveiller la lente montée des aiguilles des manomètres, ce qui fut fait dans un silence recueilli.

— Voilà, ça vient, dit Walter. La bête est en mouvement.

Il désigna les cuves à décantation, les récipients prêts à recevoir les produits séparés.

— Dans dix minutes, madame, il y aura déjà de l'essence, là-bas au bout, et, sur les côtés, des brais clairs comme l'eau de la Sauer à Niederbronn.

Lestrade s'approcha de Maylis, prit sa main. Il avait douté de voir un jour ce spectacle, une femme, seule au milieu de sa compagnie d'hommes, en face de machines trois fois hautes comme elle qui allaient cracher leur trésor dans des odeurs retrouvées. Maylis avait l'air heureux. Lestrade savait pourtant ce que lui coûtait le plaisir de cette ronronnante résurrection. Landes et bois, champs et fermes, tout ou presque allait passer dans l'achat des machines, la reconstruction des murs, l'indemnisation des clients et la paie des ouvriers. Sans emprunt. A part sa maison, et les chênes-lièges que son oncle avait pelés pour vingt ans, il ne lui restait quasiment plus rien, sinon quelques loyers dérisoires, l'espoir de voir revenir d'anciens clients, et d'en séduire suffisamment d'autres, pour durer.

Vapeur, pressions, tout allait bien. On pouvait de nouveau suivre à la trace le voyage de la sève dans le réseau des tuyaux. Maylis pensait aux prénoms américains, aux doubles A et au *window glass*, aux initiales du diamant qui durcirait au soleil. Comets se pencha vers elle.

— Les coups de fusil chez Ripeyre, c'est mon neveu, Victor.

Absorbée par la contemplation de ses machines, Maylis ne réagit pas tout de suite. Puis elle aperçut Madeleine, encore sur sa bicyclette à l'entrée du hangar.

— Il a filé, ajouta Comets. Madeleine me dit que je dois savoir où.

Maylis ne se sentait pas concernée. Cela faisait un moment que les coups de folie du mutilé de la Sorbe n'étonnaient plus grand monde, sauf à deviner quand il déraperait pour de bon, et tuerait. Maylis alla vers Madeleine, qui lui sourit petitement et baissa la tête. Comets paraissait réfléchir.

— L'essence ! cria Walter. Ça y est, madame !

Il courut vers Maylis, lui fit sentir les premières

gouttes de térébenthine, perles de rosée sur ses doigts.

— C'est bien, monsieur Hoffer, c'est bien.

— Que fait-on ? demanda Lestrade.

Maylis désirait comprendre, interrogeait Comets du regard. Le vieil homme serrait les lèvres, jetait des coups d'œil vers Madeleine. Il finit par lâcher quelques mots.

— Victor doit être dans la pinède, près du carrefour de Lanticq.

— Lanticq… Pourquoi cet endroit ? dit Maylis, surprise.

Comets secouait la tête. Il savait, sans doute, préférait ne rien dire. Le mieux était de s'y rendre, avec l'automobile de Lestrade. Madeleine avait du mal à retenir ses larmes, répétait que cela devait bien finir par arriver, à cause de ces guerres sans fin. Qu'allait-il se passer, maintenant ? On était loin des discours, des engagements solennels, des grands soirs où les anciens systèmes s'effondreraient.

Maylis abandonna le chimiste à sa joie d'enfant. Les événements des semaines passées avaient suffisamment occupé son esprit pour la soustraire à ses nostalgies, et puis il y avait Lestrade, qui entrait dans sa vie, tout fougueux, et si réfléchi en même temps. De quoi oublier jusqu'au souvenir de ce carrefour vers lequel le journaliste poussait sa rossinante, dans des hoquets de fumée grise.

Maylis parcourait à nouveau le dernier trajet de son enfance landaise, au cœur de l'automne. Le pays prenait ses couleurs de rouille et de boue, la terre recrachait son trop-plein de pluies océanes en

477

longues flaques que la Renault fendait en faisant jaillir des gerbes d'eau jaunâtre. Rudement secoués, les quatre passagers gardaient le silence. De temps à autre, Maylis se tournait vers Comets, puis vers Madeleine, les regardait, perdus tous deux dans leurs pensées. Lorsque enfin apparut la croix, que la perspective trompeuse plaçait en lisière de forêt, tous se penchèrent vers l'avant.

— Personne, là-bas, dit Lestrade.

La voiture ralentit dans la courbe. Madeleine poussa un cri. Dans le fossé, à vingt mètres… Elle descendit, se précipita. Victor était allongé, la tête tournée vers la forêt, son fusil en travers de la poitrine. Madeleine hurla.

— Hé bé, fit Victor en se relevant un peu, c'est la tuaille, déjà ?

Ils furent tous les quatre autour de lui, n'osant se pencher. Victor tenait dans sa main une cartouche, qu'il exhiba, l'air encore étonné.

— Je l'avais choisie, pourtant. Elle a refusé…

Madeleine s'agenouilla près de lui. Il était sans défense, pacifié, laissait sa main dans la sienne. Madeleine caressa son visage, du geste qu'elle avait tenté vingt fois, avant de renoncer. Puis Victor glissa lentement contre elle, posa son front contre son ventre bien rond, et ne bougea plus.

Il avait choisi de rester dans la société des hommes. Oh, pas dans celle des semeurs et des gemmeurs, qui poussait le sens du devoir jusqu'à nourrir sa carcasse inutile. Il servirait pour un temps celle des juges, de leur flicaille et de leurs gardiens de prison. Accident de chasse ou querelle mal terminée… c'étaient là des interprétations d'avocats.

Maylis s'emplissait de l'austère décor au centre

478

duquel s'ouvrait enfin la page la plus secrète du livre de toute sa vie. Lorsque Victor l'eut aperçue, il lui dit simplement : «Vous êtes donc là, aussi», et se redressa. Maylis se tenait à l'endroit précis où il avait, d'une ultime poussée, fait chuter devant les roues de Savayran son mortel obstacle. Faire peur, obliger le puissant à freiner, à descendre de son carrosse, à pousser la pièce de bois, tout seul, ou aidé de sa femme… Une sale plaisanterie, pas plus.

Des scieurs travaillaient en forêt, à un quart d'heure de marche, des non-grévistes qu'on était allé insulter, le matin. Faire vite… Il y avait eu cet instant où le nez de la voiture était monté vers le ciel. Il allait retomber, et l'automobile poursuivrait sa route. Victor avait vu les quatre roues quitter le sol, comme les pattes d'un cheval au-dessus d'une haie, ou d'un ru, puis la voiture avait basculé sur le côté, avec ses passagers collés contre le pare-brise, avant de se retourner, et de s'enflammer.

Dans son vague calcul de vengeance, il n'avait jamais été question de ça. Le billot, c'était son gourdin à lui, pour menacer ou bastonner, une arme de gréviste, pas de tueur. Ce n'était ni un fusil ni un couteau.

— Ni un fusil ni un couteau…

Il s'assit. Les mots lui venaient aux lèvres, pressés d'en finir avec leur long enfermement. Son visage s'animait, sous sa carapace de cuir rosâtre. Il avait vu monter les flammes, entendu le réservoir exploser.

— Ça bougeait, dessous… ça bougeait. Je me suis approché. Il y avait un bras qui remuait, une main qui cherchait à agripper, à soulever, et puis tout a sauté pour de bon, et le feu a commencé à se mettre à la parcelle. Justin arrivait en courant. Il m'a dit que c'était foutu, qu'il fallait s'en aller de là. Je ne savais pas… c'est lui qui a pensé au rondin qu'on allait oublier derrière nous. On s'est mis à deux pour le remettre sur une pile, là, devant, et puis, en partant, j'ai vu la gosse, dans le fossé. Justin me tirait par la ceinture. Les autres allaient rappliquer, le feu prenait aux premiers arbres. On a tout abandonné, et on s'est mis à courir, pour contourner le chantier.

Il eut un mouvement du menton, vers le nord, regarda Maylis.

— Il n'y a pas eu un seul jour de ma pauvre vie sans que je vous aie vue dans ce fossé. Des fois, j'arrivais à me dire simplement que vous étiez vivante, loin d'ici. Ça allégeait un peu le poids…

Il se mit debout, soutenu par Madeleine. Maylis sentait monter un de ces orages intérieurs qui l'épuisaient, d'ordinaire. Il y avait bien eu des reflets de soleil dans ses yeux, loin, et l'arbre, qui tombait devant la voiture. Sa mémoire d'enfant n'avait pas menti, même si elle était en morceaux. Elle contempla la loque humaine vacillant devant elle. Victor devrait disparaître, lui aussi. Maylis l'exigeait, de toute son âme. Lorsqu'elle réalisa enfin ce qui s'était passé à la Casedieu, avant l'accident, elle fut prise d'une nausée qui l'obligea à se détourner, et à s'éloigner.

« Répugnant cuissage… »

Ces mots lui revenaient, et d'autres aussi, en marée. Tout se mettait en place dans son esprit, avec une soudaineté qui la sidérait. La façon dont Ève Savayran avait découvert l'ancienne relation de son mari avec sa servante n'avait guère d'importance. Mais le fait que cette liaison se fût poursuivie alors qu'elle avait fait sienne cette maison étrangère avait

480

rendu Ève folle de colère et de chagrin. Maylis ferma les yeux. Elle garderait secret le reste, ce qu'elle avait entendu entre les murs de la Casedieu, les cris de désespoir de sa mère, qui traversaient le temps et déchiraient son cœur.

Maylis enfouit son visage dans ses mains. Tout se déformait dans son esprit, la voix câline de son père lorsqu'il lui parlait, l'ombre de Blanche passant d'une pièce à l'autre, la bouche d'Ève, qui avait perdu son sourire. Comme elles avaient dû lui être précieuses, ces minutes pendant lesquelles Ève serrait sa fille contre elle, la berçant doucement. L'enfant, son seul espoir, son refuge.

Maylis se mit à marcher le long d'une craste emplie d'eau. La platitude humide du décor forestier, la steppe immense jouxtant la pinède la pacifiaient. Quand elle sut dominer le tumulte en elle, dissiper un peu le goût amer qu'elle gardait au fond de la gorge, elle revint vers le groupe, s'arrêta, à petite distance de Lestrade.

— Que vas-tu faire, maintenant, Victor ? demanda celui-ci.

L'infirme avait récupéré ses bois, clopinait vers la croix.

— Té, rentrer chez moi. Qu'est-ce que tu veux que je fasse d'autre ?

— Monte. Je vais vous ramener tous les deux à la Sorbe.

Victor refusa, se mit en route, sa femme à côté de lui. Au bout de quelques mètres, il se retourna vers Maylis et ses deux compagnons.

— On ira comme ça, à ma vitesse, leur lança-t-il. Ça laissera aux autres le temps de me rejoindre. De toute façon, même les pandores sont à la palombe...

Ils s'éloignèrent. Maylis regardait Comets avec

481

insistance. Il y avait à la Sorbe une vieille femme aphasique qui savait d'autres choses. C'était dans les profondeurs de sa solitude, et de son silence, et il ne servirait à rien d'aller la questionner.

— Eh bien, cher monsieur Comets, si votre sœur Blanche doit se reposer en paix, vous pourrez peut-être parler à sa place…

Le vieil homme se tassa un peu plus. Les lèvres pincées, il avait l'air d'un gosse pris en faute. Maylis s'approcha de lui. Son malaise passé, elle se sentait envahie par une quiétude un peu molle, trompeuse, sans doute. Elle posa la main sur l'épaule de Comets, qu'elle secoua gentiment.

— Dites, Jean Comets, il se pourrait bien que je sois alliée à votre famille ?…

Il leva vers elle un visage de chien battu, aux yeux brouillés par les larmes. Secoua la tête avec une grimace de douleur.

— Je ne sais pas. C'est vrai, madame Maylis, je vous en donne ma parole. Même Blanche…

— Ah ? Elle vous a dit quelque chose, tout de même…

Elle avait approché son visage de celui de Comets, continuait à presser son épaule, comme pour encourager le vieil homme. Son oreille frôla les lèvres de l'ancien contremaître, d'où s'échappèrent enfin quelques mots.

— Elle ne savait pas. Jeanne, peut-être…

Il gémit, longuement. Lestrade se précipita, reçut Maylis contre lui, l'empêchant de tomber à terre. Dans ses bras, elle était comme une enfant, abandonnée. Comets alla s'asseoir au bord d'une craste, enfouit son visage dans ses mains.

— Petite, petite, je t'aime, chuchota Lestrade.

Il embrassa ses yeux, ses tempes, sa bouche, la

ranima, lui sourit lorsqu'elle fut enfin revenue à elle, la tint dans sa chaleur. Il voyait au loin les silhouettes de Madeleine et de Victor, qui disparurent tout à coup, comme happées par la pinède.

21

Février 1925

Il était assez vite devenu évident pour tout le monde que les affaires de la distillerie auraient du mal à reprendre. C'était comme pour les biens de Maylis, qui tardaient, pour plus de la moitié d'entre eux, à trouver acquéreurs, ce qui laissait la jeune femme en équilibre instable sur la raide corde bancaire. Il avait même fallu utiliser des vieilles souches gorgées de résine, sur des parcelles à l'abandon, pour fournir l'usine à peu de frais. Et puis, plusieurs mois après la reprise de ses activités, la liste des clients de l'usine s'était enrichie d'à peine quelques noms, pas assez pour compenser la fuite de ceux, bien plus nombreux, dont on n'espérait plus vraiment le retour.

— Il faut bien nous fixer quelque part, solidement, vous comprenez, madame Durrugne, lui disait-on.

Elle comprenait. Comme l'avait prédit autrefois son oncle, les cours des produits résineux remontaient, mais trop tard pour elle. Les usines ne brû-laient pas toutes, en Marensin. Les Belges étaient demeurés fidèles, mais les Irlandais avaient trouvé

484

moins cher en Espagne. A tous, Maylis montrait ses colophanes limpides dont elle dressait la liste à sa façon, avec ses propres codes, du Walter 10, ambré, au Walter double zéro, un cristal d'une pureté inégalée. Pour la première fois ou presque, dans les Landes, un chimiste diplômé œuvrait sur les produits résineux. La chose avait fait sourire. Elle deviendrait exemplaire.

Walter travaillait sur les terpines pharmaceutiques, sur les savons et les parfums. Maylis le voyait sortir du petit laboratoire qu'il avait installé près du hangar, brandissant des feuilles griffonnées à la hâte.

— Un brevet, Madame Maylis, il va falloir déposer un brevet !

Les difficultés de sa patronne s'effaçaient derrière ses vertiges d'inventeur. Il lui montrait des pâtes informes qu'il laissait reposer dans des boîtes de cirage ou au fond de bonbonnes d'armagnac. Dans ses cornues bouillonnaient des liquides irisés aux senteurs inclassables. C'était pour les docteurs ou pour les coquettes, contre les taches sur les vêtements ou pour calmer les quintes de la coqueluche et du croup.

— C'est bien, Walter, c'est bien, lui répétait Maylis.

Tout cela coûtait cher, et semblait ne pas intéresser grand monde. Ce fut Lestrade, en bon journaliste, qui entendit le premier la rumeur naissante, et prévint Maylis.

— Tu devrais aller faire un tour à la Bourse de Dax, sans trop tarder.

La Bourse ? Maylis en suivait les cours dans les journaux. Le lieu ne l'attirait guère, bien que l'on s'y rencontrât par tradition, pour discuter affaires et prendre contact avec des étrangers. Maylis avait supposé, sans doute un peu naïvement, que la remise en route de la distillerie se suffirait à elle-même. Et puis la Bourse était un endroit où les femmes servaient à la rigueur pour la décoration, les jours de cérémonies ou de remises de médailles. Le reste du temps, les messieurs de la profession résinière en faisaient une citadelle aussi bien gardée qu'un club de Londres.

— Il se dit des choses, là-bas, qui te concernent.

— Qui me concernent, moi ?

— Oui, ma jolie, toi.

Elle le pressa de questions, mais en vérité, il ne savait pas grand-chose, sauf que l'essence Savayran faisait l'objet de quelques discussions. De quoi pouvait-on bien parler ? Elle prit rendez-vous avec un représentant des producteurs de résineux, un industriel de Saint-Vincent-de-Tyrosse nommé Larduzat, qui, au bout de quelques contorsions sémantiques, finit par lui révéler, l'air horriblement gêné, qu'un fort doute planait sur la qualité de ses produits.

— On parle de fraude sur l'essence, madame.

Il avait un faux air, bonasse, d'ecclésiastique, une voix douce et persuasive, un regard de vieil ami sous une calvitie avancée. Maylis se leva d'un bond, manqua s'affaler sur le bureau, se retrouva nez à nez avec lui.

— Qui parle de fraude ? Quel genre de fraude ?

Il l'invita à se calmer. Les histoires d'essences mâtinées de white-spirit, ou même d'eau, traînaient depuis belle lurette en Aquitaine. Il y avait eu des plaintes, des affaires portées devant les tribunaux. Cela jetait le trouble dans les esprits, faisait marcher la concurrence étrangère, et des interventions à la Chambre à leur sujet avaient déjà eu quelque écho. Furieuse, Maylis martelait ses arguments.

— A quoi faites-vous allusion, monsieur ? A de l'essence mouillée ? Vous savez très bien qu'il peut toujours rester un peu d'eau, en fin de distillation. Nous travaillons sur ce problème. Un jour ou l'autre, il sera résolu. J'en connais, moi, qui ont triple ou quadruple résidu d'eau dans leurs essences, avec des brais et des térébenthines de densités crapuleuses. Vous ne les avez pas assignés en justice pour autant, que je sache.

Il voulait intervenir. Elle leva le doigt.

— Et ceux qui récoltent la gemme avec quinze ou même vingt pour cent d'eau dedans, hein, et me la vendent soi-disant pure ? J'en connais, de ces bougres, qui se disent té, celle-là, avec son éducation chez les bonnes sœurs, elle n'y verra pas grand-chose ! Est-ce que je leur fais dresser des procès-verbaux, à ces mouilleurs, dites ? Non. Je fais purifier la gemme, à mes frais, et je ne viens pas pleurer dans votre bureau, à vous raconter combien les gens sont mauvais avec moi !

Maylis ne saurait évidemment pas d'où était partie la cabale. Tandis qu'elle se défendait en attaquant, autant qu'elle le pouvait, elle comprenait la raison de ses difficultés, ou une des raisons plausibles. Quelqu'un, n'importe où, avait prétendu avoir fait analyser une de ses livraisons, et inventé la manipulation. Il fallait un chimiste, en effet, pour parfaire celle-ci.

— Hélas, ce n'est pas d'eau dont il s'agit, madame, mais de white-spirit.

Maylis s'assit, moins vivement qu'elle avait bondi. Elle avait appris à renifler le pétrole purifié des Américains au milieu d'échantillons de résine. Jamais cette odeur mixte n'était montée d'une seule barrique de son essence. Ou alors, il y avait eu mélange, hors de sa vue, quelque part entre l'usine et le port de

Bayonne, ou la gare de Morcenx. Après tout, rien n'était plus facile.

— Des preuves…, hasarda-t-elle.

Quel besoin ? La rumeur suffisait, à l'intérieur du cercle étroit de la profession. Elle s'y répandrait à la vitesse des senteurs essentielles. Larduzat prit l'air navré. Les bras écartés, il signifiait son impuissance, montrant à Maylis que l'on pouvait fort bien se laver les mains tout en les tenant à un mètre l'une de l'autre.

— Notez bien, madame, que personne ne vous attaque au tribunal… Mais ces histoires-là sont dommageables pour tout le monde. Vous comprenez, n'est-ce pas. Si le doute est mis sur des produits comme les vôtres, jusque-là les meilleurs… (Il leva le doigt, répéta :) Les meilleurs…

— Et alors ? Que dois-je faire, maintenant ?

Il n'avait pas la solution. Chacun était libre d'entreprendre, de réussir ou d'échouer, la Société des producteurs de résineux n'obligeait personne à s'associer avec elle. D'autre part, le franc continuait sa chute. Les cours allaient donc grimper encore, et 1925 risquait d'être l'année des records absolus, quatre ans après la tornade de 21. Maylis ne voyait pas très bien où son hôte voulait en venir.

— Vendez vos stocks, le plus cher possible, et attendez que tout ça se calme. (Il consulta une page de journal.) A deux cent quarante francs les colophanes 5A, il y a une bonne opportunité pour capitaliser un peu.

Des stocks, il n'y en avait guère à Saint-Girons. On achetait ce qu'il fallait de résine, pour ce qui restait de débouchés. Déjà, Maylis avait dû renvoyer une dizaine de journaliers, dans l'attente de jours meilleurs. L'équilibre de l'usine était trop précaire pour emmagasiner le moindre stock. Elle plaida, décourageant son hôte.

— Je ne sais pas, madame, je ne sais pas, vraiment…

Larduzat consulta sa montre de gousset, qui affichait midi passé. Sa petite bedaine, ses lunettes aux branches cerclées par un peu de gras sur les tempes attestaient leur gastronome en attente de cailles rôties, ou de pibales.

Il aurait pu ajouter que d'autres distilleries battaient de l'aile en Marensin, comme ailleurs dans les Landes, et qu'il avait été sans doute bien imprudent de remonter une grosse unité de production dans une conjoncture aussi hasardeuse. Des cent quatre-vingts usines du début de siècle, en resterait-il seulement quarante en son milieu ? Lestrade ne pensait pas autre chose, mais il s'était interdit de peser sur les décisions de Maylis. Elle, elle croyait pour deux. Aux brais Walter double zéro, à la meilleure colophane du monde, à la fidélité de ses machines. A cet instant-là, elle était bien la seule.

Devant la Bourse, elle croisa son beau-père, qui de Bordeaux venait un peu aux nouvelles du sous-continent landais.

— Lesquelles ?

— Tout et rien, l'air du temps…

Il souriait, montrait le grand ciel bleu que traversait, ce jour-là, une brise presque douce. Maylis remarquait bien, pourtant, contredisant sa dégaine de curiste rhumatisant, l'éclat carnassier de son regard, montrant assez d'appétit pour inquiéter le gibier de passage. Elle lui demanda s'il comptait prendre les eaux, à la source chaude.

— Peut-être, mon petit, peut-être. Et comment

vont tes affaires, dans ce monde résineux si masculin ?

Maylis perçut le petit signal alarmant que lui lançait cet homme au courant de tout, capable d'avoir fait circuler le bruit qui, cette fois, l'abattait.

— Elles iront peut-être mieux lorsque j'aurai divorcé de votre fils.

Elle s'en voulut aussitôt d'avoir accepté si facilement le combat, et de le mener si maladroitement. Durrugne était un tueur, sûr de ses armes, à qui elle opposait un réflexe de femme blessée, qui ricocha sur la carapace du vieil homme d'affaires, et se perdit dans son sourire. A la différence d'Henri Savayran, Jean Durrugne ne redoutait pas le scandale, qu'écrasait de toute façon, et depuis toujours, dans son esprit, l'accouplement de l'argent avec le pouvoir.

— Je ne sais pas ce que Mathias en pensera, dit-il. Je présume que tu ne comptes pas sur moi pour lui en parler. Ma chère Maylis…

Il souleva le bord de son melon, fit mine d'entrer dans l'immeuble, se ravisa.

— Au fait, que tu saches, ajouta-t-il. Nous sommes au courant de tout ce que tu fais, mon petit. Au jour près.

Il eut l'air satisfait, disparut dans le hall. Maylis haussa les épaules. Au fond, elle ne regrettait pas d'avoir congédié Barra, même si cela ne servait sans doute pas à grand-chose.

Elle marcha longtemps sur les bords de l'Adour, puis rejoignit la gare, à pas lents. Un train viendrait d'Hendaye, à bord duquel elle monterait. Puis, de Laluque, le mâche-cul la ramènerait à Saint-Girons. Il faisait bon, l'hiver gascon paressait dans des douceurs quasi printanières. Cela arrivait parfois lorsque, poussées par le vent saharien, des chaleurs remontaient du sud jusqu'à la Garonne, où elles se diluaient dans d'interminables ondées.

Elle avait de l'avance. Elle se mit à longer les rails qui filaient vers Bordeaux, jouant avec les herbes du ballast, du bout de son parapluie. Elle songeait aux fantômes familiers de la Casedieu, qui semblaient s'être assoupis, ou avaient peut-être changé de domicile. Restaient les difficultés de l'usine, et la certitude entêtante qu'il ne servait plus à grand-chose de se battre.

Maylis s'assit au bord de la voie. Devant elle, des camions de l'armée avaient été alignés sur plusieurs dizaines de mètres, dans un champ. Il y en avait de toutes sortes, des trapus et des longs, des sanitaires, encore frappés de leurs croix rouges. Des prolonges d'artillerie, larges plateaux déshabités, et des remorques bâchées leur faisaient face. Tout cela donnait l'impression d'un départ imminent, ou, au contraire, d'un abandon définitif, comme si rien n'avait encore été décidé pour ce matériel. Quelques hommes, civils et soldats, vaquaient entre les éléments de ce grand cimetière de ferraille et de drap militaire.

Maylis ne s'attarda pas. Des visages revenaient hanter son horizon, brûlés, comme celui de Victor Darribats, ou, à l'image de ses rescapés de Libourne, vidés de leur substance, désincarnés, avec ces regards au fond desquels se terrait l'indicible. Maylis revint vers la gare, s'assit cette fois sur un banc du quai.

— Vous êtes venue pour les ventes, madame ?

Elle se tourna, surprise. Un lieutenant s'inclinait vers elle. Une vente ?

— Pardonnez-moi. Je vous ai vue inspecter ces

camions. Ils ont roulé sur la Voie sacrée, enfin…
quelques-uns.

Elle rit. Le jeune homme parut troublé par cette
soudaine gaieté, la salua, un peu pincé, et tourna les
talons. Y aurait-il, par le plus grand des hasards, quelqu'un d'assez altruiste pour acheter une distillerie
landaise, en sus de ces camions ? Maylis courut après
l'officier, s'excusa.

— C'est du matériel trop ancien, désormais,
expliqua-t-il. L'armée le cède sans trop de difficulté.

Le train allait entrer en gare. Maylis retourna s'asseoir. Elle quittait Dax avec la voix de son beau-père
dans les oreilles. Comme il avait dû jouir de la savoir
ainsi désemparée, le vieux marionnettiste tirant sur
ses grosses ficelles. Jean Durrugne avait sauvé l'honneur que son fils laissait traîner en Marensin. A quoi
donc avait servi cette guerre, si ses héros se laissaient
aussi facilement dépouiller de leur droit ?

Mars 1925

Madeleine Darribats se tenait à l'entrée de la Casedieu, devant le portail que Maylis avait enfin fait
remettre dans ses gonds.

— J'ai pensé à vous, lui dit Maylis. J'ai su que
vous alliez quitter votre ferme. Je me demandais…

— Victor est à la prison de Mont-de-Marsan, pour
cinq années. Des gens m'ont proposé une place en
ville, avec mes sœurs, dans une fabrique d'espadrilles,
et un logis chez des métayers de Saint-Pierre-du-Mont,
avec les petits. Alors, voilà, je quitte la région.

— Et Blanche ?

— Boh, té, la pauvre, elle ira à l'hospice, avec le
vieux. On restera voisins, en quelque sorte.

Elle n'avait accepté d'aide que du syndicat, et des

fermiers, qui s'étaient mobilisés pour payer les frais de justice. Le tribunal avait conforté Ripeyre dans sa décision. Il y avait eu quelques rassemblements, des pétitions dans les mairies, et à la préfecture. Mais la loi devait être respectée, là comme partout ailleurs. Le juge avait été formel.

«Madame Darribats, vous pouvez être certaine que si cette loi change un jour en votre faveur, nous serons là, comme aujourd'hui, pour la faire respecter.»

Madeleine refusa d'entrer dans la maison. De son côté, Maylis s'abstint de lui proposer à nouveau son aide. Non que le précédent refus l'ait choquée. Mais il y avait entre elles une distance que rien, jamais, n'aiderait à franchir. C'était ainsi.

— Pour vos jeunes frères et pour Maurice Pouyau, dit Maylis, je ne peux pas grand-chose en ce moment. La situation de la distillerie n'est pas très brillante, mais je vous promets que si elle change…

Madeleine baissa la tête. Elle savait, comme tout le monde. Mais cela n'était plus trop son affaire, et les jumeaux étaient bien assez grands, désormais, pour se débrouiller. Quant à Maurice, ses bras serviraient assez vite en forêt. Elle se détourna.

— Au revoir, madame Durrugne.

Au-delà de la faillite d'une famille, dispersée tant par le scandale que par la crise, Maylis entrevoyait soudain la naissance d'une société nouvelle que modèlerait la nécessité industrielle. Lestrade lui avait fait lire de ces indigestes pensums marxistes proscrits de Libourne avec leur odeur de soufre. Théories, certes, mais auxquelles la réalité landaise offrait ses structures sociales vaguement féodales, son contentement de soi générateur de retards multiples, et la molle acceptation de ses échecs. Tout cela bougerait.

Et Madeleine, dans sa nouvelle vie citadine, ne serait sans doute pas étrangère à ces mouvements.

— Nous ne nous serons guère parlé, dit Maylis.

Madeleine lui fit face, de nouveau.

— Oh, té, il faut croire qu'il n'y avait pas besoin de ça.

Maylis la retint par la main, l'embrassa, furtivement. Madeleine eut un petit rire, presque joyeux, et se dégagea, d'un geste souple comme une esquive d'enfant.

Il y avait une petite trentaine de vasques à l'ensoleillage. Maylis se rappelait les alignements de ces brais, un jour de juillet 1921, et ce souvenir lui donnait le cœur gros. Elle eut vite fait d'inspecter les colophanes. C'était comme un jardin gagné par les ronces, ou un vignoble meurtri par la grêle, un beau gâchis de place perdue, de terre et de planchers devenus inutiles. Pourtant, lorsqu'elle levait la tête, Maylis pouvait contempler le résultat de son obstination. Près du bureau tout neuf, largement vitré, s'élevait à nouveau, plus haute et spacieuse qu'avant, l'antre aux essences que prolongeait une altière cheminée de brique rouge. Des poutrelles métalliques remplaçaient partout les antiques bâtis de bois. Quant à l'entrepôt épargné par le feu, sa façade blanchie à la chaux lui donnait, d'après Lestrade, des airs de villa marine.

Maylis soupira. La nostalgie ne servait à rien. L'hiver installé dans ses brouillards lui avait donné un relatif répit. C'était la morte-saison des arbres secs, et des épais barras recouvrant les saignées. Maylis entendait la recommandation dacquoise : « Vendez votre stock… » Ou distillez-le, en attendant que les amasses reprennent ? Avant de couper sa

494

pinède, pour en vendre le bois, Maylis en avait fait tirer le dernier suc, une centaine de barriques au total, même pas de quoi faire travailler l'usine jusqu'à la reprise des campagnes résinières.

Chemin faisant vers le bureau, Maylis relut la lettre que lui avait adressée un forestier d'Uzeste. L'homme, un certain Roblay, cherchait un site en Marensin pour diversifier ses activités, et la chimie l'intéressait. Lorsqu'elle fut assise derrière son bureau, Maylis ouvrit les cahiers de comptes qu'il lui faudrait sans doute montrer à son visiteur, refit machinalement les calculs tout simples qui la conduisaient au constat d'échec. Irritée, elle décida d'aller à la rencontre du forestier.

L'heure du rendez-vous approchait. Pour lutter contre l'angoisse, Maylis se mit à penser à Lestrade. Quand journalistes et écrivains se précipitaient à l'invitation des Soviets, lui avait choisi l'Espagne.

« Moscou, c'est loin, avait-il affirmé, péremptoire. Il se passe des choses aussi importantes, à cent kilomètres d'ici. La dictature de Primo de Rivera est en train de faire naître des mouvements révolutionnaires puissants. Anarchistes et communistes vont se battre contre elle. Le feront-ils ensemble ?... »

À côté des combats qui se préparaient de l'autre côté des Pyrénées, les problèmes de la forêt landaise lui semblaient être une sorte de récréation dans le tumulte du monde nouveau. Un ami, collaborateur occasionnel, avait pris en main le journal, pour un mois ou deux.

« Il saura bien expliquer à mes abonnés la recette de la rôtie, les fabuleuses décisions du Cartel des gauches, et les velléités syndicales des gemmeurs. Moi, j'aurai des choses bien différentes à leur raconter, au retour... »

Lestrade avait la bougeotte, et Maylis, qui se lan-

495

guissait de lui au bout d'une petite semaine, devrait s'y faire. Mais lorsqu'elle faisait le bilan de ce qui s'était passé depuis son arrivée dans les Landes, elle trouvait cette aventure-là bien sage.

« Une nouvelle vie pour moi, peut-être, disait-il, dont tu serais le centre vital, le soleil proche ou lointain, la raison d'être. Tope là ? »

Elle topait, étonnée, ravie de son bonheur tout simple, que n'altérait pas le doute. Lestrade avait fait ses quatre années de guerre. A la différence de quelques autres, il avait mis sa mémoire de l'époque au repos. Si l'oubli était impossible, le passé ne devait pas s'imposer au reste, à tout ce qui venait de bon ou de mauvais.

« Lorsque, plus tard, je voudrai dire "de mon temps", et donner des leçons, je me souviendrai aussitôt de ce que je n'aurai pas pu empêcher, et je me tairai. Mon temps est celui du plus grand massacre de l'histoire. Il n'y a vraiment pas là de quoi se vanter... »

L'homme d'Uzeste arrivait en Hispano. Maylis le vit descendre de son bolide, et venir aussitôt vers elle d'un pas décidé. Il ressemblait un peu aux clients irlandais d'autrefois, portait comme eux la casquette ; il avait le teint clair, et un beau regard, bleu et profond, dont il devait savoir user, pour séduire ou pour tancer.

— Je connais cette maison, dit-il. J'y ai vendu du bois, avant guerre. En fait, avec quatre mille hectares, j'ai vendu du bois un peu partout !

S'étant ainsi annoncé en puissance, il remercia Maylis d'avoir répondu à sa lettre.

— Il y a toujours eu des produits de qualité, ici.

Il avait dit cela comme une évidence, sans la moindre ostentation. Maylis le conduisit vers les bâtiments de l'usine, au pas de promenade.

— Je prospecte depuis trois mois, lui dit-il. Oh, ce

n'est pas pour moi. En dehors d'une petite compétence à compter des arbres, et à les couper aux bons endroits et aux bons moments, je ne sais pas faire grand-chose. Mais j'ai un fils qui termine des études de chimie à Bordeaux. J'ai le choix entre lui trouver une bonne place chez quelqu'un d'autre, et devenir moi aussi un peu distillateur, avec lui.

Il en connaissait plus qu'il ne voulait bien le dire. Sur les machines, comme sur ce qu'elles fabriquaient. Il avait été maître de forges, en Gironde, avant que le fer mauritanien lui portât comme à d'autres un coup fatal. Maylis l'observait tandis qu'il découvrait l'alignement des cuves, et les circuits qui les reliaient. Que savait-il des rumeurs ? Uzeste n'était pas bien loin du Marensin. Lui avait-on conseillé d'aller voir ce qui se passait du côté de Saint-Girons, où il y aurait peut-être des dépouilles à saisir ? Maylis restait sur la défensive. Elle résolut d'attendre, parla des trouvailles de Walter concernant les encaustiques, les cuirs, et les colophanes de lutherie, même, évoqua les futurs brevets encore secrets.

— C'est un génie. Il arrive à fabriquer des nuages artificiels, contre les gelées du printemps !

Roblay approuvait, amusé.

— C'est vous qui avez raison, madame Durrugne. Les poteaux de mine, les madriers, c'est bien, mais l'avenir de ce pays, c'est la chimie, et le papier. Vous avez ici ce qui se fait de mieux pour la distillation. Il faudra de gros moyens pour tenir tête aux Américains, dans l'avenir. Ils vont dominer ces marchés, et d'autres loups ne seront pas loin, de l'autre côté du Rhin, si vous voyez ce que je veux dire.

Il guettait sa réaction. C'était un petit jeu, qu'il

abrégea près du terrain d'ensoleillage, avant même la fin de la visite.

— Ces moyens, je les ai, figurez-vous. De quoi aller de l'avant, et réussir. Ma proposition est donc celle d'une association. Je n'en sais pas encore les termes précis. Enfin, j'ai quelques idées, tout de même. A vous d'y réfléchir, de votre côté, et revoyons-nous.

— L'incendie a découragé quelques-uns de mes clients. Vous devez le supposer.

Il balaya l'objection d'un geste de la main, regarda Maylis droit dans les yeux.

— Les clients, madame, j'en fais mon affaire. Ma famille est entrée dans les métiers de la forêt bien avant Napoléon III et Chambrelent. C'est du temps de Brémontier qu'on a commencé, chez les Roblay. Je connais donc assez de monde, en Aquitaine, ailleurs en France et partout dans le vaste univers. Pour le reste, j'ai des arbres, quelques millions de pins réservés a priori à la coupe, mais qui peuvent très bien être gemmés, dès le printemps prochain, et faire du stock de résine, pour des mois et des mois. Les clients ! Si vous leur proposez des produits parfaitement purs, à des tarifs décents, ils viendront, et reviendront, même.

Il perçut le trouble soudain de Maylis, parut réaliser que les choses n'étaient peut-être pas aussi simples pour une femme aussi jeune, et seule aux affaires. Toussota.

— Enfin… je voulais dire… tout s'affole en ce moment, les prix, le franc, mais je vous le promets, il y aura quelques retours de bâton pour ceux qui flottent un peu trop facilement sur ces vagues-là. Il faut laisser les spéculateurs à leur petit commerce. Eux, et les fraudeurs. Et se préparer à affronter d'autres crises.

Il souriait, parfaitement décidé derrière son air charmeur. Cela faisait à peine une heure qu'il était arrivé, et Maylis savait qu'en vérité elle avait choisi de l'écouter, et de le suivre. Voyait-elle passer une chance, ou tombait-elle au contraire dans un piège ? Il serait bien temps d'évaluer ça plus tard.

Elle se souvint d'une vieille habitude, mise à mal par la destruction de l'usine. On allait au bord du lac de Léon fêter à table les bons accords, face au paysage le plus romantique du monde. Walter passait par là, portant des bidons aux contenus mystérieux. Maylis le convoqua à table, avec quelques-unes de ses formules.

— Il est le meilleur chimiste d'Aquitaine, dit-elle, et le bon génie de cette usine. (Provoquant à son tour le regard de son hôte, elle ajouta :) C'est comme les vingt personnes qui restent à travailler avec moi depuis l'incendie. Elles me sont aussi précieuses que les produits qu'elles fabriquent.

Roblay avait reçu le message. Il ouvrit ses mains épaisses de bûcheron.

— Mais, madame, dit-il, réjoui, si tout se passe comme il se doit, c'est autant de compagnons que nous leur offrirons.

Lestrade revint d'Espagne au mois de mai 1925. Le cours de la barrique de résine avait atteint les mille francs, au tout début des campagnes. De nouveaux syndicats de résiniers s'étaient créés dans le Massif, tandis qu'émergeait sur le marché européen de l'essence et du bois une concurrence espagnole, mexicaine, portugaise, agressive et efficace.

A la gare de Mont-de-Marsan, située pourtant sur le chemin de son journal, Lestrade préféra celle de

Laluque, d'où il prit le mâche-cul pour la Casedieu. Rien ne lui semblait plus important que de revoir Maylis. Ce qu'il avait à écrire sur les anarchistes catalans, et sur les mineurs des Asturies, attendrait qu'il eût enfin revu le visage qui ne l'avait pas quitté tout au long de son voyage. Et ce fut avec une joie d'enfant qu'il poussa le portail de la grande maison basque.

Le jour se levait, paresseux, gris de brumes et de crachin. Lestrade distingua, autour des anciennes pelouses que Maylis ne s'était pas encore décidée à replanter, des formes massives et sombres, presque confondues avec le décor de la pinède. Il s'approcha, découvrit, stupéfait, une rangée de camions militaires, prolongés de larges plateaux sur lesquels avaient été installées des espèces de guérites closes par des cadenas, et surmontées pour certaines par des conduits de fumée. Cela ressemblait aux roulantes de l'armée, sur les proches arrières du front. Lestrade ne put s'empêcher de rire.

— On mobilise de nouveau, en France ?...

La porte du perron était fermée. Il fit le tour de la maison, souleva le pot sous lequel Maylis avait laissé, chaque soir, une clé pour lui, entra. Le cœur battant, il gravit l'escalier, marcha jusqu'à la chambre de Maylis. Au moment d'y entrer, il eut une hésitation, écouta un long moment le silence. Il n'était pas chez lui, mais chez une femme réputée libre, à qui il avait écrit, mais dont il n'avait reçu, du fait de ses déplacements incessants, aucun courrier. Il pensa rebrousser chemin, demeura quelques secondes immobile contre la porte, avant de peser doucement sur le loquet.

Des rais de lumière filtrés par les volets tombaient au sol en taches grises. Lestrade s'approcha du lit, devina, plus qu'il ne les vit, les cheveux de Maylis, et ses bras, taches claires dépassant d'un énorme édredon. Il s'assit, s'accoutuma à la pénombre, puis il approcha son visage de celui de la jeune femme, qu'il contempla dans le relâchement de son sommeil. C'était une attente délicieuse, comme pour un vrai rendez-vous d'amoureux. Du bout de ses doigts, Lestrade caressa le front de Maylis, ses joues, le dessin arrondi de ses lèvres.

— C'est toi…

Elle ouvrait les yeux sur lui, souriait. Son bras enserra la nuque de Lestrade, qu'elle attira tout entier dans sa chaleur.

— Tu es tout frais. C'est l'hiver ?

Elle sommeillait à moitié. Les mouvements de ses hanches, de sa poitrine appartenaient encore à sa nuit tranquille de dormeuse. Lestrade les sentait, contre son corps, et ce contact le faisait frémir.

— Deux mois passés, dit-elle. C'est long… Où étais-tu ?

— De l'autre côté du monde.

Maylis le caressa. Elle aurait le temps de lui raconter les petites chroniques marensines, la vente de l'usine, dont elle restait actionnaire minoritaire, l'achat de camions de l'armée, transformés en scieries et en distilleries transportables, et capables de pénétrer les profondeurs de la forêt bien mieux que le train. C'étaient Les Chantiers forestiers mobiles, que l'on réclamait déjà en Haute Lande, et jusqu'en Albret ; son idée, bien à elle, que l'émulation lui ferait sûrement bientôt partager.

Elle lui dirait aussi que son ventre allait s'arrondir, et vivait déjà sa propre vie, à l'intérieur. Et que cela lui appartenait, à lui aussi, Lestrade.

Il balança ses souliers, ouvrit sa chemise. Maylis

se mit à rire, doucement, l'aida à se déshabiller. Tout, autour d'elle, était tiède, vaporeux, crépusculaire. Lestrade avait envie de se laisser engloutir, de disparaître en elle. Lorsque Maylis l'eut bien vite emprisonné, et qu'il eut tout à coup changé de continent, et de temps, il cessa de bouger, et de respirer, comme si cet instant était le dernier de sa vie.

" Le médecin de campagne "

Le secret du docteur Lescat
Alain Dubos

Rongé par une tumeur cancéreuse, le médecin de campagne Germain Lescat n'en a plus que pour quelques mois à vivre. Le temps d'éclaircir pour ses trois enfants les zones d'ombres de son existence. Son enfance misérable, la mort de ses parents, sa détresse lorsqu'un charlatan l'acheta pour quelques sous. Et puis son engagement dans l'armée, les horreurs de la guerre en Crimée au milieu du XIXᵉ siècle… Le seul secret qu'il aurait voulu emporter dans la tombe, Germain Lescat le découvre par hasard : l'amour qui l'unit à Clélie Poidtas, une jeune femme à qui il a plusieurs fois sauvé la vie et qui s'attache désormais à illuminer le crépuscule de son existence…

(Pocket n° 11314)

" La revanche de Gilles Escource "

Les seigneurs de la Haute Lande
Alain Dubos

L'immense forêt landaise, la plus vaste d'Europe, est l'œuvre de Napoléon III, qui décida au mitan du XIXᵉ siècle le boisement de cette région de pâturages et de marais, réduisant à la misère une ancestrale population de bergers. Parti aux Amériques pour faire fortune, le jeune Gilles Escource peut racheter grâce à son or des milliers d'hectares, et prendre ainsi sa revanche sur ses anciens maîtres, les seigneurs de la Haute Lande. Devenu leur égal, il n'a pourtant pas oublié son amour d'adolescent pour la sauvage Linon…

(Pocket n° 10240)

Il y a toujours un Pocket à découvrir

Achevé d'imprimer sur les presses de

BUSSIÈRE

GROUPE CPI

à Saint-Amand-Montrond (Cher)
en juillet 2004

POCKET - 12, avenue d'Italie - 75627 Paris Cedex 13
Tél. : 01-44-16-05-00

— N° d'imp. : 43451. —
Dépôt légal : juin 2001.
Suite du premier tirage : août 2004.

Imprimé en France